図と写真でよくわかる

ひもとロープの結び方

小暮幹雄 監修

新星出版社

はじめに

昨今のアウトドアブームを反映して、ひもやロープの結び方への関心が高まっています。

現在、“結び”は世界中に4000種類以上もあるとされます。日本にも古来から独特の結び方がいくつかあり、“結び”は人類にとって、大変古い歴史を持つ、重要な文化であると位置づけられます。

ところが、最近では靴のひもをしっかり結べない子どもも多く、大人でさえ、荷づくりの苦手な人が増えているように感じます。

また、野外レジャーでも、ひもやロープを使うケースはたくさんありますが、正しい結び方をマスターしている人は意外に少ないようです。登山やマリンスポーツなど、生命の危険を伴うスポーツの場合には、正しい結び方を身につけておくことが絶対条件です。

本書は、家庭で役立つ結び方とアウトドアで役立つ結び方の2つに分けて、基本から応用の結び方まで幅広いケースを紹介しています。ビギナーの方にもわかりやすい解説を心掛けました。

一人でも多くの皆様に、結び方の基本を理解してもらうとともに、“結び”の楽しさを体験していただきたいと願っています。

小暮　幹雄

C O N T E N T S

家庭で便利な作業の結び

手づくり(D.I.Y)を楽しむ結び

海や川で使う結び

釣りを楽しむための結び

いざというときの応急手当て

STAFF
写真撮影／嶋田写真事務所 嶋田圭一
執　　筆／川原 白水
イラスト／野泉 千詔　大橋 健造
デザイン／㈲ダイアートプランニング 山本 史子

PART 1

ひもとロープの基礎知識

1 "結び"の発達と用途

"結び"は生活の知恵から生まれた

"結び"の歴史は古く、発祥が石器時代以前といわれています。このころより、人類は火とともにひもをつくり、ひもを結ぶ技術を生み出しました。そして、長い年月をかけて改良と工夫が加えられ、さまざまな結びが発明されました。結びは世界中の民族による日常生活における知恵の集積から編み出され、「結びは文化のバロメーター」といわれます。そうして生み出されてきた"結び"は、用途によって「作業用」と「装飾用」と「知識用」の3つに大別されます。

●"結び"の用途別分類法

[結び]の分類	[結び]の用途・目的・特徴
ロープの端にコブをつくる	ロープの端にコブ(節)をつくり、ストッパーや握り手として使用する。
ロープ同士をつなぐ	ロープの両端を結び合わせてものを締めたり、ロープ同士をつなぎ合わせて長さをのばしたりするときに使用する。
ロープをほかのものに結ぶ	ロープをほかのものに結びつけて運搬に利用したり、端を立ち木などに結びつけたりするときに使用する。"結び"の中で最も用途が広い。
ロープの長さを調節する	長いロープを切断しないで短くしたり、ロープの弱っている部分を補強するときに使用する。
ロープの端に輪をつくる	ロープの端に輪をつくり、負傷者の救助作業や船をつなぎとめたりするときに使用する。輪の大きさが変わらない「固定式」と、自由に輪の大きさを変えられる「緊縮式」に分類される。

用途にあった結び方がある

世界中の“結び”の数は数千種にもおよびますが、これらの結び方一つひとつには、それぞれに適した用途があります。そこで数ある結び方の中から、目的に合ったものを選択することが重要です。下の「"結び"の用途別分類法」を参考にしてください。同じ目的でも結び方はいくつかありますので、その中から最適なものを選択するとよいでしょう。選択する際のポイントは、「結びやすいこと」、「使用中に解けないこと」、「使用後に解きやすいこと」です。

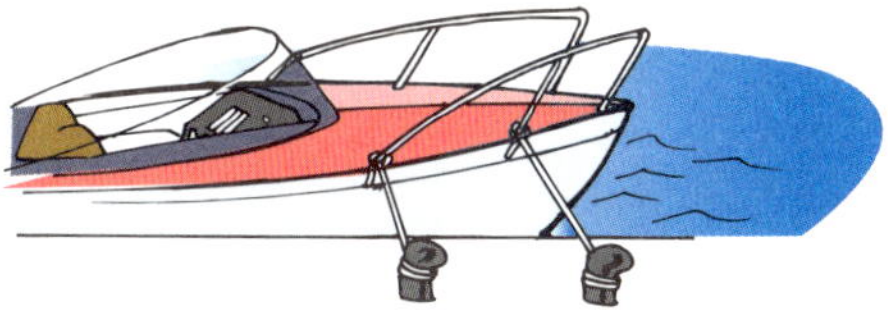

[結び]の分類	[結び]の用途・目的・特徴
ロープの中間に輪をつくる	ロープの中間部に輪をつくり、ものを吊《つる》したり、登山で使用したりする。
木材などを縛り合わせる	木材などを縛《しば》り合わせて、丸太製のイスやテーブルなどをつくるときに使用する。「縛材法《ばくざいほう》」とよばれ、ほかの結びに比べて手順がやや複雑で、なによりも丈夫さが要求される。
装飾として用いる	花びん敷きをひもで作成したり、鎧《よろい》などを装飾するときに使用する。
ロープの端を止める	ロープの端がほつれることを防ぐために使用する。「索端止《さくたんど》め」とよばれる。
ロープを収納する	ロープを携帯・保管するときに使用する。

②"結び"のメカニズム

"結び"のカギは摩擦抵抗

"結び"はロープ同士の摩擦によって生まれる抵抗によって成り立っています。ロープ同士を接触させ、摩擦面をつくり、そこに生じる抵抗により、"結び"を解けなくしているのです。よって、ロープ同士やロープと物体の接触している面積が広ければ広いほど、その結びは強固になります。たとえば、合成繊維でつくられたひもやロープはすべりやすいので、一つの"結び"の上にもう一つ別の結びを重ね、使用中に解けないように工夫することが重要です。

本結び

外科結び

本結びよりも外科結びのほうが摩擦抵抗が大きいので、解けにくい。

"結び"の3要素

世界中に数多く存在する"結び"ですが、どのような"結び"でも、基本的な構造はほぼ同じです。また、どんなに複雑な"結び"でも、一つひとつの手順は単純で、「掛け」、「巻き」、「縛り」の3要素を組み合わせることで、"結び"は成り立っているのです。

掛け（バイト）

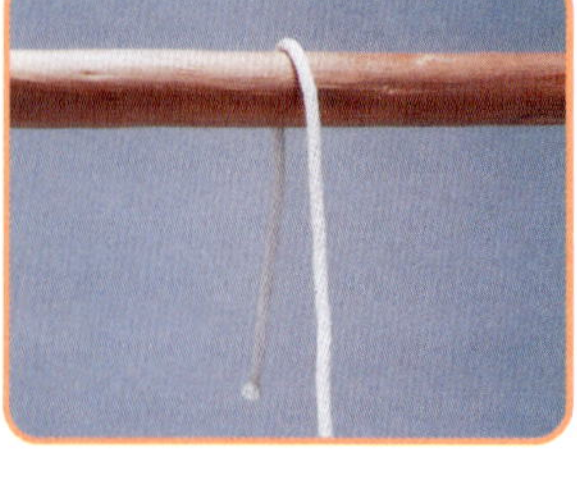

巻き（ターン）

縛り

❸ひも・ロープの構造と種類

ひも・ロープの種類と適正

単純にひも・ロープといっても、さまざまな種類が存在します。これらをわかりやすく整理してみましょう。一般的には、ひも、縄、綱を総称してロープ（Rope）とよんでいますが、専門的には、外接円の直径が16㎜以下のものを細索《さいさく》※注（Small StuffまたはCordage）、それ以上48㎜までのものをロープ、さらにそれ以上のものをホーザー（Hawser）とよんでいます。Thread、Cord、Lineなどとよばれることもあります。

※細いロープの意味。

●ひもとロープの種類

糸	植物繊維または化学繊維をよったもの、あるいは単体のこと。
ひも	植物繊維糸、化学繊維糸をよったもの、または編んだもので、直径8㎜以下のものをこうよぶ。 平織りにしたものや、羽織のひもなどに使用されるものも存在する。
縄	ストランド（子縄）が複数で、ヤーン（子線）数が1本のものをこうよぶ。麻縄、荒縄、シュロ縄などがある。
綱	ストランド（子縄）が複数で、ヤーン（子線）数が複数のものをこうよぶ。縄よりも太い場合が多い。

構造によるロープの分類

3つよりロープの構造

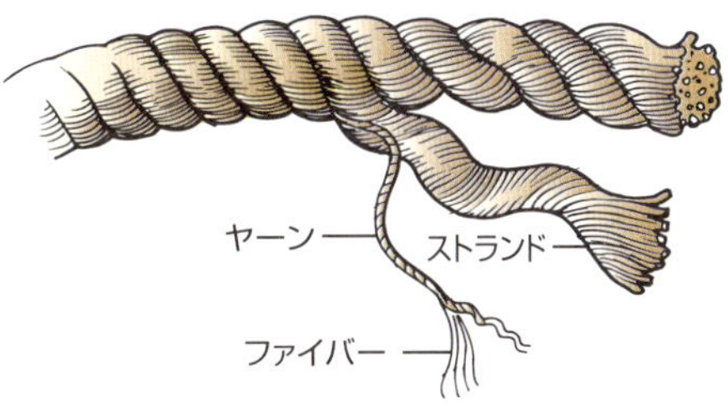

ロープはその構造により、「よりロープ」と「編みロープ」に分けられます。「よりロープ」にはZよりとSよりがあり、「編みロープ」には丸編みロープ、二重丸編みロープ、角編みロープがあります。「3つよりロープ」が一般的にはよく使用されます。3つよりロープは、植物繊維または化学繊維（ファイバー）をより合わせてヤーン（子線）をつくり、ヤーンを数10本集めてヤーンのよりと反対によってストランド（子縄）をつくります。さらにストランドを3本、ストランドのよりとは反対方向によっていくと3つよりロープが完成します。3つよりロープは、そのより方によってZよりとSよりに分けられ、一般的にZよりがよく使用されます。

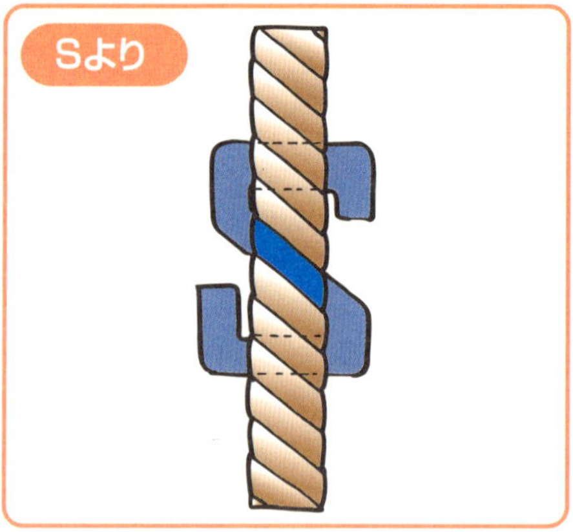

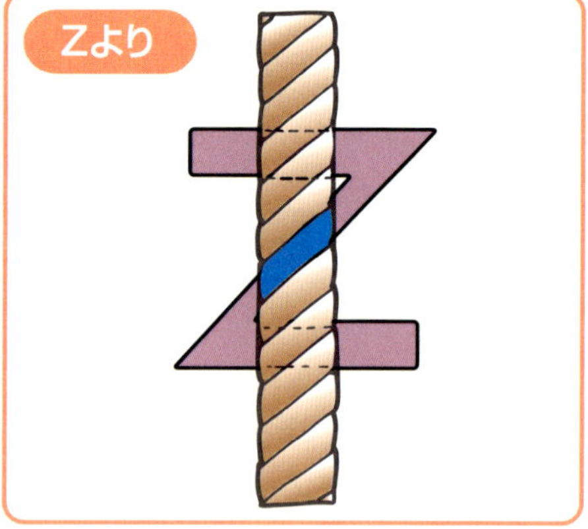

丸編みロープ（ブレード・ロープ）

繊維糸をたばねて芯をつくり、芯の周囲を同質の糸で編んで被覆したもので、一重編み（ブレード・ロープ）のものと二重編み（ダブル・ブレード・ロープ）にしたものがあります。よりがないロープなのでもつれが少なく、旗の掲揚索《けいようさく》などに使用されます。

ブレード・ロープ

ダブル・ブレード・ロープ

角編みロープ（スクエア・ロープ）

Zよりのストランド2本とSよりのストランド2本を一組のストランドとし、このストランド四組を交互に組み合わせて編み込むと角編みロープとなります。よりがないので柔軟で扱いやすく、キンク（P15）が起きない、型くずれしない、強度が同質の3つよりロープとほぼ同じという長所があります。欠点は、のびが大きく、結んだときにすべりやすいということです。エイト・ロープ、クロス・ロープともよばれます。

スクエア・ロープ

ひも・ロープの材料による分類

ひもや縄などのロープを素材によって大別すると、天然繊維でできているもの（天然《てんねん》繊維索《せんいさく》、ファイバー・ロープ）と人造繊維でできているもの（人造繊維索《じんぞうせんいさく》）、針金でできているもの（鋼索《こうさく》、ワイヤー・ロープ）に分かれます。

●代表的な天然繊維索

ヘンプ・ロープ（白麻ロープ）	ヘンプ（大麻）でつくられたロープ。天然繊維索中、最も強度が高いが、水分に対してはあまり強くない。雨や露の影響を受けない場所で使用される。
タール・ロープ	ヘンプ・ロープにタール油を染み込ませて乾燥させたロープ。白麻ロープの欠点を補っているので、水に濡れてもよいところで使用される。ほかのロープに比べ、引っ張り強度がやや劣ることが欠点。
マニラ・ロープ	マニラ麻とよばれているが、麻ではなくアバカ（abaca）とよばれる「マニラいと芭蕉」の葉から採れる繊維でつくられる。良質のマニラ・ロープは、硬くて柔軟性に富んでいる。黄色みがかった銀色をしており、真珠のような光沢がある。同径のヘンプ・ロープに比べてやや強度が劣り、使用期限もタール・ロープより短い。軽く、水に浮かびやすいことが特徴。
サイザル・ロープ	ユカタン半島やジャワに多く生育する、サイザル（リュウゼツランの一種）から採れる繊維でつくられる。ヘンプロープやマニラロープに比べて色が白く、強度はマニラロープの3分の2程度。
カイヤー・ロープ	ヤシの実の殻からとれる繊維でつくられたロープ。弾力性が強く、軽くて水に浮くことが特徴。強度と耐久性は、マニラ・ロープの半分程度。
コットン・ロープ（綿ロープ）	コットン（木綿）の繊維でつくられるロープ。白く美しい外見をしており、曲げやすく扱いやすい。吸水性が強く、濡れると硬くなる。ヨットやクラフトなどで多用される。

●代表的な人造繊維索

再生繊維索	木材パルプや、綿の実から綿花を採ったあとに残った繊維（コットンリンタ）に含まれている繊維素を薬品で分解し、再配列してつくられた繊維によってつくられたロープ。再生繊維名としては、レーヨン、ポリノジック、キュプラなどが有名。
合成繊維索	石油などから、化学的に合成してつくられた繊維を原料としたロープ。合成繊維名としては、ナイロン、ビニロン、ポリエステル、ポリエチレン、ポリプロピレンなどが有名。
半合成繊維索	天然材料に化学薬品を作用させて繊維をつくり、その繊維を材料としてつくられたロープ。半合成繊維名としては、アセテート、プロミックスなどが有名。
無機繊維索	ガラスや金属などの無機物からつくられたロープ。無機繊維名としては、グラスファイバー、金属繊維、炭素繊維、岩石繊維などが有名。

④ ロープの各部の名称と扱い方

ロープの各部の名称

結びの手順や方法を練習するために、ロープの各部の名称を覚えましょう。端、元、バイト、輪の4つと、目、索端を覚えておけば大丈夫です。

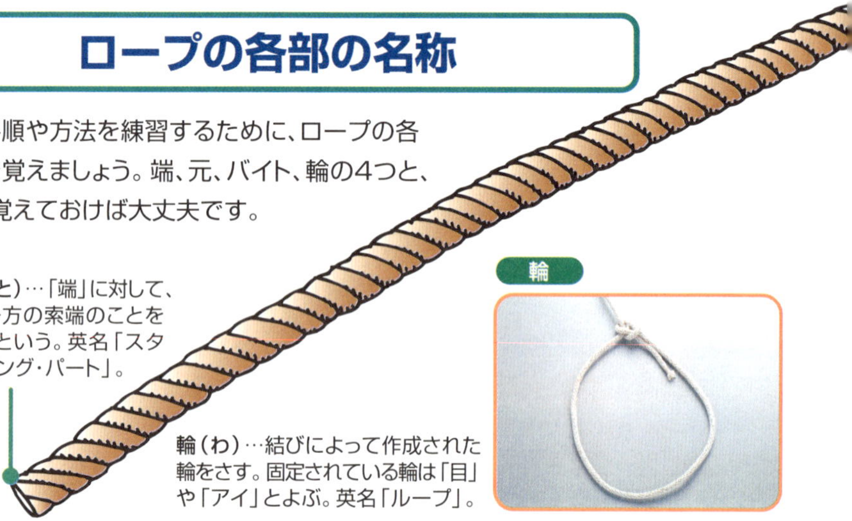

元（もと）…「端」に対して、もう一方の索端のことを「元」という。英名「スタンディング・パート」。

輪

輪（わ）…結びによって作成された輪をさす。固定されている輪は「目」や「アイ」とよぶ。英名「ループ」。

ロープのメンテナンス

ロープを使用し終えたら、次回に使用するための準備をしましょう。メンテナンスは、ロープを扱う上での基本中の基本です。

①ロープをよく点検し、異常がないか確かめる。

②ロープは湿気に非常に弱いので、使用後は十分に乾燥させること。高温もロープに悪影響を与えるので注意。

③海で使用しているロープの場合は、真水を使ってときどき塩抜きを行う。

④ロープは日光（紫外線）に弱いので、直射日光にさらされない場所に保管すること。人造繊維索は特に日光に弱い。

⑤ロープを保管するときは、雨、風、ほこり、湿気を避けられる場所に保管すること。

バイト…ロープの屈曲している部分のことをこうよぶ。「屈曲部」、「曲がり」ともよぶが、一般的には「バイト」が多用される。
端（はし）…ロープの、結びに使用する先端のこと。「手」、「ランニング・エンド」ともよぶ。

※索端《さくたん》とは…
1本のロープの両端のこと。「エンド」ともよばれる。

こんなロープは危険

ロープは、使用し続けていると徐々に痛んできます。大切に使用すればロープはかなり長持ちしますが、1本のロープをあまり長い期間使用することは危険です。ロープを大事にする気持ちは大切ですが、ロープは消耗品です。危険なロープは処分しましょう。

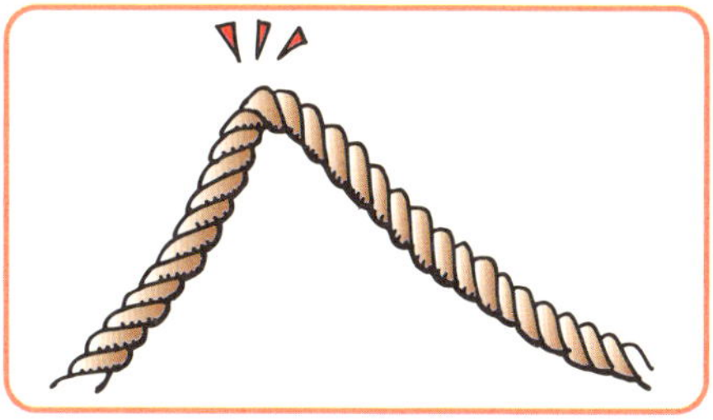

①キンクのできたロープ。"く"の字型に急角度で屈曲した部分のことを「キンク」という。天然繊維索はキンクによる強度低下が著しく、人造繊維索は強度低下が少ない。編みロープは、このキンクが生じにくい。

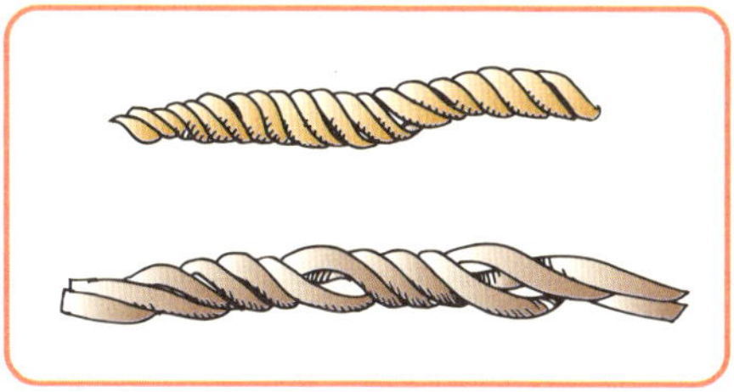

②よりがかかりすぎたり、戻ってしまったロープ。

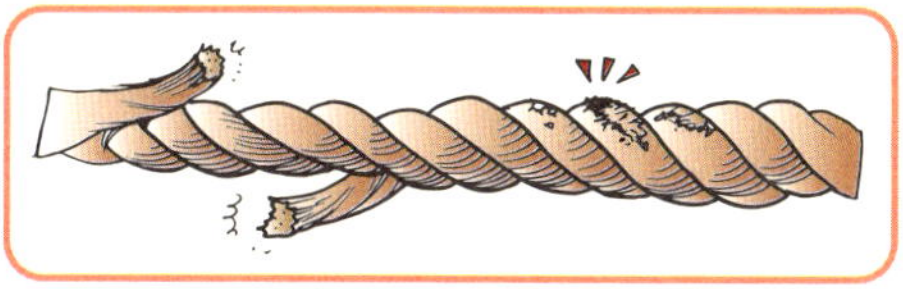

③ストランド（子縄）が切れたり、すり切れているロープ。

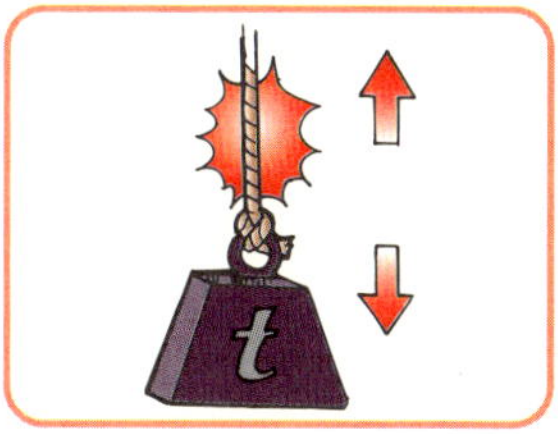
t

④過荷重のかかったロープや、急激な力がかかったロープ。

⑤虫に食われたり、腐食してしまった植物繊維ロープ。

ロープの正しい取り扱い方

ロープは消耗品ですが、大切に取り扱えば、かなり長持ちします。逆に、粗末に扱えば、そのぶん寿命が短くなり、危険になります。ロープの性能を十分に発揮させ、長い間安全に使用するためには、ロープの正しい使用方法を知ることが大切です。以下に注意点を記載しますので、しっかりと守るようにしましょう。

①ロープを地面に直接置かない
ロープを地面に置くと、泥がついたり、小石などがロープに入ってしまい、寿命を縮める。ビニールシートなどを下に敷いてからロープを置くようにすること。

②ロープを踏まない
ロープを踏むと、形が崩れたり、中に入っていた小石でロープが内部から切断され、寿命が縮んでしまう。

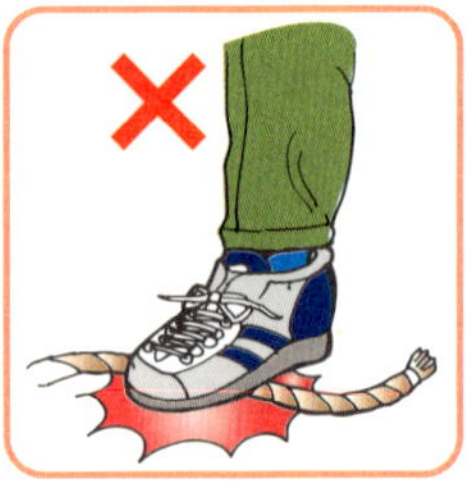

③危険なロープは使用しない
古くてすり切れているロープや、ふやけて柔らかくなってしまったロープは、危険なので使用しないこと。

④ロープを安全に使用できる荷重にとどめる
荷重がかかりすぎる場合には、ロープを二重にしたり、「鎖結び」（P99）などを行って、ロープの強度を高めてから使用すること。

⑤ロープに急激な力を加えない
ロープに急激な力を加えると、ロープが伸びたり、切れてしまうことがあるので、絶対に行わないようにすること。

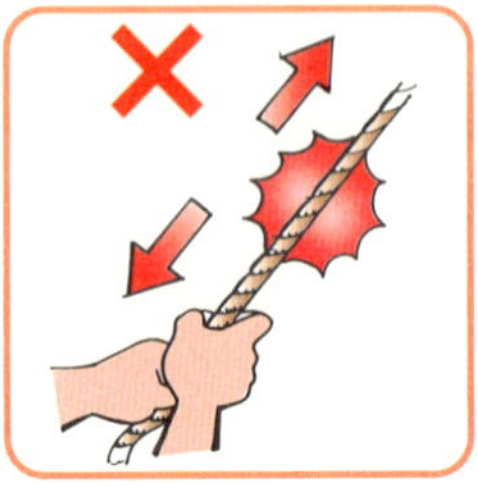

⑥ロープをむやみに濡らさない
天然繊維のロープは非常に水に弱いので、もし濡れてしまったときは、陰干しを行って十分に乾燥させること。

⑦ロープの両端は索端止めをしておく
ロープの端に索端止めを行わないと、どんどんほつれてしまう。索端止めは必ず行うこと。

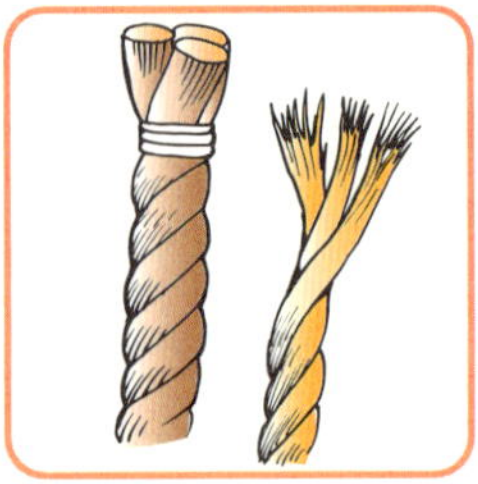

⑧岩角や角材、立ち木にロープを結ぶときには当て布をする
角材などの鋭角なものにロープを結ぶときには、ロープが摩擦ですり切れてしまわないように、当て布をすること。立ち木の場合も同様に当て布を行う。ロープを保護するだけでなく、立ち木の保護にもなる。

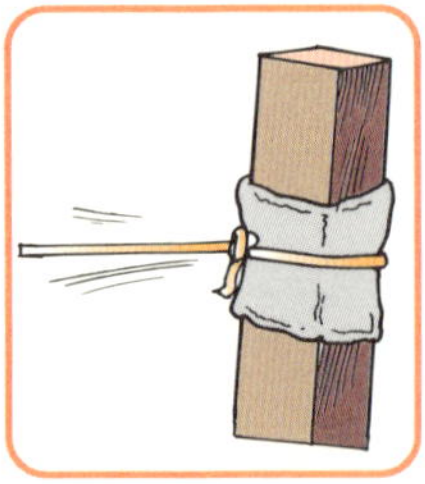

PART 2

＜基本編＞

これだけはマスターしたい 結びの基本

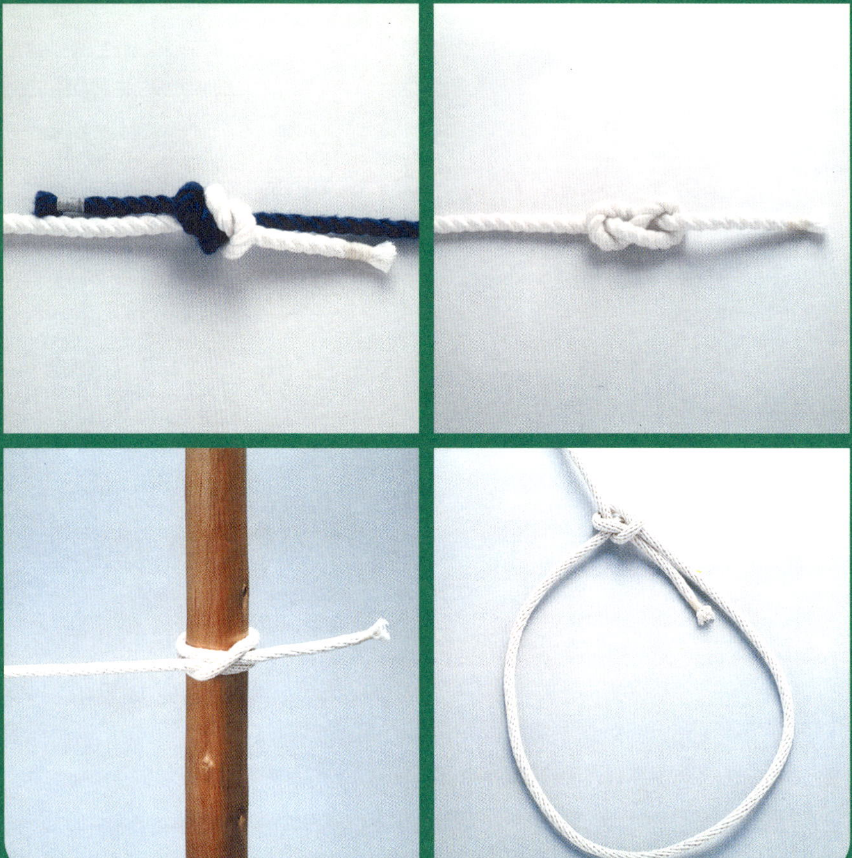

1 コブをつくる結び

ロープの端や中間点にコブをつくって、握り手として利用したり、滑車などのストッパーに使用できます。大きなコブをつくることにより、そのコブが重しとなり、ロープを遠くに投げるときにも利用できます。

止め結び
オーバーハンド・ノット

基本中の基本ともいえる結び方。結んだところにコブをつくるので、別の結び方で物などを縛ったときに、そのロープの端にコブをつくって、ほどけるのを防いだり、すべり止めなどに使用します。「ストッパー・ノット」ともよばれます。

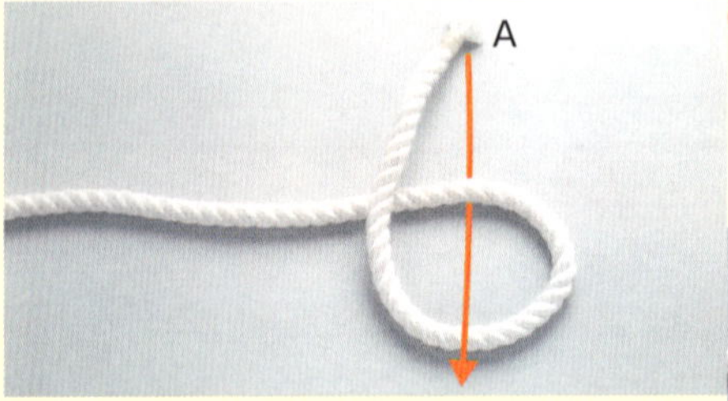

1 ロープの端に輪をつくり、その中に端Aを通す。

2 Aの端と元を引っ張り、結び目を締める。

3 完成。

固め止め結び

ダブル・オーバーハンド・ノット

止め結びのからみを1回増やし、強度を上げた結び方で、止め結びと同じ用途に使われます。止め結びよりも大きなコブが必要なときに使用します。

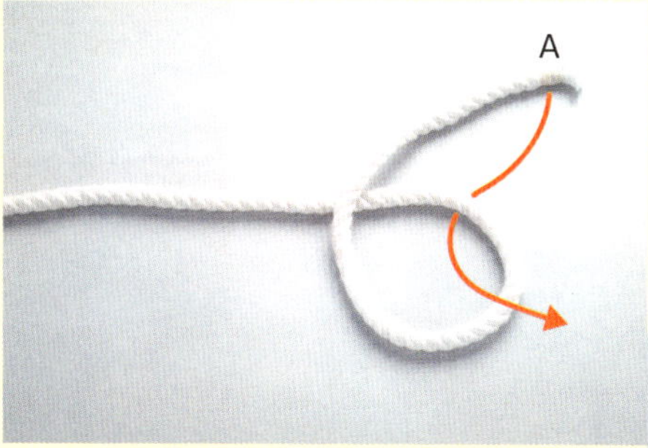

1 止め結びと同じように、輪をつくってAを輪に通す。

2 矢印のようにAの端を移動させ、もう一度輪に通す。

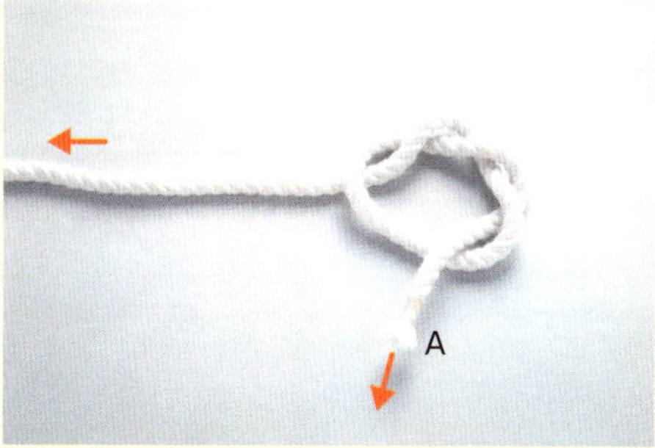

3 Aの端と元を引っ張り、形に注意しながら結び目を締める。

できあがり

4 完成。

8の字結び

フィギュア・エイト・ノット

結び目の形が数字の「8」の字に似ていることから、この名前がつけられました。固め止め結びに比べて、大きくしっかりしたコブをつくることができます。

1 Aの端に輪をつくり、元に1回巻きつける。

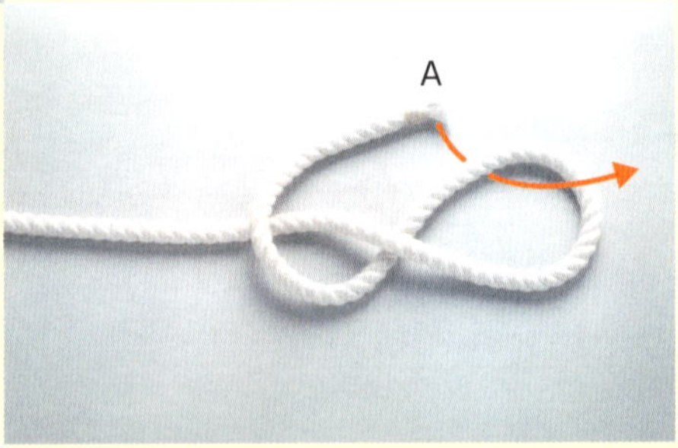

2 Aの端を矢印のように輪の中を通し、結び目をつくる。結び目が数字の「8」になっていることに注目。

3 Aの端と元を引っ張り、結び目を引き締める。

4 完成。

仲仕結《なかし》び

ステベダーズ・ノット

より大きなコブをつくることができる結び方。太いロープを使用すれば、握りこぶし大のコブをつくることも可能。荷役用の滑車のストッパーなどに使用されることが多い結びです。

1 Aの端に輪をつくり、矢印のように元に巻きつける。

2 Aの端を矢印のように移動させ、もう一度元に巻きつける。（合計2回）

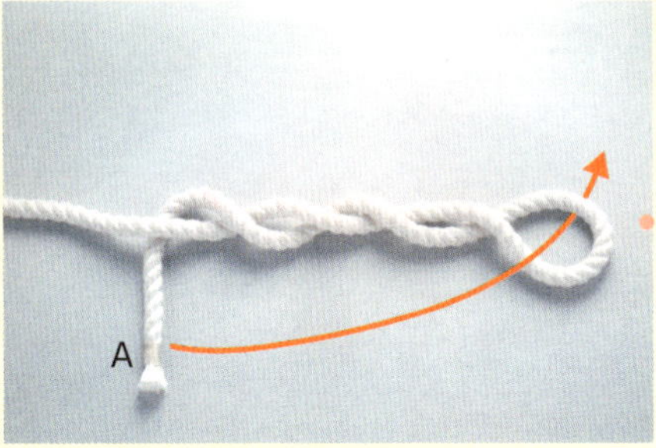

3 Aの端を輪の中に通す。

4 Aの端と元を引っ張り、結び目を引き締める。

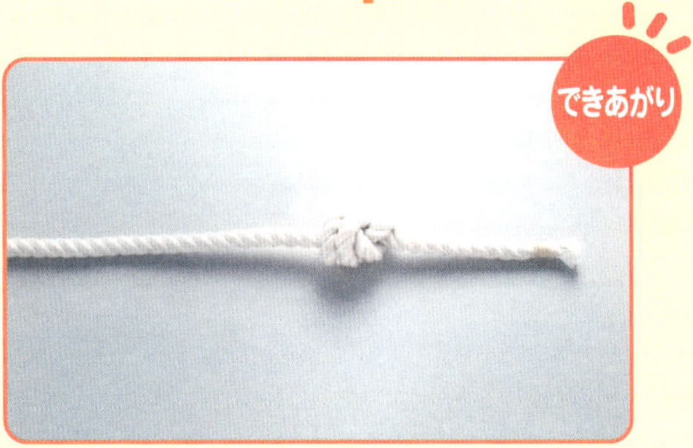

5 完成。

②ロープ同士をつなぐ

短い2本のロープをつないで長くしたり、1本のロープで物を縛ったりするときに使います。2本のロープ同士をつなぐ場合は、すべりやすさに注意し、材質に合わせた結び方を選び、つなぎ目の強度を確認することが重要です。

本結び
スクエア・ノット

ロープ同士をつなぐときの基本となる結び方。一度締めると固く締まりますが、材質や太さが違うロープを結ぶのには不向き。結びが逆になると解けやすいので注意しましょう。

1 ロープの端を交差させ、Aの端を矢印のようにBの下を通し、ひと巻きする。

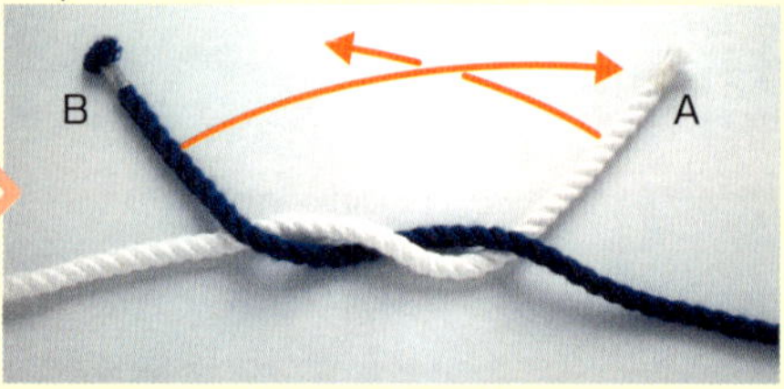

2 Bが上にくるように、端を交差させる。

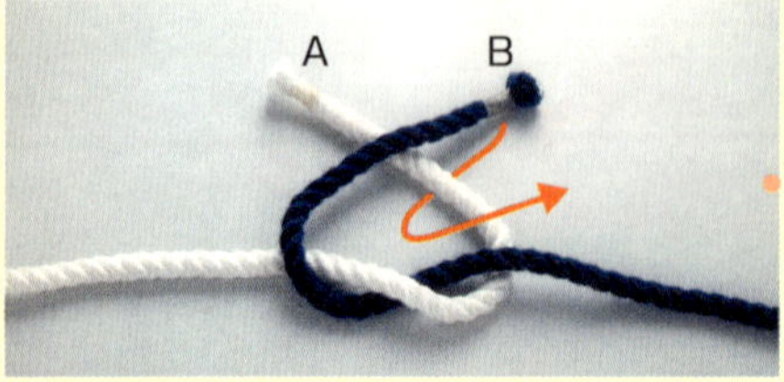

3 Bの端を、矢印のように輪の中心に通す。

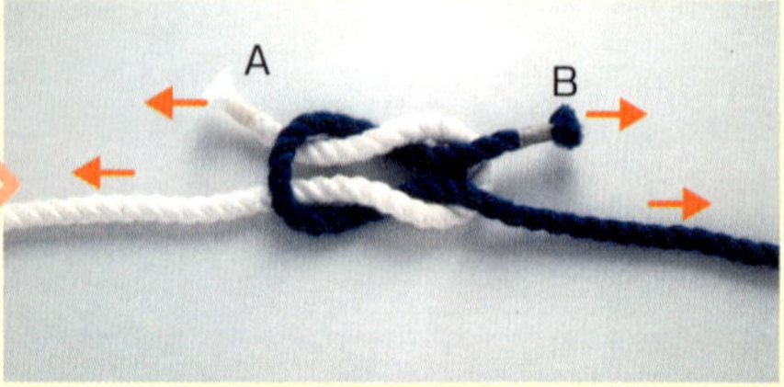

4 AとBの端と元を引っ張る。

5 形を整えて完成。

はな結び

ボウ・ノット

いわゆる蝶結びで、両方の端を引き解け結びの形にしたもの。形が美しい上に強度が高く、解くときも容易なので、多用されます。

1 本結びの2をつくり、Bの端を半分に折る。

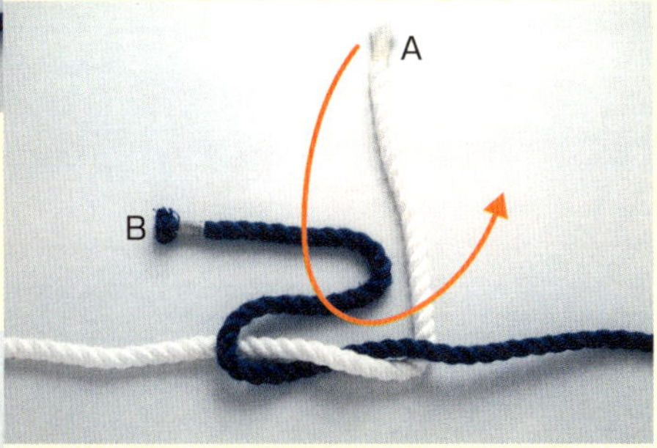

2 Aを、Bの折り曲げた部分に巻きつける。

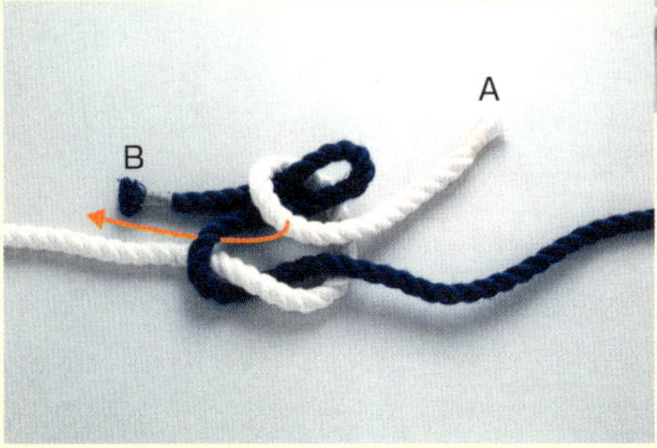

3 Aの中間の部分だけを、矢印のように輪に通す。

できあがり

4 両方の輪の部分と元の部分を引っ張り、形を整えて完成。

片はな結び

ドロー・ノット

本結びやはな結びの変形。一方の端を引き解け結びの形にしてあるので、その端を引っ張れば簡単に解くことができます。

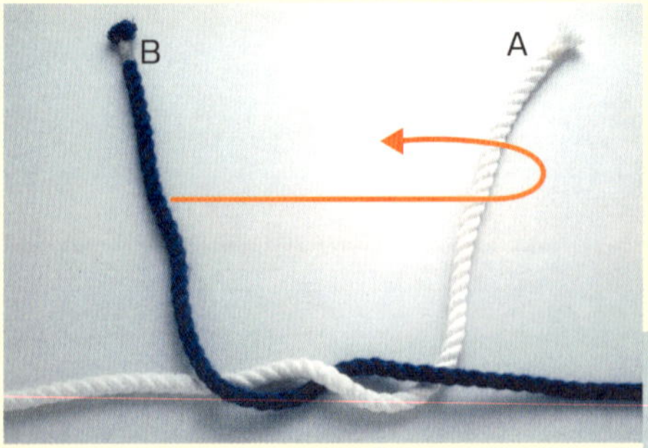

1 AとBを交差させ、AをBの元に1回巻きつける。Bの端を半分に折る。

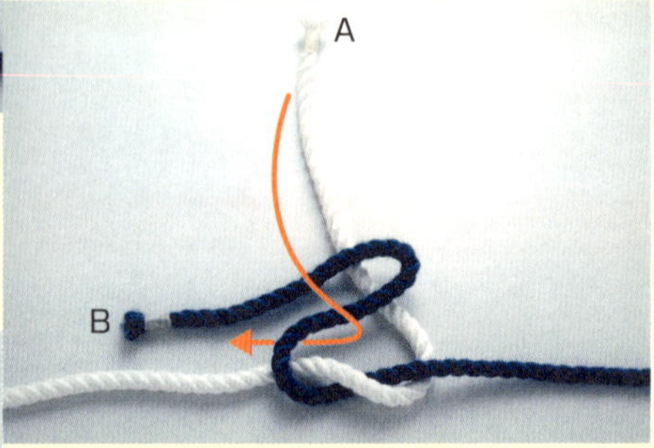

2 矢印のように、Aのロープの端をBの屈曲部に巻きつけながら輪の中に通す。

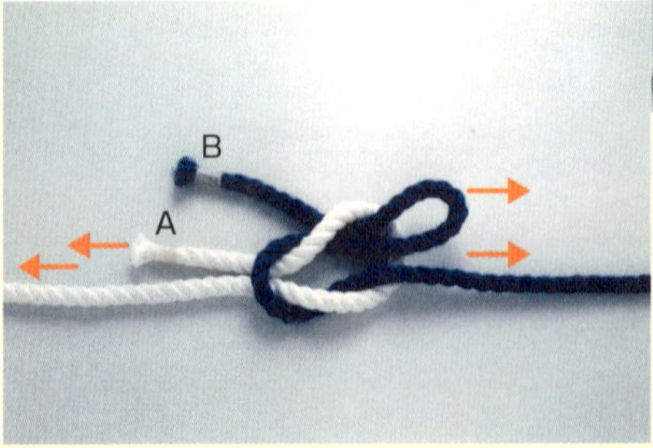

3 Bの屈曲部と元、Aの端と元を同時に引っ張り、引き締める。

できあがり

4 形を整えて完成。

外科結び

サージャンズ・ノット

本結びよりも1回多く巻きつける結び方。強度が高く、すべりやすいロープにも使用できます。外科手術で皮膚を縫合するときに使用する結び方です。

1 AとBを交差させ、AをBの元に1回巻きつける。矢印のように、さらにひと巻きする（合計2回）。

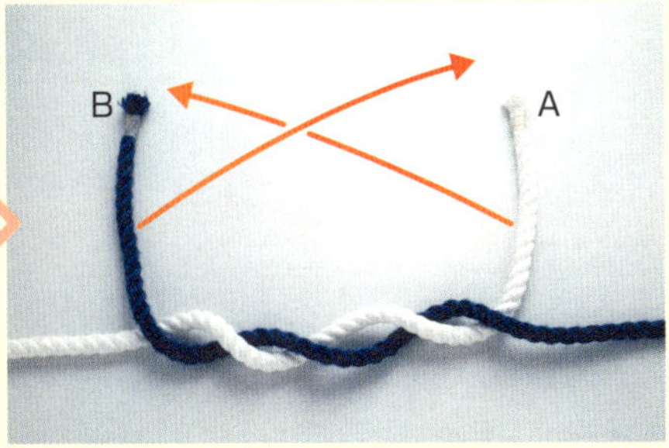

2 Bが上にくるように、AとBの端を交差させる。

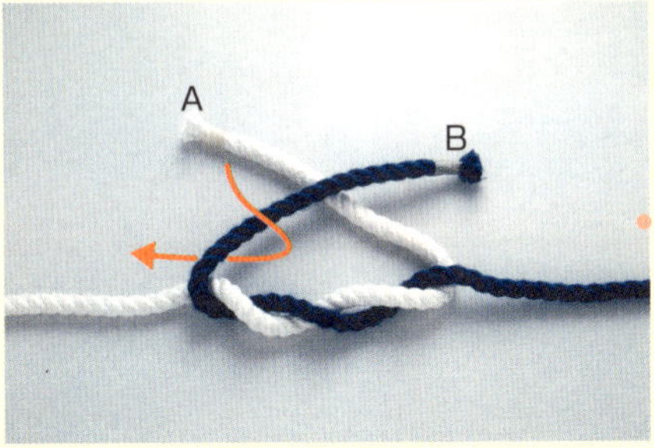

3 Aの端を、矢印のように輪の中に通す。

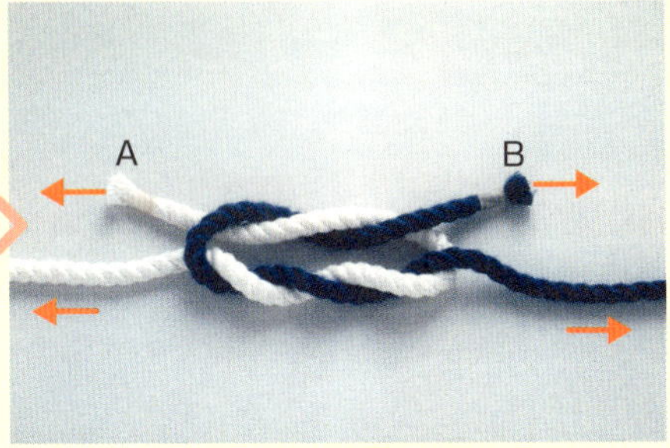

4 A、Bの端と元を引っ張り、引き締める。

5 形を整えて完成。

テグス結び
フィッシャーマンズ・ノット

名前が釣り糸の「テグス」に由来している結び方。強度が非常に高く、すべりやすい釣り糸や、太さの異なるロープを結ぶときに適しています。別名「相引き結び」、英名「アングラーズ・ノット」。

1 ロープを平行に並べ、Aの端をBの上から下に回してひと巻きし、端を輪の中に通す。

2 Aの端と元を引っ張り、結び目を締める。

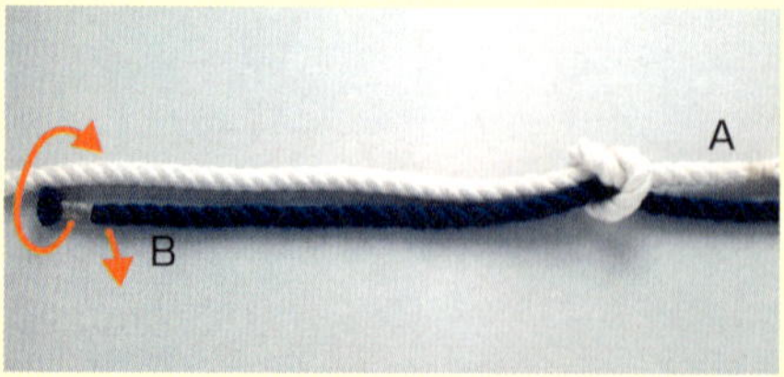

3 Bの端をAのロープにひと巻きする。

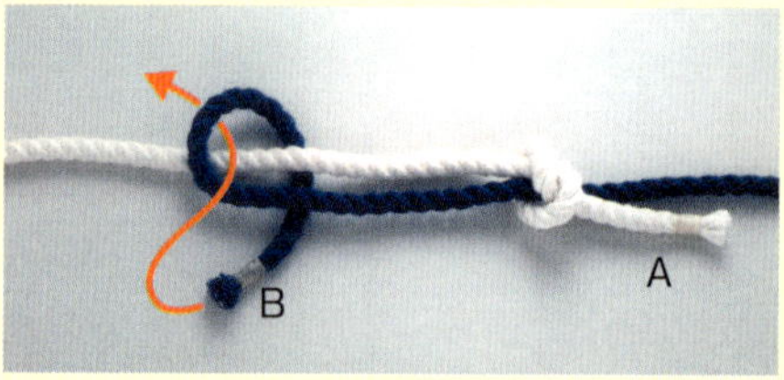

4 矢印のように、Bの端を輪の中に通す。

5 Bの端と元を引っ張り、結び目を締める。

6 Aの元とBの元を引っ張り、結び目を締める。

7 完成。

二重テグス結び

ダブル・フィッシャーマンズ・ノット

「テグス結び」のからみを1回増やすことによって、さらに強度を高めた結び。解くことが困難な結びなので、解くことを前提とした使用は避けましょう。結び目が大きくなるので、太いロープには不向き。

1 テグス結びの1のようにAの端をBのロープにひと巻きし、輪の中に通す。

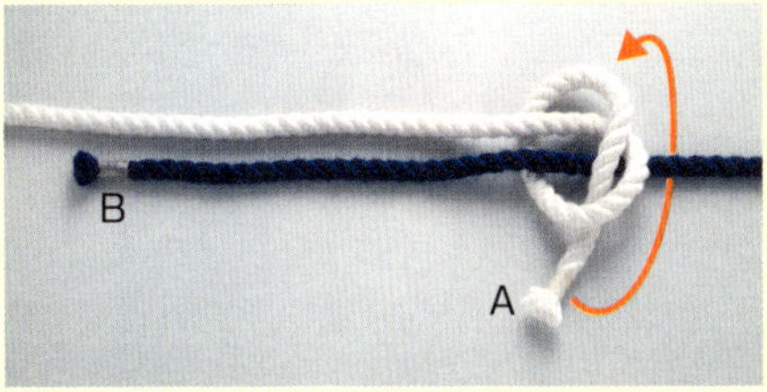

2 Aの端をさらにひと巻きして、輪の中に通す。

3 Aの端と元を引っ張り、結びを締める。

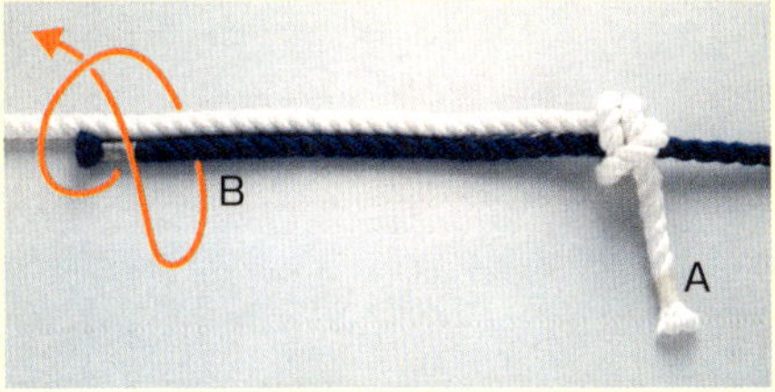

4 1と同じように、Bの端をAのロープに巻きつけ、輪の中に通す。

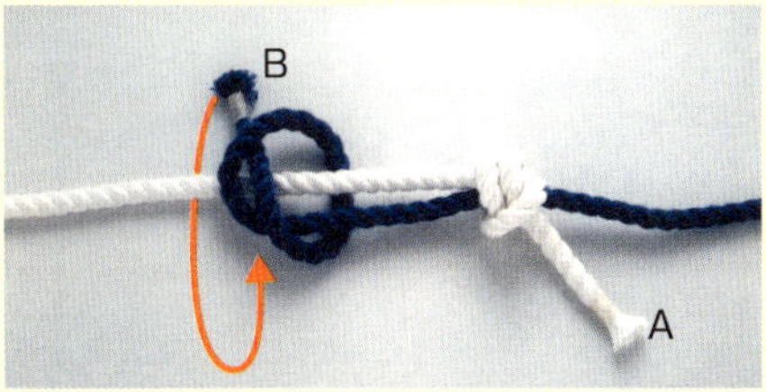

5 Bの端をさらにひと巻きして輪の中に通す。

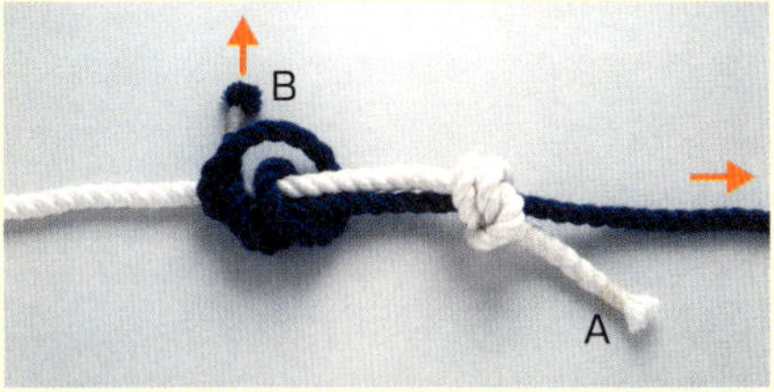

6 Bの端と元を引っ張り、結び目を締める。

7 Aの元とBの元を引っ張り、結び目を締める。

8 完成。

一重《ひとえ》つぎ
シート・ベンド

機織《はたお》りで切れた糸を結ぶのに使用するので、「機《はた》結び」ともいう。シンプルな結び方ですが、強度があります。結ぶのも解くのも簡単なので、いろいろな用途で使用できます。

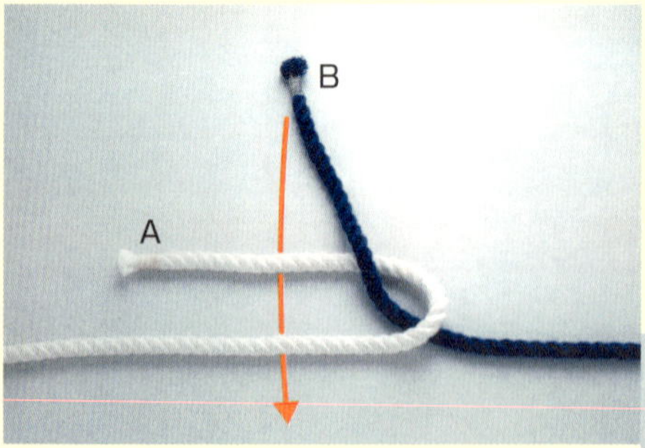

1 Aの端を2つに折り、Bをその間に通し、矢印のようにAの後ろに通す。

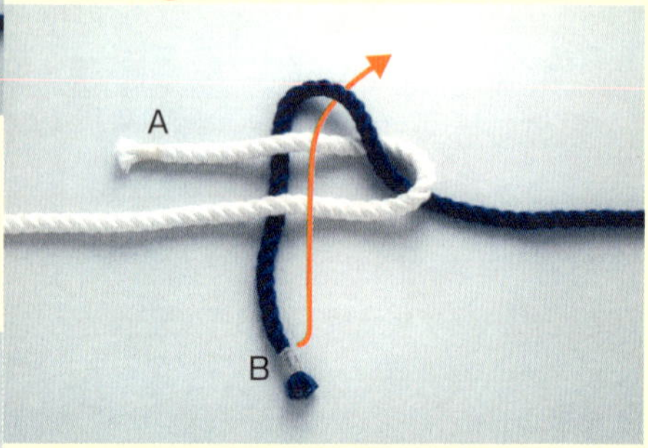

2 Bの端を矢印のように輪に通す。

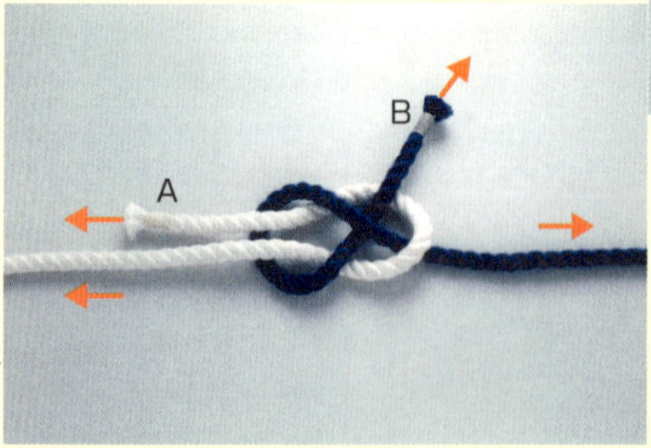

3 Aの端と元、Bの端と元を引っ張り、結び目を締める。

4 完成。

二重《ふたえ》つぎ
ダブル・シート・ベンド

「一重つぎ」のからみを1回増やした結び方。一重つぎよりも強度において勝りますが、そのぶん解けにくくなります。太さや材質の違うロープを結ぶのに適しています。

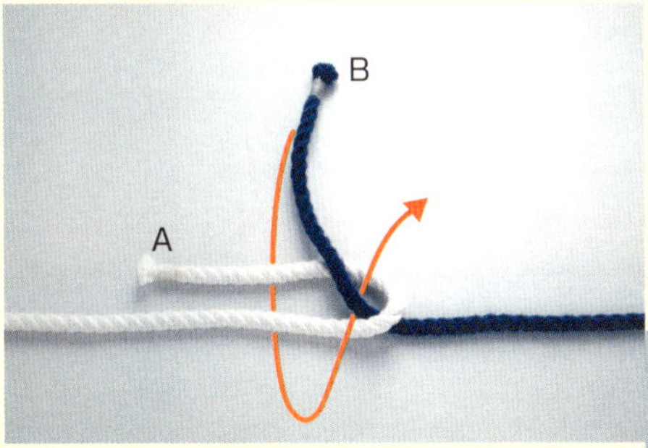

1 Aの端を2つに折り、Bをその間に通す。Bの端を矢印のようにAに巻きつけ、輪に通して、一重つぎをつくる。

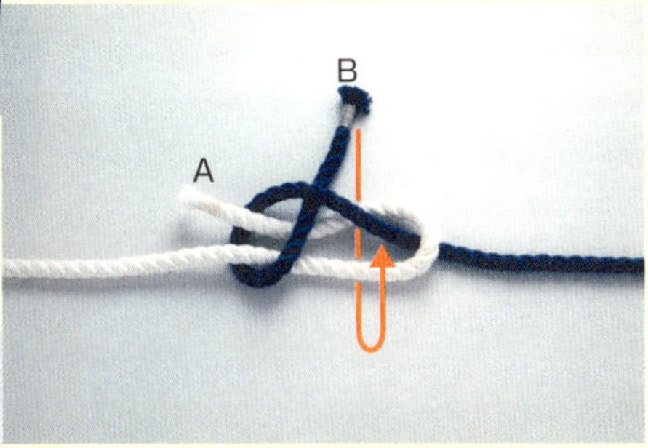

2 Bの端を矢印のように移動させ、もう一度Aのロープに巻きつけて、輪に通す。

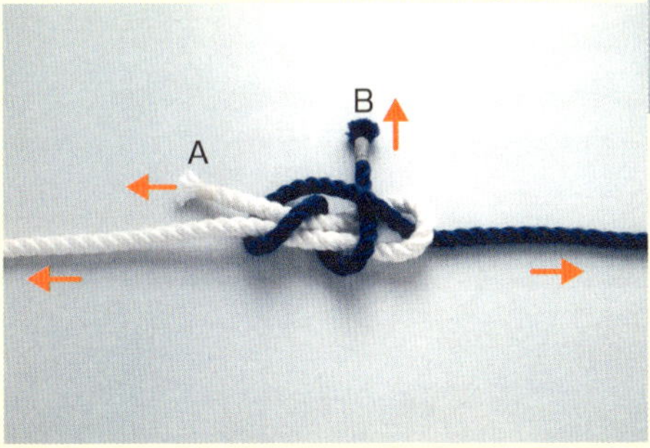

3 Aの端と元、Bの端と元を引っ張り、結び目を引き締める。

4 完成。

③柱などに結びつける

柱や立ち木、物などにロープを結びつけるときのポイントは、結び方の強度と、解きやすさです。ボートを岸につなぎとめたり、登山で荷物を吊り上げたり吊り下げたりと、覚えておくとさまざまな場面で活用できます。

ひと結び
ハーフ・ヒッチ

結びの基本となる、シンプルな結び方。強度が低いため、単体で使用されることはあまりなく、ほかの結びの補強目的などに使用されます。いろいろな局面で役立つので、必ず覚えておきたい結び方です。

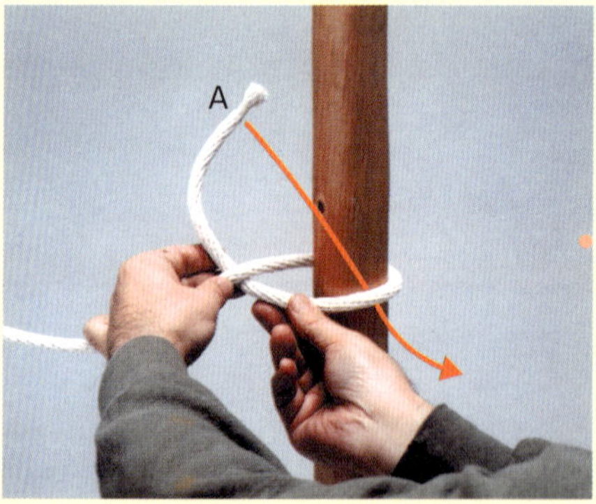

1 柱にロープを巻きつけ、Aの端を矢印のように輪の中に通す。

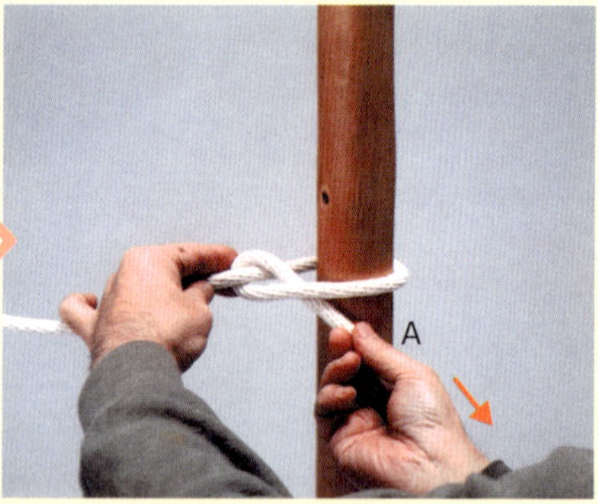

2 Aの端を引っ張り、結び目を締める。

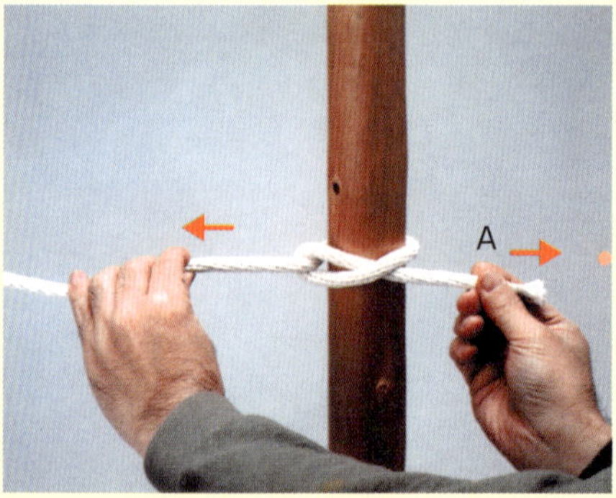

3 さらにAの端と元を引っ張り、柱にしっかり結びつける。

4 完成。輪に通した部分からAの端までは10㎝以上の長さをとっておくと、ほどけにくい。

ふた結び

ツー・ハーフ・ヒッチ

ひと結びを2回繰り返した結び方。ひと結びに比べ、強度も増します。テントの張り綱の固定などに多用するので、アウトドアでは必須の結び方といえます。すべりやすいロープは不向きです。

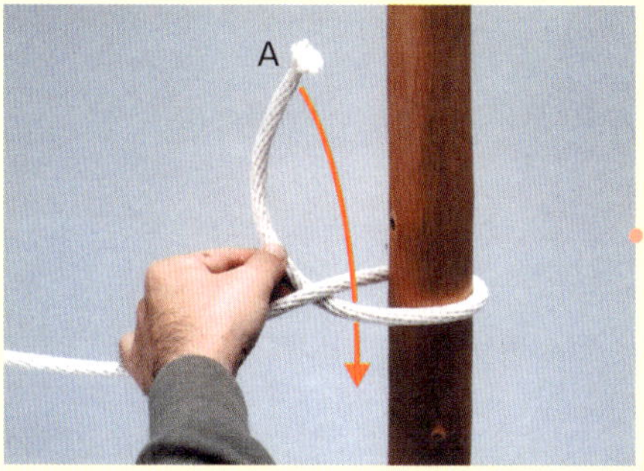

1 ロープを柱に巻きつけ、ひと結びをつくる。

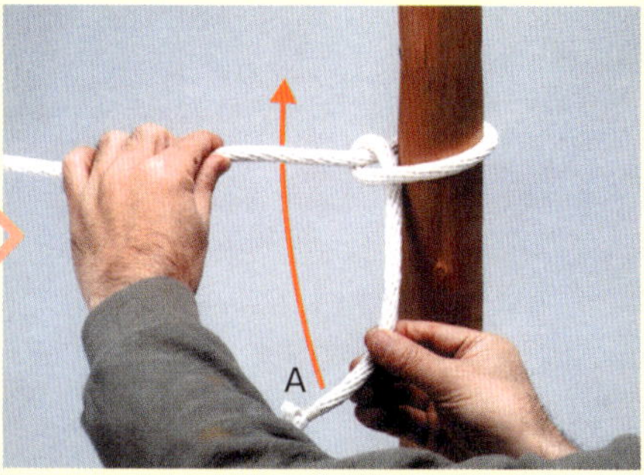

2 Aの端を矢印のように移動させ、もう一度ひと結びをつくるためにロープを上げる。

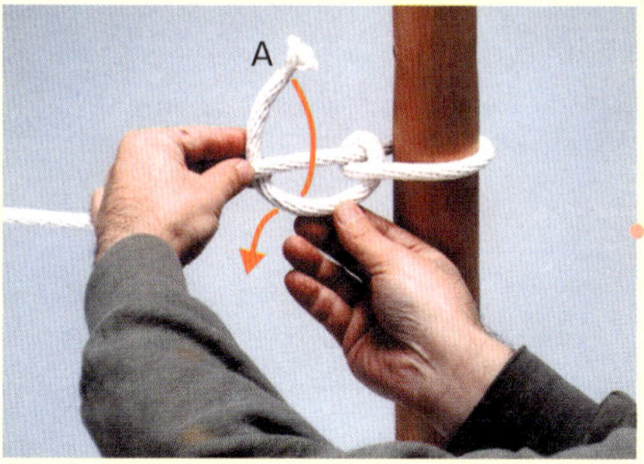

3 輪の中にAの端を通し、もう一度ひと結びをつくる。

4 Aの端と元を引っ張り、結び目を引き締める。

5 完成。

巻き結び1
クラブ・ヒッチ

簡単に結べ、いろいろな用途に使用できる結び方です。ロープの片側だけに力がかかると解けやすいので注意が必要。逆に、ロープの両方にテンションがかかる用途には最適な結び方。

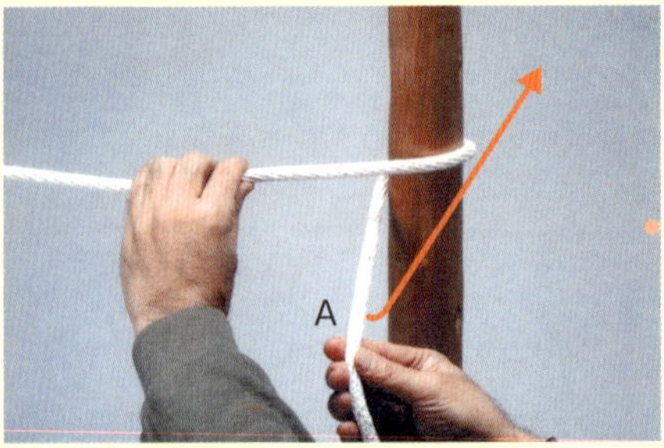

1 ロープを柱に巻きつけ、もうひと巻きするためにロープを上げる。

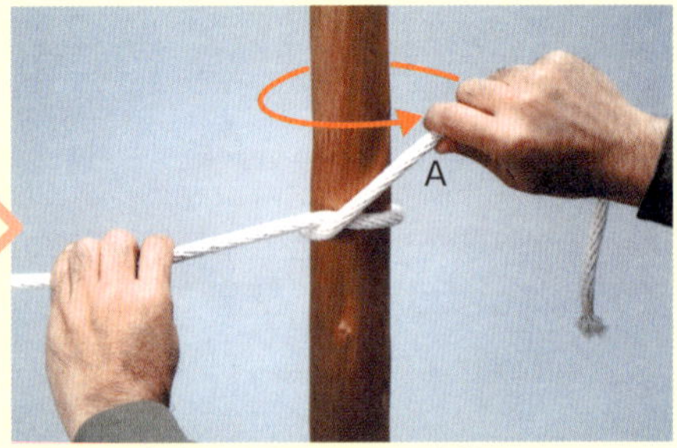

2 Aを矢印のように、もう一度巻きつける。

3 Aの端を矢印のように通す。

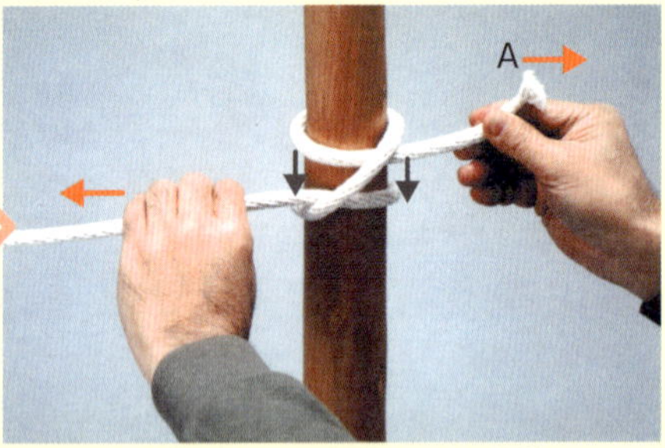

4 最後に巻きつけた部分を下に移動し、元のロープに寄せる。Aの端と元を引っ張り、結び目を引き締める。

できあがり

5 形を整えて完成。Aの端が短いと解けやすくなるため、10㎝以上出しておくこと。

巻き結び2
クラブ・ヒッチ

杭など、ロープの輪を上から通せる場合に使用します。
「巻き結び1」に比べ、スピーディーに結ぶことが可能です。

1 写真のように、ロープで輪をつくる。ロープの上下に注意すること。

2 輪を左手で押えて右手でもう1つ輪をつくる。ロープの上下に注意すること。

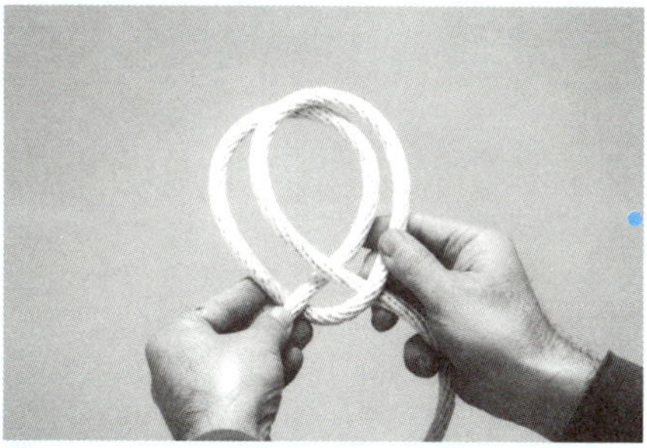

3 右の輪を左の輪の上に重ねる。

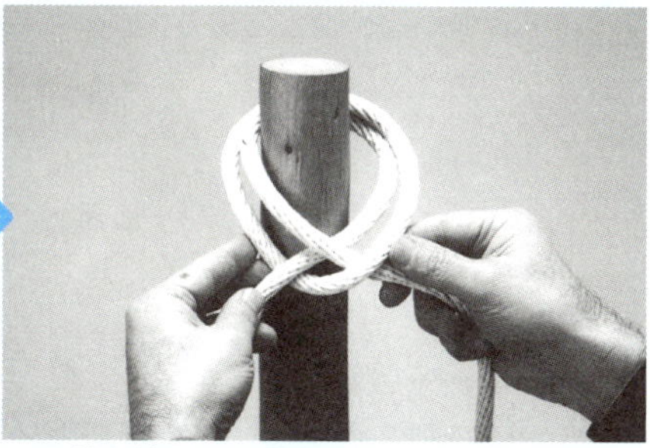

4 輪を杭などに通す。

できあがり

5 ロープの端と元を引っ張り、結び目を引き締めて完成。

二重巻き結び

ローリング・ヒッチ

巻き結びの巻きつけを1回増やした結び方です。そのぶん強度も上がっています。重いものを吊り下げるときや、船の帆を取りつけるときなどに使用します。「枝結び」ともよばれます。

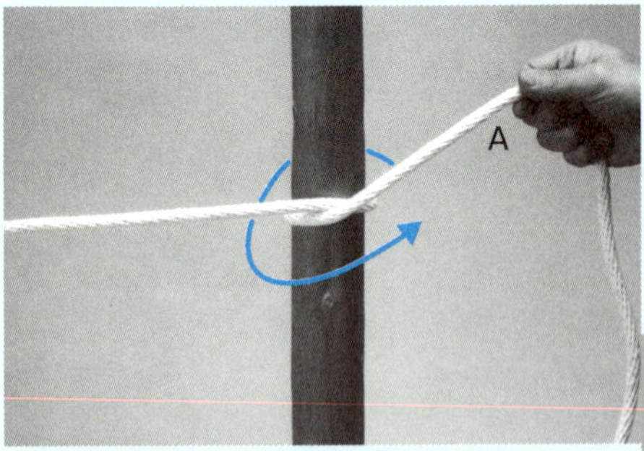

1 写真のようにロープを柱に巻きつけ、さらに矢印のように、元のロープの下側を通しながらもう一度巻きつける。

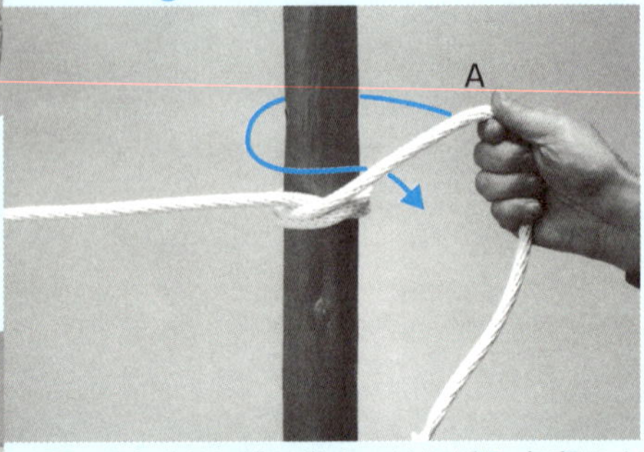

2 Aをさらに柱に巻きつけながら、矢印のように輪と柱の間に通す。

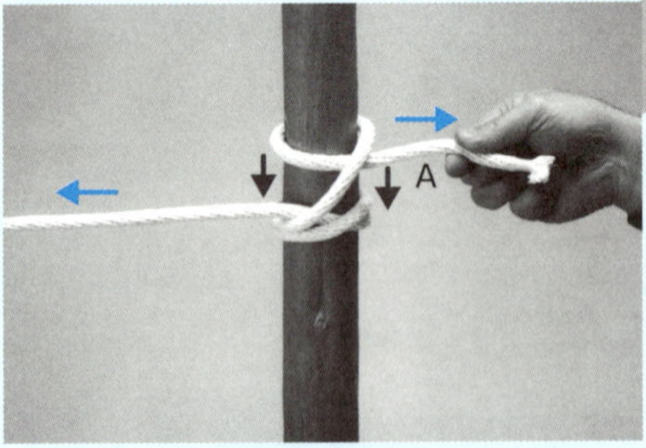

3 最後に柱に巻きつけた部分を下に移動し、元のロープに寄せる。Aの端と元を引っ張り、結び目を引き締める。

できあがり

4 完成。

ねじ結び
ティンバー・ヒッチ

「ひと結び」のからみの回数を増やした結び方。強度があまりないため、ロープや結びつける柱などがすべりやすい場合には注意が必要です。別名「立ち木結び」「より結び」。

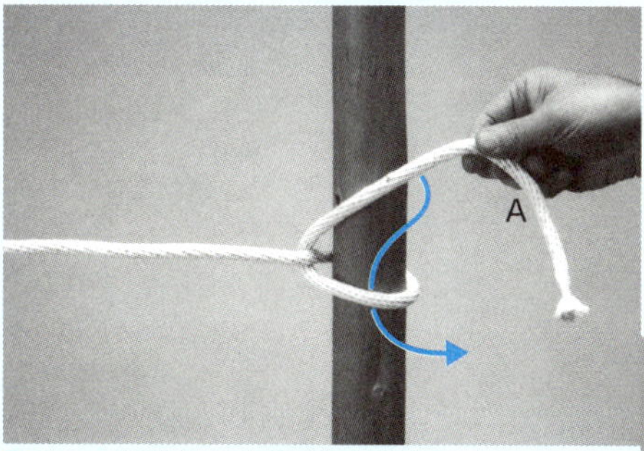

1 ロープを柱にひと巻きしたあと、Aを矢印のように輪に通し、ひと結びの形をつくる。

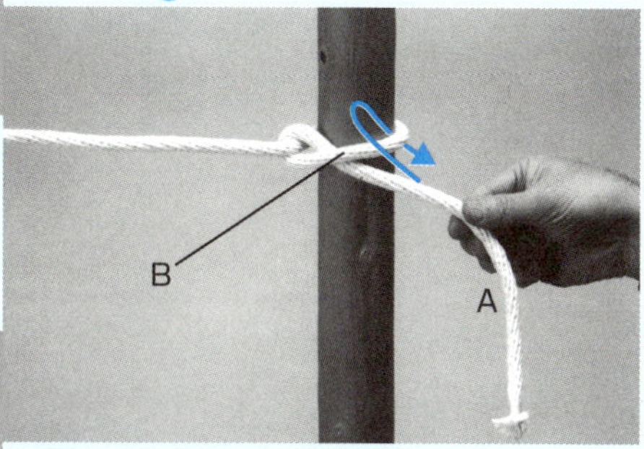

2 Aを矢印のように移動させ、Bのロープに2回巻きつける。

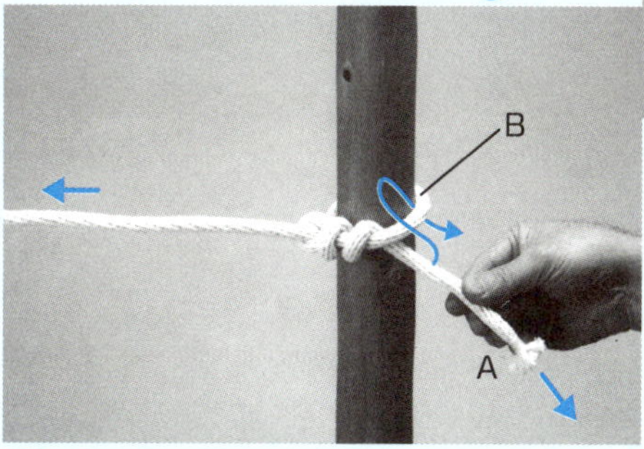

3 Aをもう1回、Bのロープに巻きつけたあと（合計3回）、Aの端と元を引っ張り、結び目を引き締める。

できあがり

4 完成。Aのロープをねじりつける回数を増やすほど強度が増す。

てこ結び

ボート・ノット

ボートを杭につないだり、縄ばしごをつくったりするときに使用する結び方。簡単に結ぶことができるので、いろいろな用途で使用できます。「マリーン・スパイク・ヒッチ」ともよばれます。

1 写真のように、柱にロープを巻きつける。

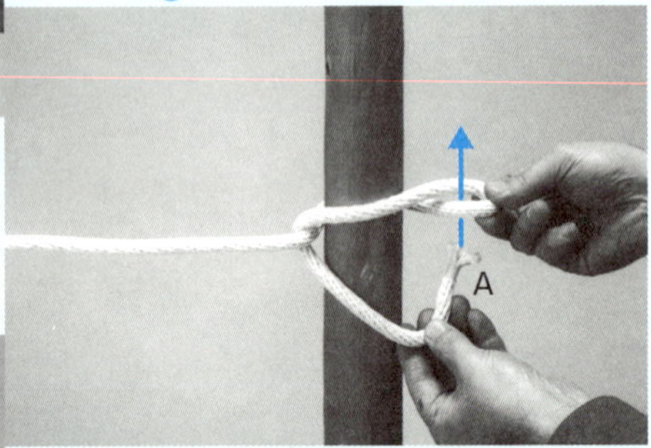

2 柱に巻きつけたロープを右手で時計回りに180度回転させて輪をつくり、Aの端を矢印のように輪の中に通す。

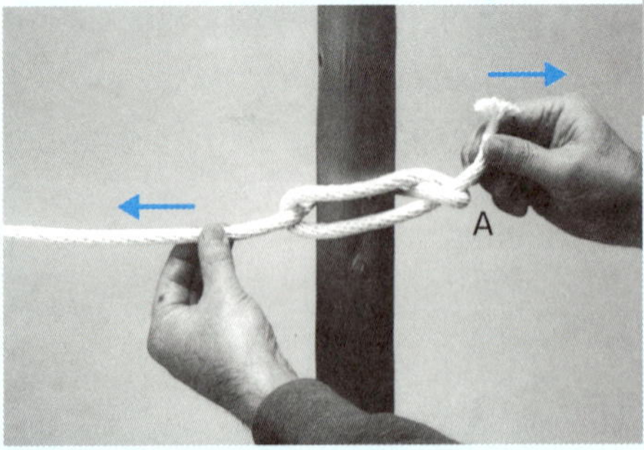

3 Aの端と元を引っ張り、結び目を引き締める。

できあがり

4 完成。

丸太結び
ログ・ヒッチ

ひと結びとねじ結びを組み合わせた結び方。材木などを吊り上げたり、引っ張ったりするときに使用します。また、ロープを肩にかけてけん引することもできます。「引き綱結び」ともよびます。

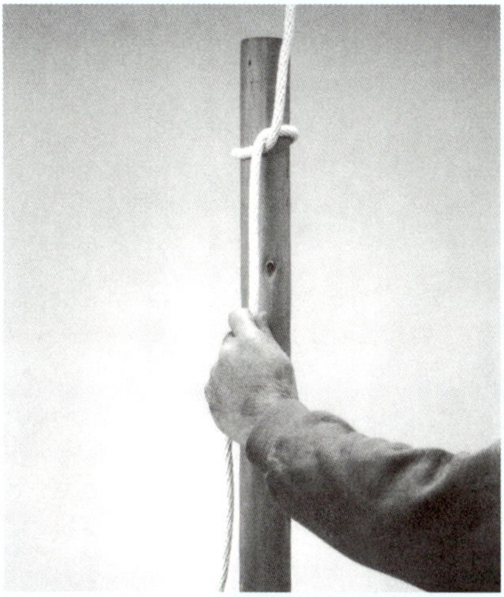

1 丸太の上のほうにひと結びをする。下のほうにねじ結びをすることを考えて、下側のロープの長さを十分にとっておくこと。

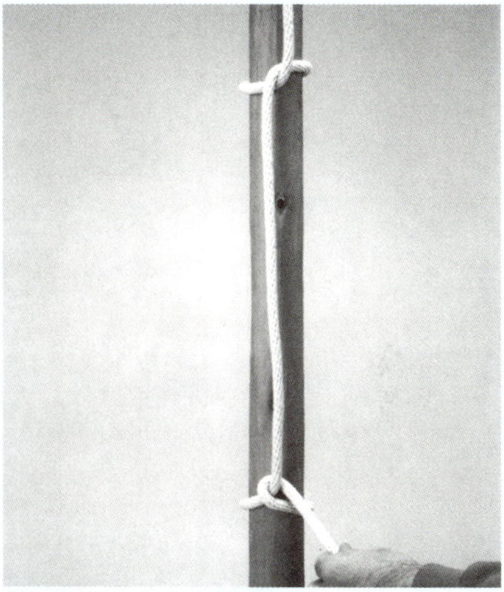

2 写真のように、丸太の下のほうにロープを1回巻きつける。

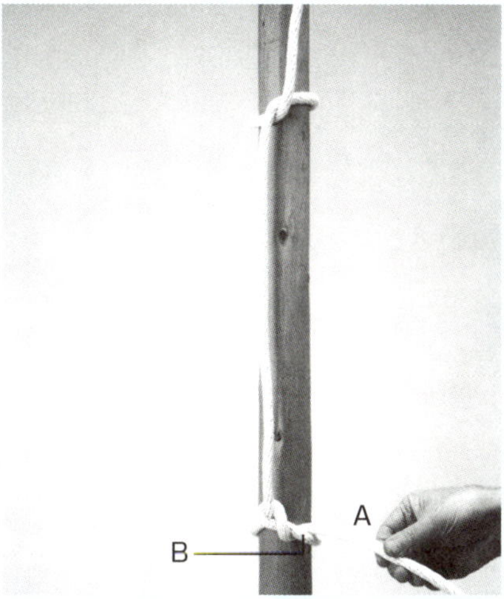

3 AをBのロープにねじりつけ（3回程度）、ねじ結びをつくる。

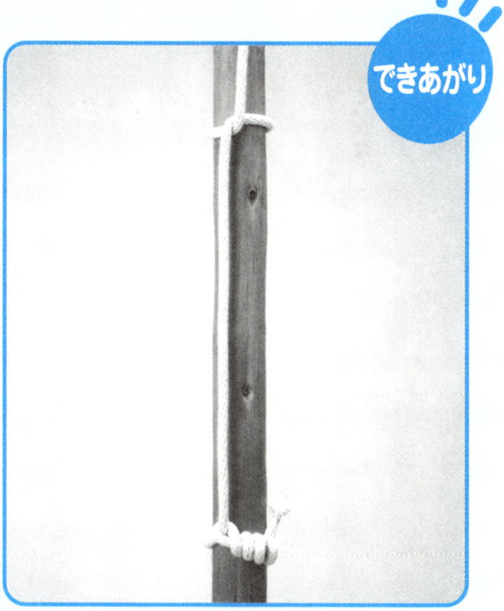

4 結び目を引き締めて完成。

馬つなぎ
テキサス・ボーライン

馬を杭や柵などにつなぐときに使用する結び方。丈夫に固定できて、なおかつ簡単に解くことができます。「追いはぎ結び」、「ハイウエイマンズ・ノット」、「ヒッチング・タイ」などとよばれます。

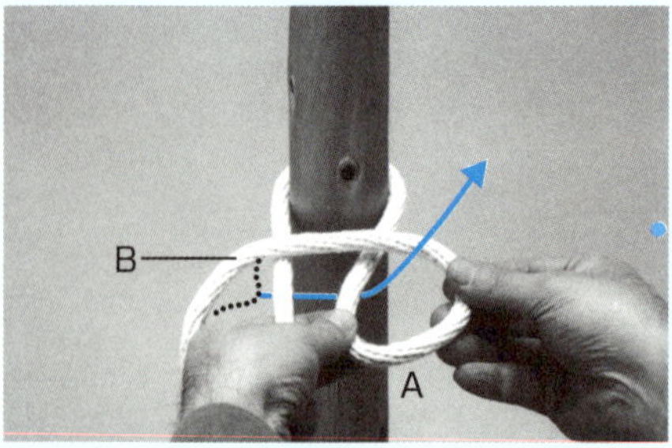

1 写真のように柱にロープを巻き、Aのように輪をつくる。ロープの端Bを点線のように折って、矢印のように輪に通し、新しい輪をつくる。

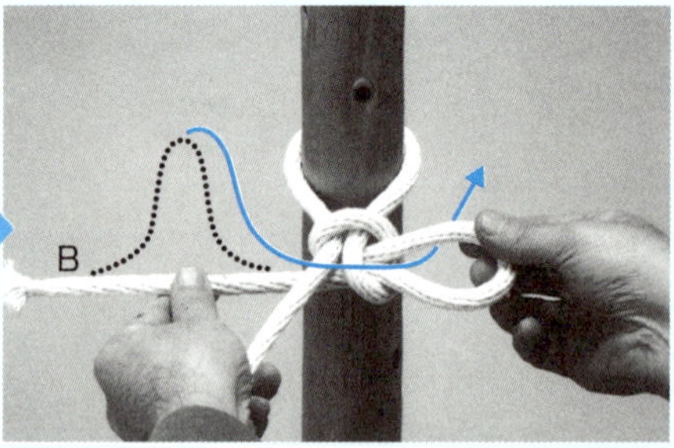

2 ロープの端Bをもう一度点線のように折って、輪に通し、さらに新しい輪をつくる。

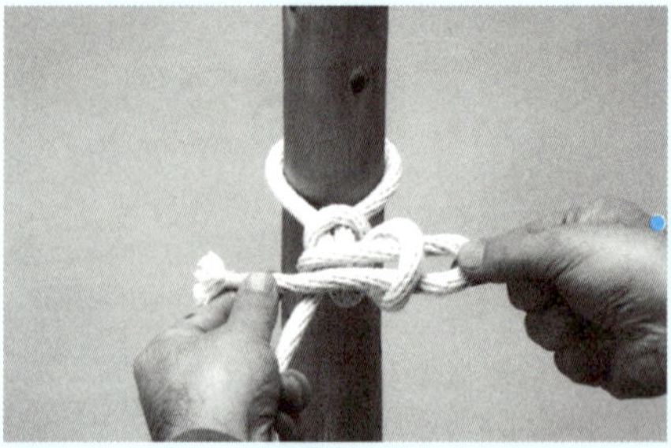

3 2のプロセスを経て新しい輪ができたところ。

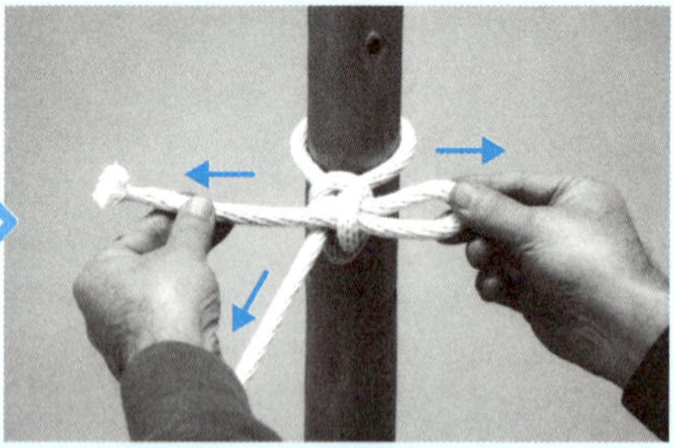

4 矢印のようにロープを引っ張り、形を整えながら結び目を引き締める。

5 完成。

④輪をつくる結び

ロープの先端に輪をつくるものと、中間点に輪をつくる結び方があります。ロープに輪をつくると、物を吊り下げたり、負傷者の救助作業などに役立ちます。また緊縮式の輪をつくれば、ワナとして活用することもできます。

もやい結び ボウライン・ノット

船をもやう（岸につなぐ）ときなどに使用する結び方です。簡単に結べ、強度が高く、水に濡れても簡単に解くことができます。"結びの王様"とよばれるほど実用性が高いのが特徴です。

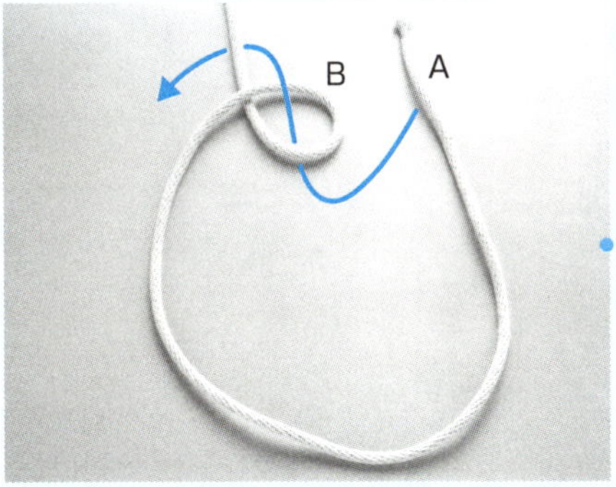

1 ロープの中間点を180度ひねって輪をつくり、矢印のようにAの端を輪の中に通して、元の後ろ側に回す。

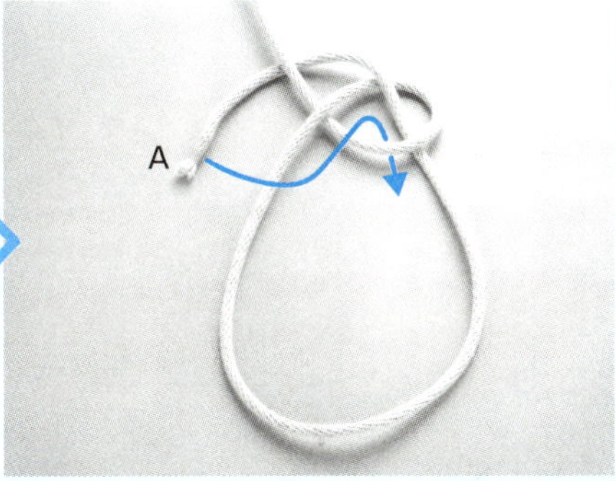

2 矢印のようにAの端をもう一度輪の中に通す。

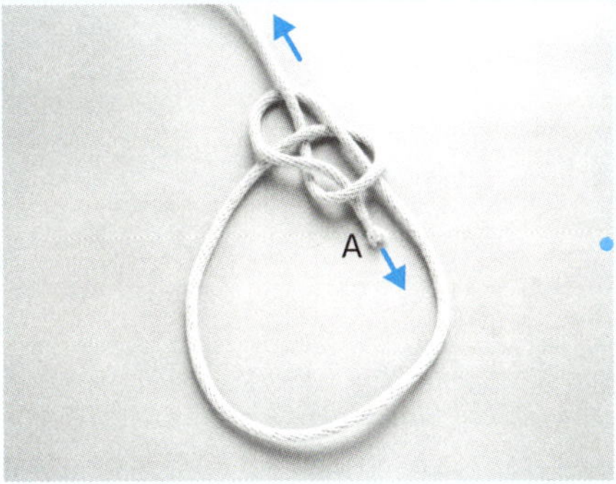

3 Aの端と元を引っ張り、結び目を引き締める。

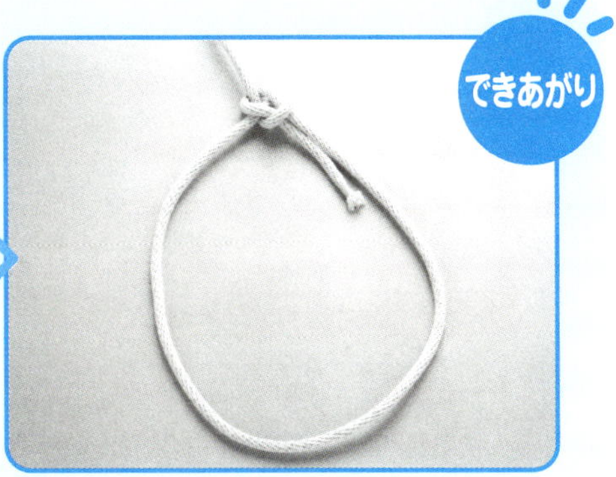

4 完成。

二重もやい結び

ダブル・ボウライン・ノット

ロープを半分に折って二重にしてもやい結びをした結び方。もやい結びよりも強度が高く、輪を2つつくることができるので、負傷者の救助作業やロープにぶら下がりながら腰掛けて作業するときなどに重宝します。

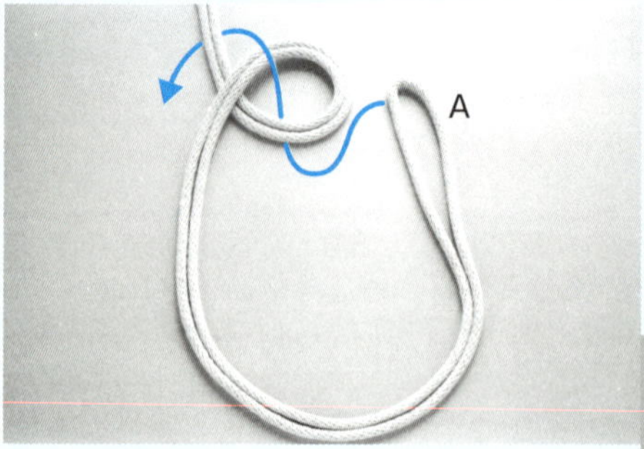

1 ロープを半分に折り、その中間地点に輪をつくる。ロープの端Aをその輪の中に通し、元のロープの下にもっていく。

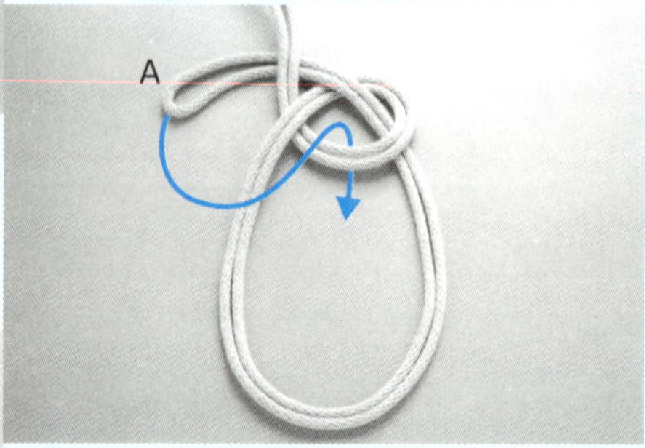

2 ロープの端Aを、もやい結びと同じようにもう一度輪の中に通す。

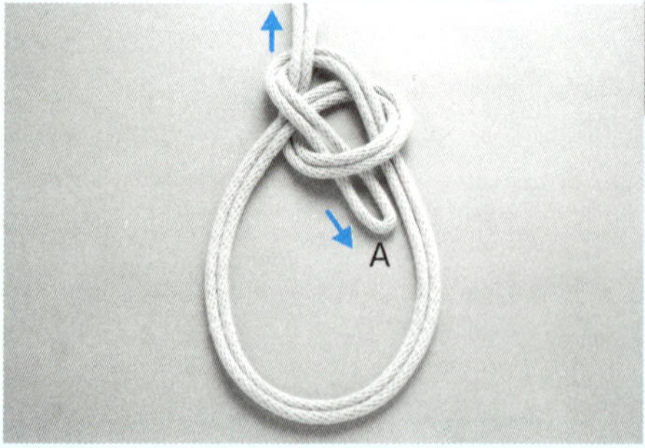

3 ロープの端と元を引っ張り、結び目を引き締める。

できあがり

4 完成。

腰掛け結び

チェアー・ノット

二重もやい結びと同様に、端に2つの輪をつくることができる結び方。それぞれの輪の大きさを自由に変えることができるので、腰掛けたり、負傷者の救出などの作業に役立ちます。

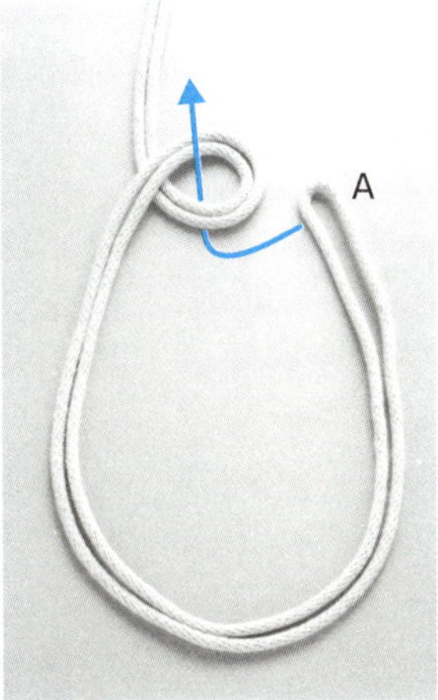

1 二重にしたロープで輪をつくり、矢印のようにAを通す。

2 輪に通したAを矢印のように下に折る。

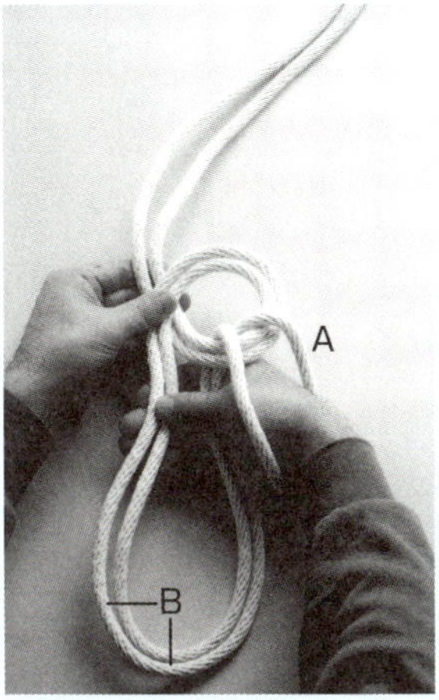

3 Aの輪に右手を通したら、Bの4本のロープをつかむ。

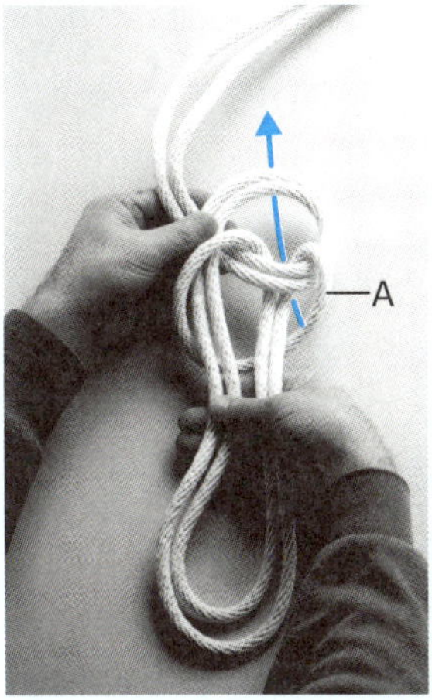

4 4本のロープをつかんだまま、右手をAの輪から引き抜く。Aの輪を矢印のように結び目の後ろから奥に移動させる。

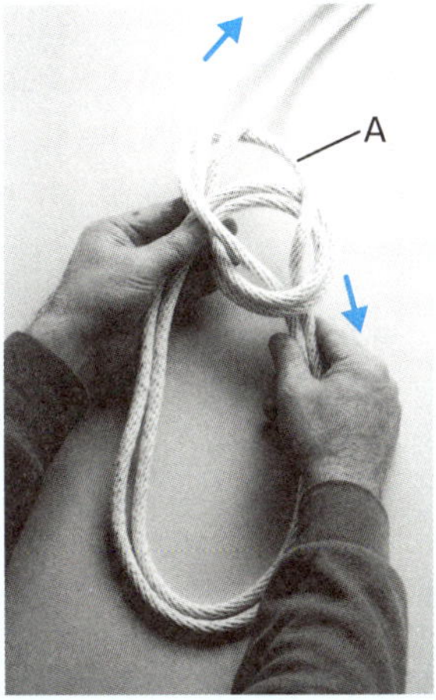

5 矢印のようにロープを引っ張り、結び目を引き締める。

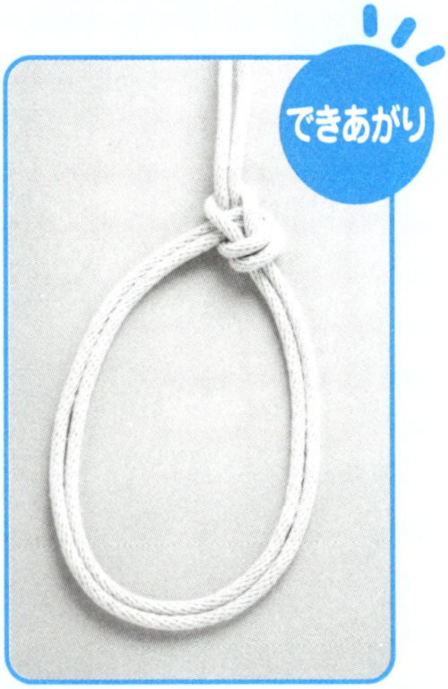

6 完成。

二重止め結び
ループ・ノット

ロープの先端に1つの輪をつくる結び方。簡単に結べる上に強度も十分あるので実用性が高い結び方です。ロープの端だけではなく、中間点にも輪をつくることができます。

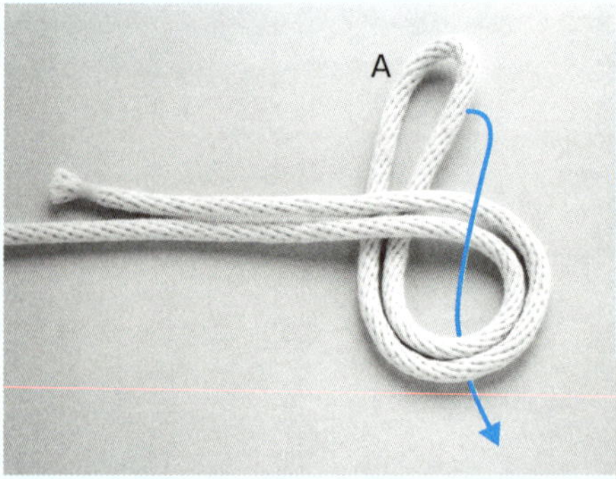

1 ロープの端を2つ折にし、写真のように輪をつくる。矢印のようにその輪の中にAの部分を通す。

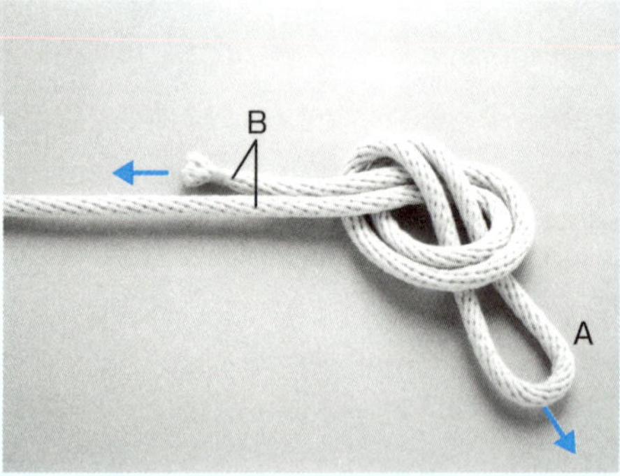

2 Aの端とBを引っ張り、結び目を引き締める。

できあがり

3 完成。

二重8の字結び
ダブル・フィギュア・エイト・ノット

ロープの端を2つ折にして8の字結びをつくると、この二重8の字結びとなります。非常に強度が高く、もやい結びと同様に、船を岸に固定するときなどに使用します。強く結んだあと、水に濡れると解きにくくなります。

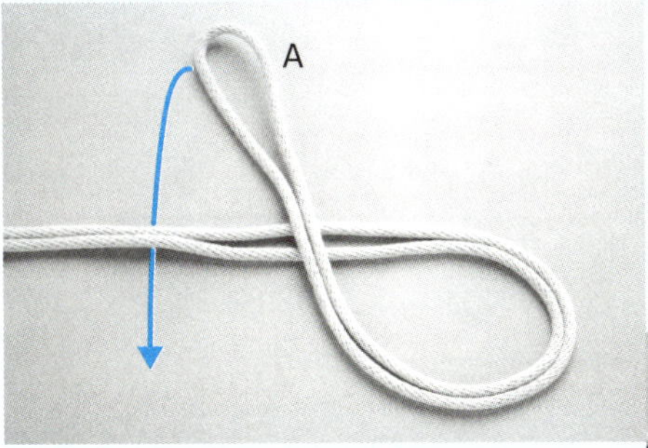

1 ロープの端を2つ折にし、写真のように輪をつくる。Aを矢印のように回す。

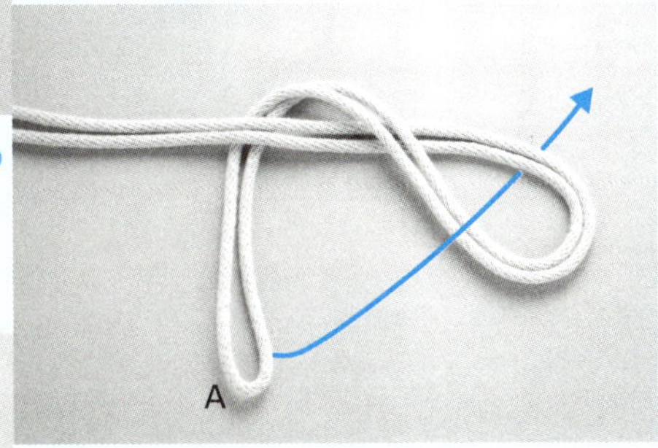

2 矢印のようにAを輪の中に通す。

3 Aの端と元を引っ張り、結び目を引き締める。

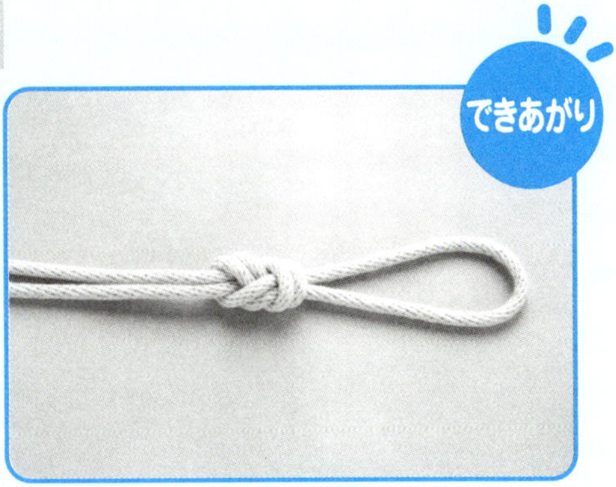

4 完成。

引き解け結び

スリップ・ノット

ロープの先端に1つの輪をつくる結び方。輪の大きさを自在に変えることができますが、強度が低いので注意が必要です。別名「すごき結び」、「帆綱結び」。

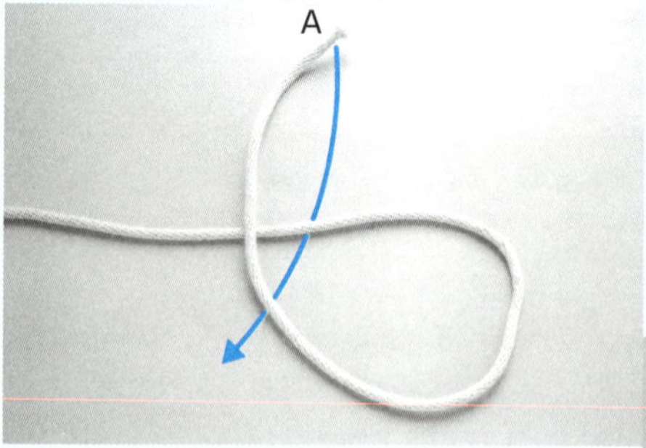

1 ロープの端に輪をつくり、Aを矢印のように後ろに回す。

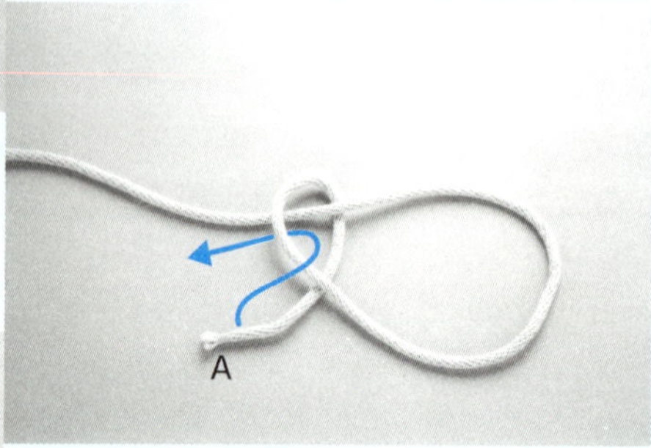

2 Aを輪の中に通す。

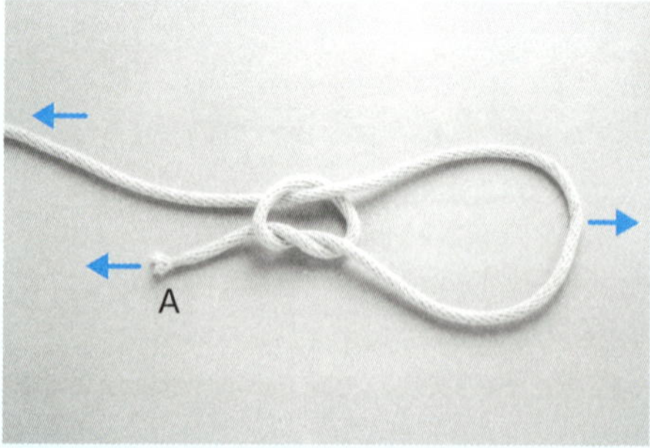

3 輪の大きさを調節しながら、Aの端と元、輪の部分を引っ張り、結び目を引き締める。

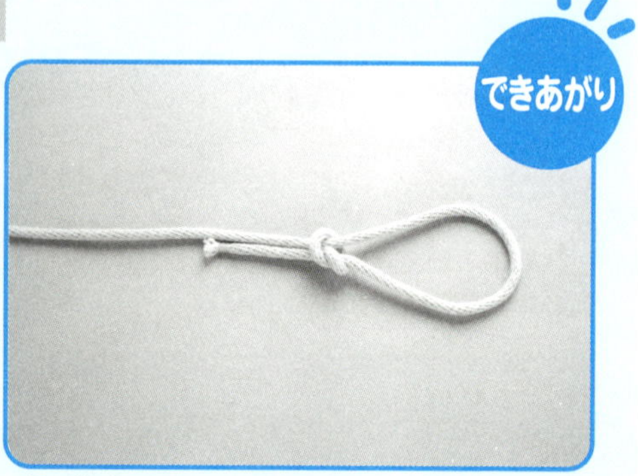

4 完成。

二重引き解け結び

イングリッシュマンズ・ノット

名前の通り、イギリスで古くから用いられてきた結び方。先端に輪をつくる結び方で、輪の大きさを自在に変えることができるのが特徴。いったん結ぶとほどくのが難しい結び方。

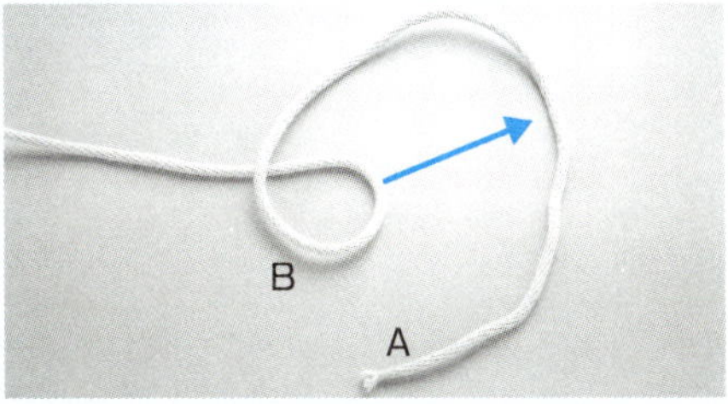

1 ロープの中間部に写真のような輪Bをつくる。その輪Bを、Aの上に重ねる。

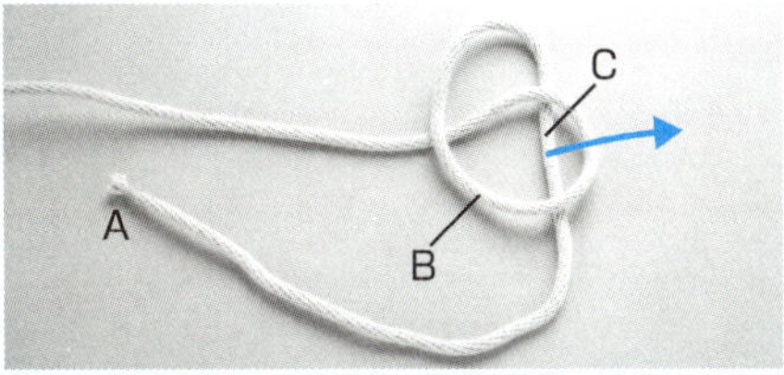

2 Cの部分をBに通して輪をつくる。

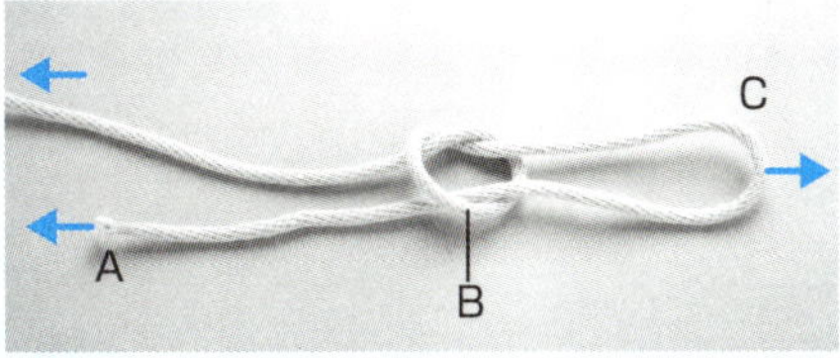

3 AとCと元を引っ張り、輪の大きさを調整しながらBを引き締める。

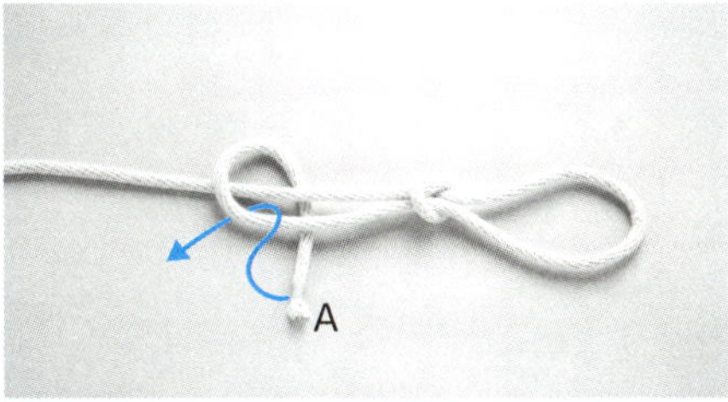

4 Aの端を写真のように元のロープに巻きつけ、矢印のように輪に通す。

5 結び目を手で押えながらAの端を引っ張り、結び目を締める。

6 矢印のようにロープの元と輪の部分を左右に引っ張ると、2つの離れていた結び目が一つに合わさる。

7 完成。

ワナ結び

ノーズ

けものなどを捕まえるワナに使用する、先端に輪ができる結び方。輪の大きさを自在に変えることができるので、輪の中に獲物が入ったら、元を引っ張って輪を引き締めることができます。獲物を捕えるのに大変信頼性の高い結び方といえます。

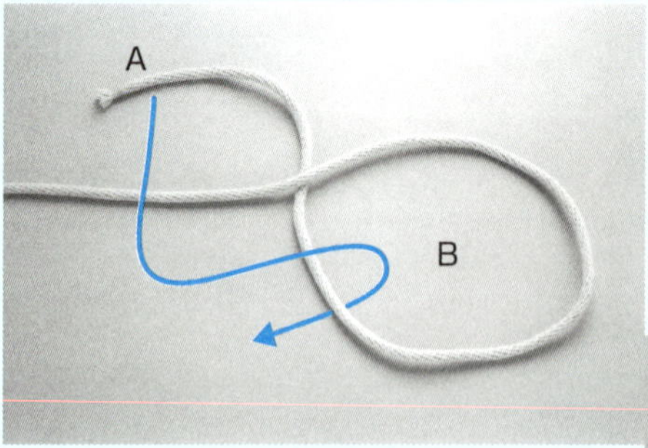

1 ロープの端に輪をつくり、Aを矢印のように移動させて輪Bの中に通す。

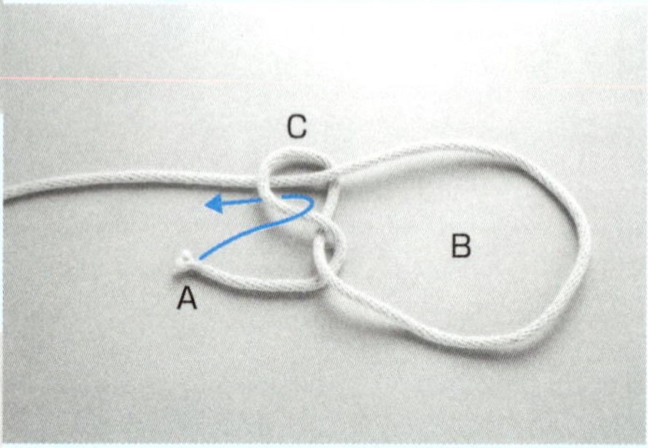

2 Aを矢印のように移動させ、輪Cの中に通す。

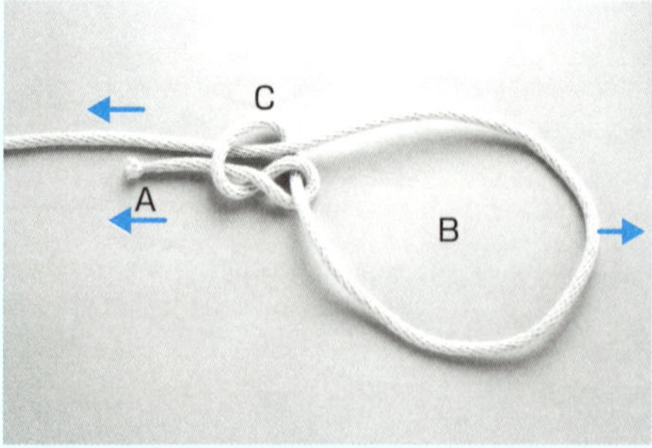

3 Aの端と元、輪Bの部分を引っ張り、結び目を引き締める。

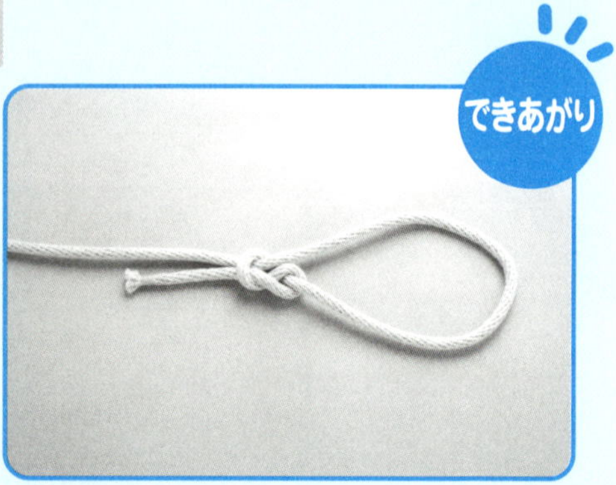

4 完成。

よろい結び
マン・ハーネス・ノット

ロープの中間に輪をつくることができる結び方です。輪をいくつもつくり、そこに小物などを吊すときに便利。両側からあまり強い力で引っ張られると、結び目が解けてしまうことがあるので注意。

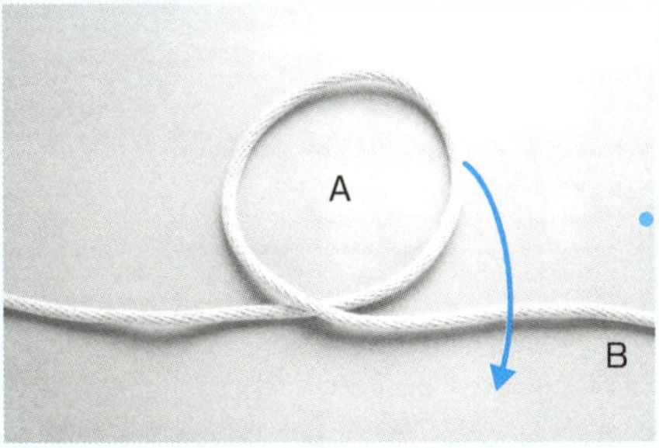

1 写真のようにロープの中間部に輪をつくる。Aの輪をBの上に重ねる。

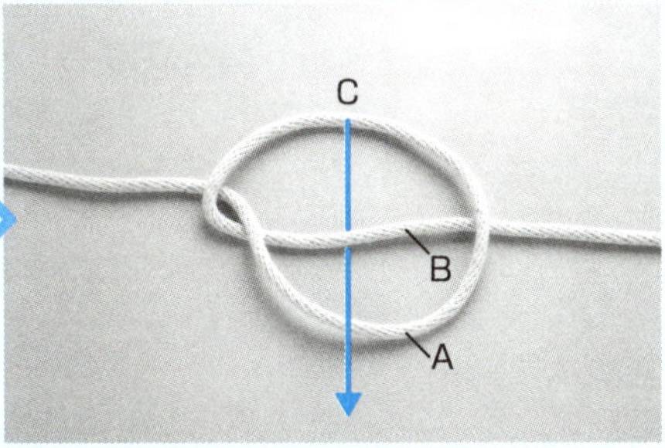

2 AとBの間に手を入れCの部分をつかみ、矢印のように移動させる。

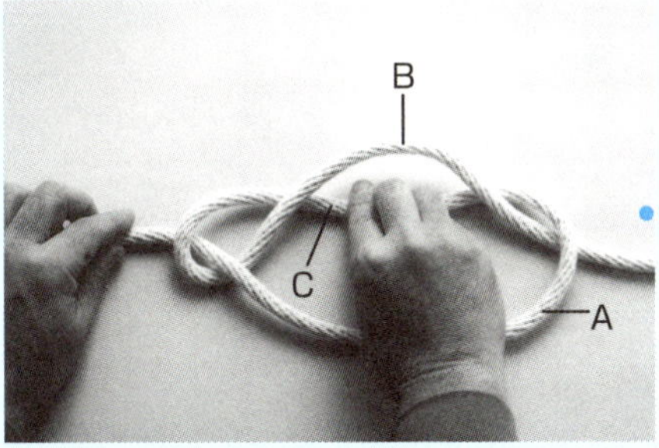

3 Cをつかんだまま手をABの間から手を引き出すところ。

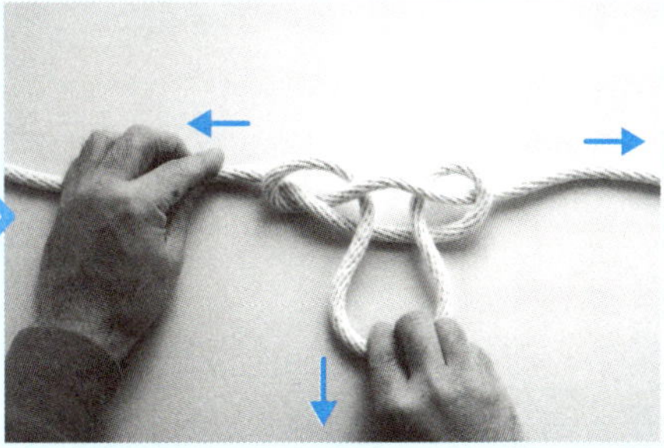

4 矢印のように三方のロープを引っ張り、結び目を締める。

できあがり

5 完成。

バタフライ・ノット

よろい結びと同様に、ロープの中間部に輪をつくることができる結び方です。その強度と安全性はよろい結びよりもはるかに高いので、登山をするときなどに使用されます。

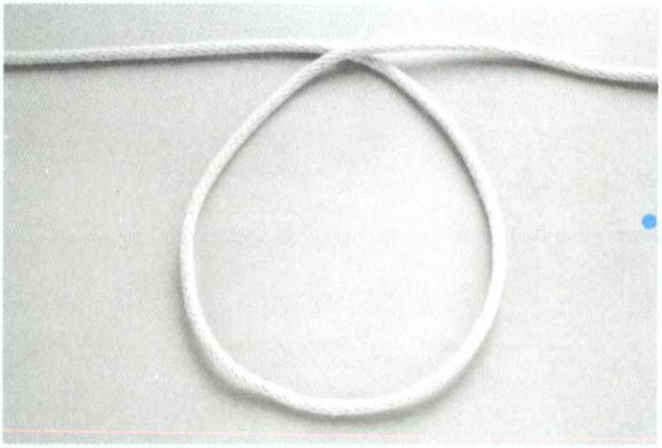

1 ロープの中間部に輪をつくり、さらにもう1回転させて8の字をつくります。

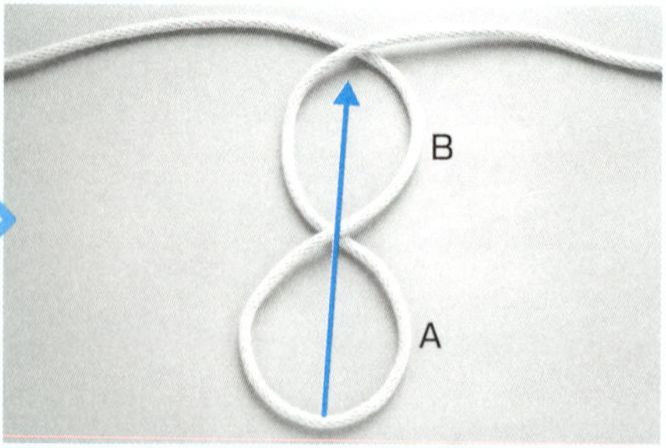

2 Aの輪を手前から向こう側に折り、Bの輪の上に重ねる。

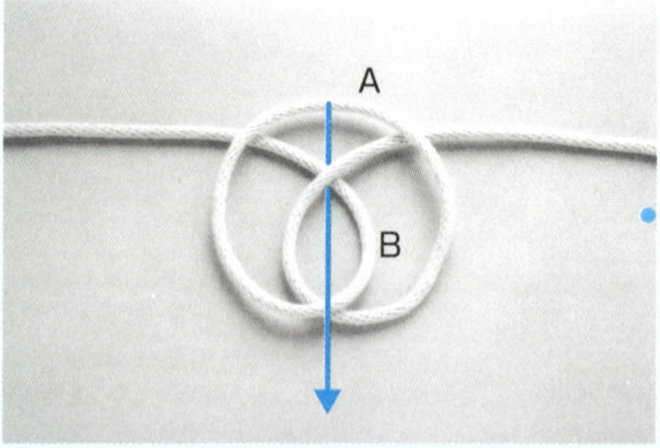

3 Bの輪の中に手を通してAをつかみ、そのまま手をBの輪の中から引き出す。

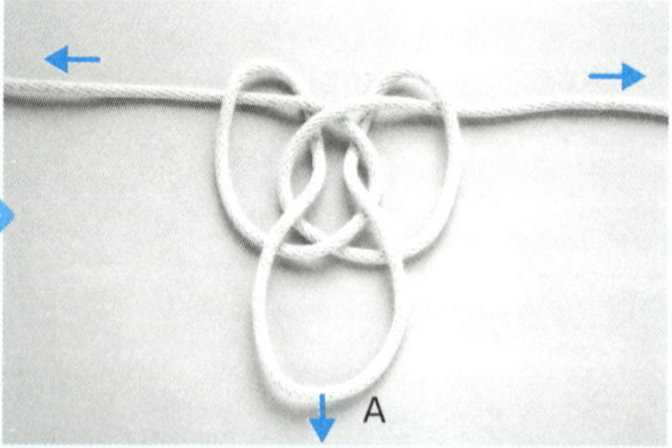

4 Aと元のロープを引っ張り、結び目を引き締める。

5 完成。

5 長さの調節ができる結び

ロープを切らないで短くしたいときや、テントのロープの張り具合を調節するときには、この結び方が役に立ちます。また、ロープの傷ついてしまった場所を、短縮部分に組み込んで使用することもできます。

縮め結び
シープ・シャンク

ロープの短縮に最適な結び方です。簡単で、しかもスピーディーに結べます。結ぶのも解くのも簡単ですが、そのぶん左右からあまり強く引っ張られると解けてしまうので注意が必要です。

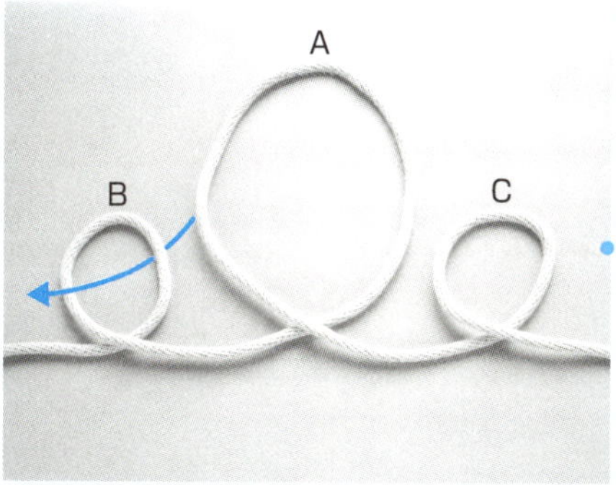

1 ロープの中央に、3つの輪をつくる。Aの左側の部分を、後ろからBに通す。ロープの重なり方に注意。

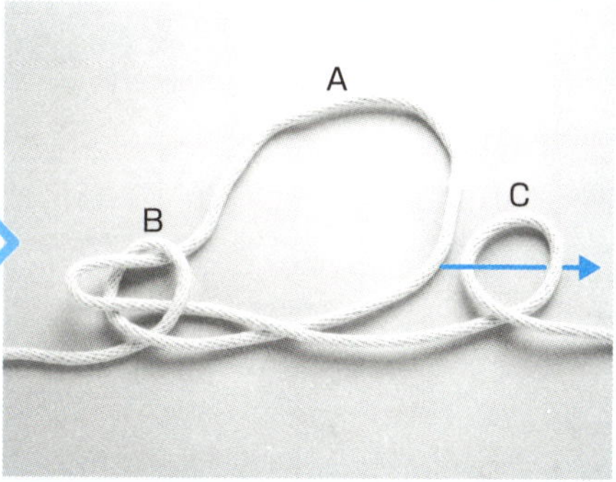

2 Aの右側の部分を、矢印のように前からCに通す。

3 左右の輪と、元のロープの両方を引っ張り、結び目を引き締める。

4 完成。

引き解け縮め結び

ショートニング・パッシング・スリーノット

縮め結びとの違いは、左右からの張力に対する強度で、引き解け縮め結びは左右から大きな力が加われば加わるほど、解けにくくなります。ロープを長期間に渡って短縮しておきたいときに使います。

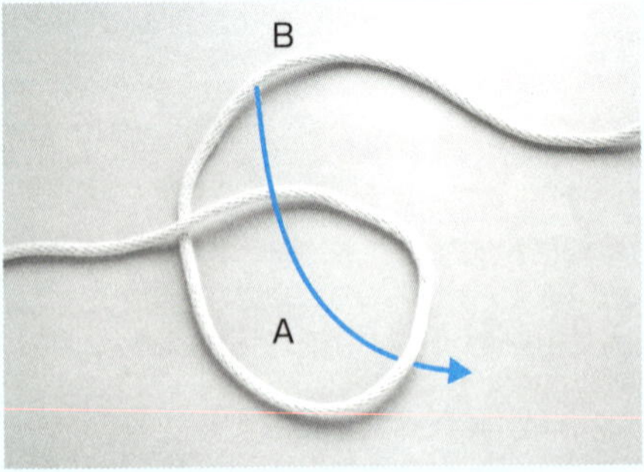

1 ロープの中間部に輪をつくり、Bを折ってAの中に通して輪をつくる。

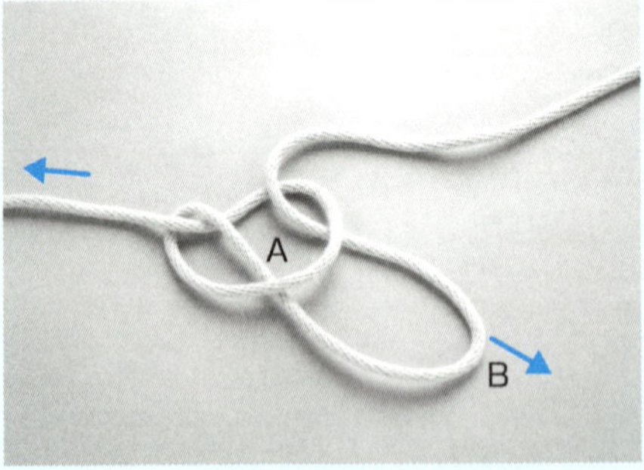

2 元のロープの左側とBを引っ張り、Aを引き締める。同時に、Bの輪の大きさを調節しておく。

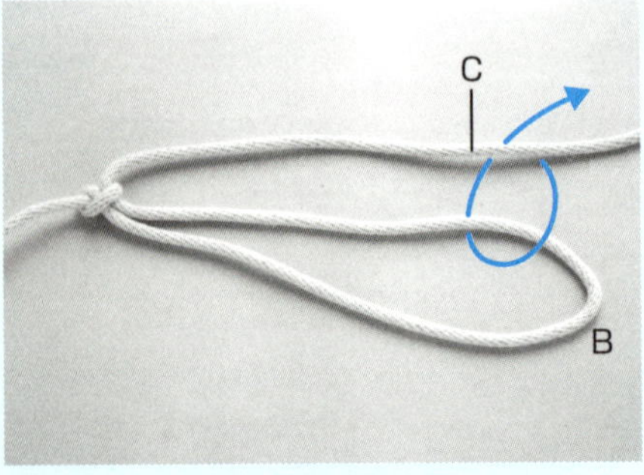

3 矢印のようにCをBに通し、後ろに回す。

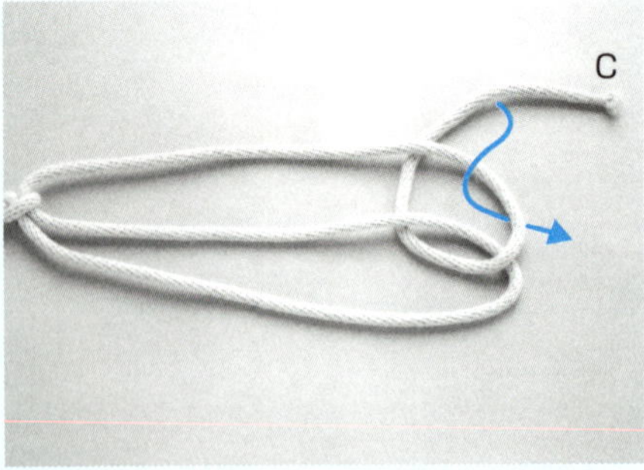

4 矢印のようにロープを動かし、Cを輪の中に通す。

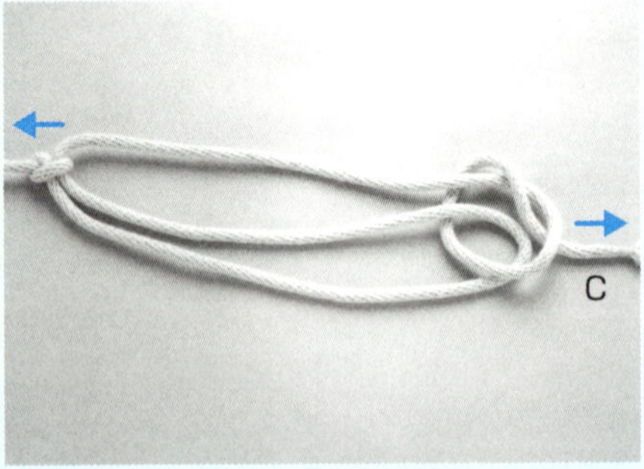

5 Cの端と元を引っ張り、結び目を引き締める。

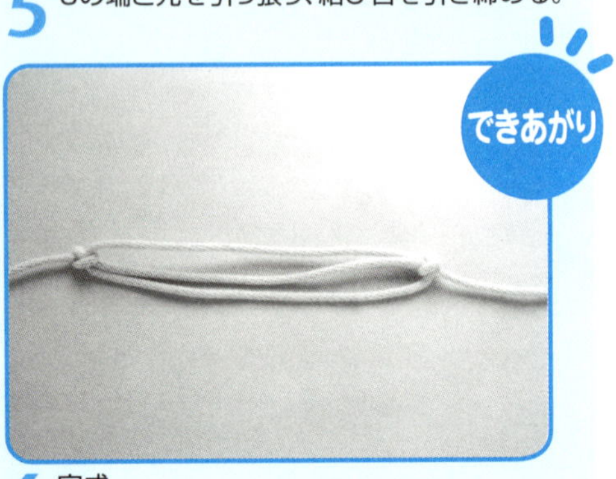

6 完成。

張り綱結び

トートライン・ヒッチ

テントの張り綱や、洗濯物を干すためのロープなど、しっかりとロープを張るときに重宝する結び方。長さを調節するときは、結び目の位置を移動させて調節しましょう。

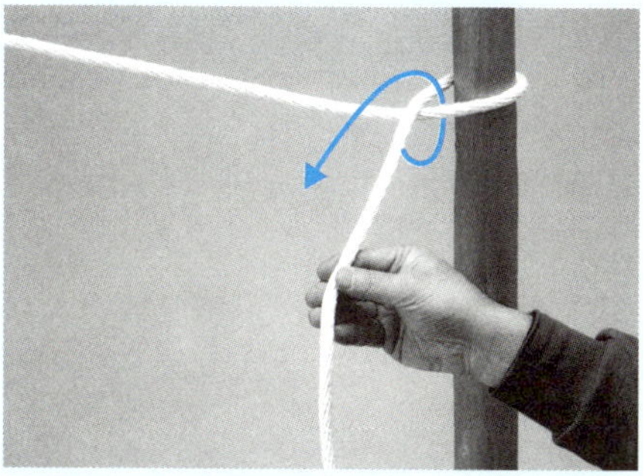

1 柱にロープを巻きつけ、ひと結びをつくる。

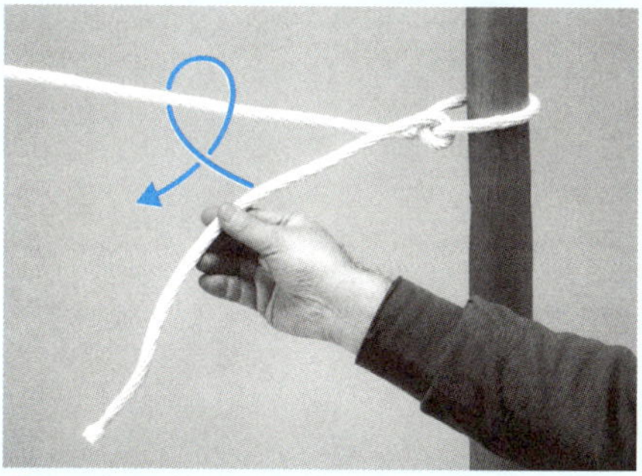

2 柱から少し離した場所に、さらにひと結びをつくる。

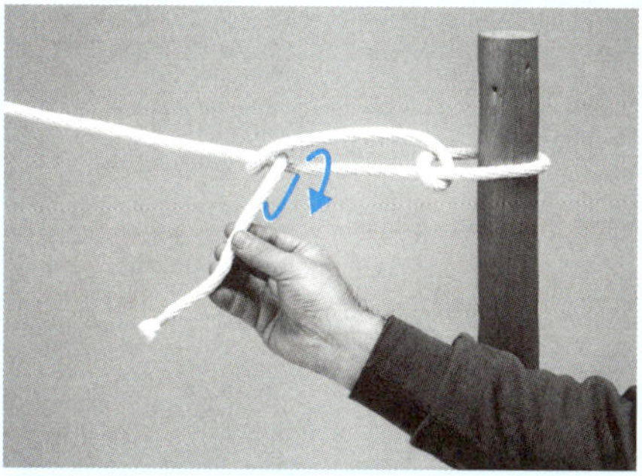

3 端をもう1回、内側に巻きつける（合計2回）。

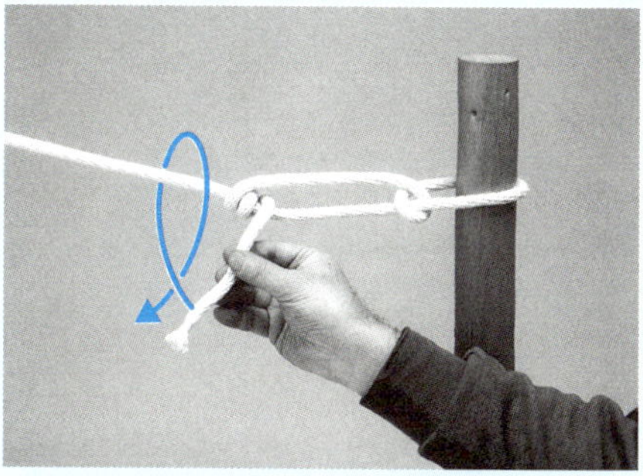

4 ロープの端を結び目の外側にもっていき、そこで元のロープにもうひと巻きする。

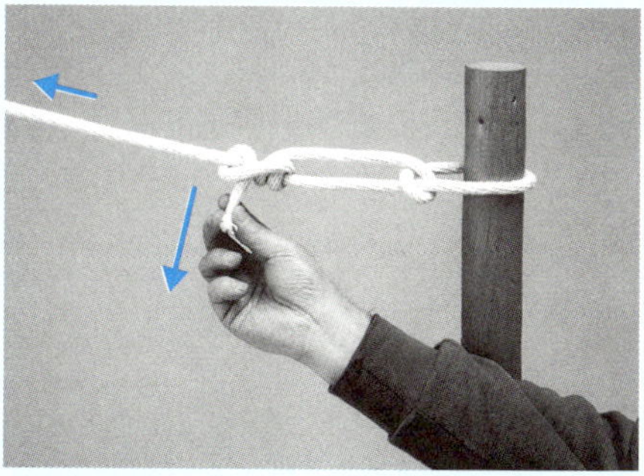

5 ロープの元と端を引っ張り、結び目を引き締める。

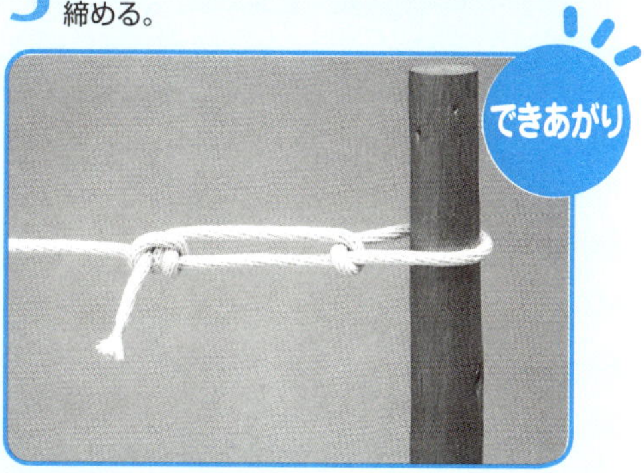

6 完成。

⑥ 木材などを縛り合わせる

この縛り方をマスターすると、丸太で椅子やテーブルをつくることができます。完成したものがすぐに壊れないよう、ひと巻きひと巻きにしっかり力を入れて巻きます。

角縛り
スクエア・ラッシング

直角に交差する丸太などを縛りあわせる基本的な結び方。ロープのひと巻きごとにしっかり力を入れて結ばないと、丸太がぐらついてしまうので注意。何度も練習してマスターしましょう。

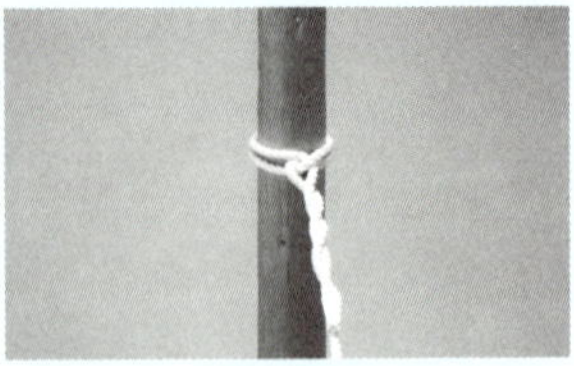

1 縦棒にロープを巻き結び（P32）したあと、元と端の2本のロープを3回ほどよる。

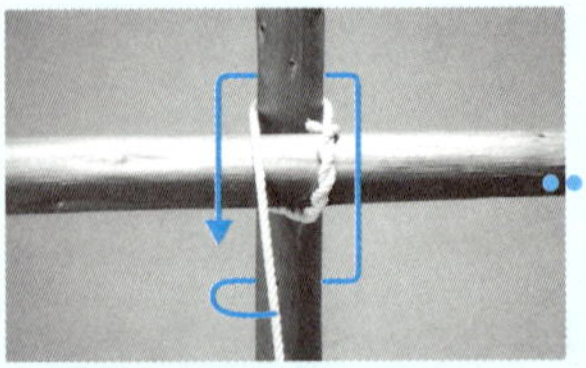

2 結び目の上に、直角に横棒をセットし、写真のようにロープを回したあと、ロープを矢印のように巻きつける。

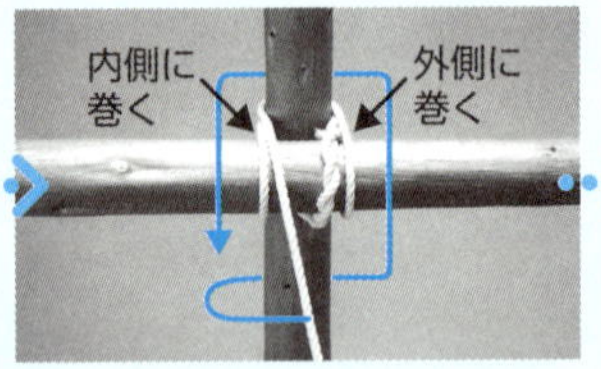

3 ロープの掛け方（内側、外側）に気をつけながら矢印のように4〜5回巻く。

4 このようになる。ポイントは、ひと巻きごとにしっかり力を入れ、強く締めること。

5 裏から見ると、このようになる。縦の棒へは内側から外側に向かって巻きつけていく。

6 ロープの端を横棒の後ろに回し、矢印のように巻く。これを「割り」という。

7 これを2〜3回繰り返す。

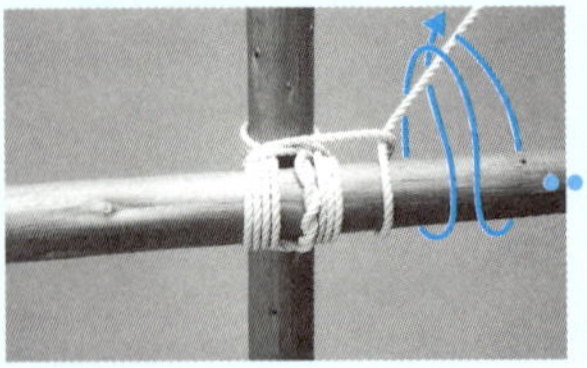

8 横棒にひと結びし、結び目を引き締める。

9 固め結び（P56）で横棒に固定する。

10 完成。

筋交い縛り

ダイアゴナル・ラッシング

斜めに交差する2本の棒や丸太を縛る結び方。角縛りと同様、ひと巻きごとにしっかりと力を入れて結ばないと、丸太がゆるんでしまうので注意が必要です。

1 2本の棒を斜めに交差し、交差部にねじ結び（P35）を行う。矢印のように上に向かって3～4回巻きつける。

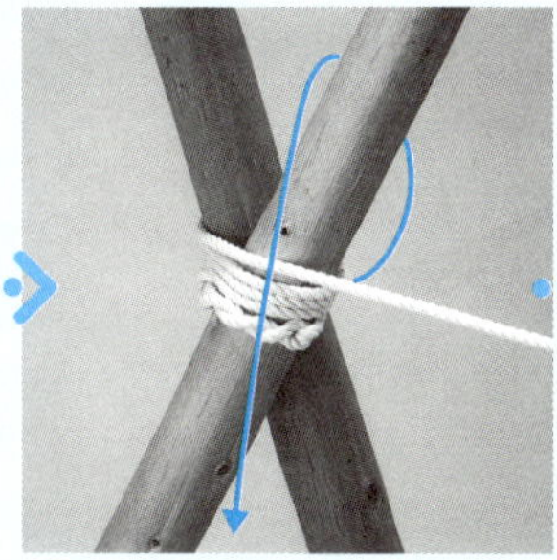

2 矢印のように、手前の棒にロープを1回巻きつけ、下に引っ張る。

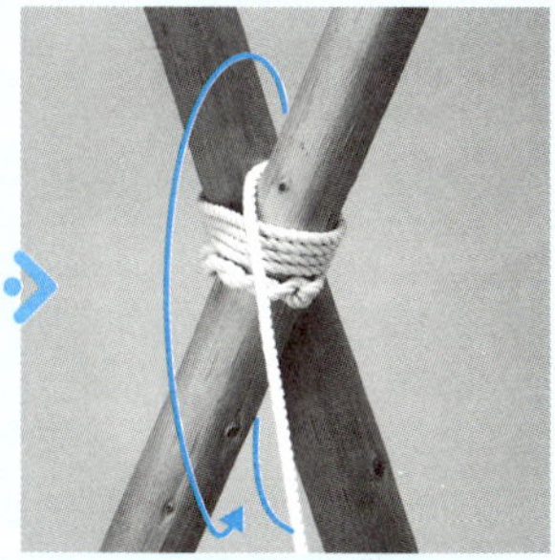

3 矢印のように、今度は縦方向に3～4回巻きつける。

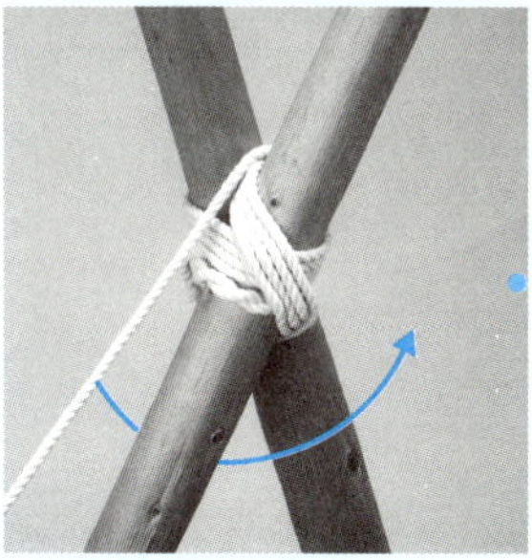

4 今度は2本の棒の間にロープを持っていき、巻く（「割り」という）。

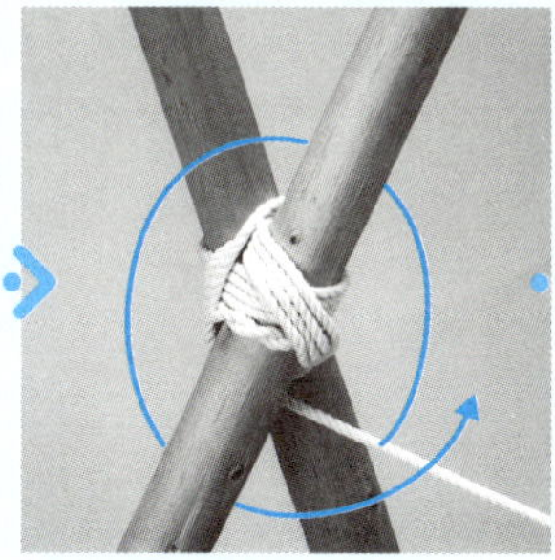

5 矢印のように、「割り」を3回ほど入れる。

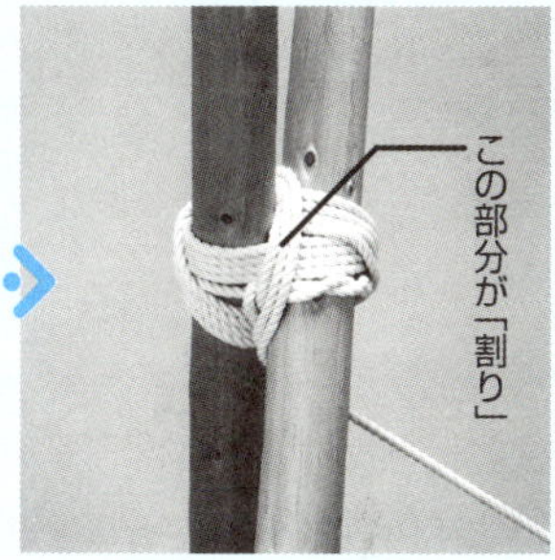

6 横から見ると、このようになる。

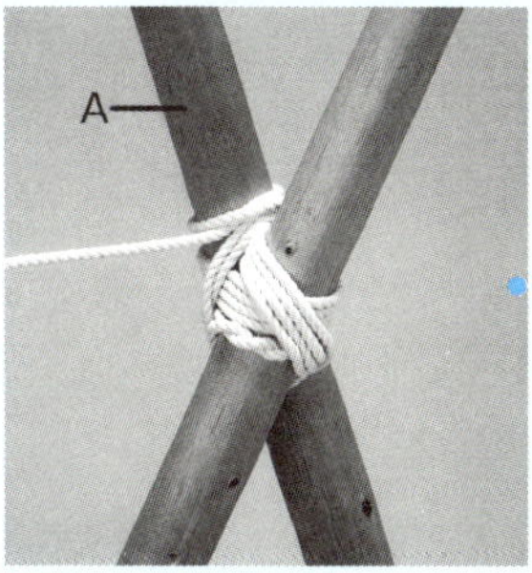

7 Aの棒にひと巻きし、結び目を引き締める。

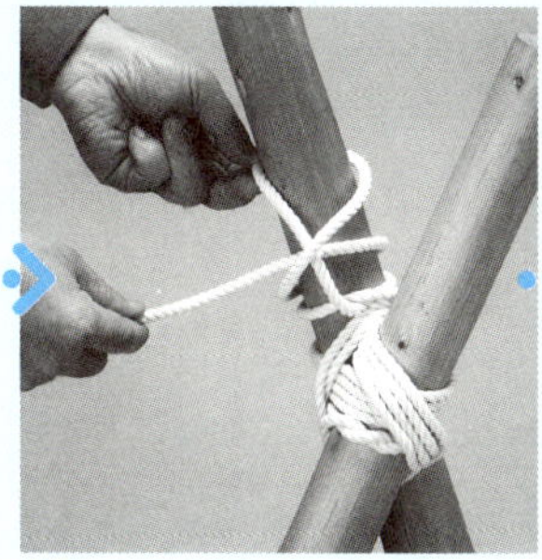

8 さらに固め結び（P56）でロープを固定する。

9 完成。

はさみ縛り
シアー・ラッシング

棒や丸太を縛りあわせて二脚や三脚をつくる結び方。脚を開く角度によって、縛りに強弱をつけることがポイント。あまりきつく結びすぎると、あとで脚を開くことができないので注意。

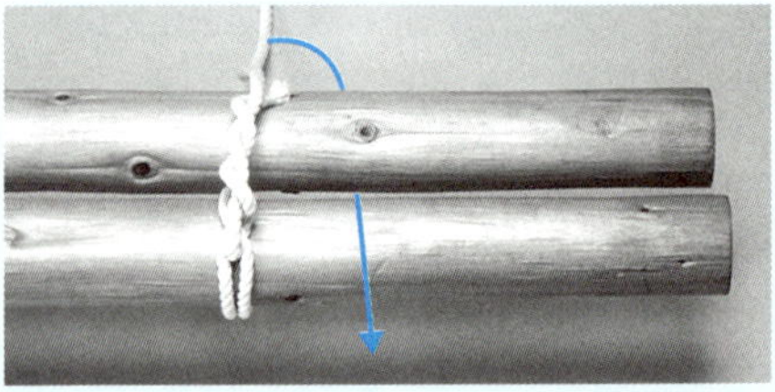

1 2本の棒を並べ、下の棒にロープを巻き結びしておく。ロープの端は、元に数回巻きつけておく。

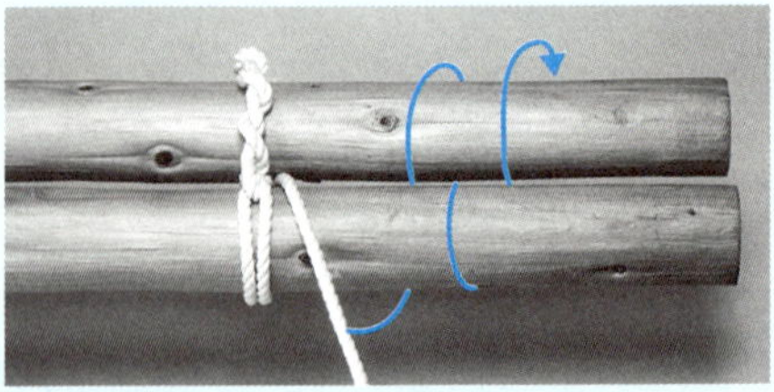

2 矢印のように、2本の棒に互い違いにロープを巻きつけていく（合計5〜6回）。

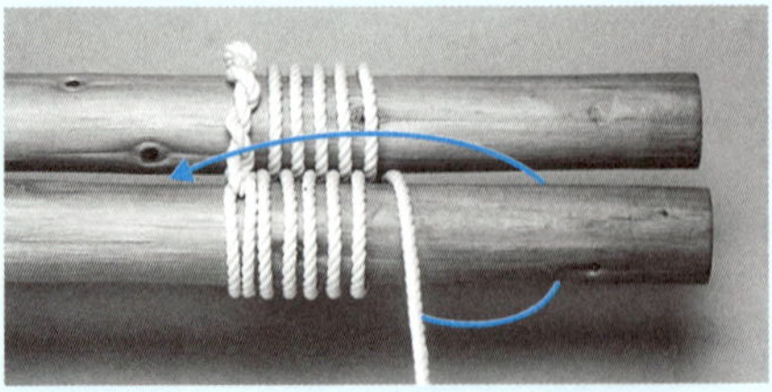

3 2本の丸太の間に、「割り」を2回入れる。

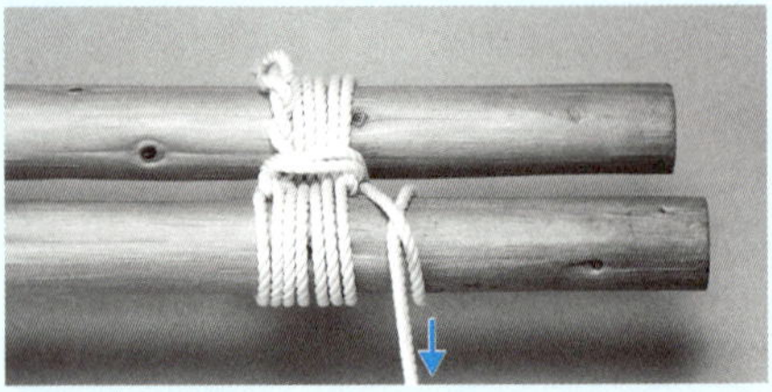

4 片方の棒にひと巻きし、結び目を引き締める。

5 最後は固め結び（P56）でロープを固定する。

6 余ったロープは切って完成。

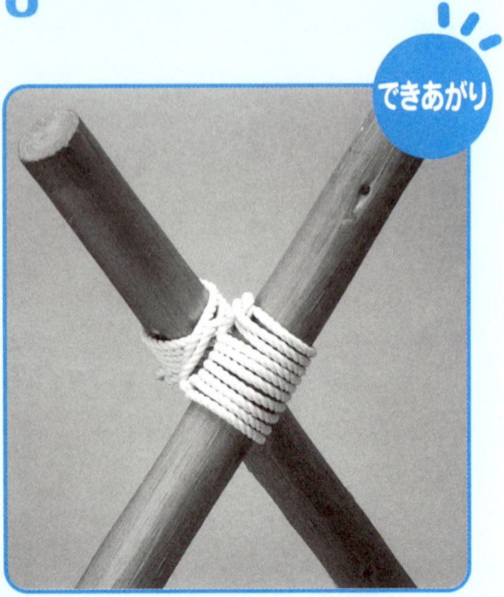

7 2本のロープを斜めに開いて使用する。

はさみ縛り（三脚の場合）

3本の棒を使用する場合の結び方です。この結び方を利用して、三脚をつくることができます。ポイントは、2本の棒を使用するときと同様に、あまりきつく結びすぎないことです。

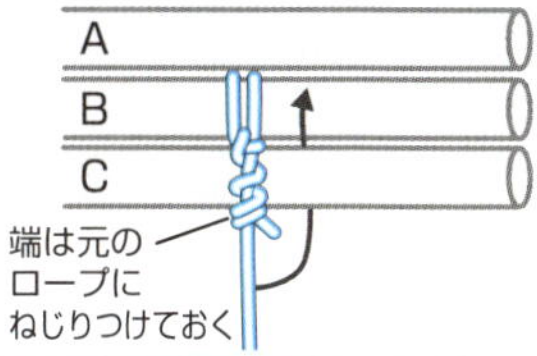

1 3本の棒を用意し、図のように並べる。ロープの端をBに巻き結びで固定し、Cにひと巻きする。

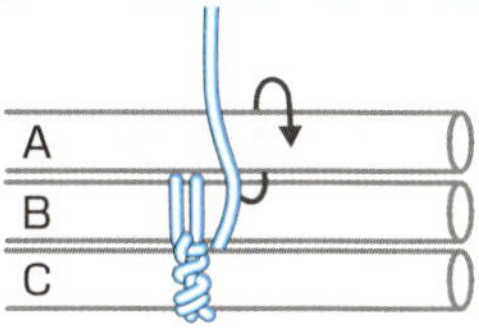

2 矢印のようにロープを移動させ、Aの裏側を通して巻きつける。

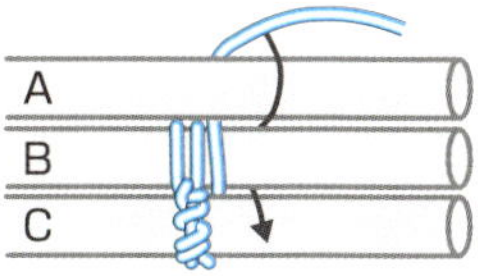

3 矢印のように、Bの裏側にロープを通す。

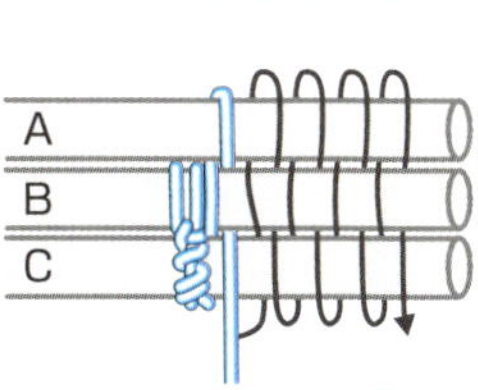

4 1〜3の工程を5回ほど繰り返し、棒に巻きつける。

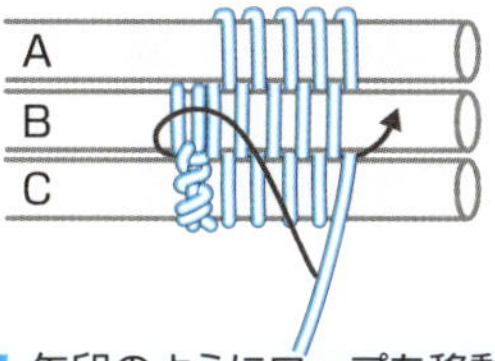

5 矢印のようにロープを移動させ、BとCの間に「割り」を入れる。

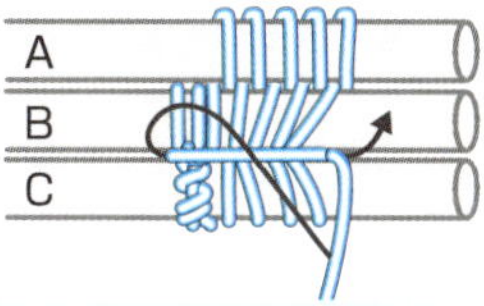

6 5の工程をもう一度繰り返し、「割り」を計2回入れる。

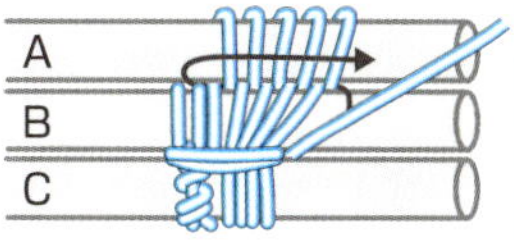

7 今度はAとBの間にロープを通し、「割り」を3回入れる。

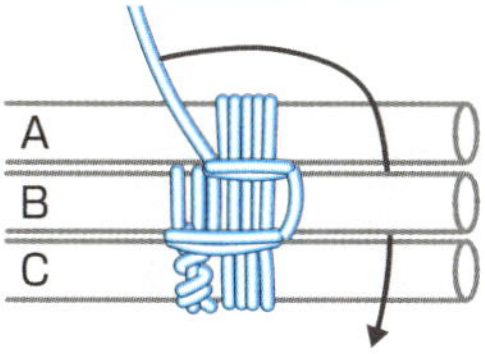

8 矢印のようにロープを移動させ、Bの裏側にロープを通す。

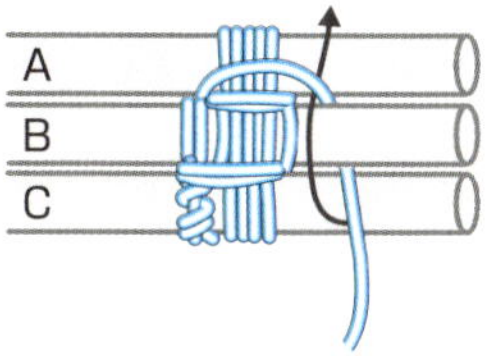

9 ロープの端を、矢印のようにAとBの間の輪に通す。

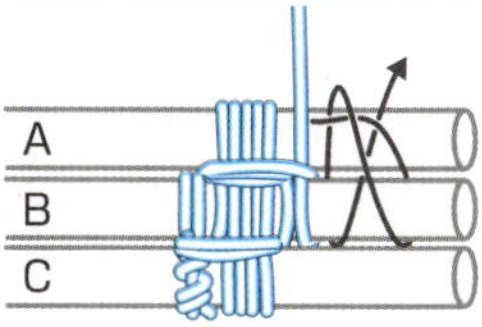

10 矢印のようにBに固め結び（P56）をし、ロープを固定する。

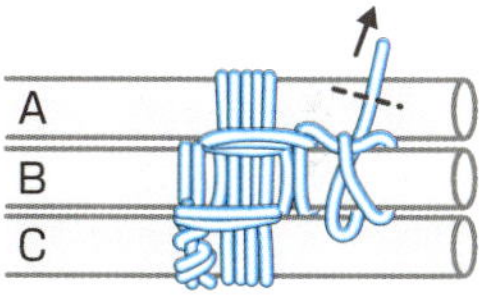

11 端を引っ張って結び目を引き締め、余ったロープを切断する。

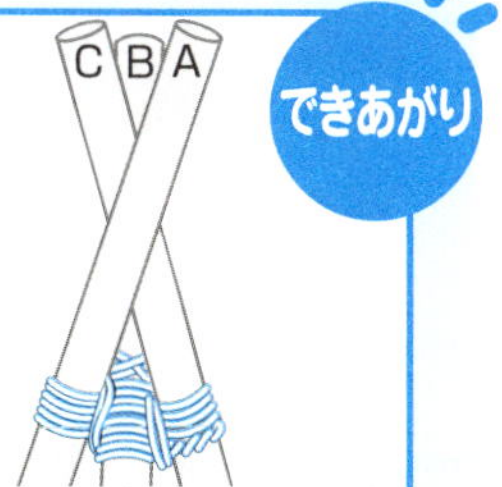

12 三脚の形を整えて完成。

固め結び

コンストリクター・ヒッチ

柱や丸太にロープを密着させるのに適した結び方です。「角縛り」や「筋交い縛り」「はさみ縛り」などの、最後の索端を固定するときに使用します。形が崩れにくく、非常に強固な結び方です。

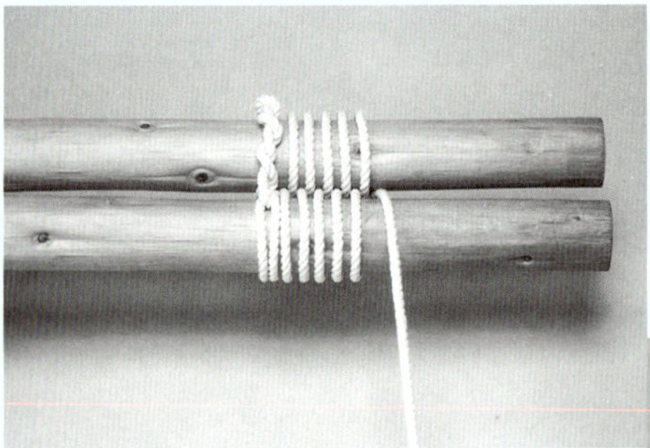

1 はさみ縛りで「割り」を入れたあと、片方の丸太にひと結びをする。

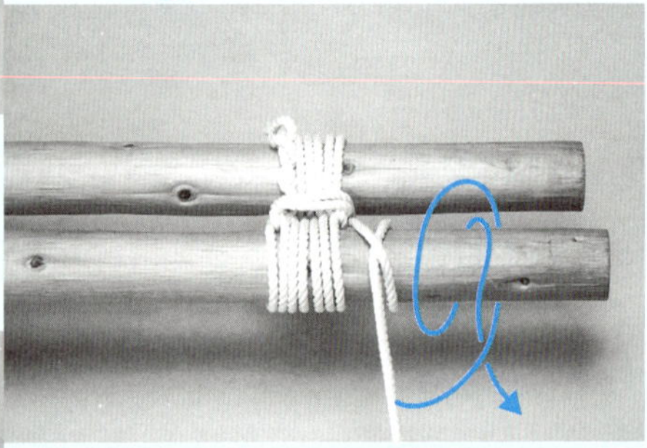

2 矢印のようにロープの端を巻きつける。交差している2か所でロープの下を通すのがポイント。

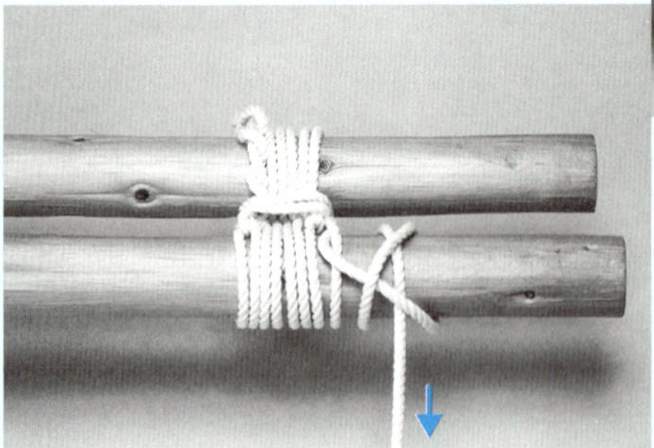

3 ロープの端を引っ張り、結び目を引き締める。

できあがり

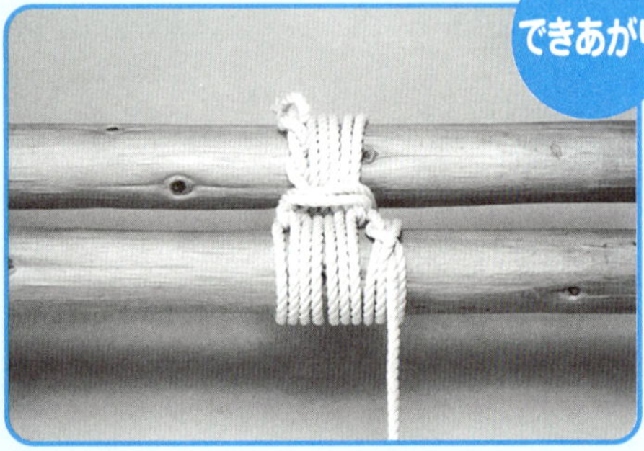

4 完成。

垣根結び

竹で垣根をつくるときに使用されてきた結び方です。解けにくいので、垣根をつくるとき以外にも、荷物を梱包するときなどに使用されます。「男結び」、「角結び」、「はえがしら」ともよばれます。

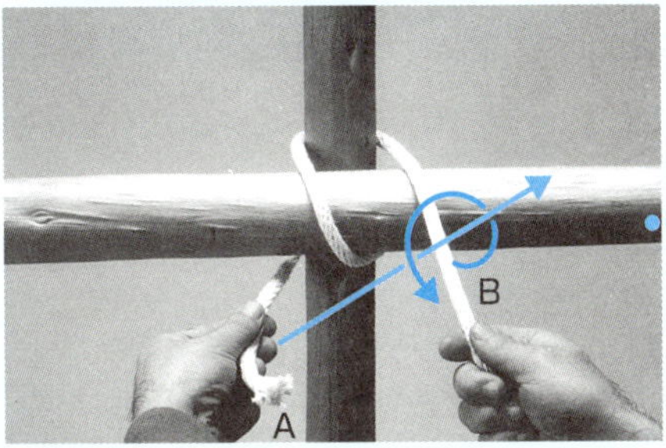

1 写真のように、2本の丸太が交差している所にロープを結びつける。Bの端に輪をつくり、その中にAを通す。

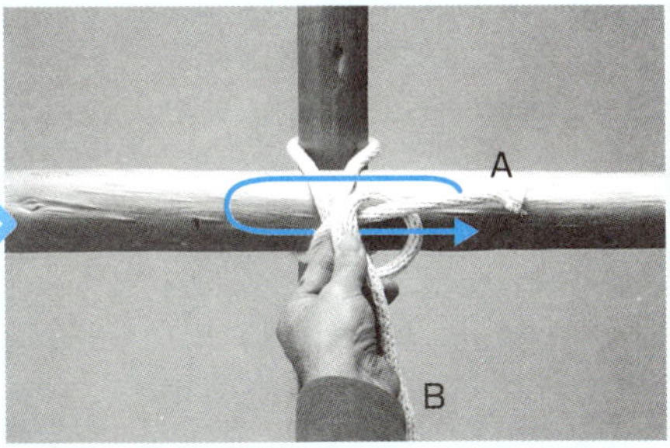

2 Aを矢印のように移動させ、もう一度輪の中に通す。

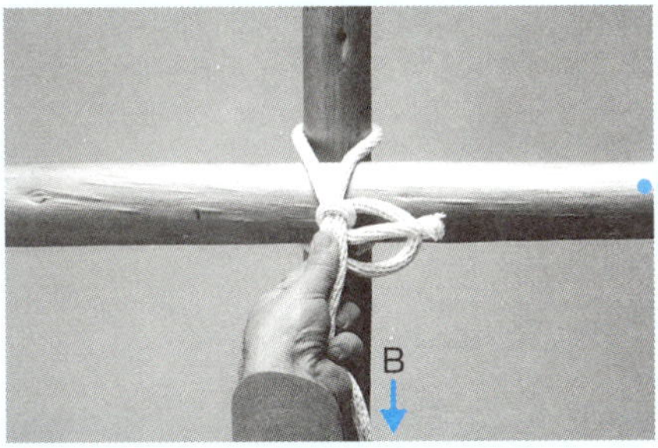

3 Bを引っ張り、結び目を引き締める。

4 ロープの余った部分を切る。

5 完成。

7 ロープの端を結び止める

ロープを切断したときにそのまま使用していると、切断面からロープがほつれてしまうことがあります。これを防ぐために、切断部位を「索端止《さくたんど》め」する必要があります。ロープの材質にあった処理をしましょう。

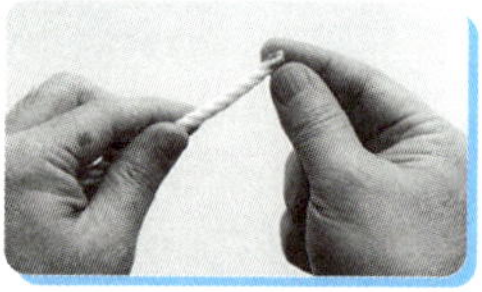

テープ止め

もっとも簡単な、ロープの端を止める方法です。端をテープで止めるだけなので、そのうちテープがはがれてしまいます。あくまで応急的な処置として考えておいたほうがよいでしょう。

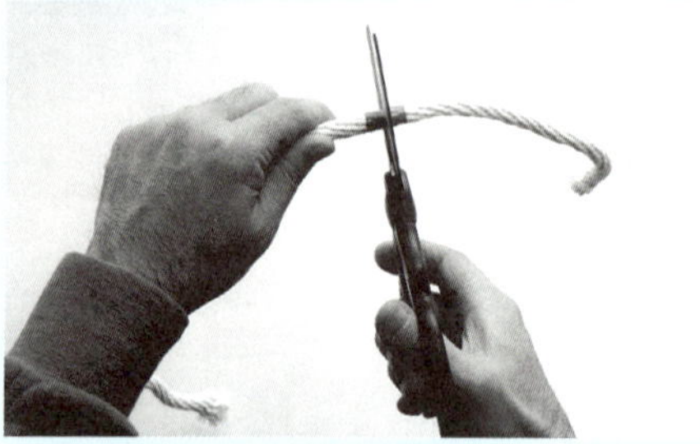

切断する場所にテープを数回巻き、その上からハサミでロープを切断する。

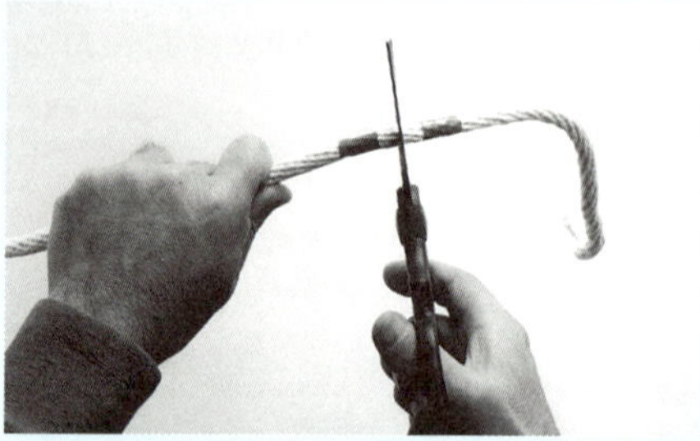

間隔をあけてテープを2か所に巻き、その中間点をハサミで切断する方法もある。

化繊ロープの端止め

使用するロープの材質が化学繊維の場合にのみ使用できる方法です。化学繊維のロープは熱すると溶けるため、ロープの端を溶かして固定することができます。ライターなどがあれば簡単に行えます。

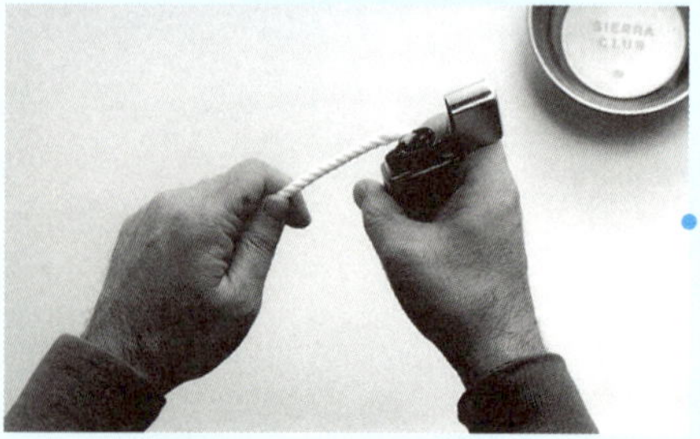

1 ロープの端をライターなどで熱し、溶かす。

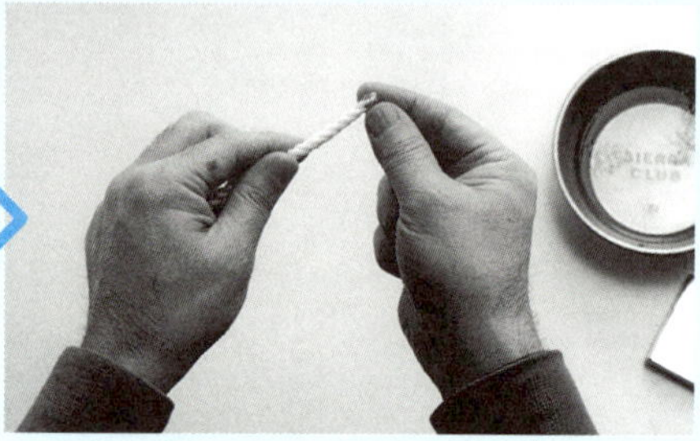

2 少しさましてから、指先で溶かした所を固める。接着剤などでぬり固めれば、さらに強固に。

からみ止め①

テンポラリー・ホイッピング

どのような素材のロープにも使用できる、簡単な結び方です。索端止めに使用する糸は、ロープの10分の1以下の太さのものを使用します。一般的にはたこ糸がよく使用されロウをしみこませるとさらに強力になります。

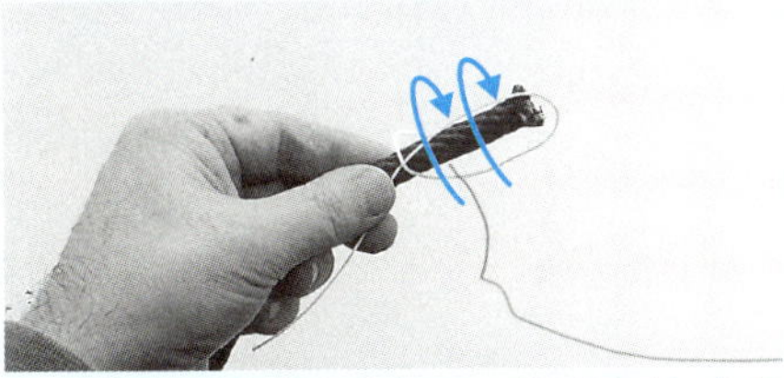

1 写真のようにたこ糸をロープにはわせ、力をいれて矢印のように巻いていく。

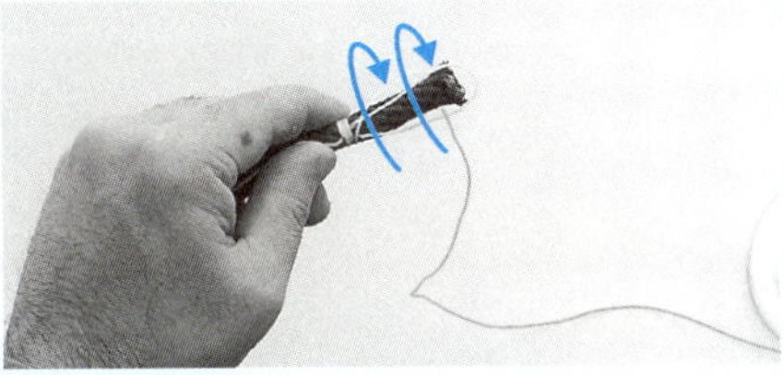

2 このように、10回ほど巻きつける。

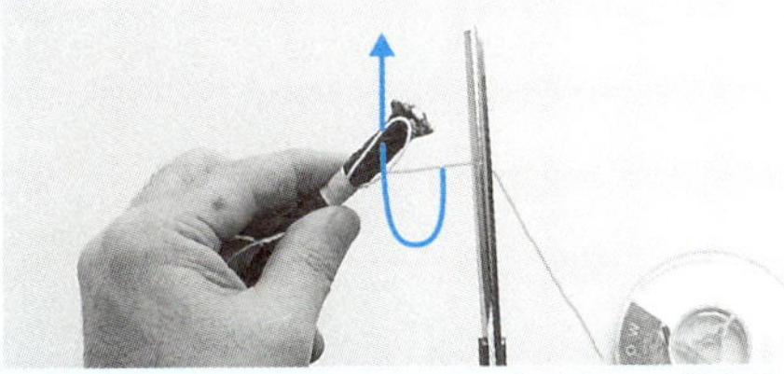

3 適当な長さをとってたこ糸を切り、端を輪の中に通す。

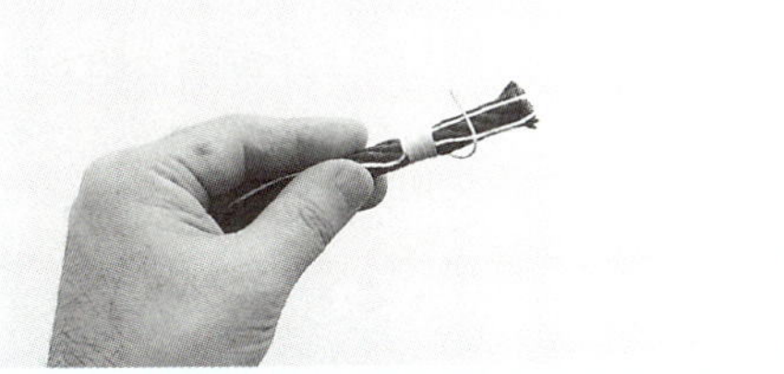

4 糸の端を切り、輪に通したところ。

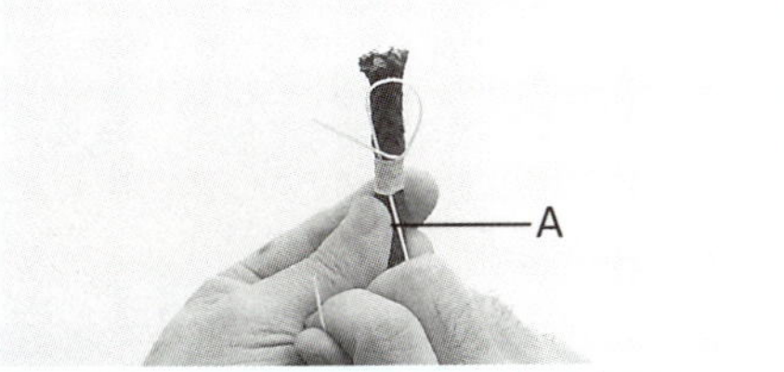

5 たこ糸の元Aを引っ張って輪を締める。

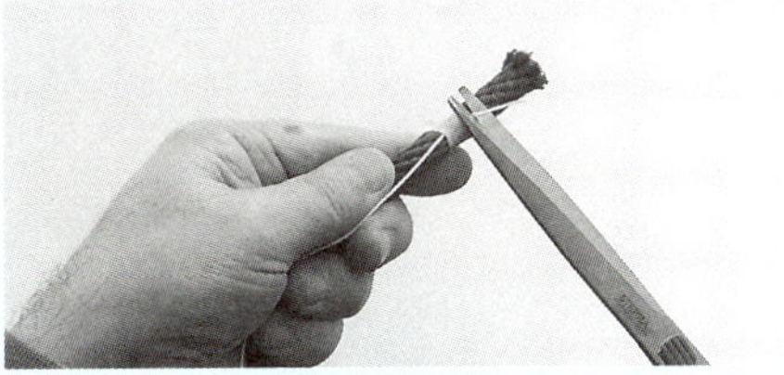

6 たこ糸の余分な両端を切断し、仕上げる。

できあがり

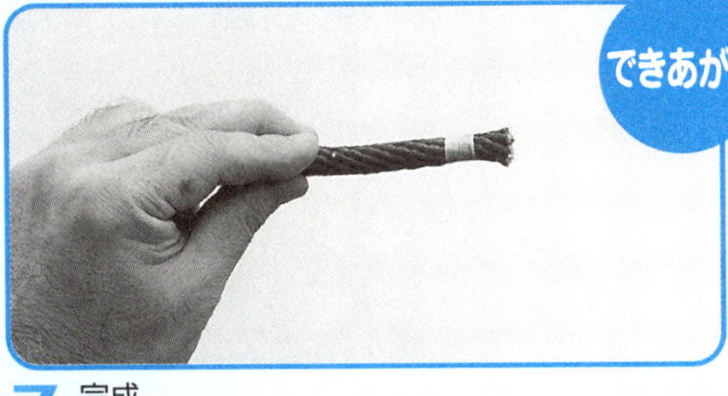

7 完成。

からみ止め②
フレーン・ホイッピング

からみ止めの別の方法で、たこ糸の端を巻きの途中から出す結びかたです。からみ止め①と同様に、たこ糸にロウをしみこませることで、より強力になります。別名「セーラー・ホイッピング」。

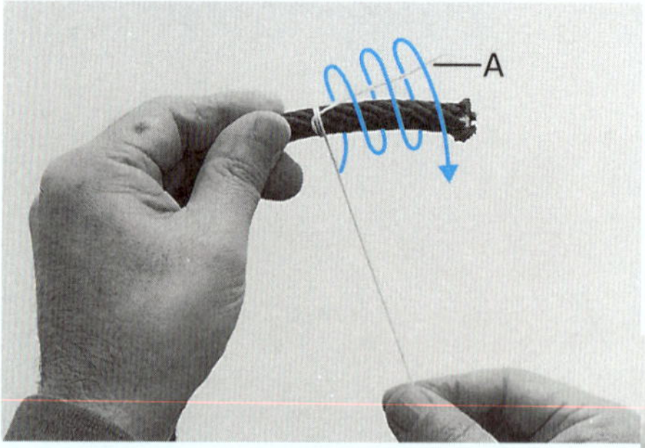

1 糸の端Aをロープの端に合わせたあと、ロープの元の方から端に向かって、糸の端の部分をまき込みながら巻きつけていく(5〜7回)。

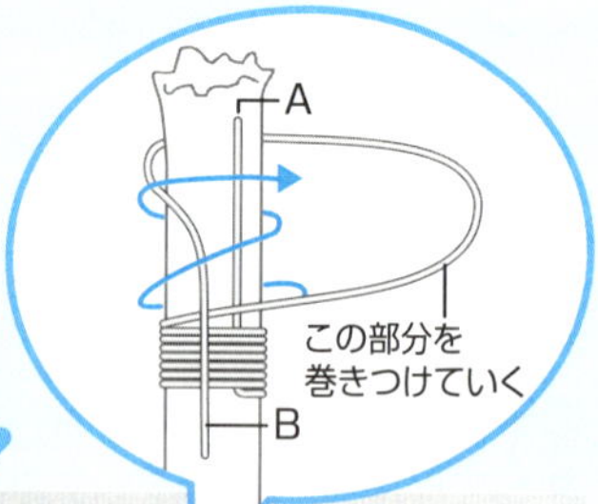

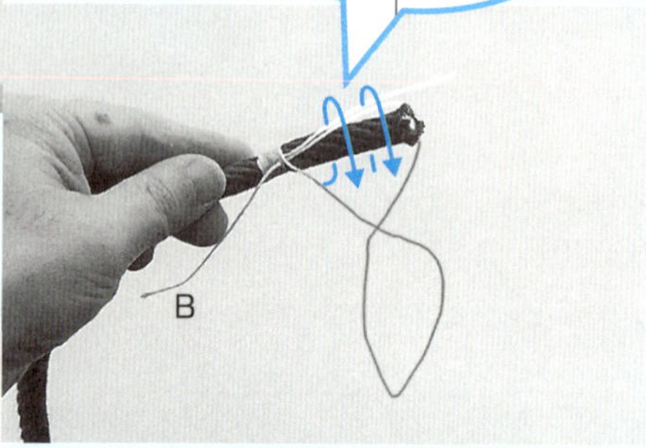

2 たこ糸を7回ほど巻ける長さを残して切断し(B)、先端を写真のようにたるみをもたせて矢印のように糸を巻いていく。

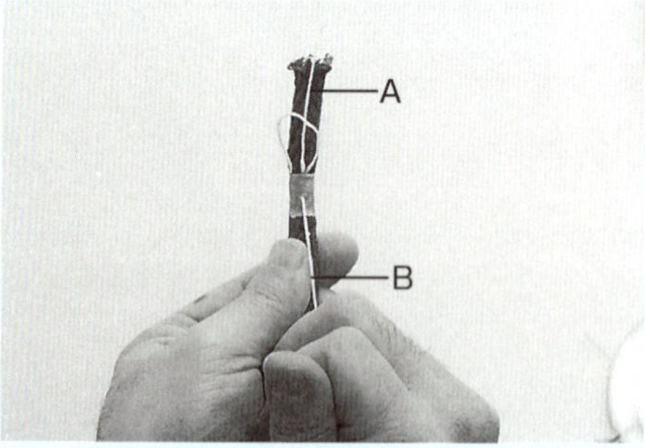

3 7回ほど巻きつけたらAの糸を輪に通し、Bを引っ張って輪を引き締める。

4 たこ糸の余分な部分を切断して完成。

戻り止め①
ウォール・ノット

よりロープの端をほどいて、改めて端を編み込んでいく方法です。ウォール・ノットやクラウン・ノットは、バック・スプライス(P62)を行うための前段階の結びです。ロープが解けないように、しっかり結びましょう。

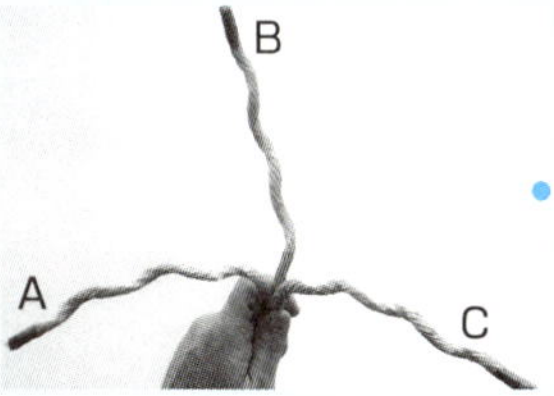

1 3つよりロープの端のよりをほどいて3本にする。

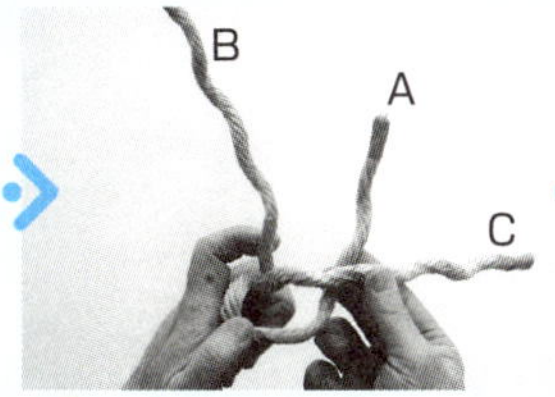

2 AをCの下にもっていき輪をつくる。

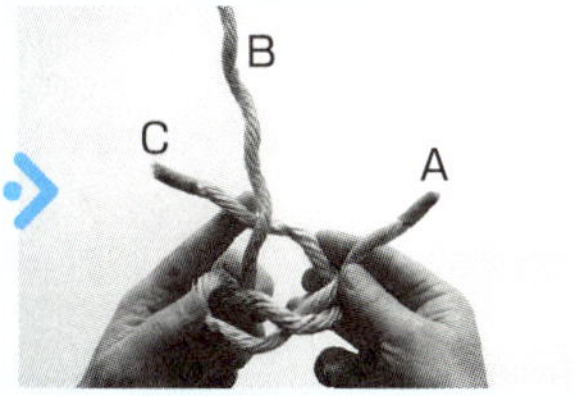

3 Cの端をAの下を通してから、Bの下へもっていく。

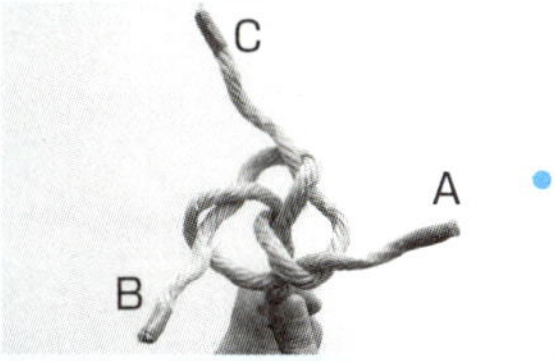

4 Bの端をCの下に通して、Aでつくった輪に下から上に通す。

5 結び目を引き締めて完成。横から見たところ。

6 上から見たところ。

戻り止め②
クラウン・ノット

「ウォール・ノット」の逆の形となるのが、この「クラウン・ノット」です。「ウォール・ノット」では、3本のロープの端がロープの元とは反対の方向(上)へ出るのに対し、「クラウン・ノット」はロープの元(下)の方向に出ます。

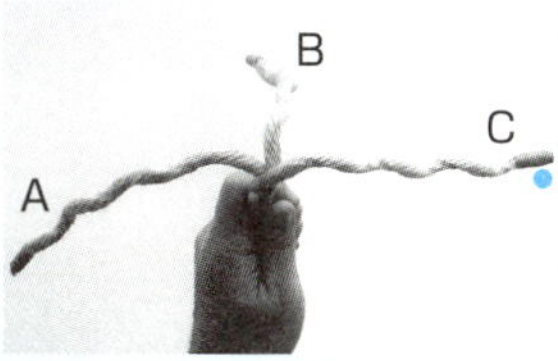

1 3つよりロープの端のよりをほどいて3本にする。

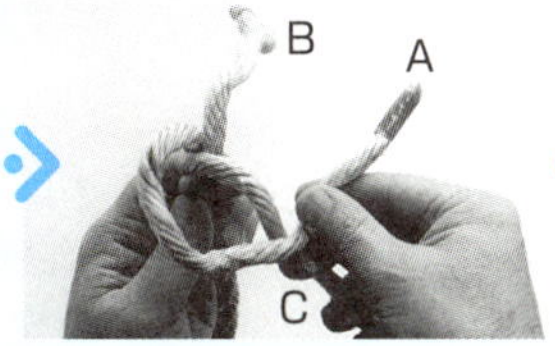

2 Aの端をCの上に重ねて輪をつくる。

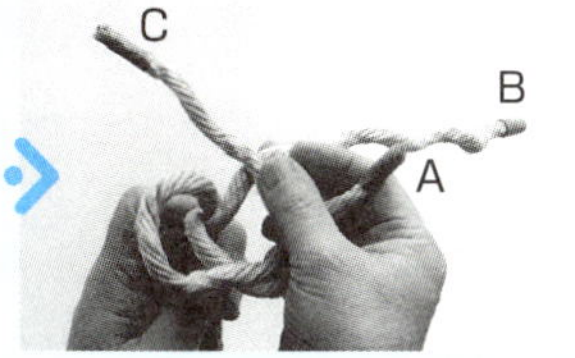

3 Cの端をAの上を通してBの上にもっていく。

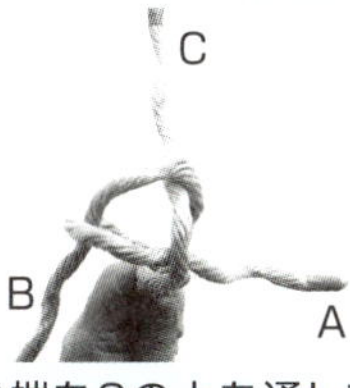

4 Bの端をCの上を通して、Aでつくった輪に上から下に通す。

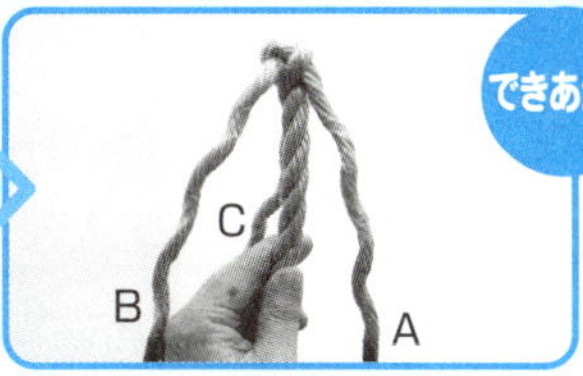

5 A、B、Cを引っ張り、結び目を引き締めて完成。

戻り止め③
クラウン・ノット+ウォール・ノット

「クラウン・ノット」を行ってから、「ウォール・ノット」を行う結び方です。結び目が大きくなりますが、より強力に結ぶことができます。

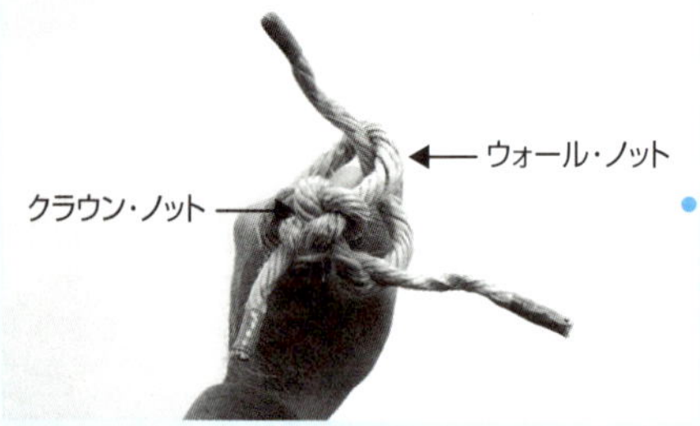

1 クラウン・ノットを行ったあとに、ウォール・ノットを行います(P61)。

2 結び目を引き締めて完成。

戻り止め④
バック・スプライス

「クラウン・ノット」か「ウォール・ノット」で端を固定したあと、ほどいた先端を元のロープに編み込んでいく結び方です。ほとんど解けることはありませんが、結ぶのに時間がかかります。別名「返し止め」。

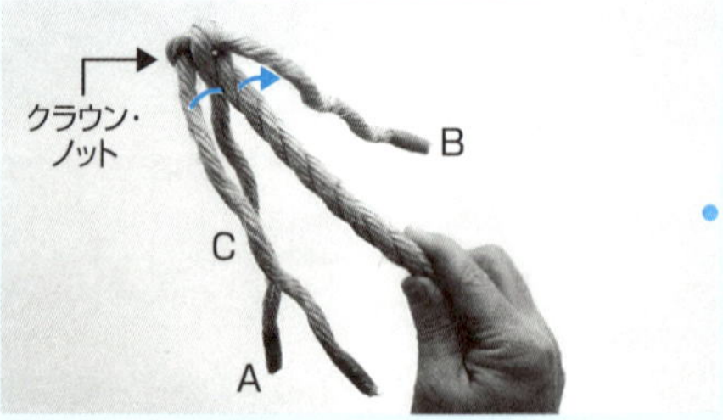

1 矢印のように、ロープのよりとは反対の方向へ、元のロープのよりをほぐしながら1本おきに編み込んでいく。

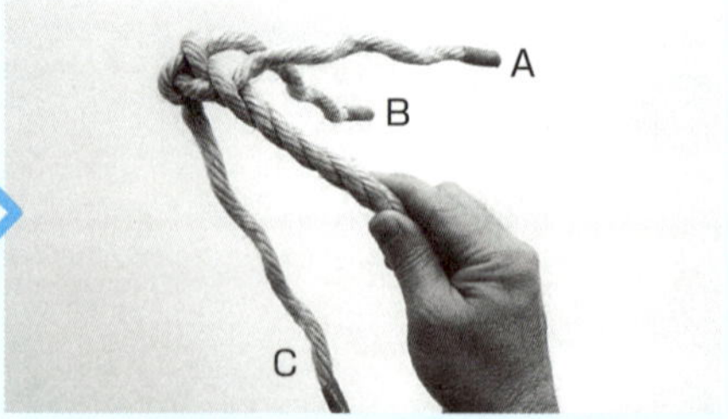

2 Aと同様にB、Cについても、それぞれ元ロープのよりをほぐしながら、1本おきに編み込んでいく。

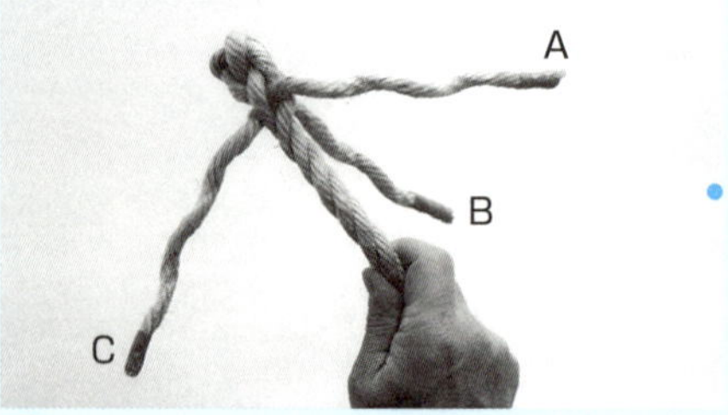

3 A、B、Cをそれぞれ1回ずつ元のロープに編み込んだところ。この手順を数回繰り返す。

4 端をすべて編み込んで完成。

8 ロープを収納する

ロープを使用し終えたあとは、きちんと巻いて収納しましょう。このとき、手でロープ全体に触れ、異常がないか確かめながらロープを収納しましょう。ロープを長持ちさせるコツです。

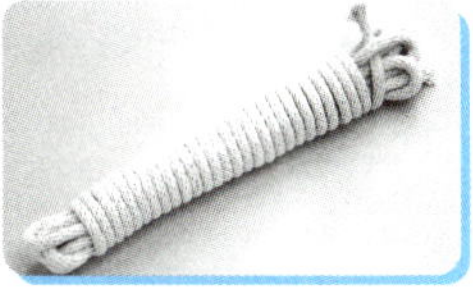

棒結び

ロープをコンパクトに収納でき、簡単に結ぶことができます。ロープが細長くまとまるので、携帯に便利な収納方法です。ただ、ロープがよれやすいこと、太いロープには向かないなどの欠点もあります。

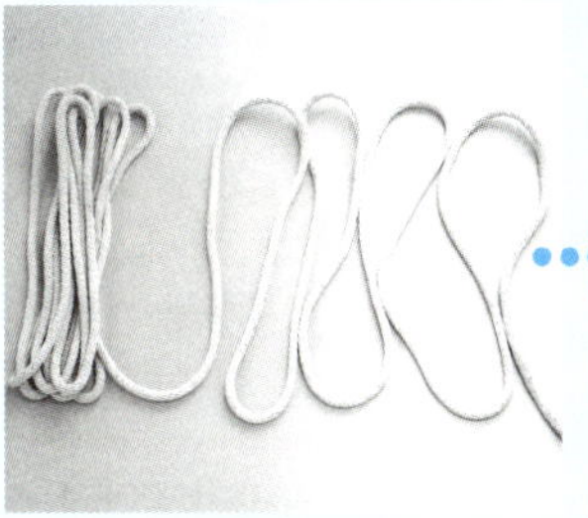

1 ロープを適度な長さに（30㎝位が一般的）数回折り返して、写真のような状態にする。

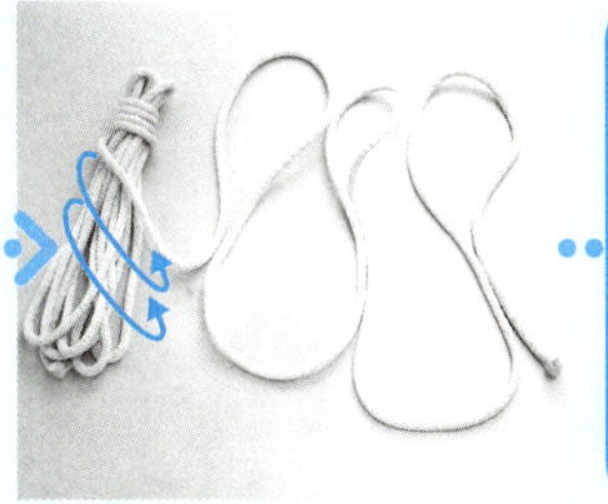

2 折り返した部分をまとめ、余ったロープをきつく巻きつけていく。

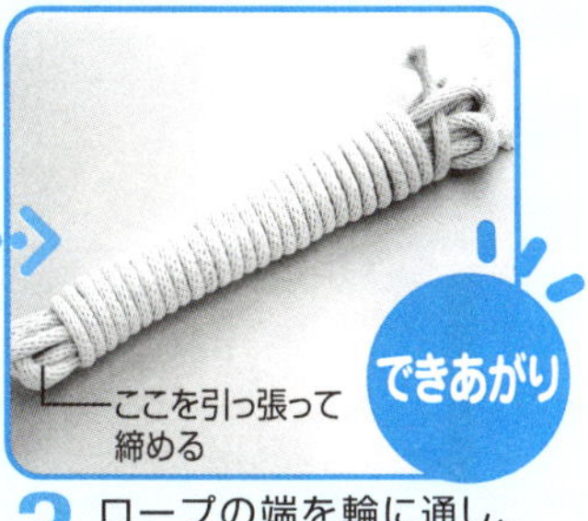
ここを引っ張って
締める
できあがり

3 ロープの端を輪に通し、手前側の輪を引っ張って輪を締め、完成。

エクセレント・コイル

ロープをたくさんの輪の形にして収納する結び方です。あまり長くないロープを収納するときに便利です。非常に簡単に結ぶことができ、登山用のザイルを収納するときなどに使用されます。

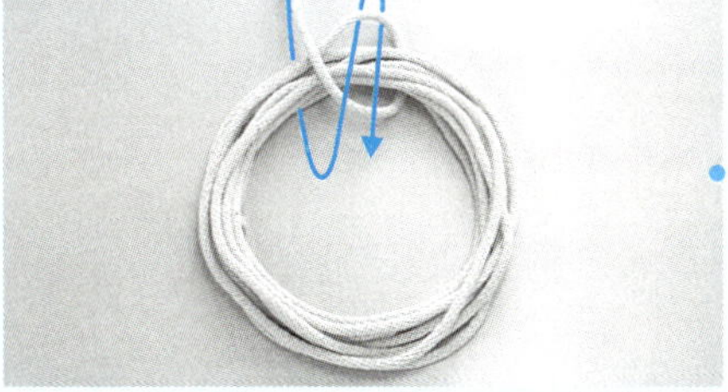

1 ロープを写真のように巻き、ロープの端でひと巻きしたあと、矢印のように、輪の中に通す。

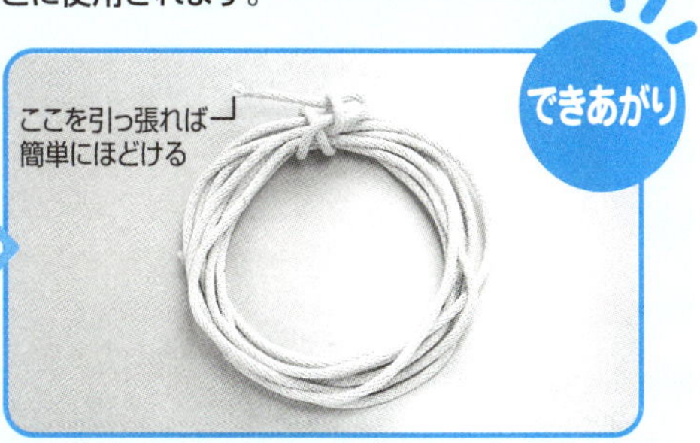
ここを引っ張れば
簡単にほどける
できあがり

2 結び目を引き締めて完成。ロープの端を引っ張ると簡単にほどくことができる。

えび結び

完成したときの形がえびに似ているため、「えび結び」とよばれます。携帯に便利で解きやすいため、ボーイスカウトが多用する結び方です。覚えておくとさまざまな場面で重宝する結び方です。

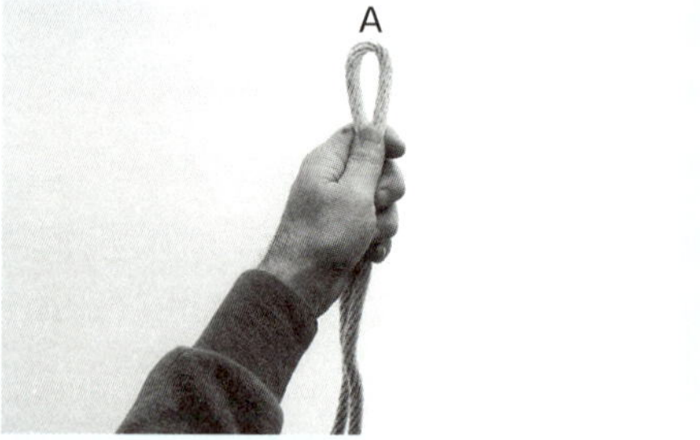

1 ロープを半分におり、折った部分を手で持つ。

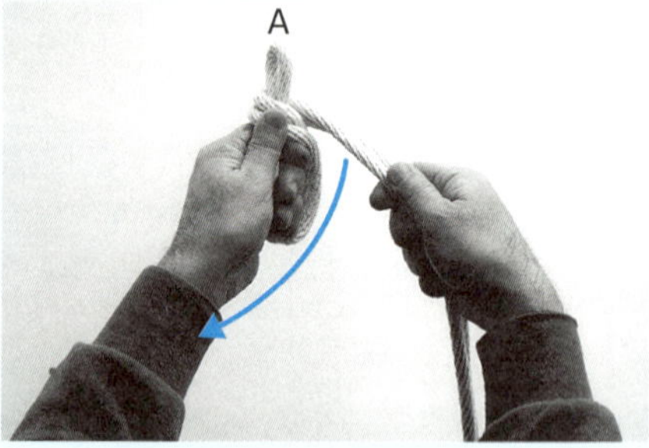

2 手に添って折り返しAの部分で8の字を描くように巻く。

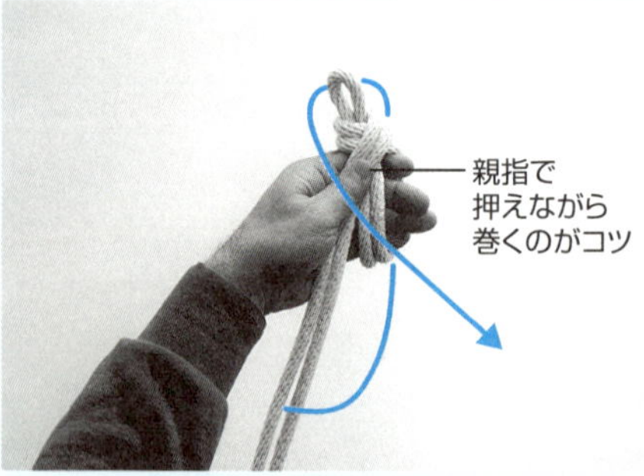

3 手を抜かないよう注意しながら、手の下にもう1つ大きな輪をつくる。

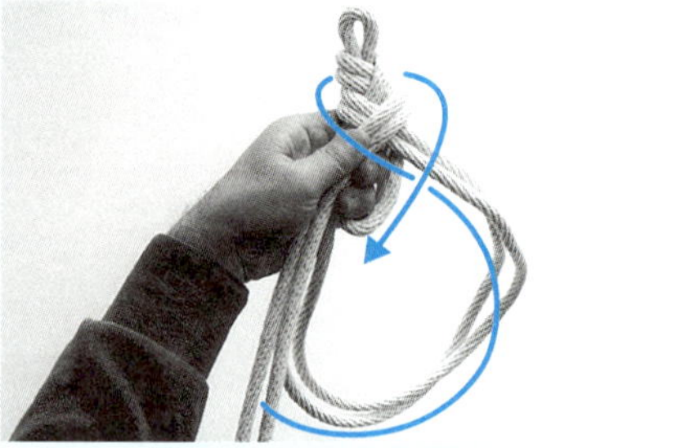

4 2と同じように、8の字を描くように巻きつける。これを、ロープの長さに応じてさらに1〜3回行う。

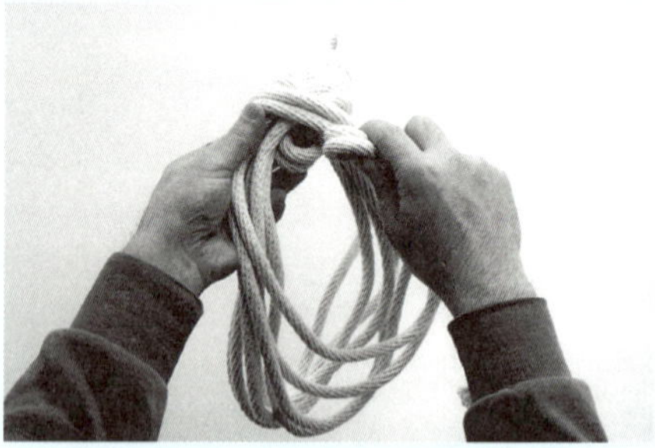

5 ロープが残り少なくなったら、ロープの端の部分を折り曲げて、折り曲げた部分をはじめにつくった小さな輪に通す。

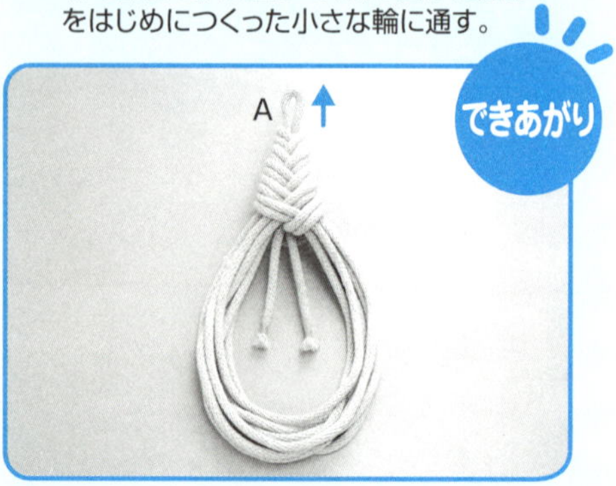

6 Aを上に引っ張り、結び目を引き締めて完成。2本の端を引っ張ると簡単にほどくことができる。

PART 3

<応用編1> 知って得する簡単・便利な

家庭で役立つ結び

荷づくりの結び

引っ越しの際に荷物をまとめたり、キャンプに持っていく荷物をまとめたりと、さまざまな場面で荷づくりの結び方が使用されます。上手に結ぶためのポイントは、荷物の大きさ・材質・数量・形状をチェックし、それぞれに適したロープ結びを選択することです。ふだんの生活の中で活用する機会も多いので、しっかりマスターしましょう。

1 荷づくりの基本〈1〉

日常生活のさまざまな場面で行う荷づくり。その基本が以下の3つです。

①ひもの始端の固定法
②ひもの交差部の処理法
③ひもの末端の結び方

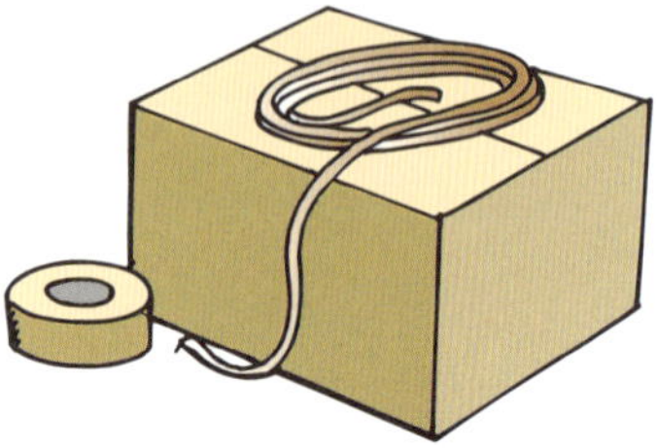

始端をきちんと固定しないと、しっかりと荷物を結んでいくことができません。始端の固定がまず重要です。次に荷物を荷崩れさせないためには、交差部をしっかりと結ぶ必要があります。手抜きをせずに、きちんと結びましょう。

末端は、ひもと荷物を確実に固定できる結び方で、しかも解きやすくなくてはいけません。代表的な結び方は「垣根結び」です。

始端の固定1

荷物の角で支点の固定を行うことがポイント!

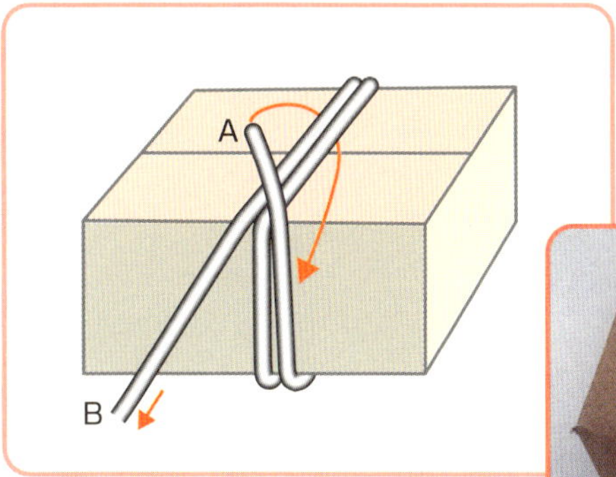

1 図のように荷物にひもを2回巻き、Aを矢印のように通す。Bを引っ張りながらAを強く引っ張り、始端を固定する。荷物の角で行うことがポイント。

始端の固定2

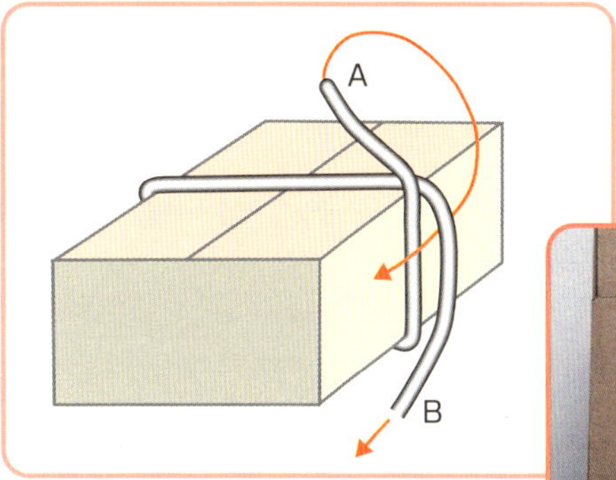

2 ひもを荷物に1回巻き、Bを強く引っ張りながら、矢印のようにAをBの下に通す。角で固定することがポイント。

交差部の処理

交差結び（“の”の字掛け）

別名「“の”の字掛け」とよばれ、簡単に解くことができます。
交差部の処理で最も基本的な結び方です。

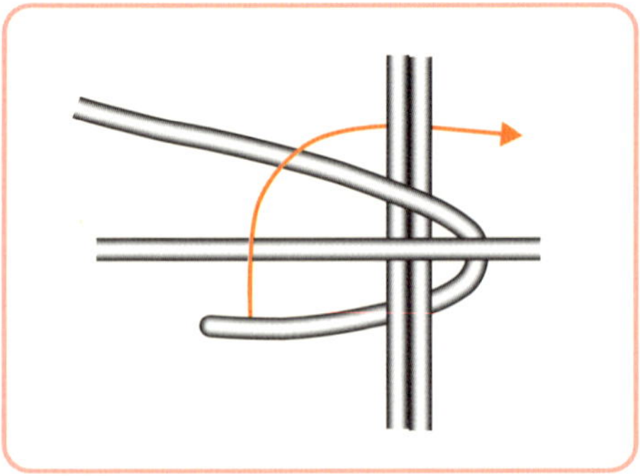

1 矢印のように、ひもの端を交差部に巻きつける。

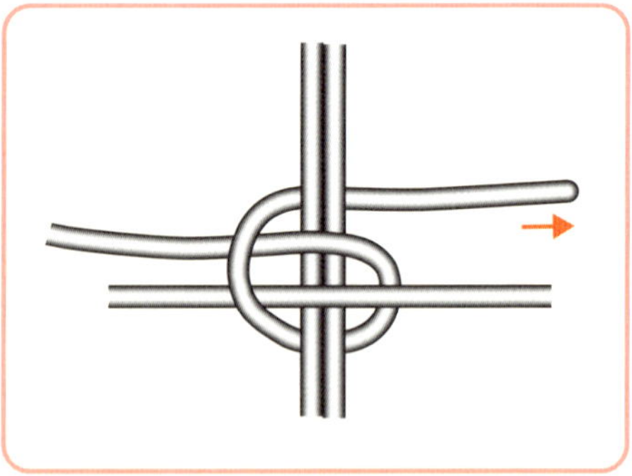

2 ひもを強く引っ張り、引き締める。

3

止め結び

止め結びで交差部を処理する方法です。
交差結びよりも丈夫ですが、やや解きにくくなります。

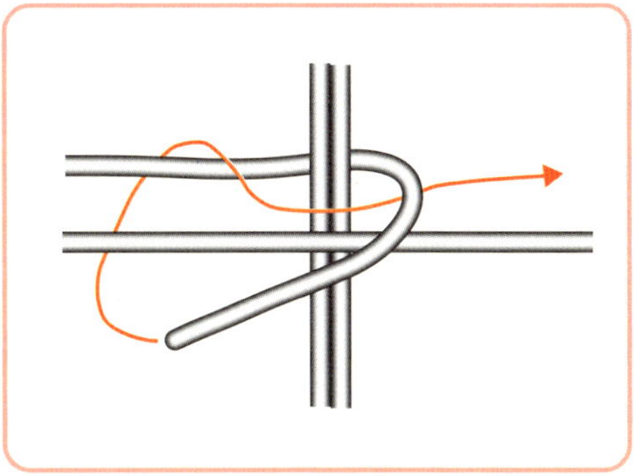

1 矢印のように、ひもの端を交差部に巻きつける。

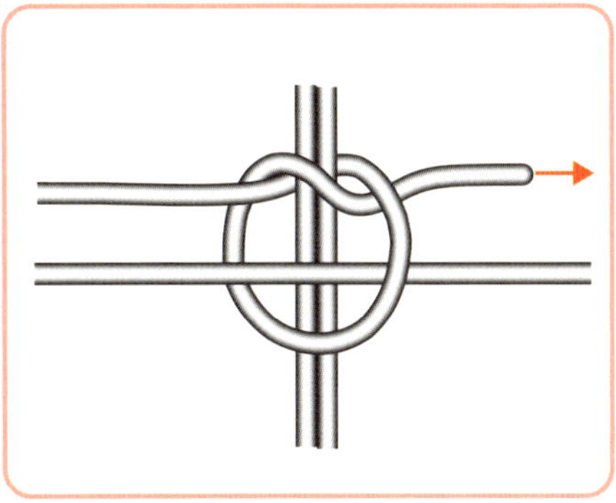

2 ひもを強く引き、結び目を引き締める。

3 できあがり

〈交差部の拡大写真〉

交差部の処理

8の字結び

交差部を8の字結びで固定する方法です。
"の" の字掛けや止め結びに比べ、高い強度を持ちます。

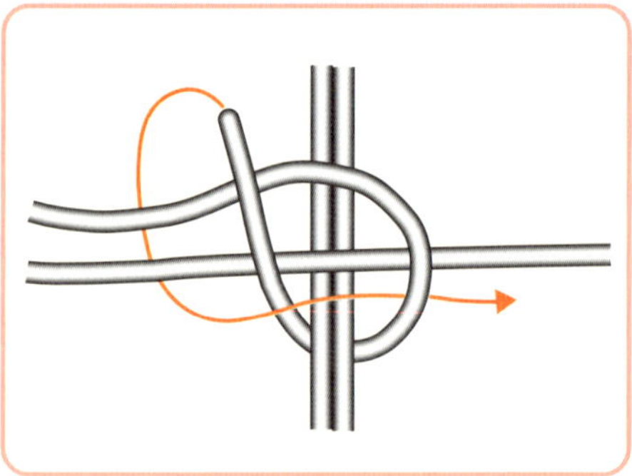

1 矢印のように、ひもの端を8の字を描くように交差部に巻きつける。

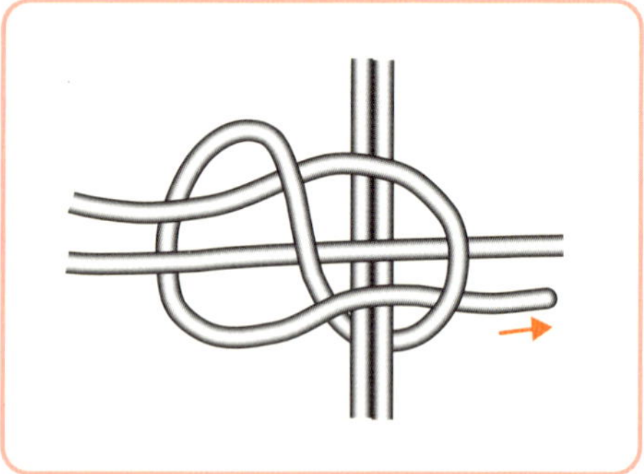

2 ひもを強く引き、結び目を締める。

3

巻き結び

交差部を巻き結びで固定する方法です。
8の字結び同様、強度が高い結び方です。

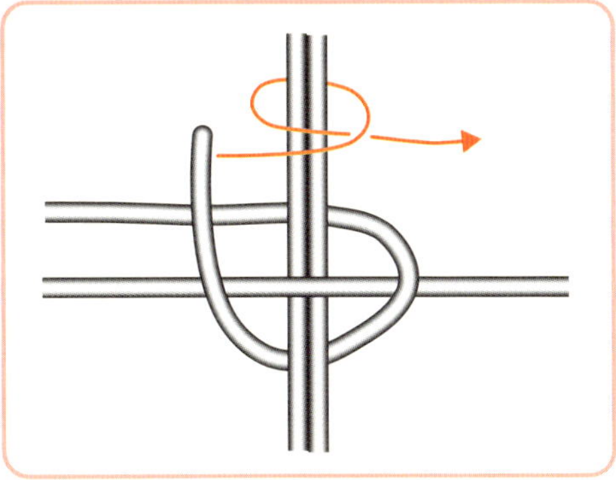

1 図のように、交差部にひもの端を巻きつける。

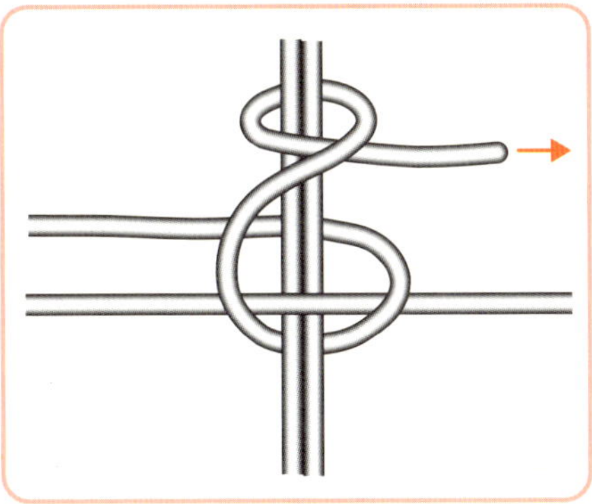

2 ひもを強く引き、結び目を引き締める。

3 できあがり

<交差部の拡大写真>

末端の結び

垣根結び

代表的な末端の結び方です。丈夫で解けにくいことが特徴です。

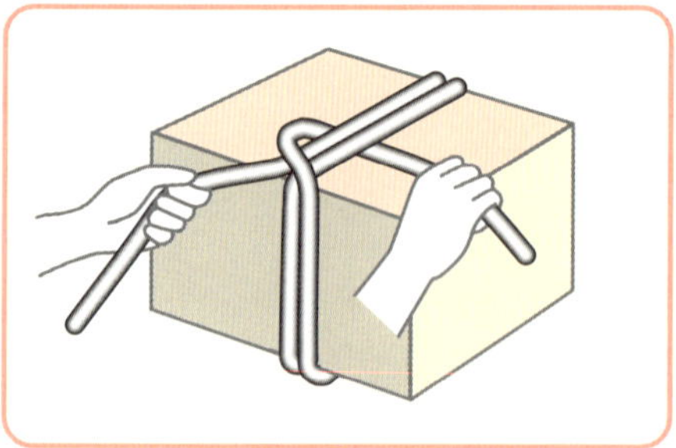

1 図のようにひもを掛け、始端を固定する。

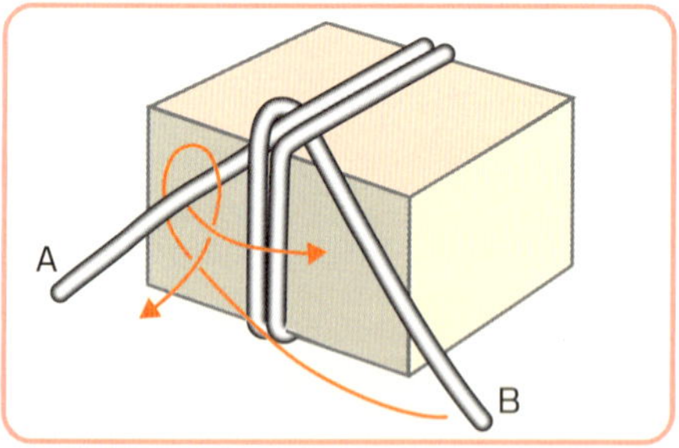

2 Bを矢印のように移動させ、Aにひと巻きする。Aを右側に移動させる。

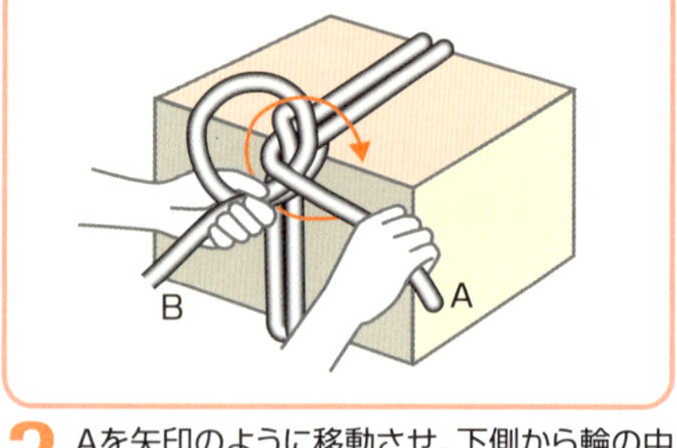

3 Aを矢印のように移動させ、下側から輪の中を通す。

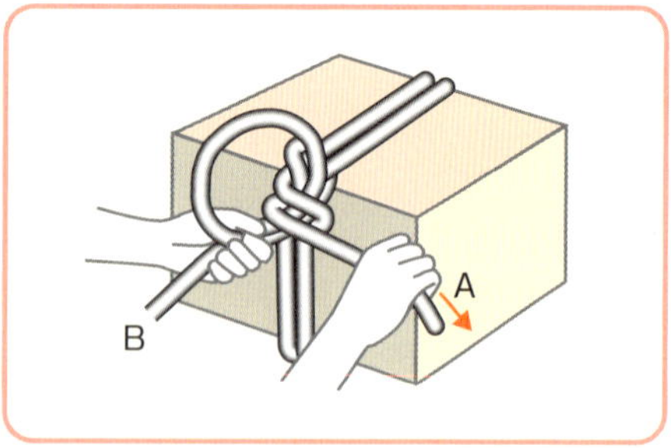

4 Aの端を1回輪に通したところ。

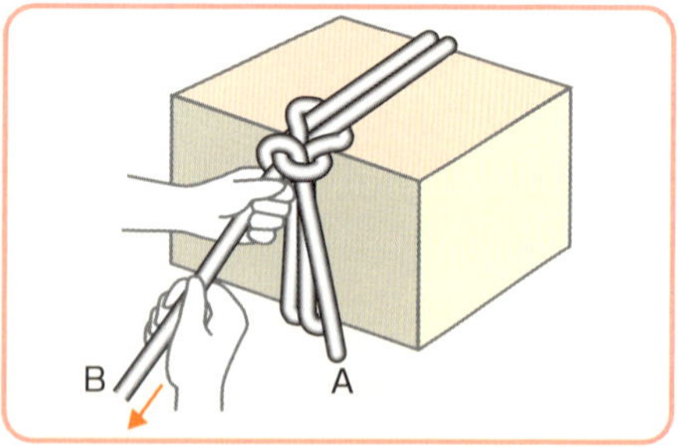

5 左手で輪の根元を押さえ、Bを強く引っ張って結び目を引き締める。

はな結び

結び目が美しく、簡単に解けることが特徴。
「蝶結び」の名前で親しまれています。

1 図のような形から、ひもの中間部を矢印のように移動させる。

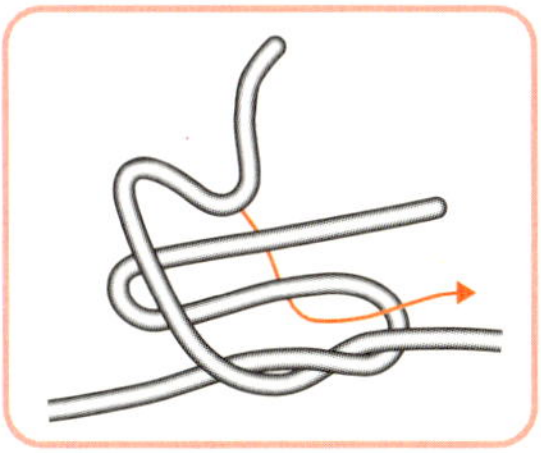

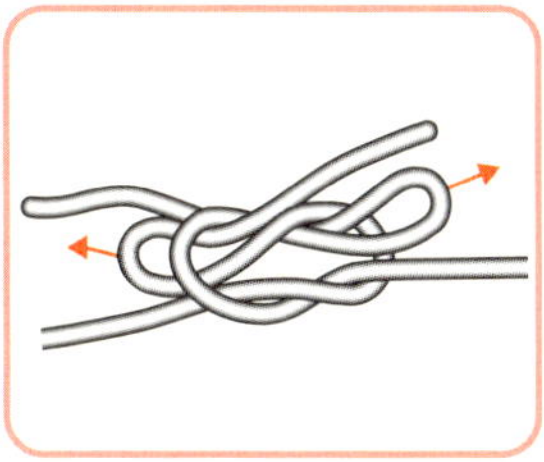

2 左右の輪を強く引っ張り、結び目を引き締める。

3 できあがり

片はな結び

本結びの片側だけを引き解けの形にしてある結び方。

1 図のような形から、片方のひもの端を矢印のように移動させる。

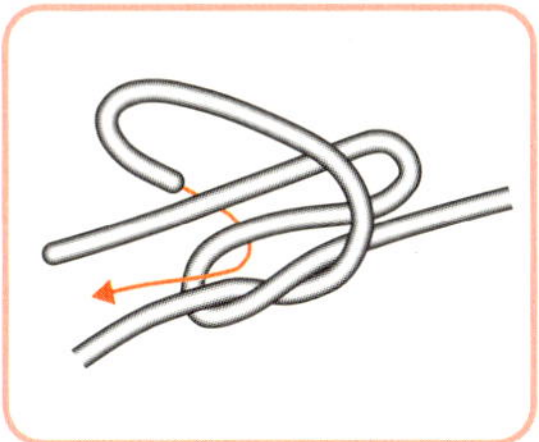

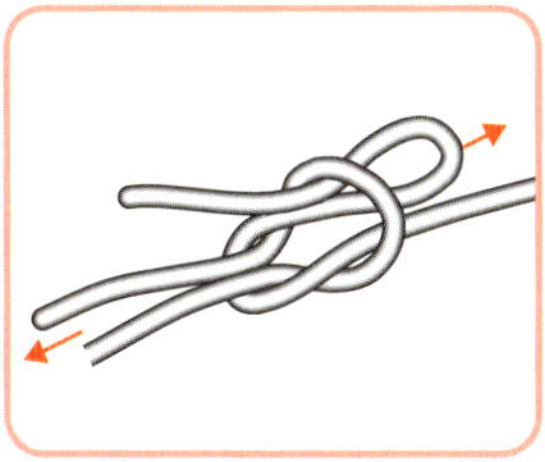

2 輪と片方の端を引っ張り、結び目を引き締める。

3 できあがり

本結び+ひと結び

本結びで結んだあと、両側をさらにひと結びする結び方。

1 本結びで結ぶ。

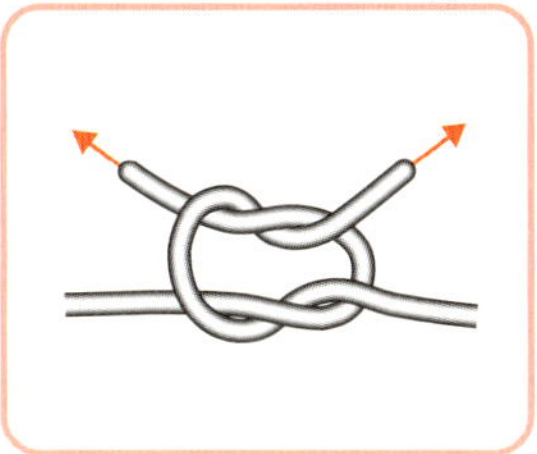

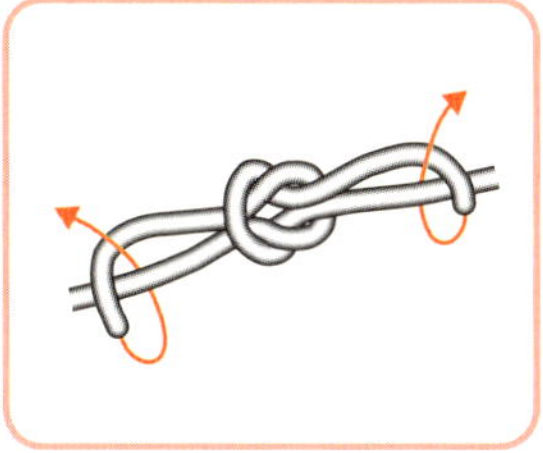

2 両端を矢印のように移動させ、それぞれをひと結びする。

3 できあがり

②荷づくりの基本〈2〉

荷づくりに使用されるひもの掛け方は、大きく4つに分けられます。どのような結び方をするにしても、この4つの掛け方が基本となるので、何度も練習してしっかり覚えましょう。

①十 字 型……小さい荷物に適した掛け方です。
②キの字型……長い荷物に適した掛け方です。
③亀 甲 型……小包によく使用される掛け方です。
④井の字型……大きい荷物に適した掛け方です。

ひもの掛け方の基本

キの字型

長方形の荷物に適した掛け方です。

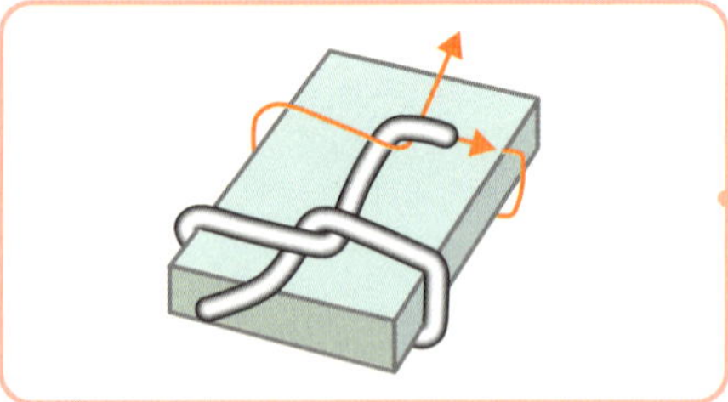

1 荷物の表側に、十字掛けを2か所行う。

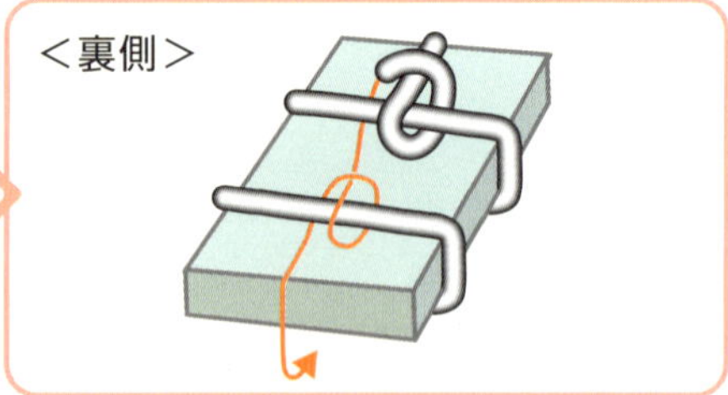

2 荷物の裏側は、図のようにひもを掛ける。

十字型

もっとも一般的なひもの掛け方です。

3

末端の処理をして完成。

亀甲型

装飾性が高く、小包などによく使用されます。

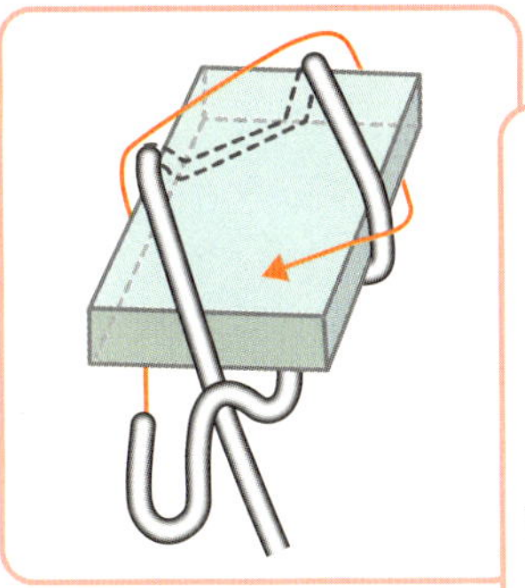

1 箱の辺に対し斜めにひもを掛け、矢印のようにひもを通す。

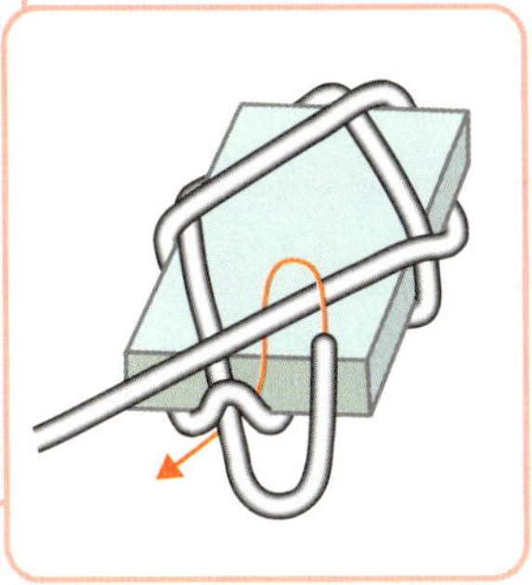

2 ひし形にひもを掛け終わったら、矢印のようにひもを通して締める。

3 末端を固定して完成。

井の字型

亀甲型と同様に装飾性が高く、目も楽しませてくれる結び。
小包などにもよく使用されます。

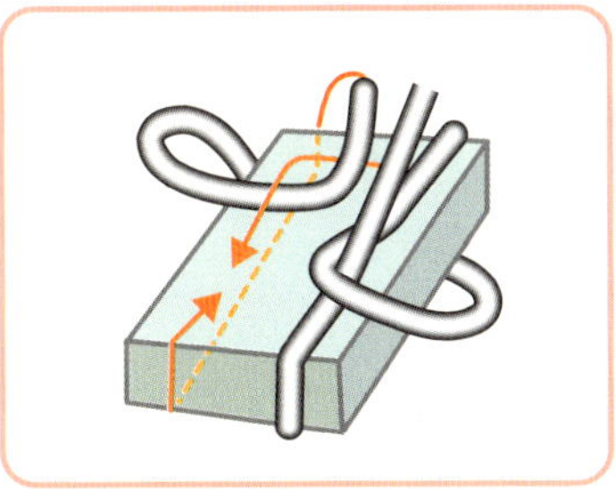

1 図のようにひもを掛ける。

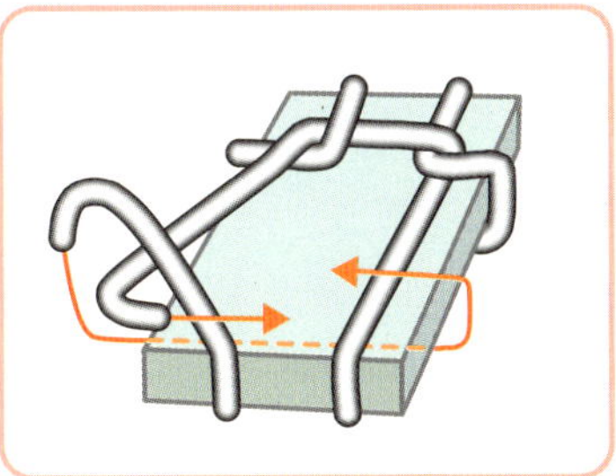

2 ひもの端を、矢印のように移動させ巻きつける。

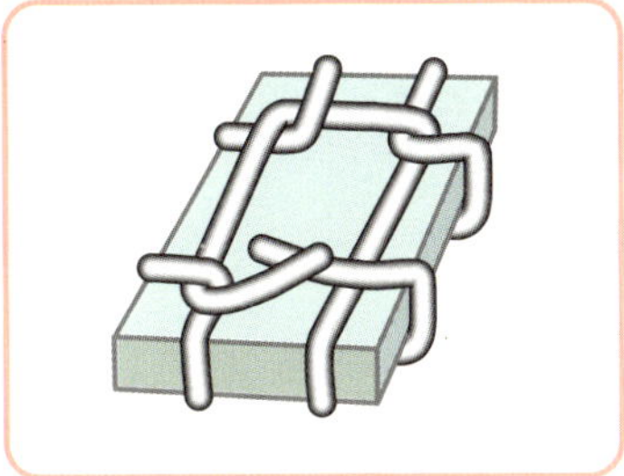

3 3か所でクロスするように掛けることがポイント。

4 末端を固定して完成。写真のように交差部の1か所にはな結びで固定すると見た目もおしゃれに仕上がる。

③ 四角い大きな箱の荷づくり

衣装箱に代表される、四角い大きな箱を結ぶときには、「柳行李《やなぎごうり》結び」を使用します。「行李」とは、竹や柳で編んだ衣装を入れる四角いかごのことです。二重止め結びを行う位置を調整することがポイントです。

柳行李《やなぎごうり》結び

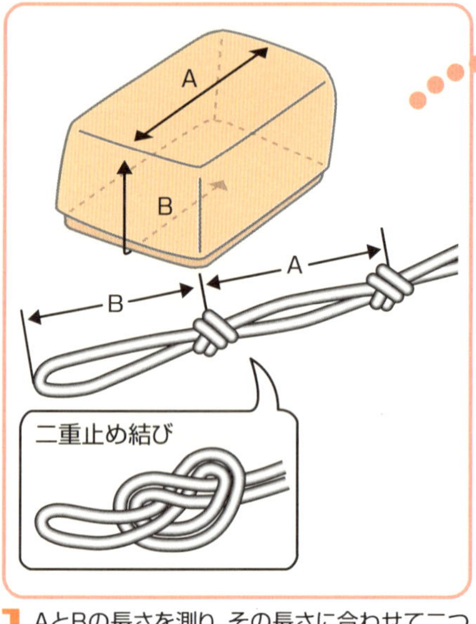

1 AとBの長さを測り、その長さに合わせて二つ折にしたひもに二重止め結び（P42）で輪をつくる。

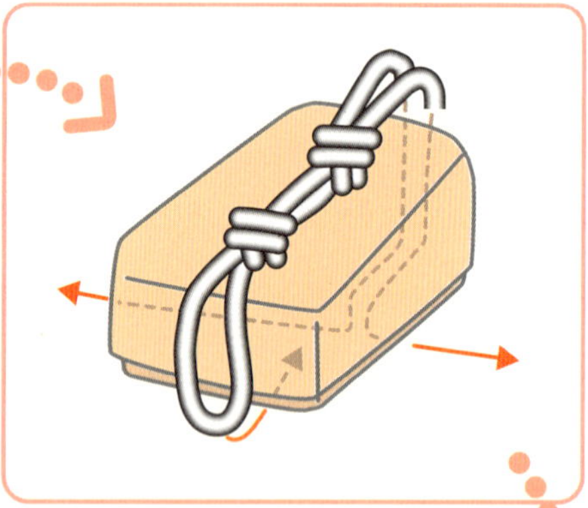

2 ひもを荷物の上に掛け、箱の裏側でひもの端を輪の中に通して左右から出す。

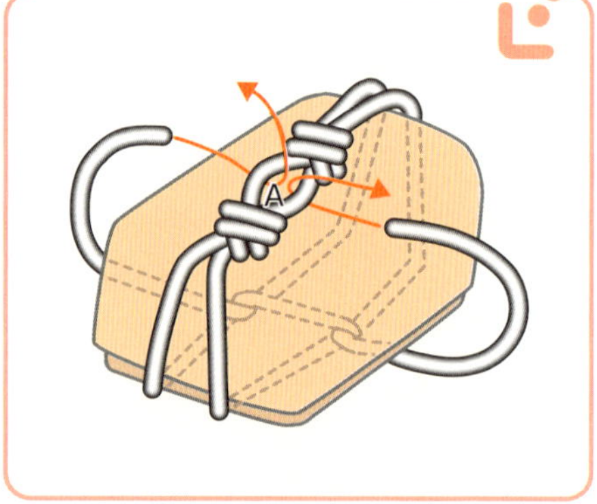

3 ひもの端を両側から上に移動させ、図のようにAの輪の中に通す。

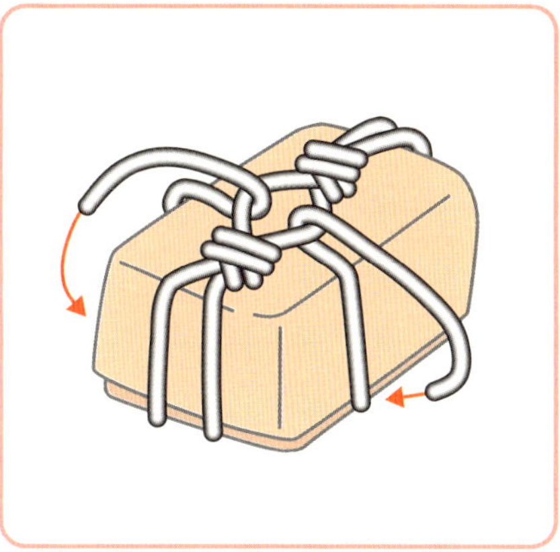

4 ひもの端をもう一度裏面に回す。

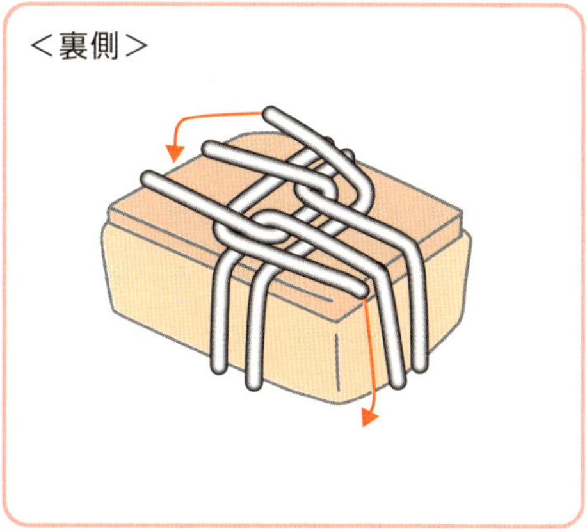

5 図のように荷物の裏面にひもを通し、再度端を荷物の上に移動させる。

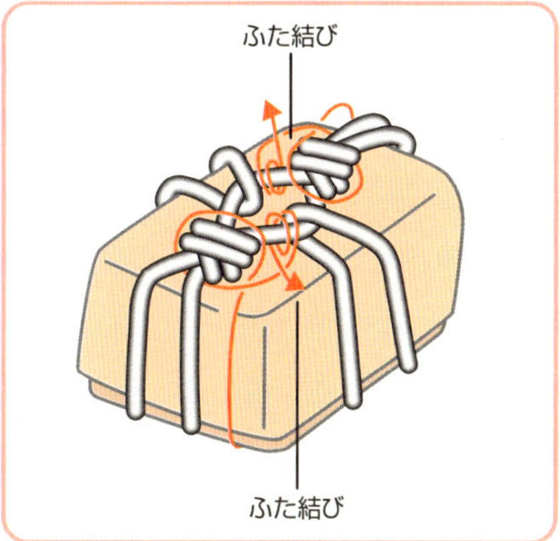

6 それぞれの端で結び目にひと巻きしてから、ふた結びで固定する。

7 結び目を引き締めて完成。

4 円筒形の物の荷づくり

樽などの円筒形の物を荷づくりするときには、「樽結び」を使用します。一見難しそうに見えますが、一度覚えてしまえば簡単に荷づくりすることができます。ポイントは、3本の掛けひもを等間隔に配置することです。

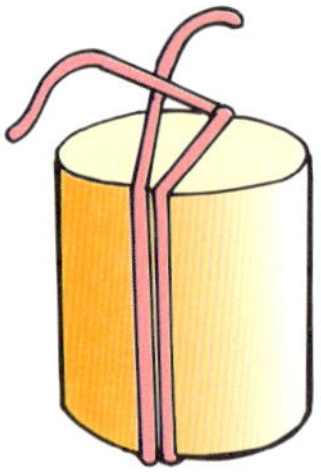

軽い荷物を縛る

比較的軽い箱を荷づくりするのに向いた縛り方です。

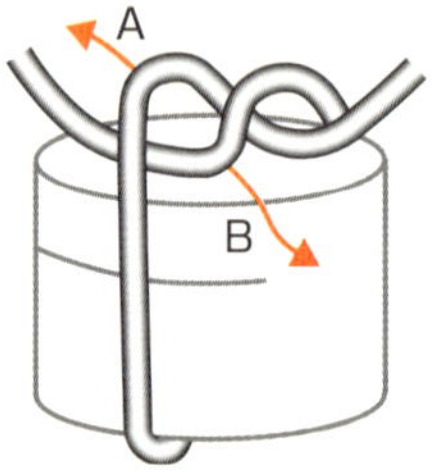

1 縦方向に荷物をひと巻きし、荷物の上部で図のようにひもを交差させる。

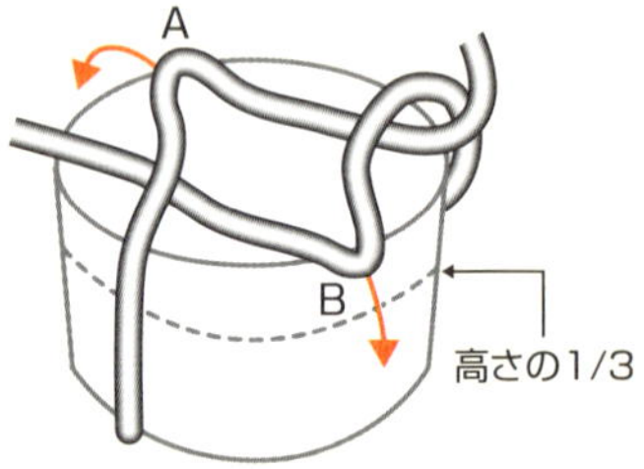

2 1でできたA、Bの部分を広げ、荷物の側面に掛ける。荷物の上から3分の1ぐらいの所に掛けるのがポイント。

3 ひもの端をひもの元に巻き結び（P32）で固定して完成。

4

樽結び

鍋、釜、樽など重い円筒形の物を荷づくりするときに大変重宝する結び方です。

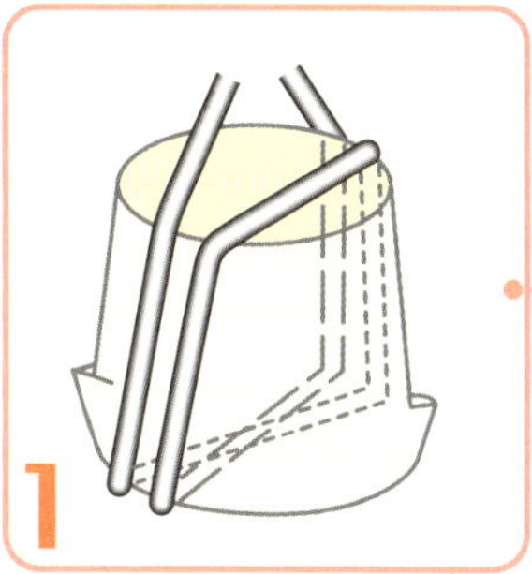

図のように、樽を逆さにひっくり返してひもをふた巻きする。樽の表側（ふた側）でひもを交差させること。

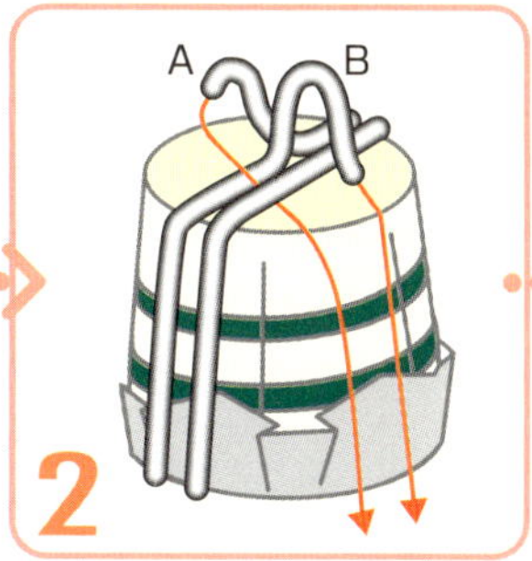

まずAを矢印のように掛け、次にBを矢印のようにもってくる。

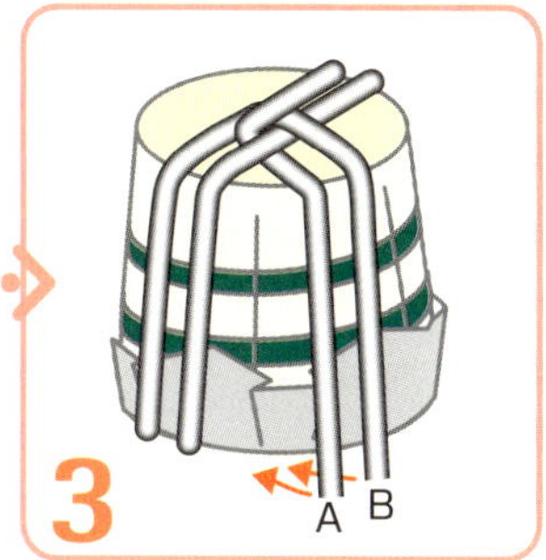

A、Bの端を樽の表側に回す。

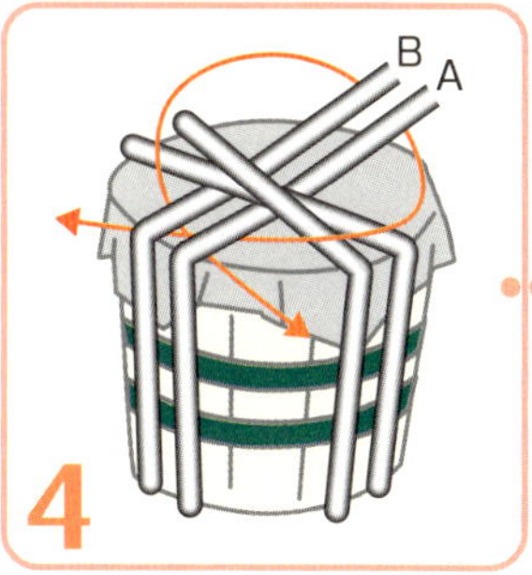

樽を表側にひっくり返し、A、Bをひもの交差部の下に通してから、矢印のように掛ける。

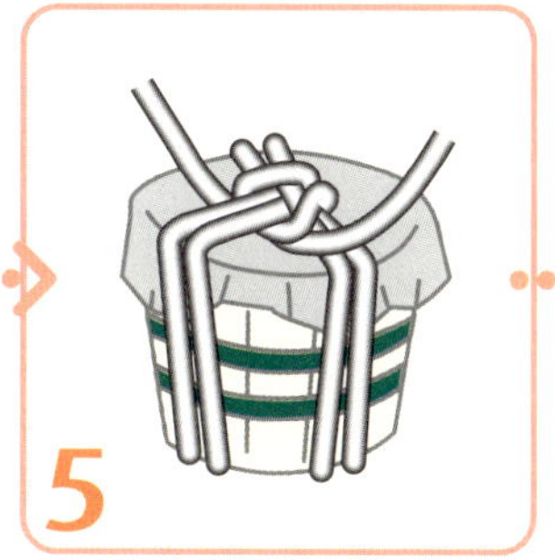

3か所の縦ひもを、等間隔（120度）になるように位置を調節する。

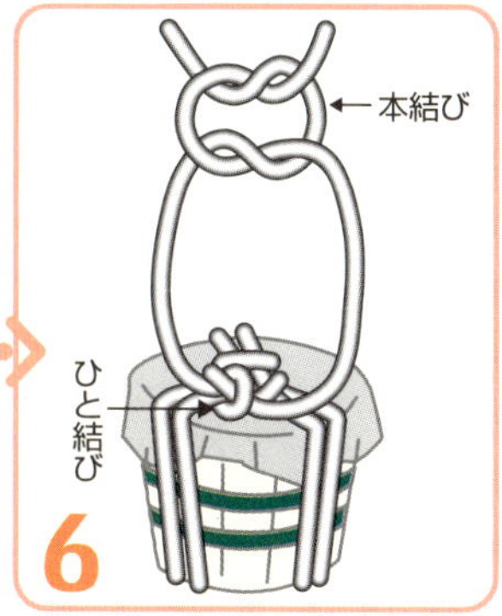

ひと結びで結び目を締めたあと、本結び（P22）をし、手下げをつくって完成。

球状の物を縛る

スイカやサッカーボールなど、球状の物を縛るときに重宝する縛り方です。

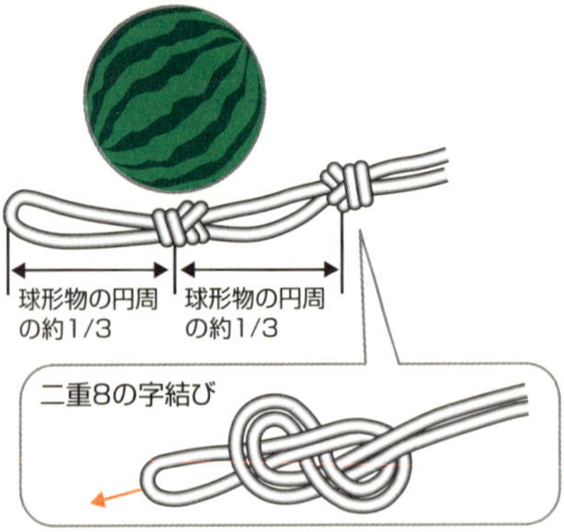
球形物の円周の約1/3
球形物の円周の約1/3
二重8の字結び

1 ひもを2つに折り、二重8の字結び（P43）で輪を2つつくる。輪の大きさは球体の円周の3分の1が目安。

2 ひもを図のように巻きつけ、矢印のように端を輪の中に通す。

3 輪の中に通した端を左右に開き、裏側に移動させる。

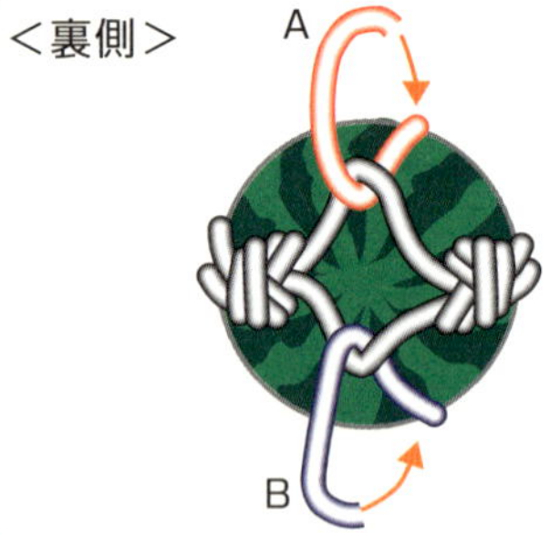
＜裏側＞
A
B

4 裏側に移動させた端を輪の中に通し、図のように再び表側にもっていく。

A
B

5 矢印のように、A、Bの端を固め止め結び（P19）で固定して完成。

6 できあがり

固め止め結び

5 びん・つぼの荷づくり

びんやつぼを荷づくりするときに使用するのが、「びん吊《つ》り結び」です。丈夫な結び方なので、すべりやすいびんなどをしっかり固定するのに最適です。

びん吊《つ》り結び

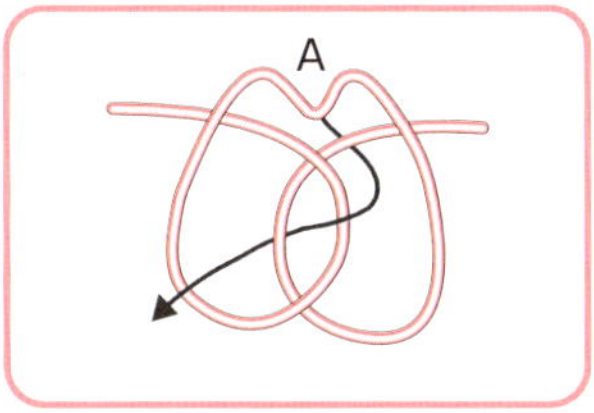

1 ひもの中間部に輪を2つつくり、Aの部分を矢印のように輪の交差部に通す。

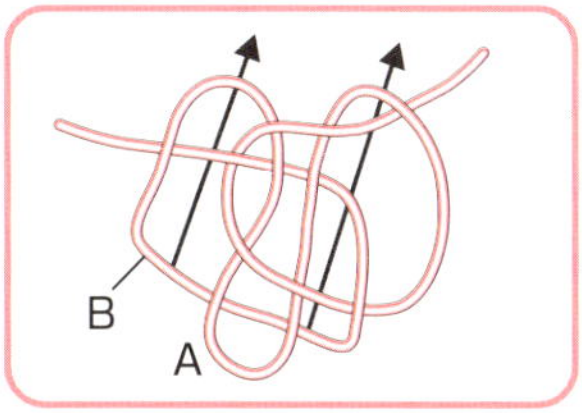

2 図のように、Bの輪を裏側から上方に移動させる。

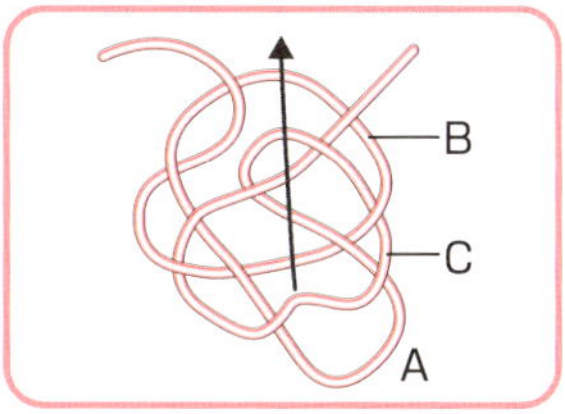

3 矢印のようにCの輪を表側（上）から上方にもっていく。

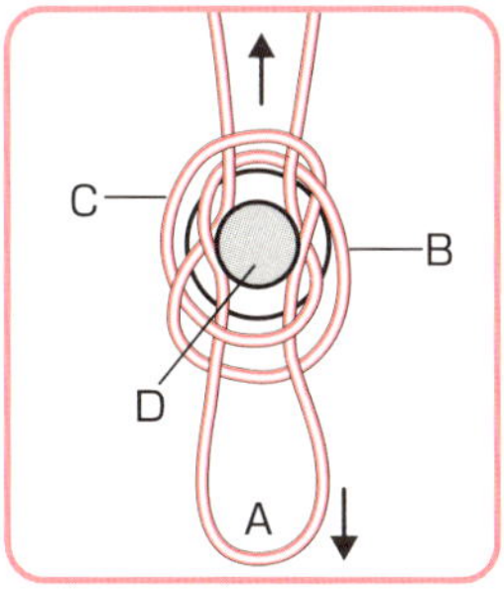

4 Dにびんの口を通し、ひもの元とAを引っ張ってDの部分をしっかりと引き締める。

5 横から見た形。ひもの端と輪を結んで取っ手として使用する。

6 ロープの端と輪を一重つぎ（P28）で結んで完成。

2本以上のびんをまとめて縛る

知っていれば大変便利な結び方です。
すべりにくいロープを使うとよいでしょう。

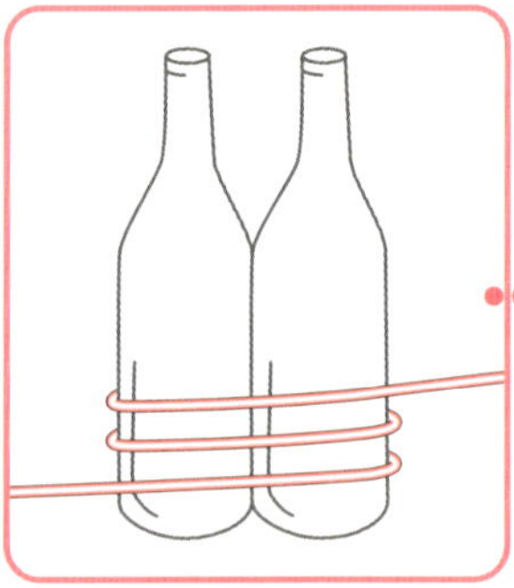

1 びんを2本並べ、底の近くをひもで2回巻きつける。

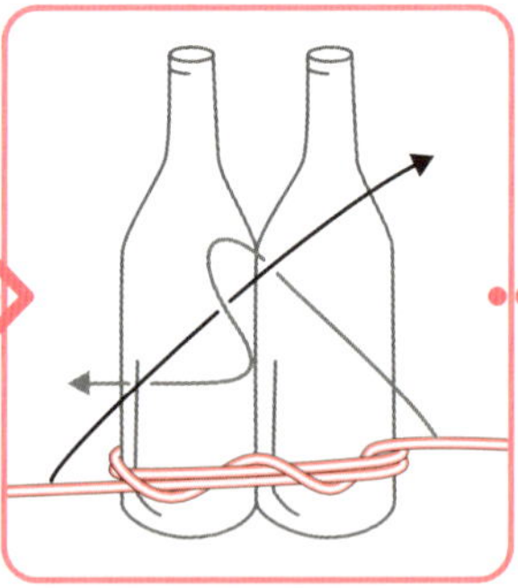

2 一方のひもを2～3回巻きつけ、矢印のようにひと結びする。

3 結び目を締めると外科結び（P25）の形になる。

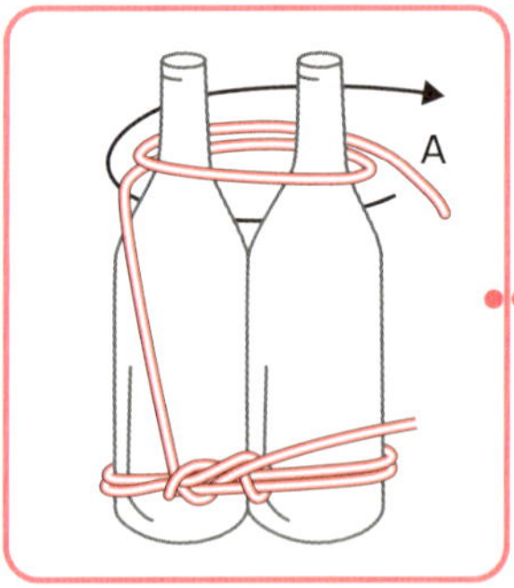

4 長いほうのひもをびんの上に移動させ、びんの口のあたりを2回巻きつける。

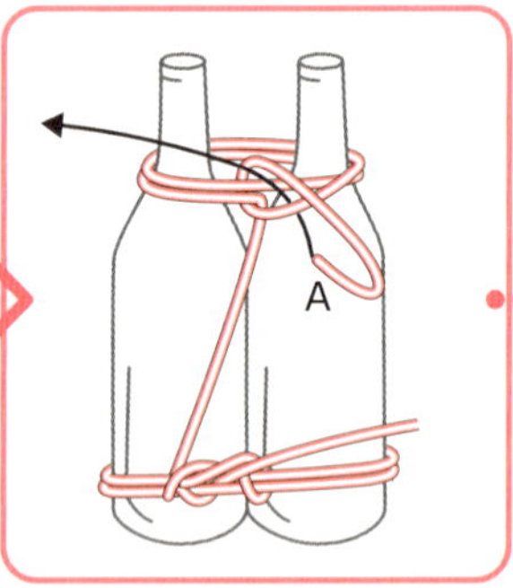

5 Aのロープを図のようにかけて、縦のロープを固定する。

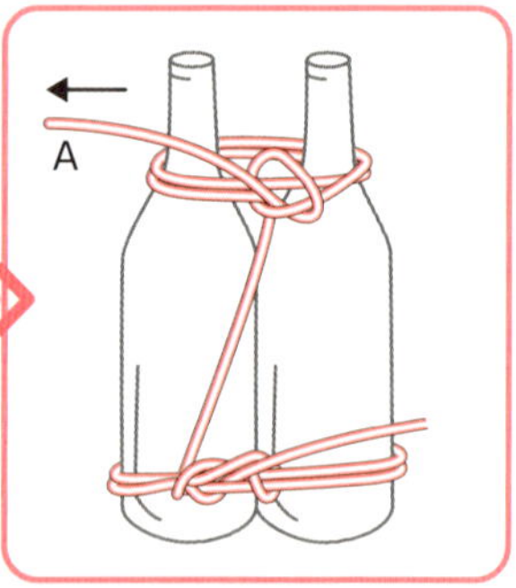

6 ひと結びでロープをしっかりと固定する。

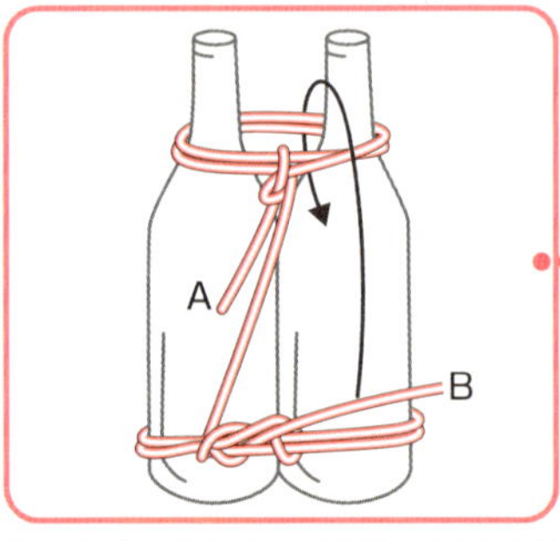

7 もう一方のロープBの端を上方にもっていき、矢印のようにかける。

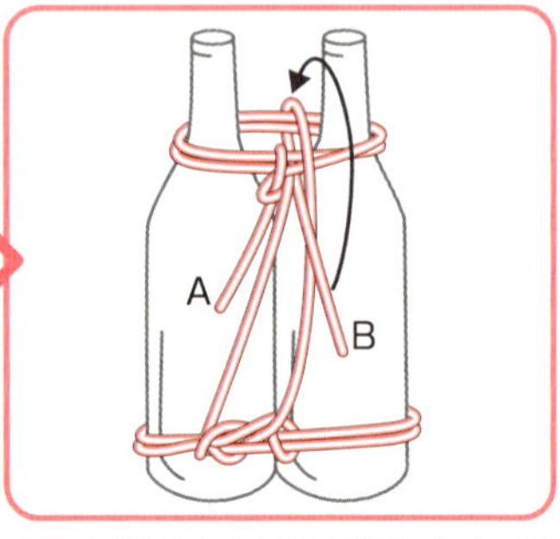

8 矢印のようにBの端をもう一度同じように巻きつける。

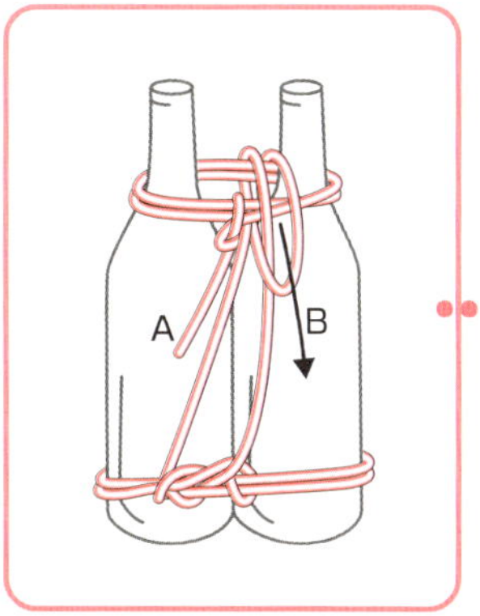

9 後ろに回したBを矢印のように前にもってきて輪に通す。

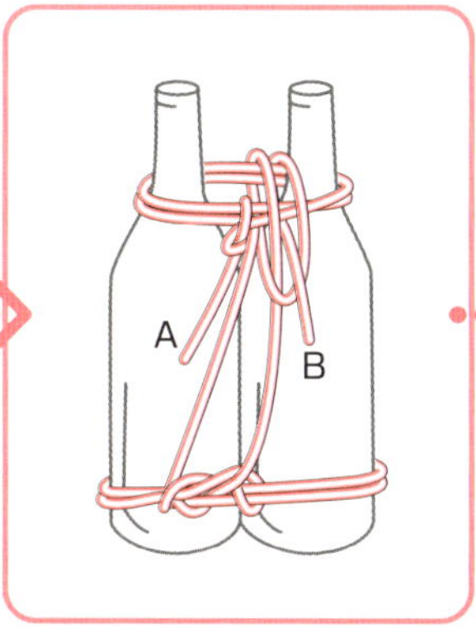

10 口に巻いたロープにまき結びをした形になる。

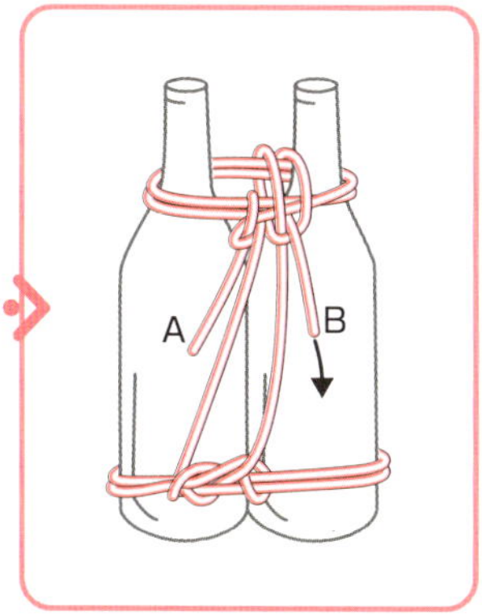

11 端を引っ張り、結び目を引き締める。

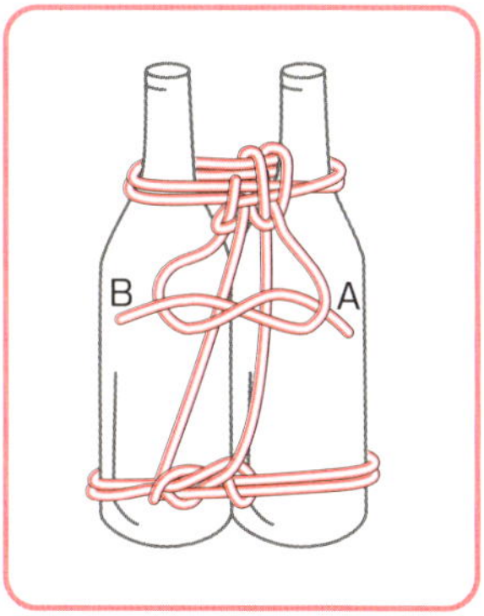

12 AとBの端ではな結び(P23)を行う。

13 結び目を引き締めて完成。

14

6 ガラス製品の荷づくり

ガラス製品を荷づくりするときのポイントは、運搬中にガラスを割らないように保護することです。段ボール紙や新聞紙、古毛布などでしっかりと保護しましょう。また、「割れ物注意!」の札も貼っておきましょう。

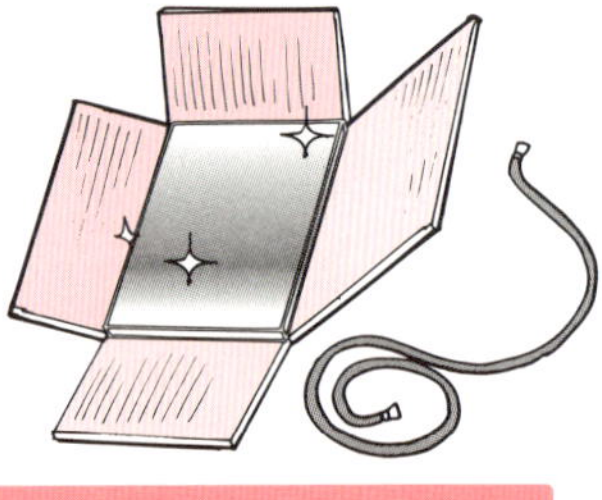

割れないように保護する荷づくり

それぞれ、下図のように荷づくりしたあとに段ボール紙などを使って全体を包み、ひもで固定します。「井の字型」「キの字型」でしっかりと縛りましょう。

使用する材料

ガラスを縛る

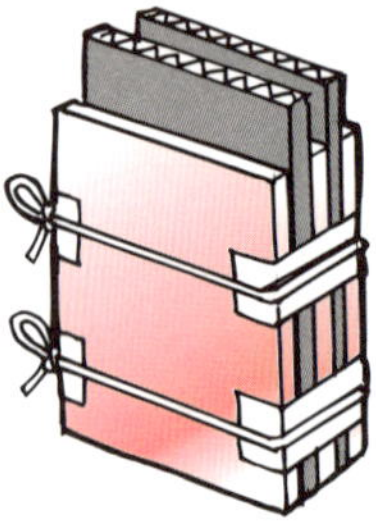

ガラスとガラスの間に新聞紙や段ボールをはさみ、ひもで縛る。ガラスの角も紙や布などで保護すること。

三面鏡を縛る

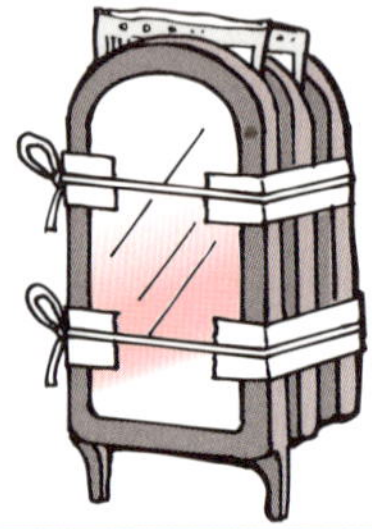

ガラスと同様に、鏡と鏡の間に新聞紙や段ボールをはさんでひもで縛る。鏡の角を紙や布などで保護すること。

テレビを縛る

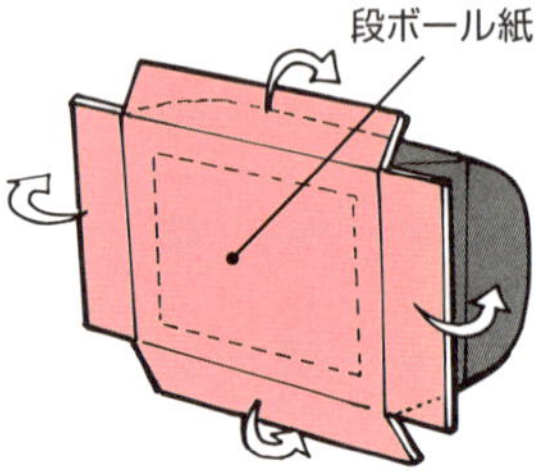

段ボール紙でブラウン管を保護する。

7 薄い物の荷づくり

写真やポスターなどの薄くて折れやすい物を荷づくりするときは、しっかりと保護することが重要です。厚紙や段ボール紙でしっかりと保護しましょう。

ポスターを包む

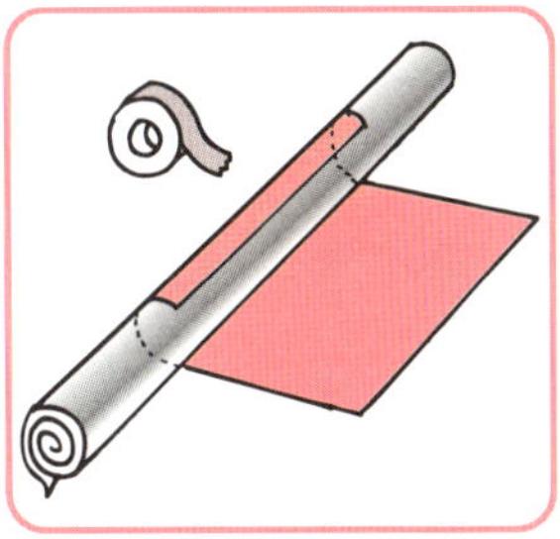

1 ポスターを図のように丸め、その上から紙を巻いてテープで固定する。輪ゴムは、ポスターが破損するおそれがあるので使用を避ける。

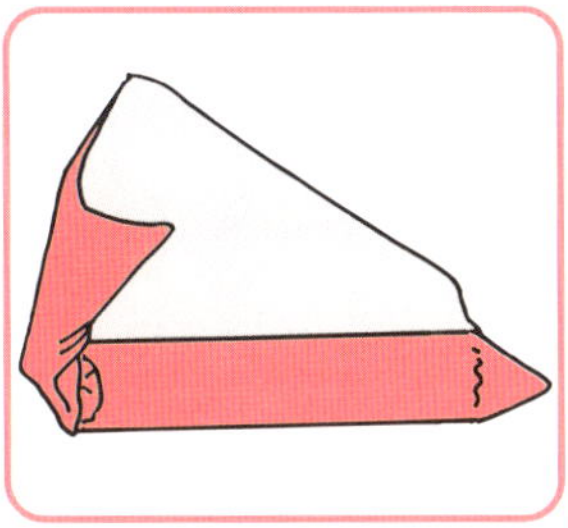

2 包装紙の上にポスターを置き、図のように少しずつ包みこんでいく。端のひだを少しずつ巻き込みながら巻いていくこと。

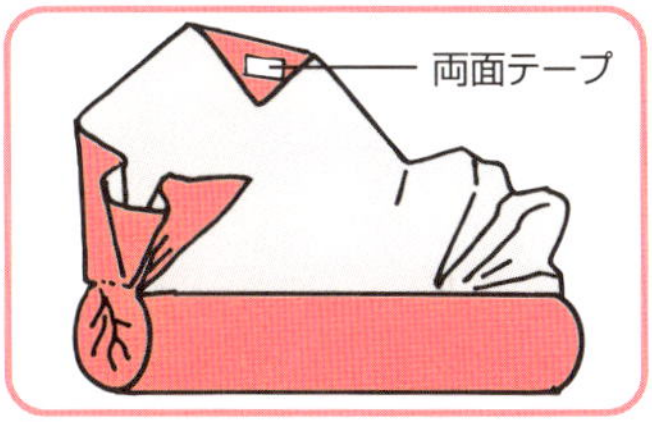

3 端を内側に折って両面テープを貼り、仕上げをする。

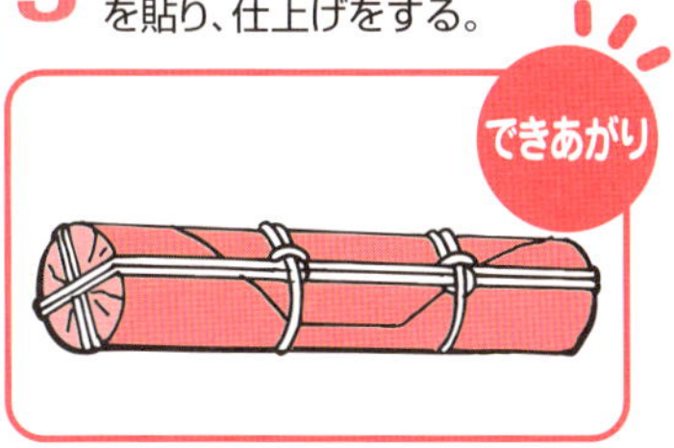

4 中身がつぶれないように、「キの字型」で固定する。少しゆるめにひもを掛けるのがポイント。

写真を包む

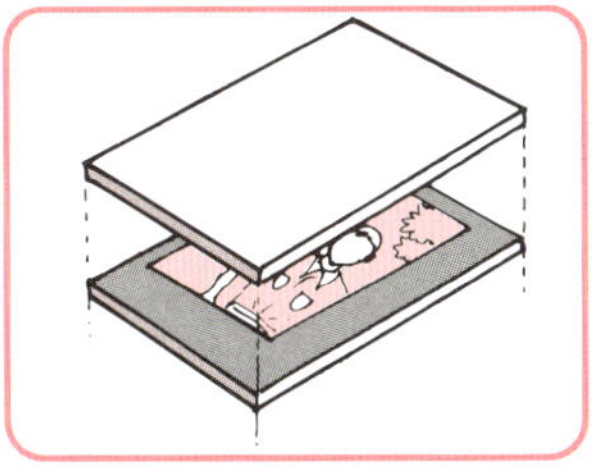

1 厚紙で写真をはさむ。

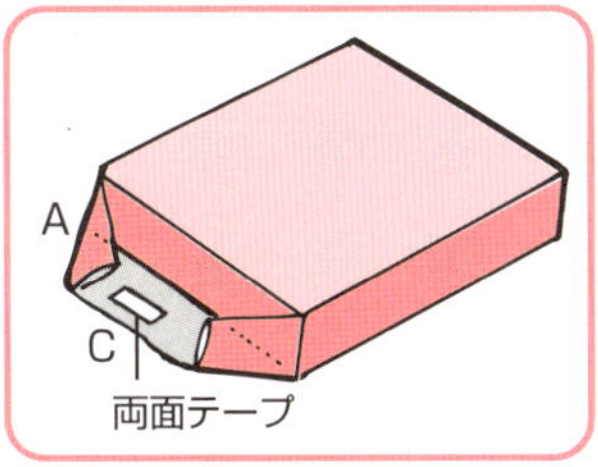

2 包装紙で包み、A、B、Cの順で折り込む。

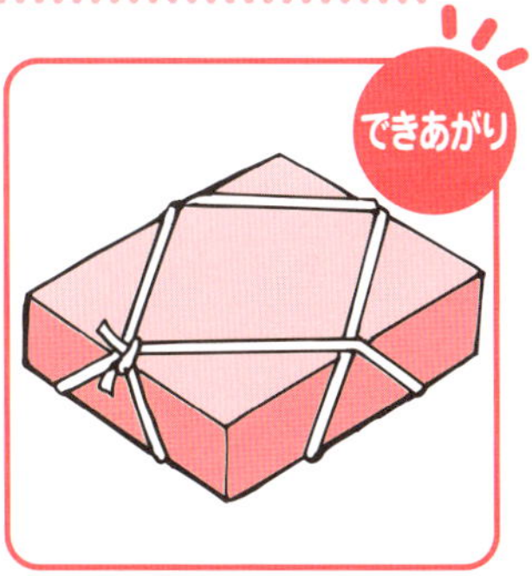

3 「亀甲型」や「十字型」（P74～75）でひもを掛け、完成。

8 壊れ物の荷づくり

食器類やAV機器、OA機器などの壊れやすい物を荷づくりするときは、新聞紙などで保護してから段ボール箱に収納し、その上からひもで固定することが基本です。

食器類を包む

新聞紙で食器類を包んでから、段ボール箱に収納する。すき間は新聞紙などの緩衝材を入れ、埋める。

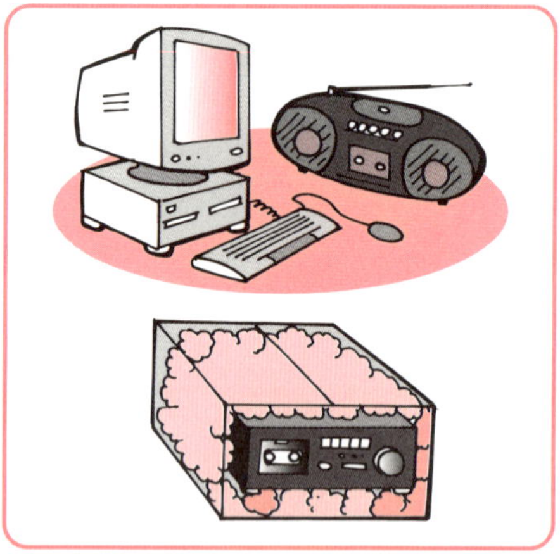

段ボール箱に丸めた新聞紙を入れ、その中にAV機器やOA機器を詰め込む。

段ボール箱に収納したら、「キの字型」や「井の字型」(P74～75)で固定すること。

9 ふとんの荷づくり

重くてかさばるふとんを荷づくりする場合は、まず毛布などで包み、その上から「キの字型」や「井の字型」で縛ります。専用のふとん袋を使用すると便利です。

ふとん袋のない場合

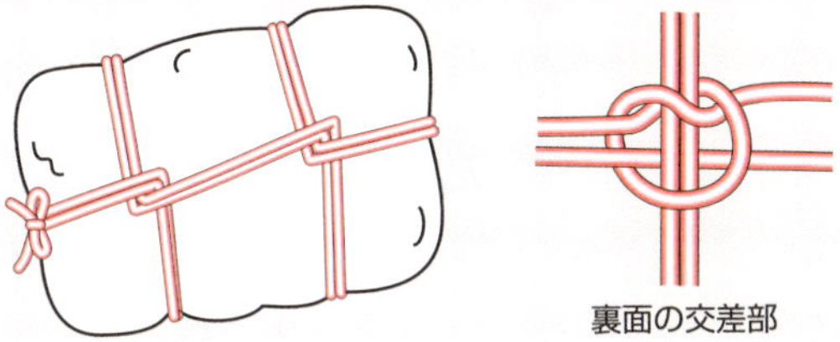

裏面の交差部

毛布などで包んだあと、「キの字型」や「井の字型」で固定する。

専用のふとん袋の場合

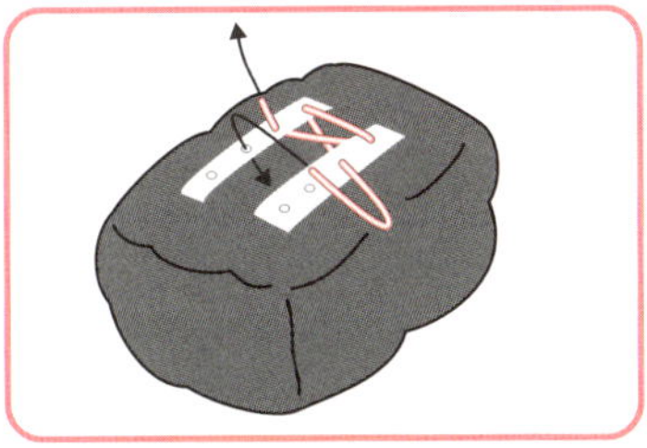

1 ふとん袋の中にふとんを入れ、口を「千鳥掛け」で掛けていく。

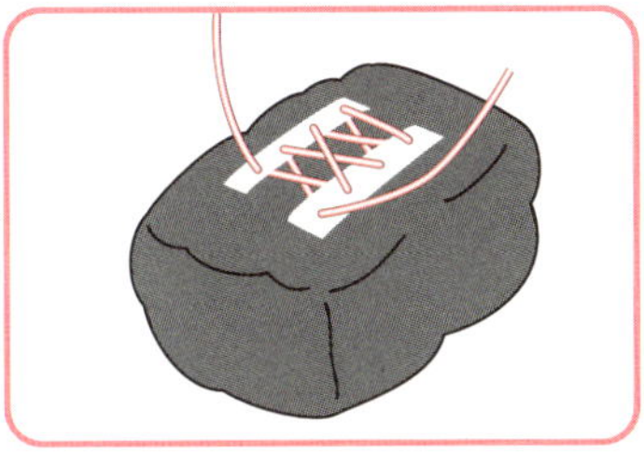

2 末端をはな結びで固定する。

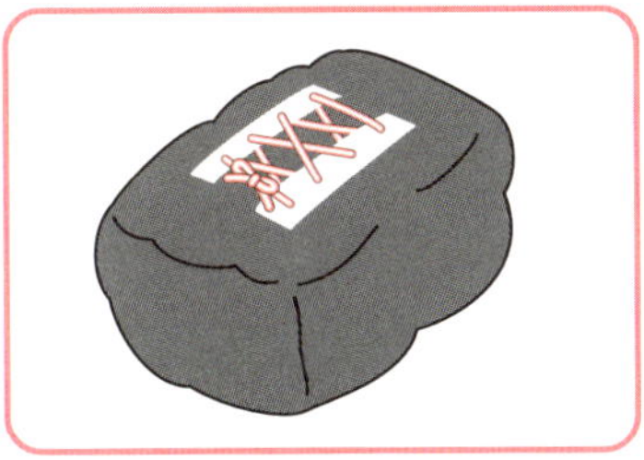

3 このあと運搬しやすいように、キの字型や井の字型でひもを掛ける。

4 「キの字型」に縛った例

できあがり

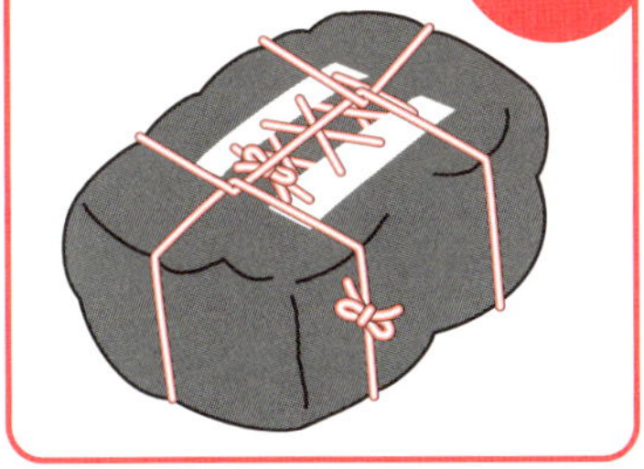

⑩ 袋物の荷づくり

袋物の口を縛るときに便利な結び方が、この「粉屋結び」です。袋の口を手で押さえたまま縛れるので、扱いやすい結び方です。ここでは4種類の縛り方を紹介しますが、それぞれ強度に差はないので、縛りやすい方法を選ぶとよいでしょう。

粉屋結び①

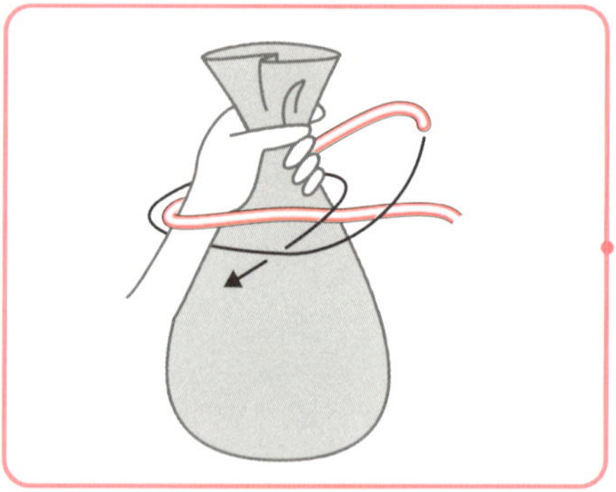

1 袋の口を左手で押さえ、矢印のように右手でひもを巻きつける。

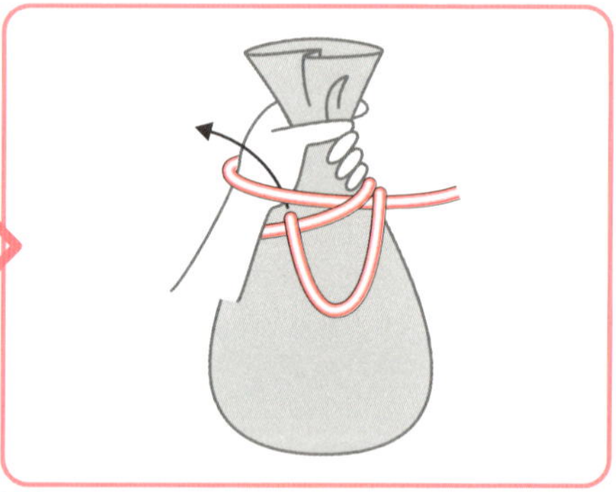

2 ひもの端を矢印のように移動させる。

3 左手を抜いて両端を引っ張り、結び目を引き締める。

4

粉屋結び②

1

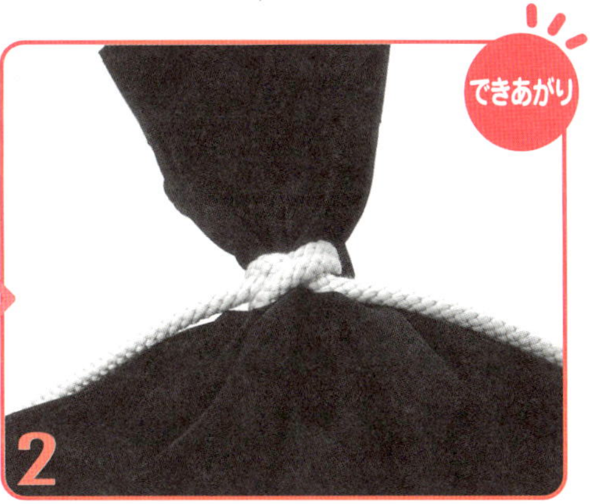
できあがり
2

粉屋結び③

1

できあがり
2

粉屋結び④

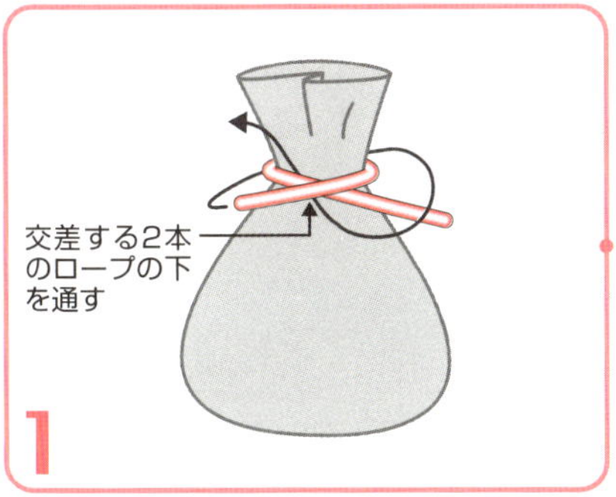
交差する2本
のロープの下
を通す
1

できあがり
2

⑪ 古新聞・雑誌を縛る

古新聞や古雑誌を縛るときには、はな結びや本結びを使用します。交差部と末端をしっかり固定することがポイントです。

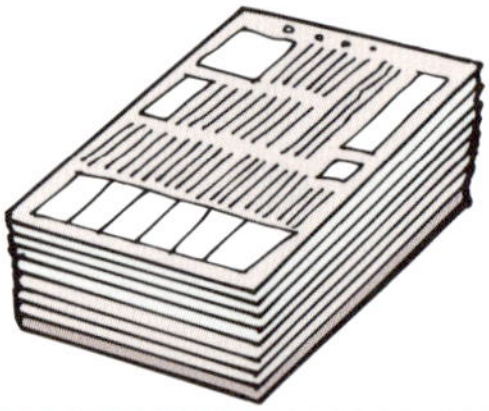

十字型＋末端の結び

1 交差部の処理

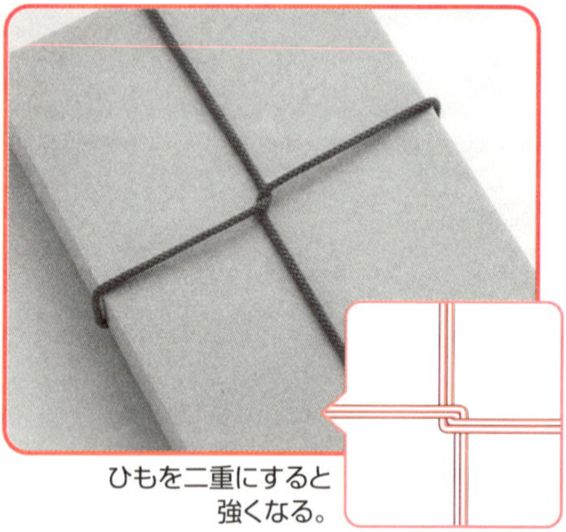

ひもを二重にすると強くなる。

2 末端の処理

はな結び

片はな結び

本結び

できあがり

3 新聞紙や雑誌は重いので、小分けにしてまとめるようにする。

⑫ 書類をとじる/額のひもの結び

書類をとじたり、額のひもを結ぶといった作業は日常でよく使用されます。これらの作業には、はな結びや本結びといった基本的な結び方を使うとよいでしょう。

はな結び

書類をとじるときには、しっかり結べて、しかも解きやすいはな結びや片はな結びが向いている。

本結び

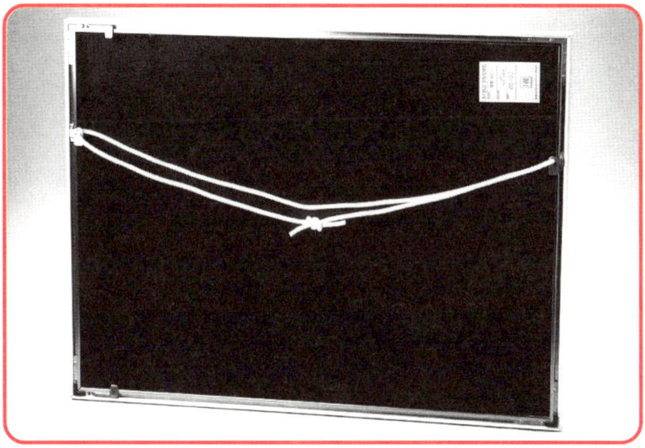

額のひもを結ぶときには本結びなどを使用する。

家庭で便利な作業の結び

長い電気コードを短くしたり、物干し用にロープを張ったりと、家庭では荷づくり以外にもさまざまな場面で結びを使用します。

ここで紹介するのは基本的な結び方ですので、難しいものは一つもありません。また、どの結びも応用範囲が広いので、いろいろなところで工夫し、活用しましょう。

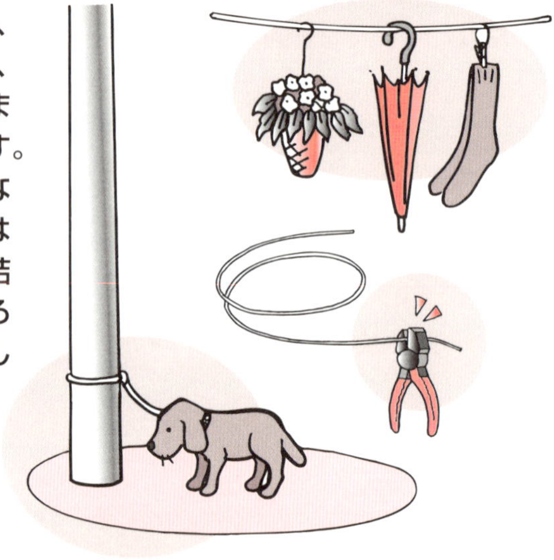

1 物干し用のロープを張る

ロープを柱に固定するときには、「ロープ・テークル」という結び方を使用すると便利です。ロープを丈夫に張ることができ、さまざまな用途に使える便利な結び方なので、ぜひ覚えておきましょう。

「ロープ・テークル」以外の結び方もあわせて紹介しますので、吊す荷物の重さに応じて結び方を賢く選びましょう。

適当な間隔を置いてよろい結びをつくっていく

ロープ・テークル

「テークル（TACKLE）」は滑車装置の意味。仕上がりの形が滑車装置に似ているため、この呼び名がつけられたとされます。

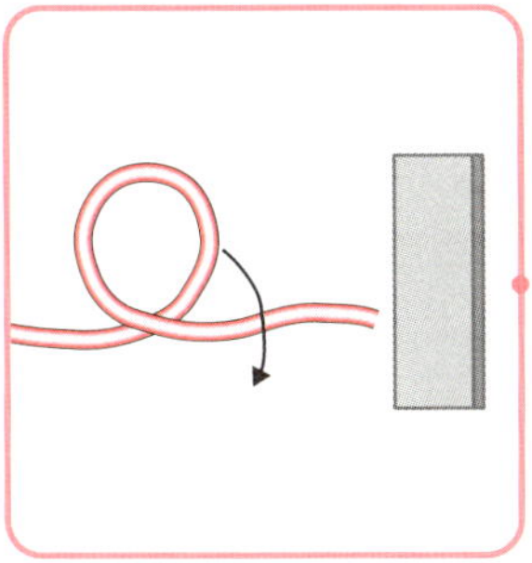

1 ロープに輪をつくり、その輪を右側のロープに重ねる。

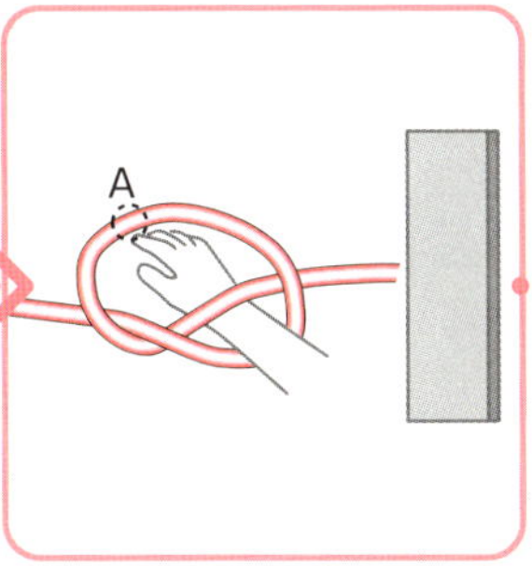

2 図のように右手を輪の中に通し、Aをつかむ。

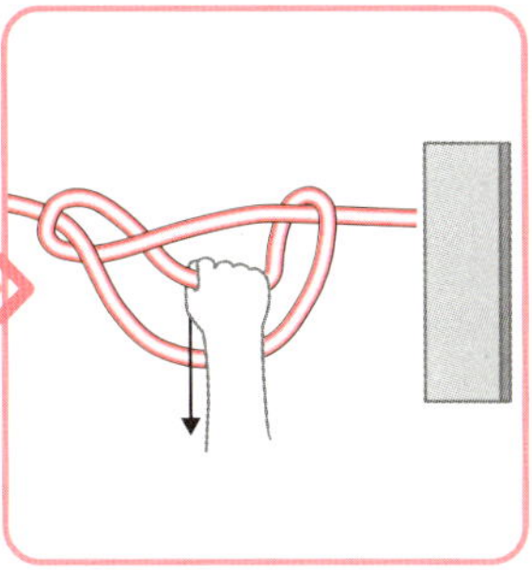

3 Aをつかんだまま手を輪の中から出す。

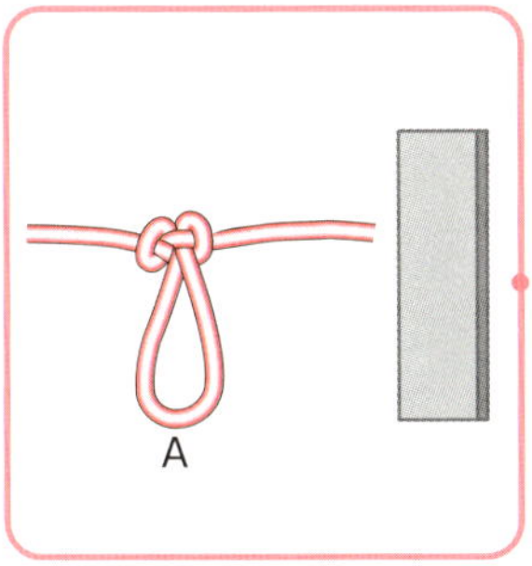

4 結び目を引き締めると、ロープの中間部に輪ができる。これでよろい結びの完成。

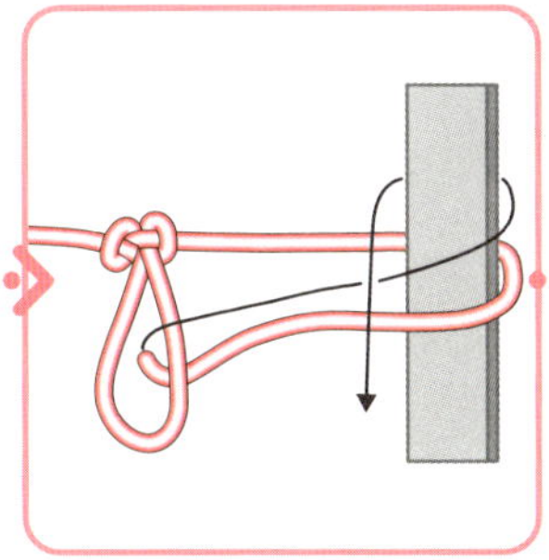

5 図のように端を柱にひと巻きし、その端をよろい結びでつくった輪の中に通し矢印のようにもっていく。

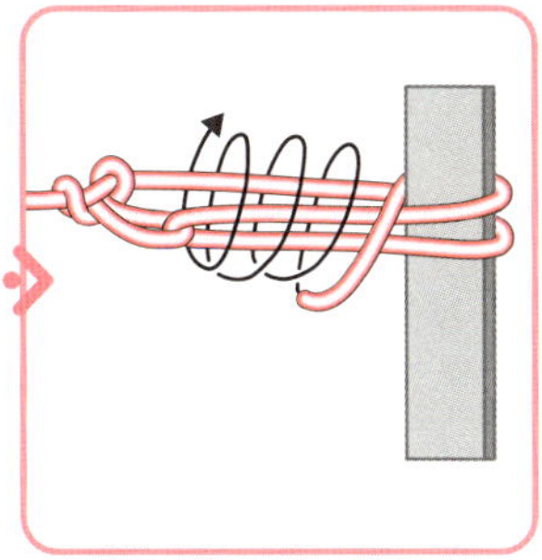

6 矢印のようにロープの端を3回ほど巻きつける。

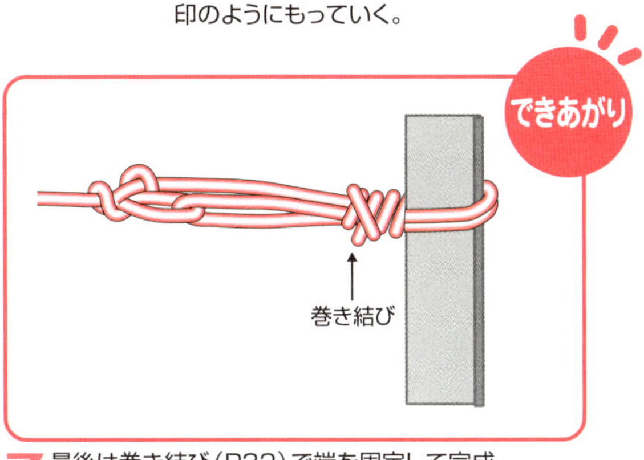

7 最後は巻き結び（P32）で端を固定して完成。

ロープを柱に結びつける基本テクニック

巻き結び

柱の上からロープを通せる場合は、2でつくる輪を先につくって、上から柱に通したほうが簡単に結べる(P33)。

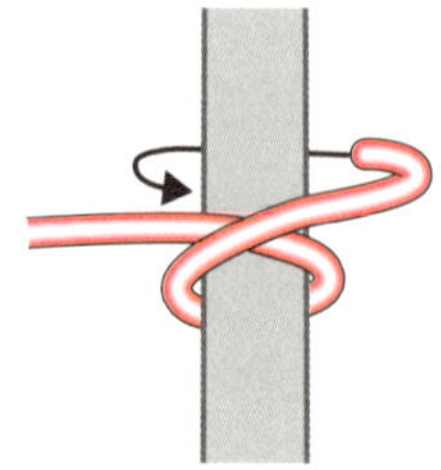
1

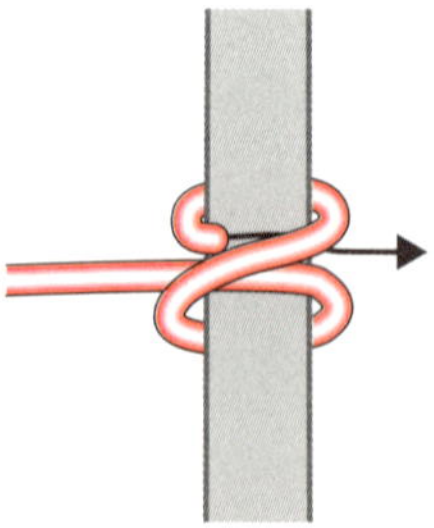
2

3

二重巻き結び

確実に締まる結び方なので、重いものを吊るすときに使用する。

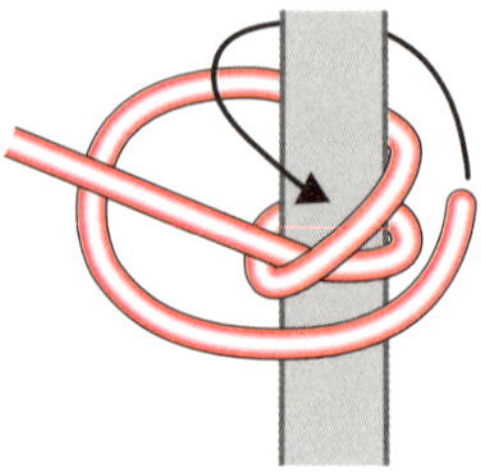
1

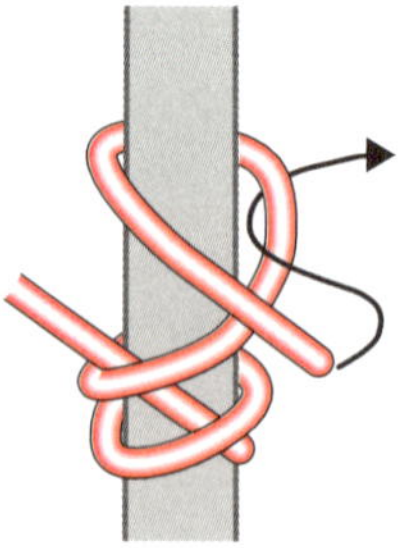
2

3

ねじ結び

簡単に結べ、ほどきやすい結び方。元の方向に力が加わっていれば、容易にゆるまない。

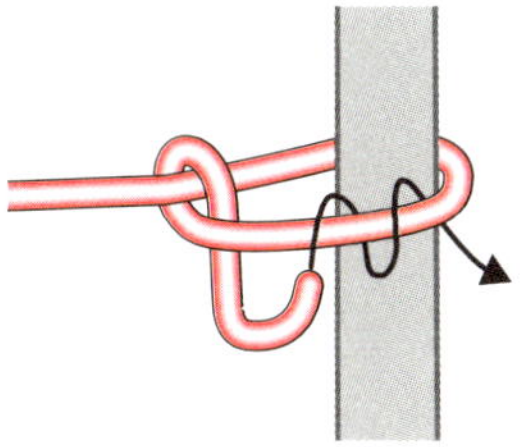
1

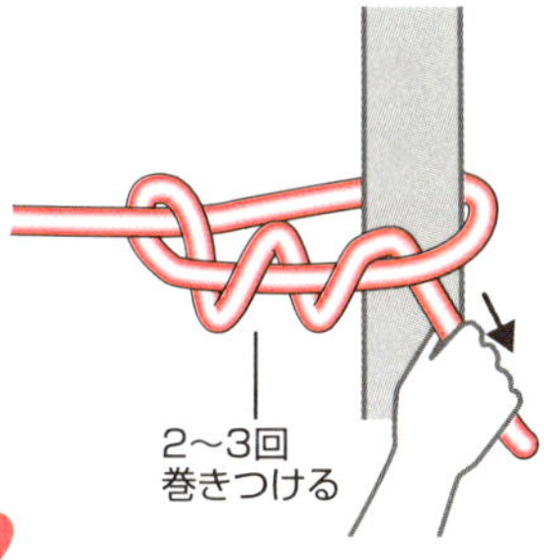
2~3回
巻きつける
2

できあがり
3

ふた結び

ひと結びを2回した、丈夫で解きやすい結び方。

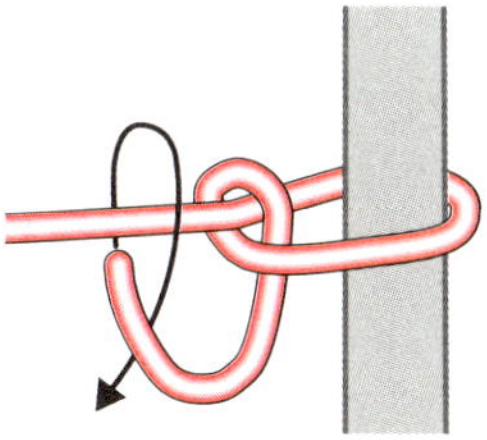
図はひと結び、矢印のように
もう1回巻きつける
1

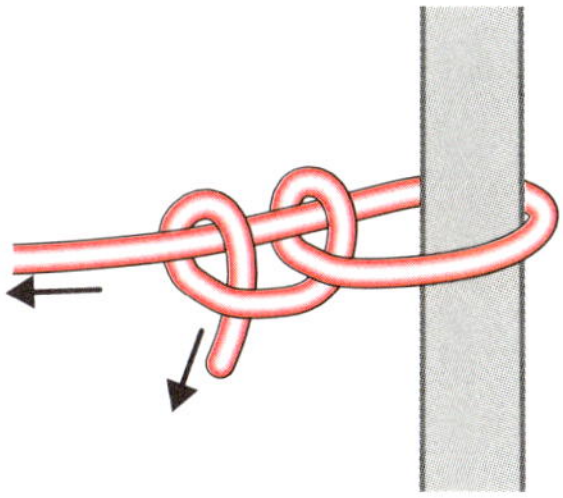
2

できあがり
3

② 電気コードなどを短くまとめる

電気コードや、電源の延長ケーブルを短くまとめたいときには、縮め結びを使用します。縮め結びは、目的の長さに短縮でき、元に戻すことも簡単に行えます。また、見た目も美しい結び方です。縮めることを目的とした結び方には、ほかに、装飾性の高い鎖結びや、大幅に短縮できる巻き結びなどがあります。

縮め結び

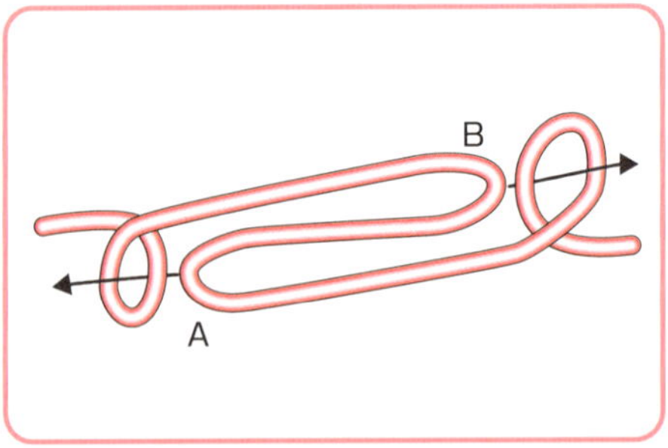

1 ロープなどの両側に輪をつくり、矢印のように湾曲部A、Bを輪の中に通す。輪の向きに注意。

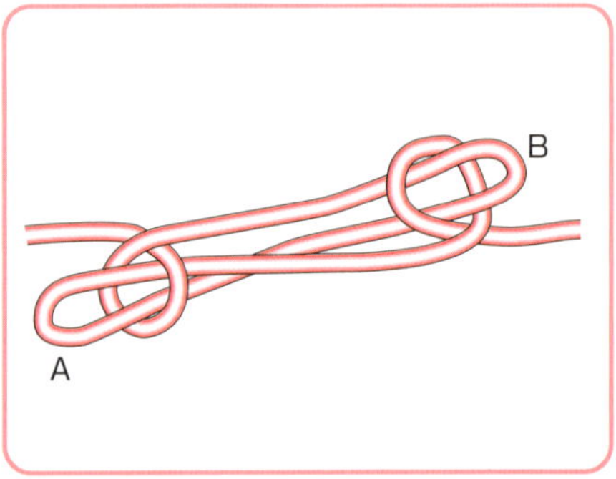

2 A、Bを輪に通したところ。

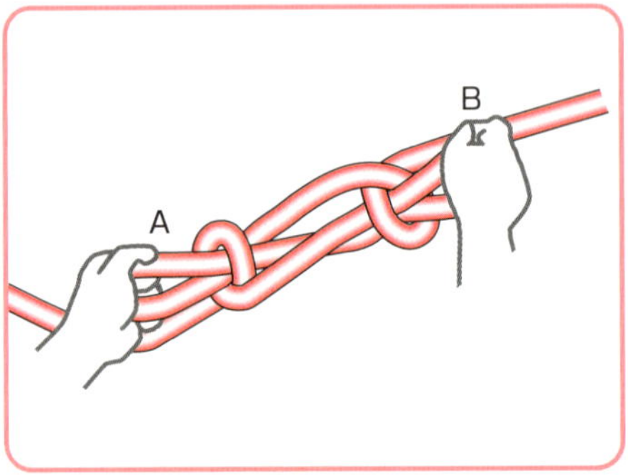

3 両方の輪に通したA、Bをもって左右に引っ張り、締める。

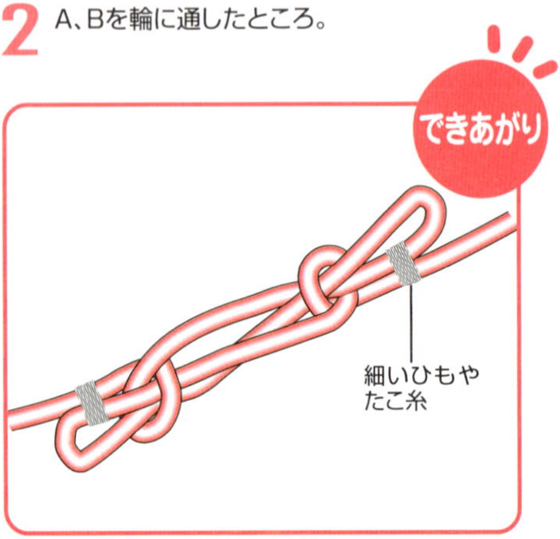

4 図のように、細ひもやたこ糸で縛って補強し、完成。

※ヒーターなどで、コードが発熱する可能性のある電気製品ではやらないでください。

●縮め巻き結びの例

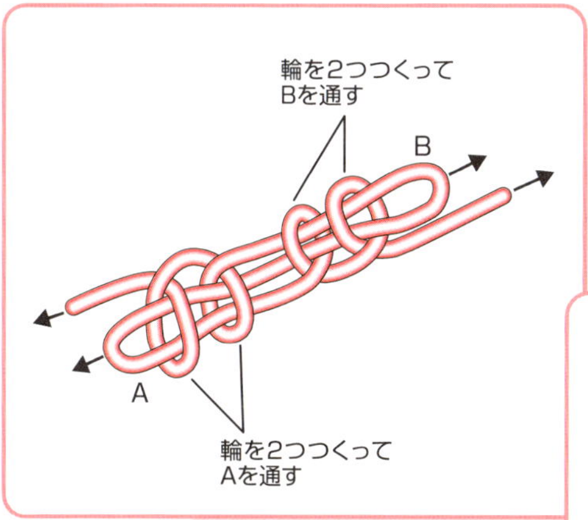
輪を2つつくって
Bを通す
B
A
輪を2つつくって
Aを通す

図のように輪を2重にすると、強度が増す。
結び目は巻き結びの形になる。

●木の棒でとめる

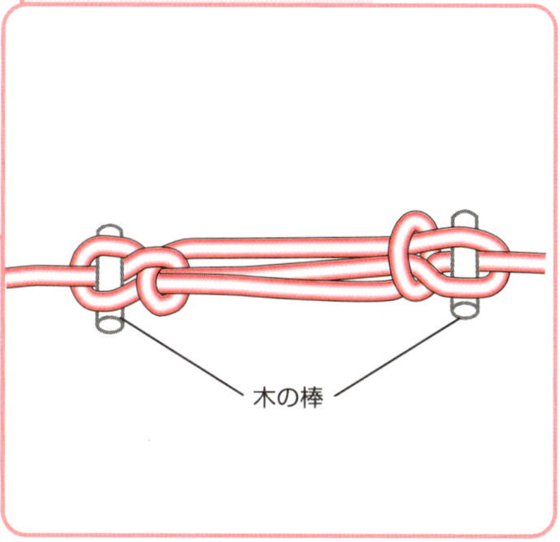
木の棒

細ひもやたこ糸を巻くかわりに木の棒を使用した補強方法もある。

縮め結びのバリエーション

縮め結びにはさまざまなバリエーションがあります。4輪、5輪タイプは強度も増し、また、ロープの長さを適度に縮める効果が大です。

4輪タイプ1

1

2

4輪タイプ2

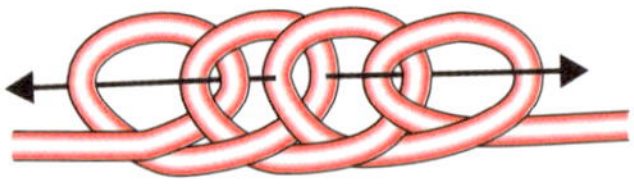

1

2

5輪タイプ

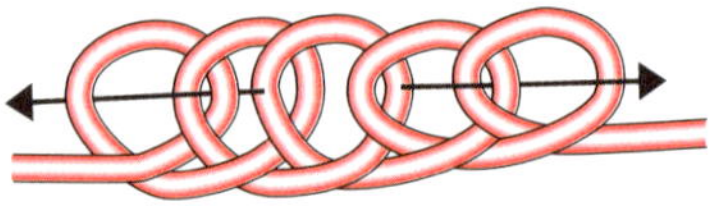

1

2

鎖結び

「鎖結び」を使えば、電気コードを縮めるのにも、しゃれた感じの演出が可能です。

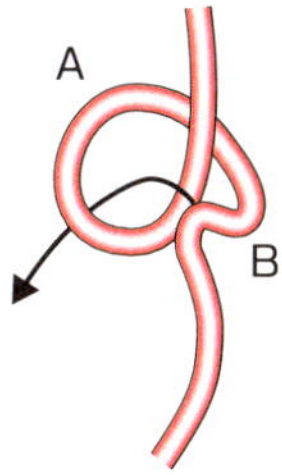

A
B

1 Aのように輪をつくり、その中にロープを折り曲げた部分を通す。

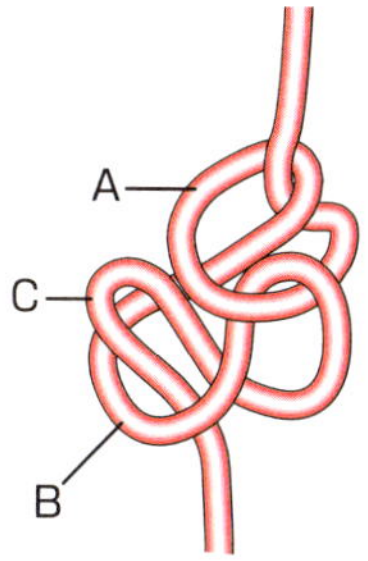

A
C
B

2 Aの輪に通してできた輪に、さらに折り曲げたロープを通す。これを必要な回数だけ繰り返す。

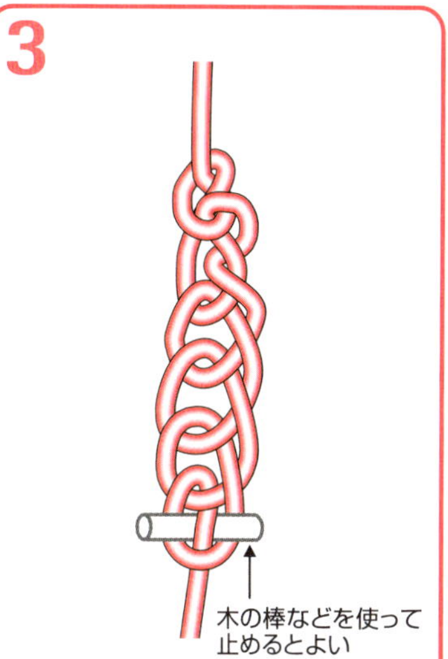

3
木の棒などを使って止めるとよい

巻き結び

ロープの中央部分を何度も折り返し、その両側に巻き結びを行ったものです。ロープを大幅に短縮するときに向いています。

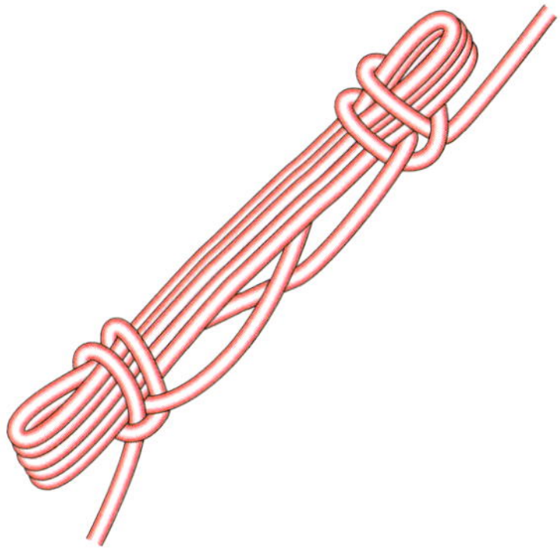

③ 電線を接続する

簡単な電線の修理方法を覚えておけば、役立つ機会は数多くあるでしょう。ここでは、細い電線の接続方法と、絶縁の方法を紹介します。電線を扱うときの注意点は、電源が確実に切断されているかを確かめることです。また、接続の仕上げに巻く絶縁（ビニール）テープを、はがれることのないようにしっかり強く巻くことが、事故防止の観点から重要です。

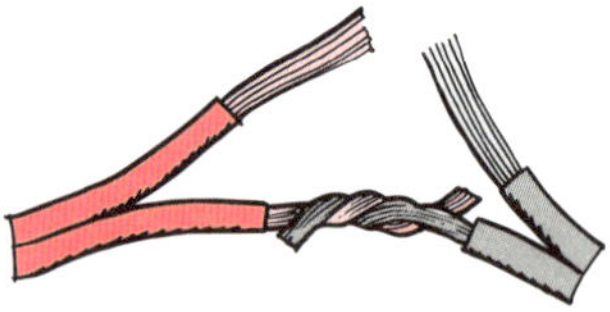

※家電製品などの電源コードでは、コード同士の接続は禁止されています。

電線の接続方法

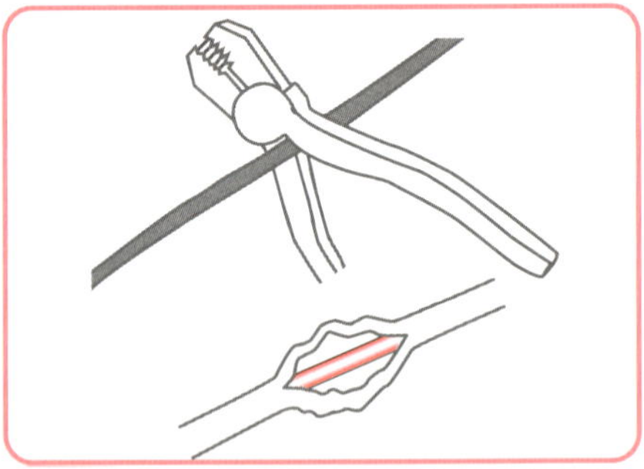

1 電線をペンチの付け根の部分ではさみ、被覆をつぶし割る。

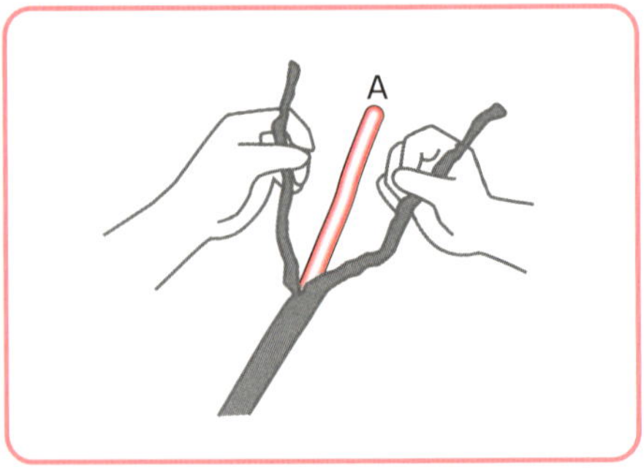

2 図のように被覆を両手で引き裂き、心線を出す。

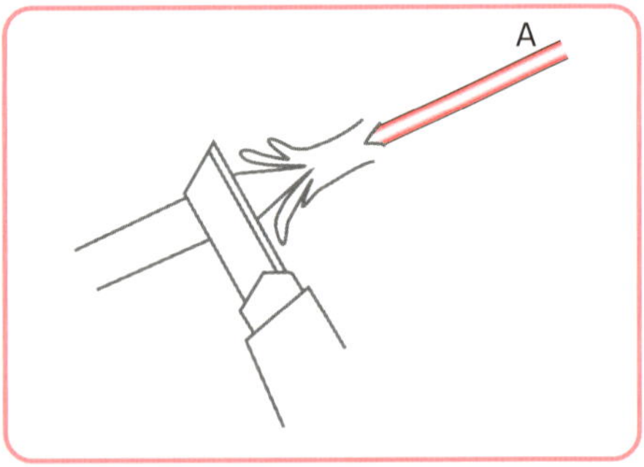

3 鉛筆を削るようにして被覆をナイフで削る。

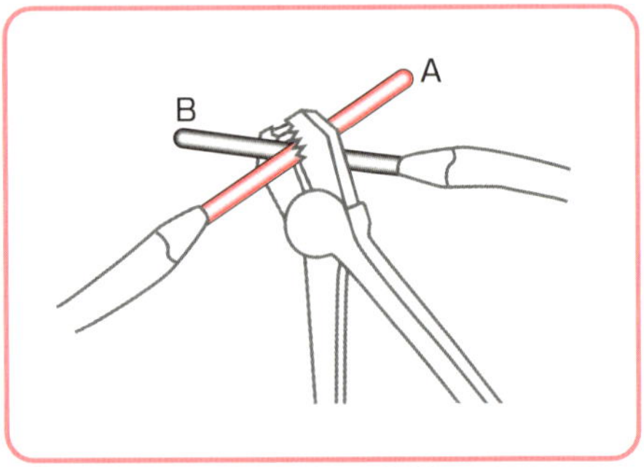

4 接続する2本の心線を交差させ、ペンチではさむ。

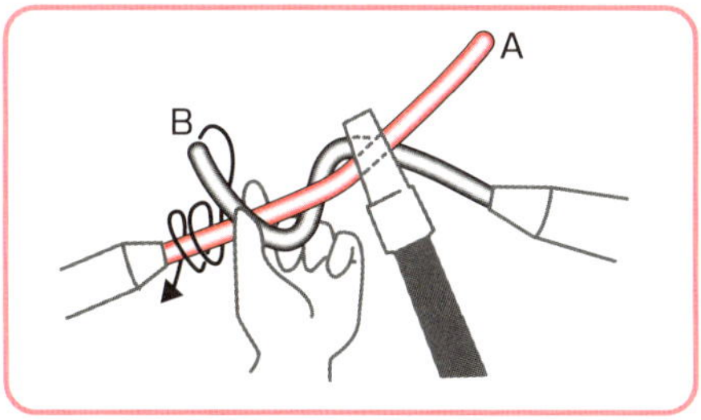

5 図のようにBの心線をAに5回ほど巻きつける。

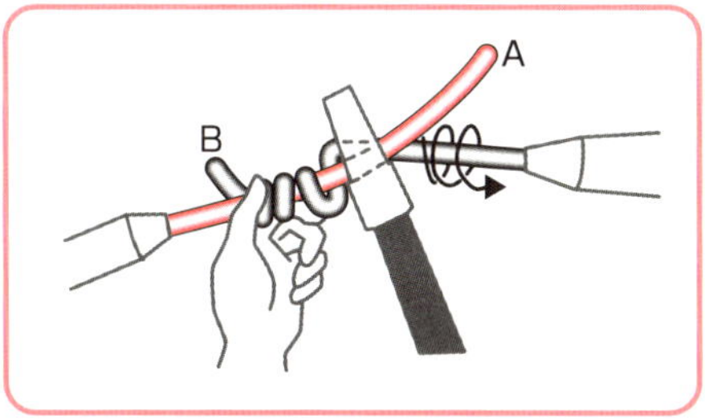

6 Aの心線を2回、荒くBに巻きつける。

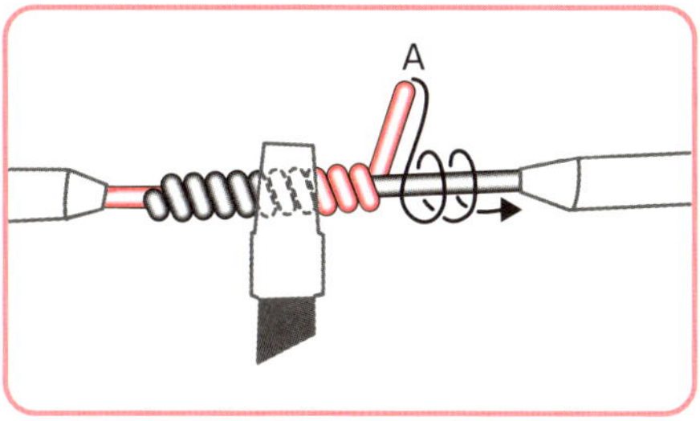

7 このあと、矢印のように、Aの心線をBに5回ほど巻きつける。

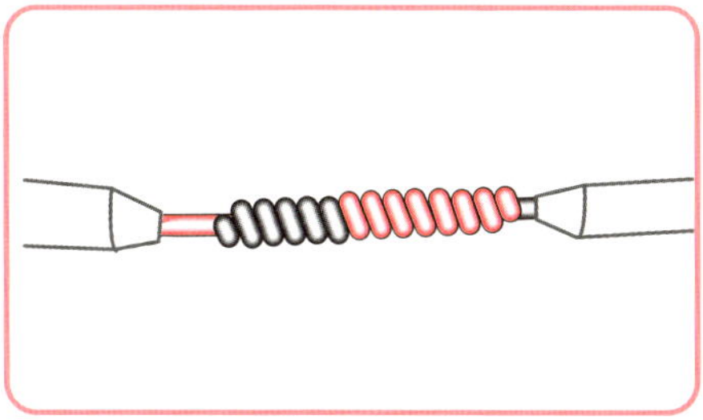

8 このようになる。可能であれば、ハンダ付けすることが望ましい。

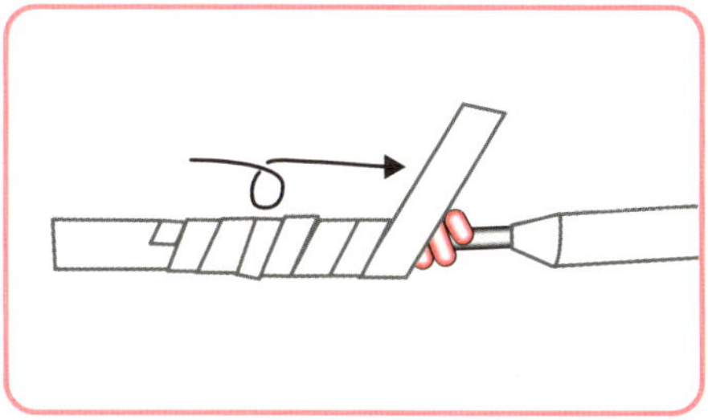

9 図のように、左から右に向かって絶縁テープを巻いていく。両側の被覆の部分に10mm以上巻きつけること。

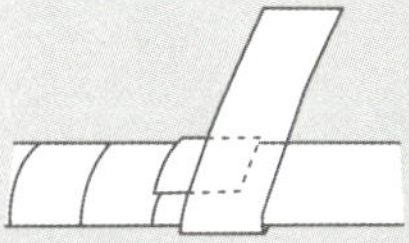

絶縁テープを巻くときは、図のようにテープの端の半分以上が重なるように巻くこと。

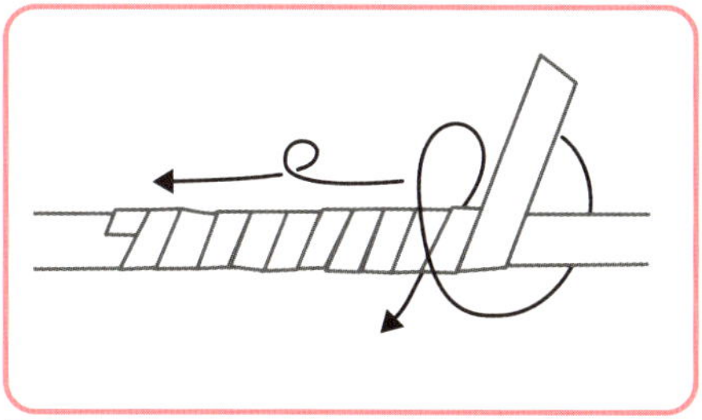

10 右まで巻き終わったら、今度は右から左に向かって巻き、絶縁テープを二重にする。

できあがり

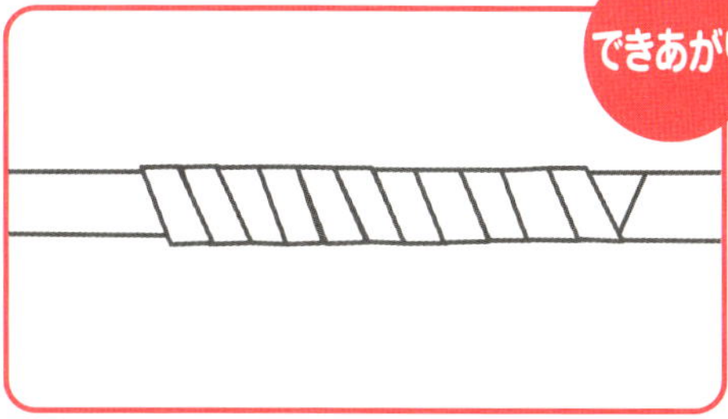

11 テープを巻き終わったら、ハサミでカットして完成。

④バケツを上げ下げする

キャンプのときに渓流の水をくんだり、屋根の上からペンキの入ったバケツを吊り上げるときなどに適している結び方が「もやい結び」です。強固に結べ、簡単に解くことができる結び方です。

もやい結び

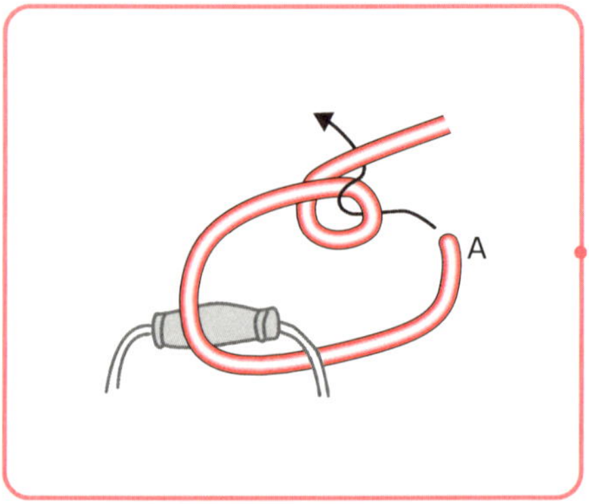

1 バケツの取っ手にロープを通し、図のようにロープの中間部に輪をつくる。矢印のように、端Aを輪の中に通す。

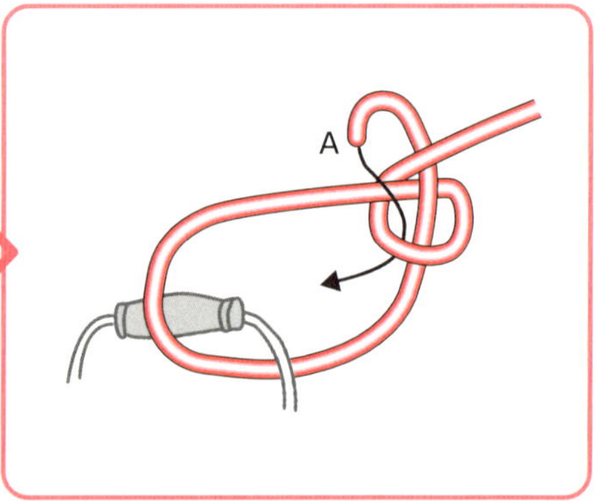

2 端を矢印のように移動させ、もう一度輪に通す。

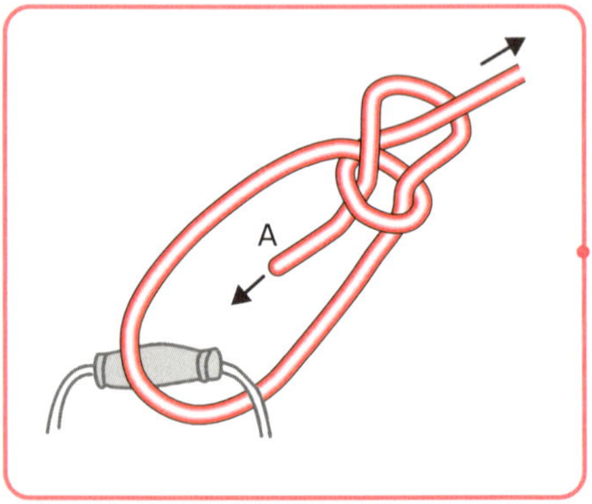

3 Aと元を強く引っ張り、結び目を引き締める。

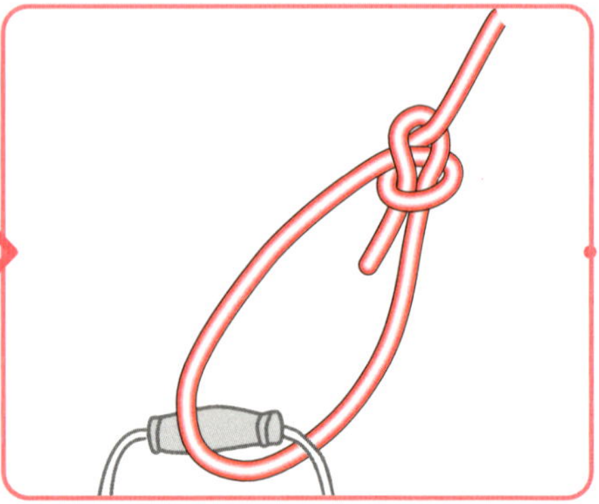

4 完成。

巻き結び＋もやい結び

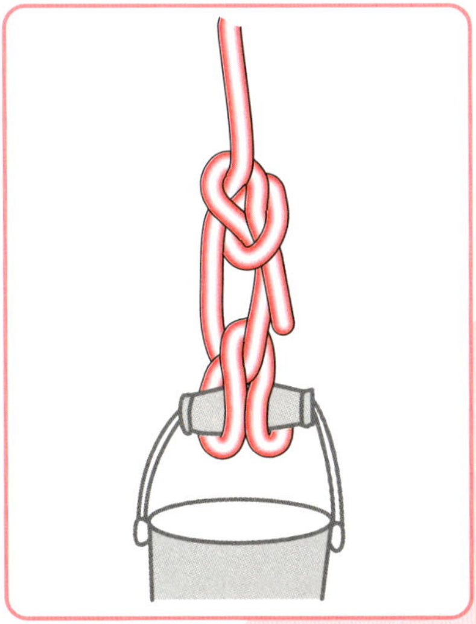

バケツの取っ手の部分に巻き結び（P32）でロープを固定し、さらにもやい結びを行ったもの。

ふた結び

もやい結びと同様に、ふた結び（P31）も強度が高く、向いています。結びの端は抜けないよう、少し長めに出しておくとよい。

5

5 小物や長い物を上げ下げする

小物などを上げ下げするときにはさまざまな結び方が利用できますが、ポイントは重量や形状に適した結び方を使用することです。

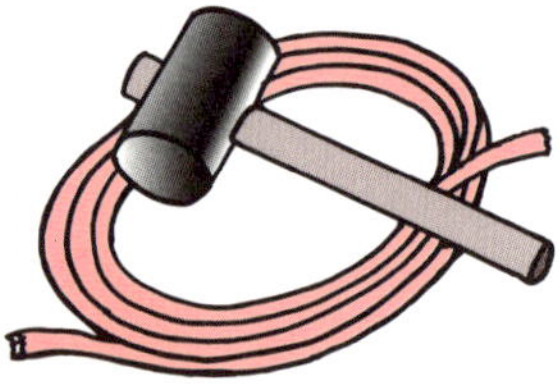

比較的に小さい物の場合

どの結び方も、小型で軽量のものを上げ下げするときに適していますが、結び目はきちんと固く結ぶことが大切です。

巻き結び

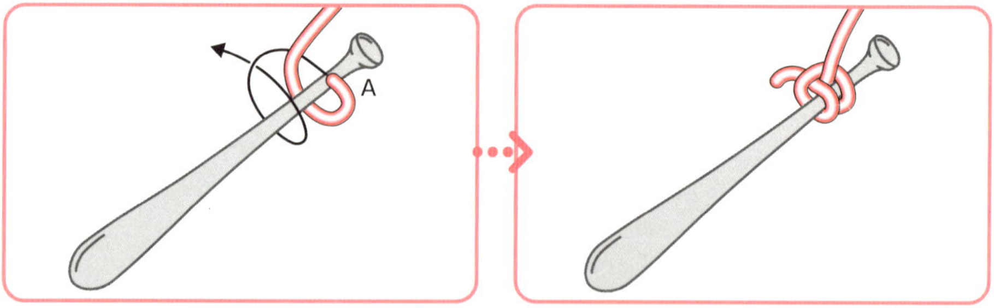

1 矢印のようにAを移動させ、巻きつける。

2 結び目を固く締めて完成。

浮標索《ふひょうさく》結び

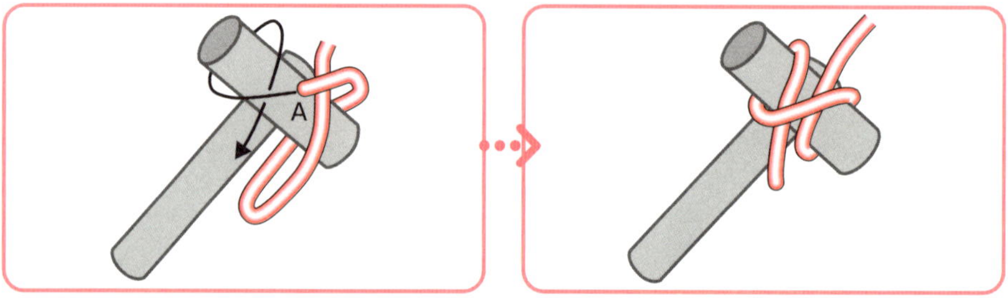

1 矢印のようにAを移動させ、巻きつける。

2 結び目を固く締めて完成。

てこ結び

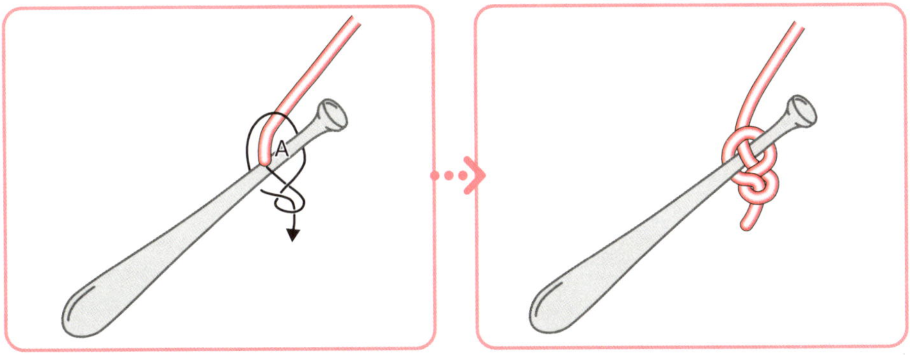
A

1 矢印のようにAを移動させ、巻きつける。

2 結び目を固く締めて完成。

長い物の場合

長い物、たとえば丸太のようなものを上下に運ぶ場合には、ねじ結びにひと結びを加えた丸太結びが適しています。

丸太結び

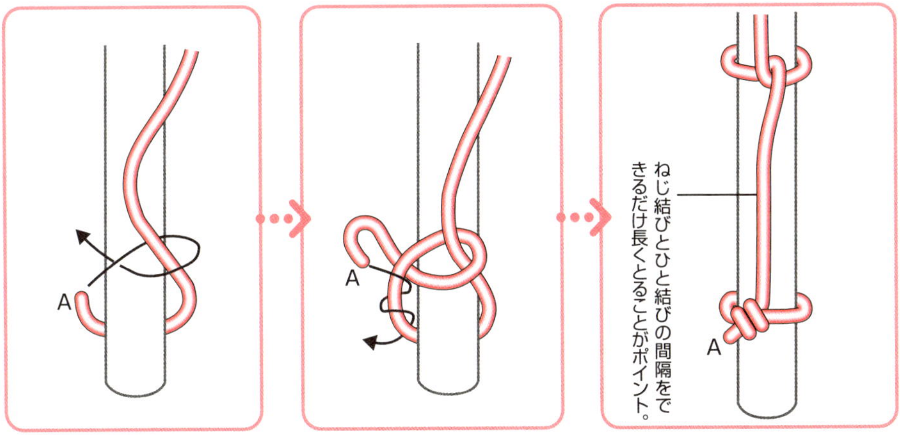
A
A
ねじ結びとひと結びの間隔をできるだけ長くとることがポイント。
A

1 図のように、Aを丸太の一端に掛けてひと結びをする。

2 Aの端を矢印のように移動させ、ねじ結びにする。

3 丸太のもう一方の端に元の側のロープでひと結びを行う。非常に長い物の場合は、数か所でひと結びを行うとよい。

⑥ はしごを吊る

はしごを上下に移動させたり、水平に吊って使用するときの結びのポイントは、はしごが落ちないように結び目を確実に固定することと、損傷のない丈夫なロープを使うことです。

はしごを上げ下げする

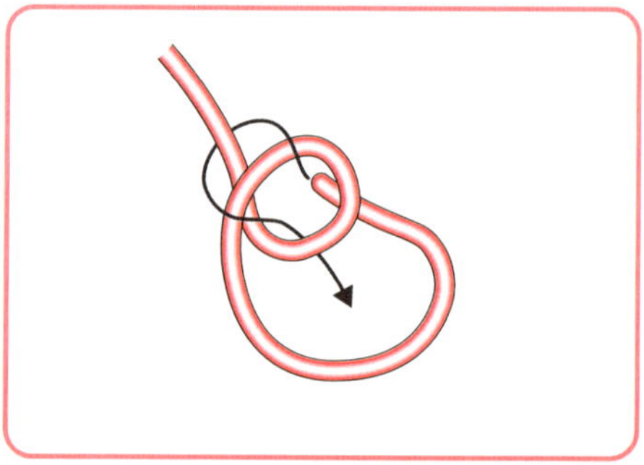

1 ロープの端にもやい結びを行い、図のように輪をつくる。結び目をしっかりと締めること。

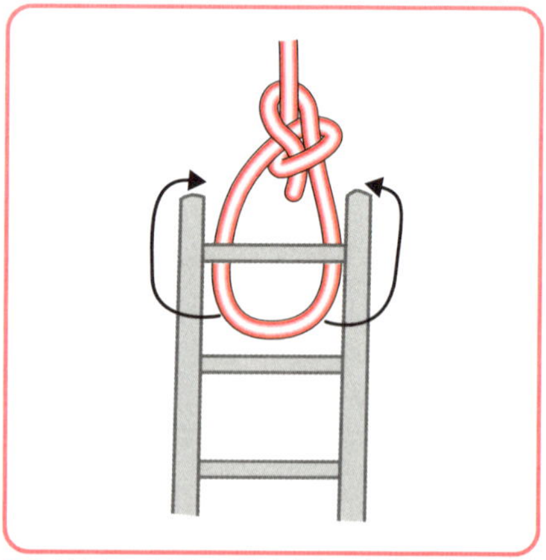

2 はしごの裏から輪を通し、矢印のように輪を掛ける。

できあがり

3 完成。

はしごを水平に吊る

「スペインもやい」でロープの端に同じ大きさの輪を2つつくり、ひと結びを加えて補強します。その輪をひとひねりして、図のようにはしごに掛けます。

スペインもやい

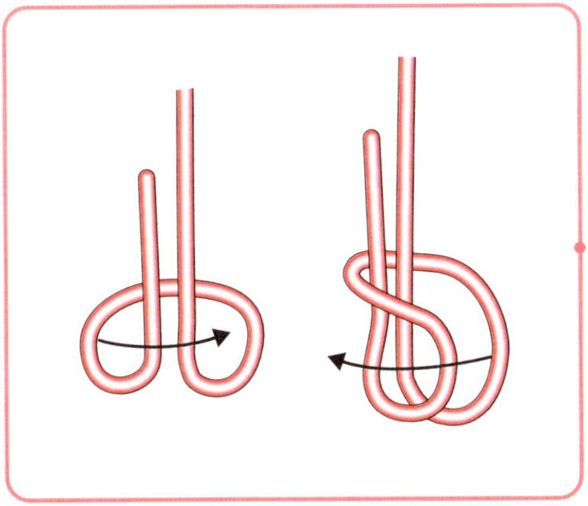

1・2 ロープの端で図のように輪を2つつくり、その輪を矢印のように移動させ輪を交差させる。

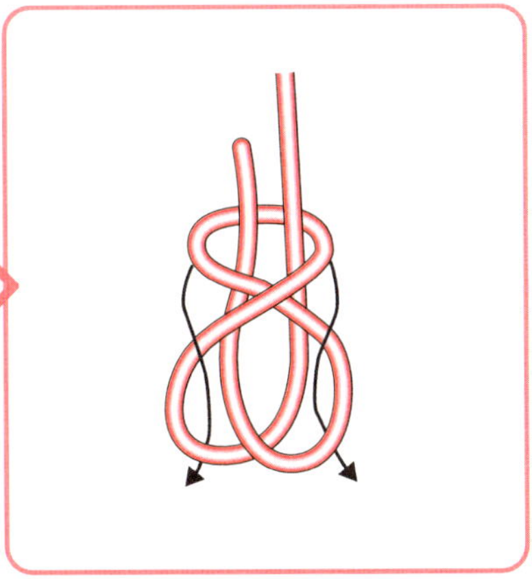

3 上のほうにできた輪を、矢印のように移動させて、下の輪に通し、新たな2つの輪をつくる。

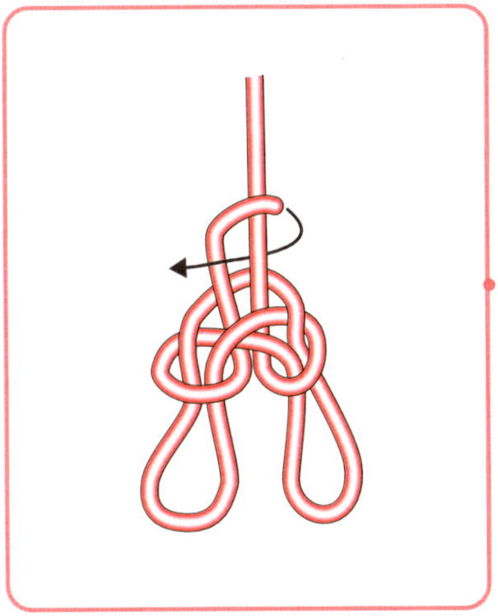

4 矢印のように、ロープの端をロープの元にひと結びをし、補強して完成。

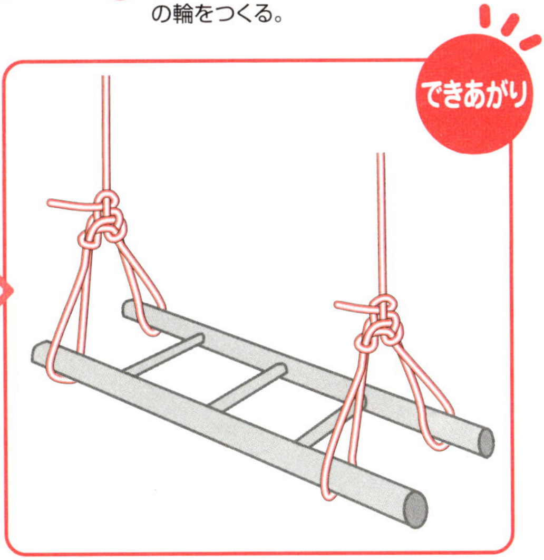

はしごの4本の脚に、2つのロープを掛けて吊る。

⑦重い物を移動する

1人では持ち上げることができないような重い荷物も、ロープがあれば楽に運搬したり、引き上げることができます。覚えておくと、いざというときに役立ちます。

重い荷物に取っ手をつける方法

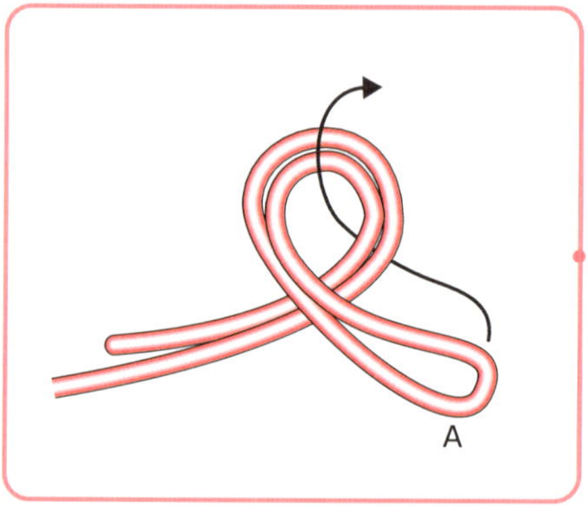

1 ロープを2つ折にし、輪をつくる。図のように、Aを輪の中に通す。

2 左右を強く引っ張り、結び目を引き締める。これで二重止め結びの完成。

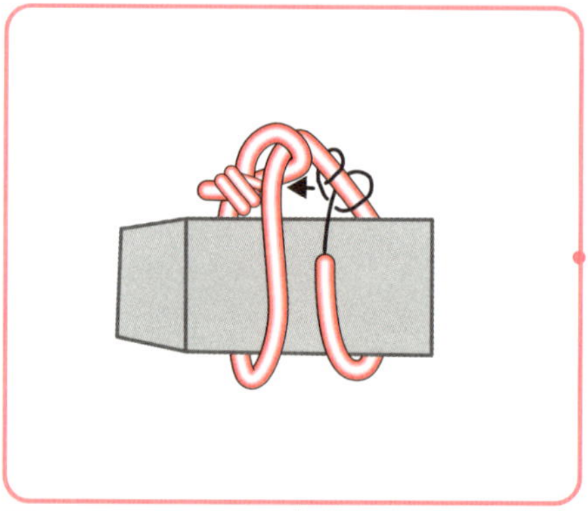

3 図のように、荷物にロープを掛け、端をふた結びで固定して完成。

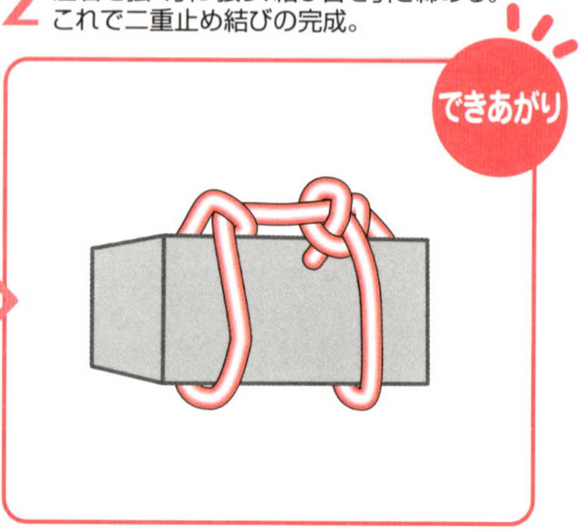

4 重量のある荷物なので、結び目をしっかりと締めることが大切。

2人で重い荷物を持つ方法

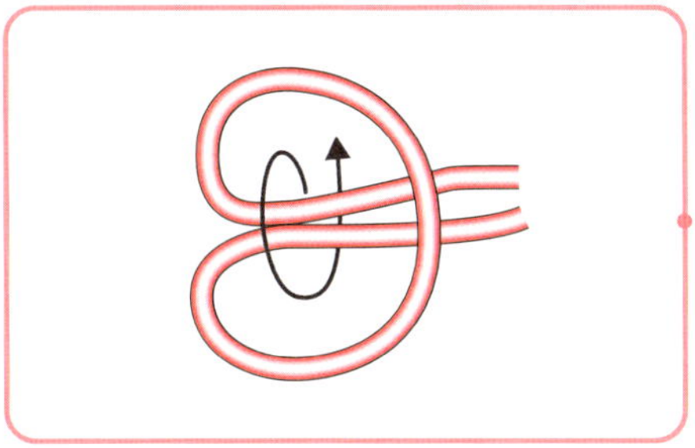

1 ロープを図の形にし、真ん中の2本を矢印のように動かし、3回ねじる。

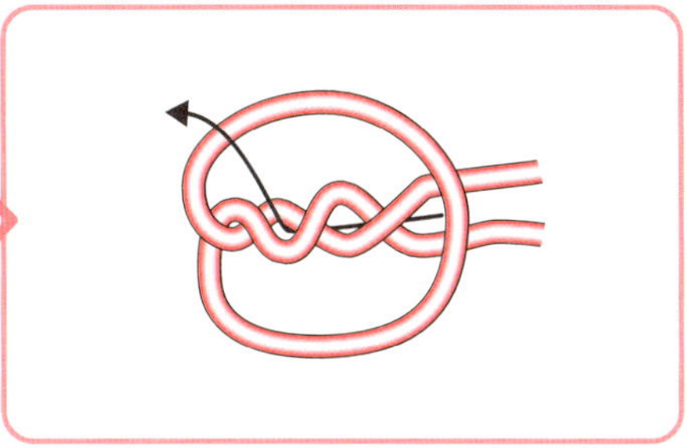

2 輪を矢印のように上に移動させ、ねじってできた輪に通す。

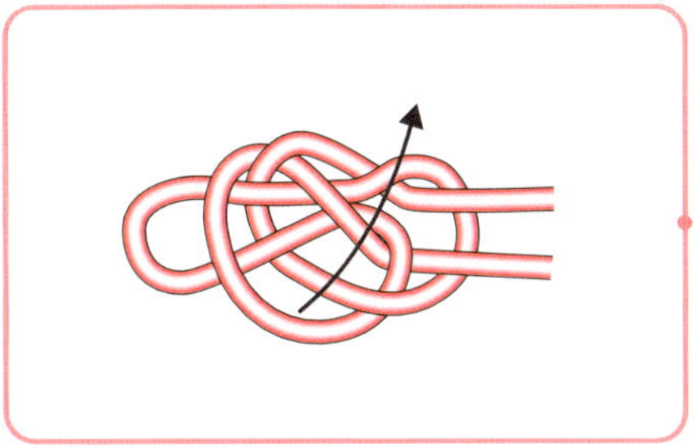

3 下の輪を矢印のように上方へ上げる。

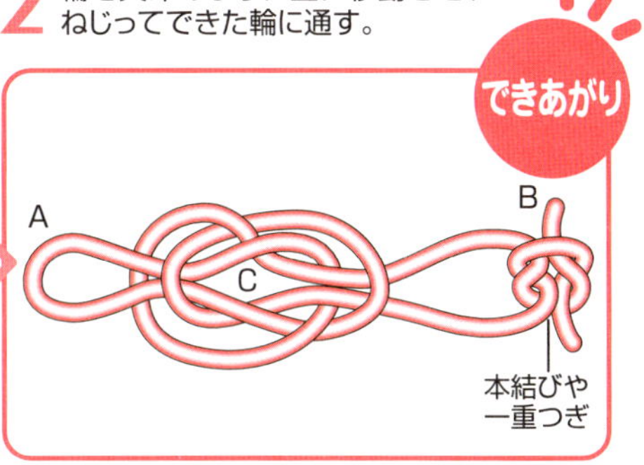

4 中央部Cに荷物を入れ、AとBを引っ張って荷物を引き締める。AとBを肩に掛けるなどして荷物を運ぶ。

4人で重い荷物を持つ方法

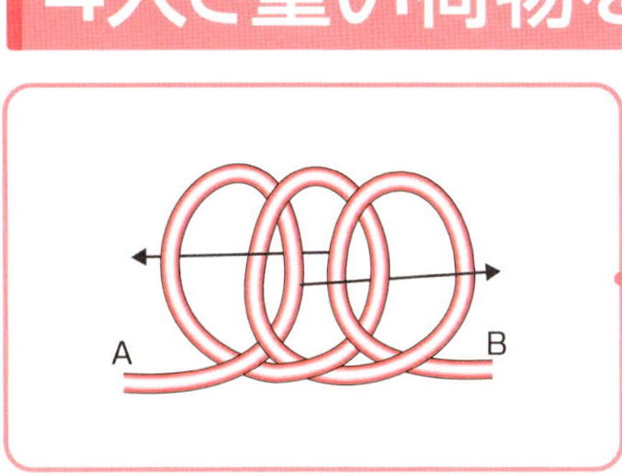

1 3つの輪をつくり矢印のように通す。AとBを縮め結びし、形を右図のように整えて完成。

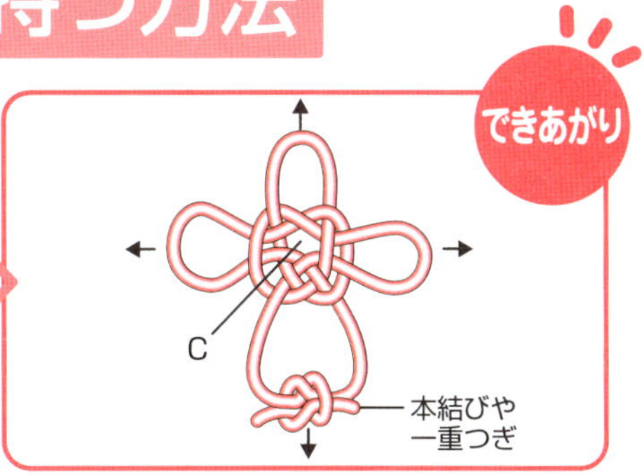

2 Cに荷物を入れて4方向から引っ張り、引き締める。それぞれの輪を肩に掛けたりして荷物を運ぶ。

重い荷物を引っ張る場合に使う結び

よろい結び

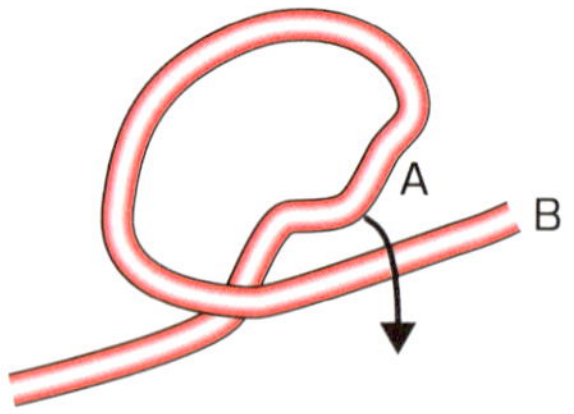

1 図のように輪をつくり、Aの部分をBの上に重ねる。

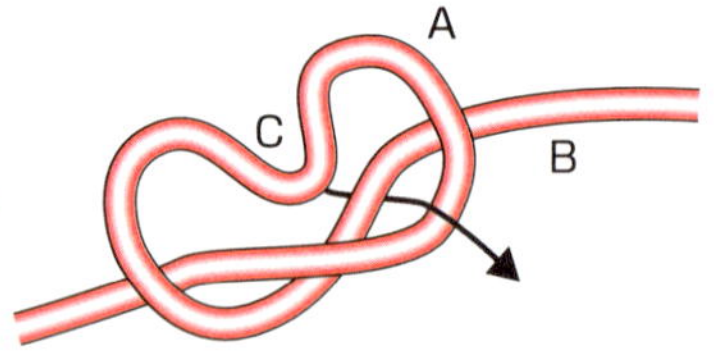

2 Aの輪を折り曲げて（C）その部分を矢印のように通す。

バタフライ・ノット

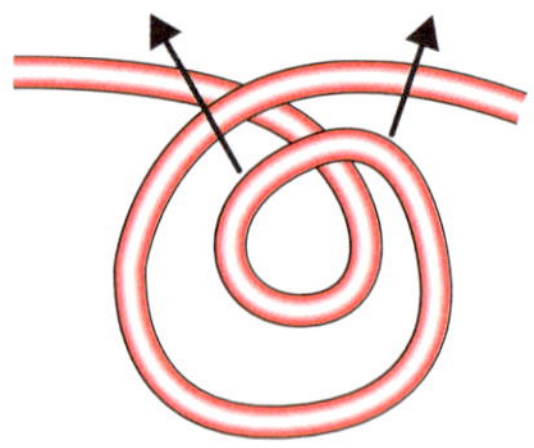

1 図のように輪を2つつくり、小さい方の輪を矢印のようにロープの上に重ねる。

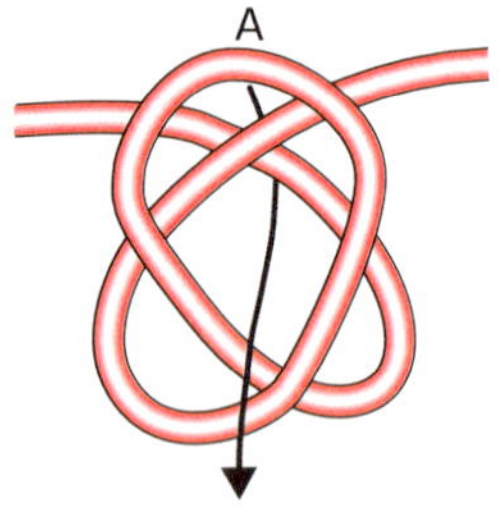

2 Aの部分を裏側から矢印のように通して完成。

イングリッシュマンズ・ループ

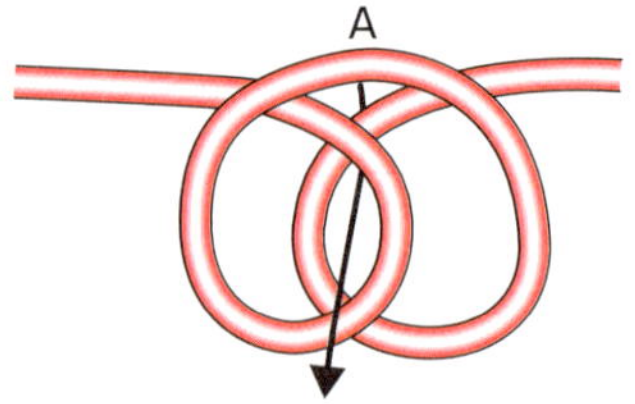

1 図のように輪を2つつくり、Aの部分を矢印のように真ん中の輪に通す。

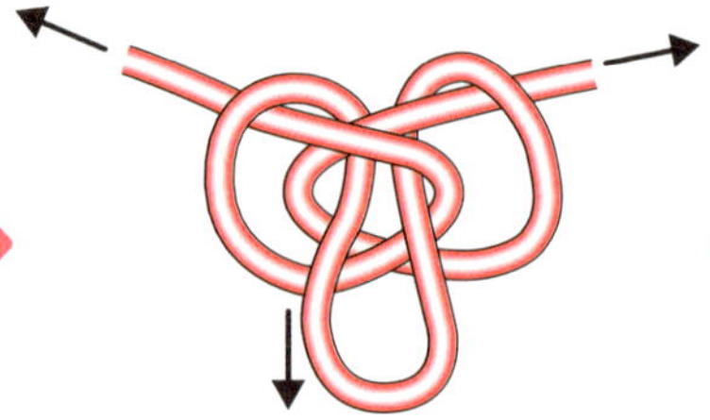

2 結び目を締めて完成。

重い荷物を引っ張って動かす場合には、ロープで輪をつくり、
その輪を肩や腰に掛けて引っ張ります。

できあがり

●よろい結び

ロープの中間部分に輪をつくる結びです。強い力がかかると結び目が解けてしまうことがあります。

輪に肩を通して重い荷物を引っ張るので、しっかりと結び目を締めることがポイントです。

できあがり

●バタフライ・ノット

登山などでよく使用される結びです。

この結び方は輪がゆるみにくく、水に濡れても解きやすいことが特徴です。

できあがり

●イングリッシュマンズ・ループ

バタフライ・ノットによく似た結び方です。

バタフライ・ノットよりも強固に結ぶことができます。

⑧ フックに結んで荷物を上げ下げする

重い物を上げ下げするときにはフックを使用すると便利です。荷物が掛けやすいように工夫されたつくりになっており、独特の結び方が使われます。

掛け結び

もっとも単純な掛け方です。ロープに重量がかかっている間ははずれません。荷物をはずして重量がなくなると簡単に解くことができます。

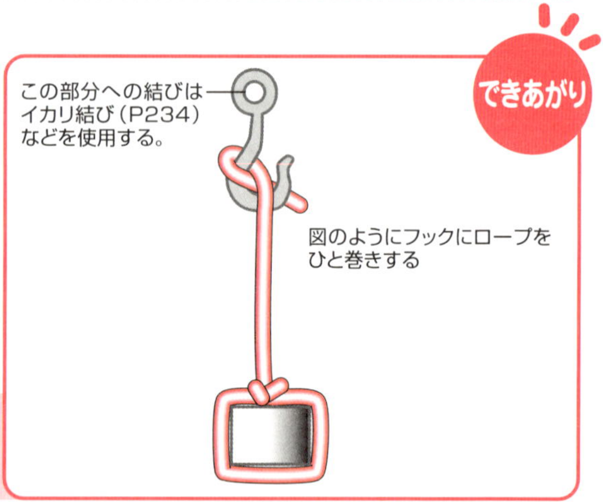
できあがり
この部分への結びはイカリ結び（P234）などを使用する。
図のようにフックにロープをひと巻きする

ロープの太さは、フックの開口部がふさがるぐらいの太さのものを使用するとよい。

増《ま》し掛け結び

荷重への信頼性が掛け結びよりも高い掛け方です。

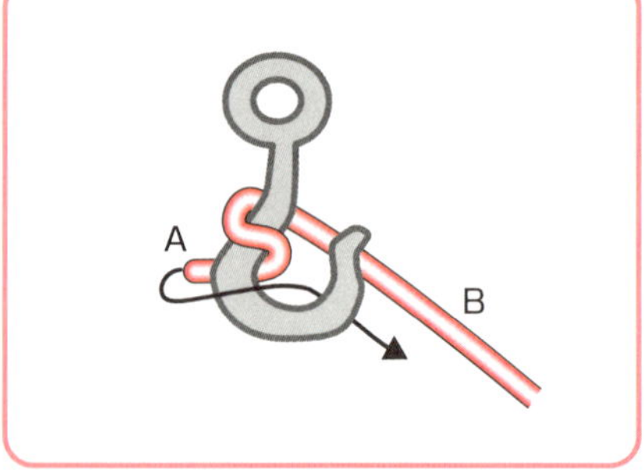
A
B

1 矢印のように、Aをフックに通す。

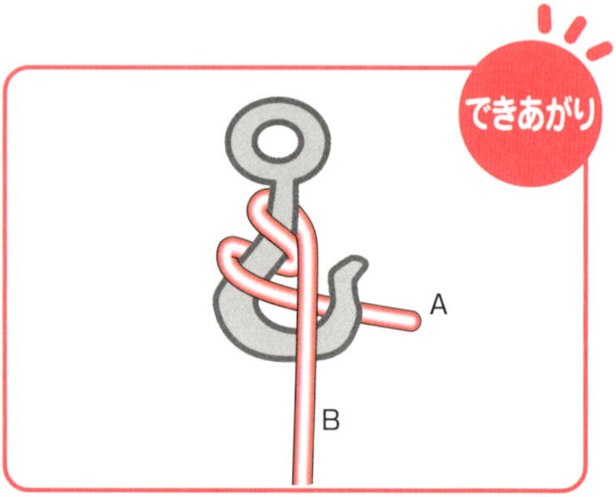
できあがり
A
B

2 ロープの元Bを手前側にもってきて完成。

てこ掛け結び

見た目以上に信頼性が高い結び方ですが、ある程度の重量がかかっていないと解けやすいので注意しましょう。重量のかかりすぎにも注意。

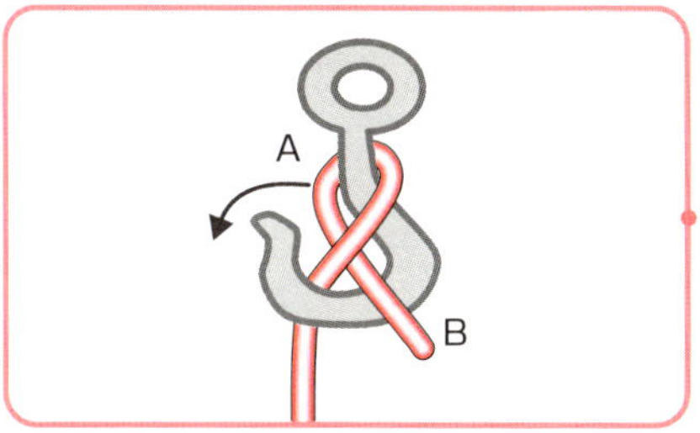

1 図のようにロープをフックにかける。矢印のようにAの部分をフックの先にかける。

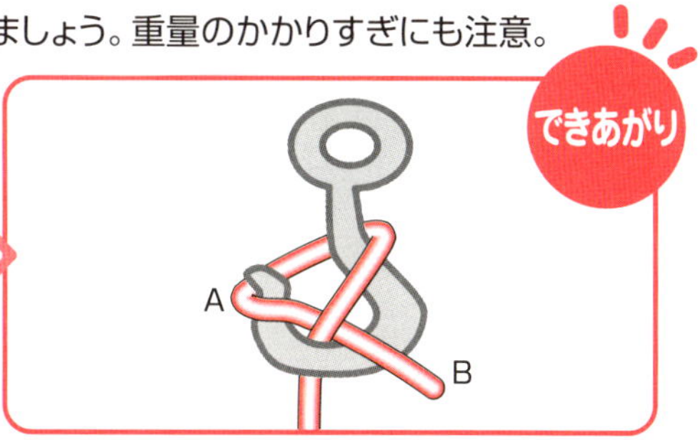

2 完成。Bの端を少し長めに出しておくと安心。

ねじ掛け結び

輪をつくってフックに掛けるので、はずれにくいのが特徴です。

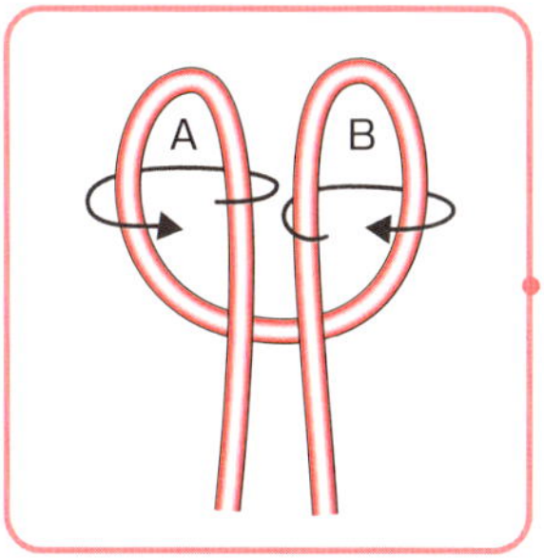

1 図のように輪を2つつくり、両方の輪を矢印のように2〜3回ひねる。

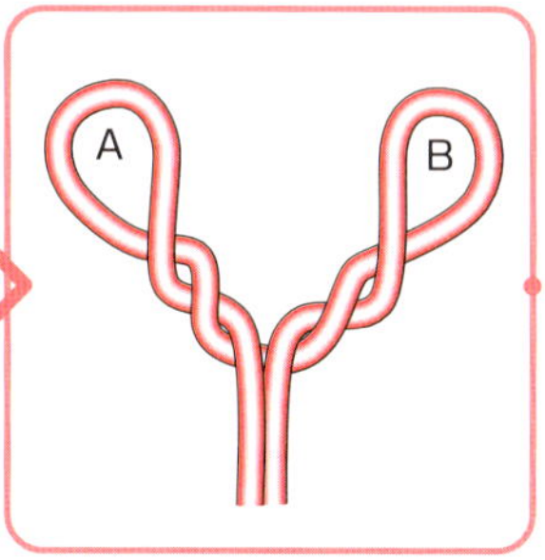

2 フックにAとBの輪を掛ける。

3 下図のように、細いロープで安全止めを行うと、信頼性が高まる。

安全止め

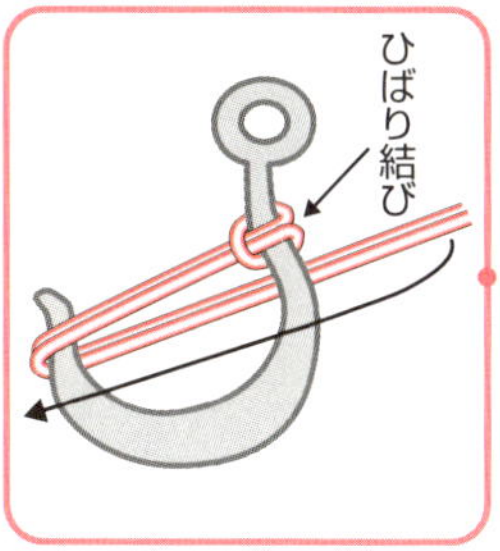

1 フックの元にひばり結び（P133）をし、矢印のように巻きつけていく。

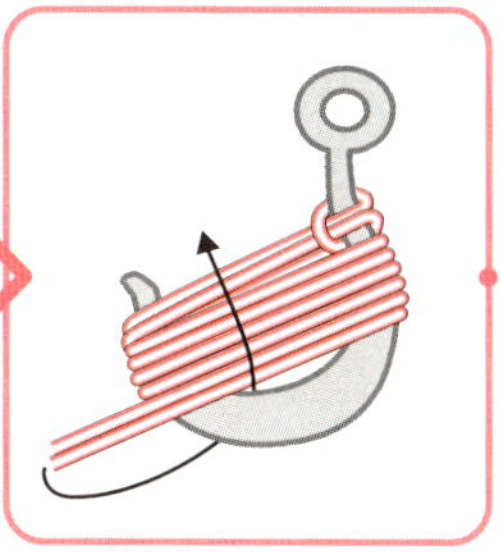

2 4〜5回ほど巻きつけたら矢印のように縦方向にもっていき巻きつける。

3 縦方向に数回巻きつけたら最後は巻き結び（P32）などで結んで完成。

⑨愛犬をつなぐ

買い物のときなどに愛犬を柱などにつなぎ止めておくときには、「馬つなぎ」が便利です。この結び方は、非常に強固に結ぶことができ、しかも簡単に解くことができるという、便利な結び方です。愛犬の鎖も、ロープを使って自作することが可能です。簡単につくることができるので、お手製の鎖で一緒に散歩してみてはいかがでしょうか。

巻き結び＋ひと結び

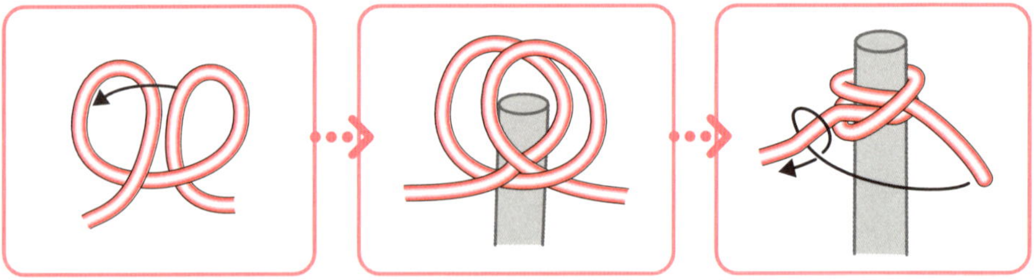

1 図のようにロープで輪を2つつくり、右の輪を左の輪に重ねる。

2 重ねた輪の中に柱を通す。これで巻き結びの完成。

3 結び目を引き締め、ひと結びを加える。

愛犬に素敵な鎖をプレゼント！

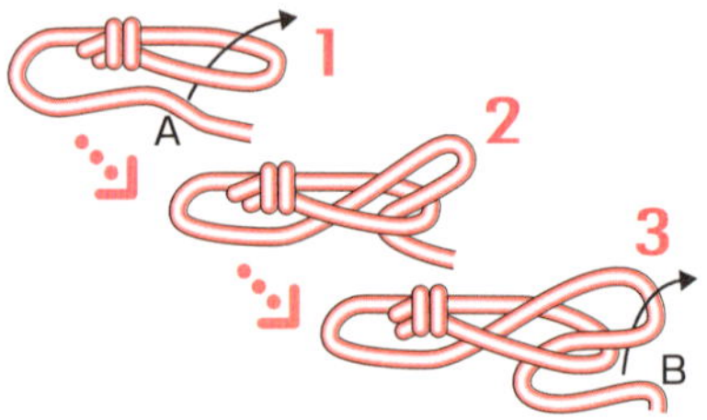

ロープの端に二重8の字結び（P43）で輪をつくり、Aをその輪の中に通す。
2のように輪をつくり、Bをその輪に通す。この作業を繰り返し、最後に巻き結びで固定する。

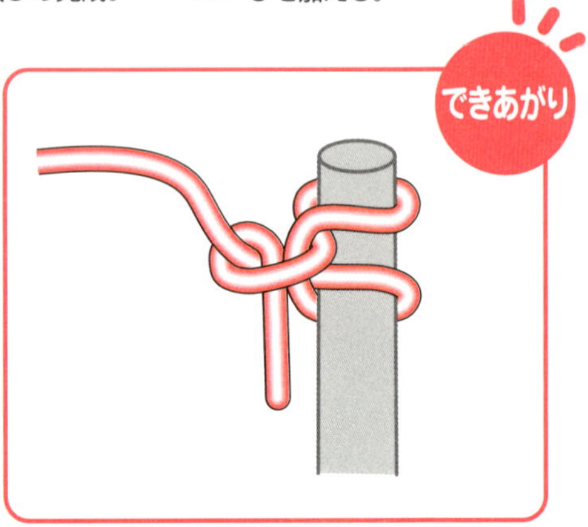

4 完成。

馬つなぎ

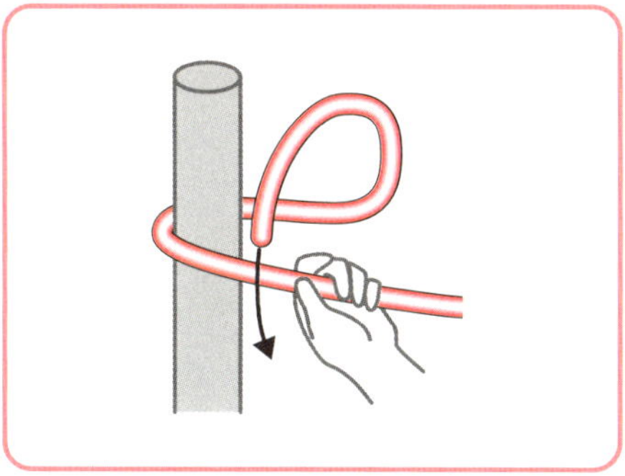

1 図のようにロープを柱に巻きつける。

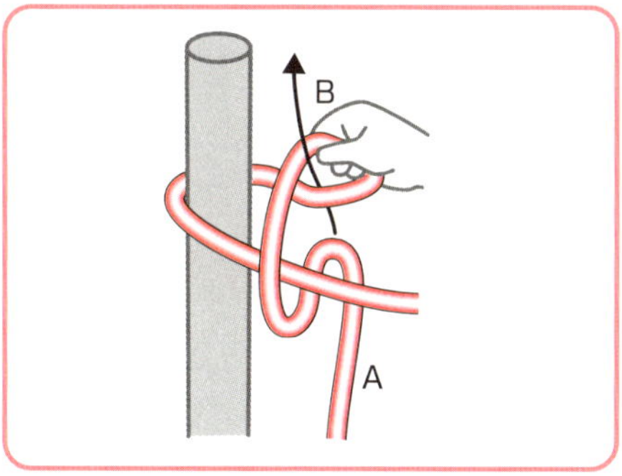

2 Aのロープの端を折り、下からBの輪に通す。

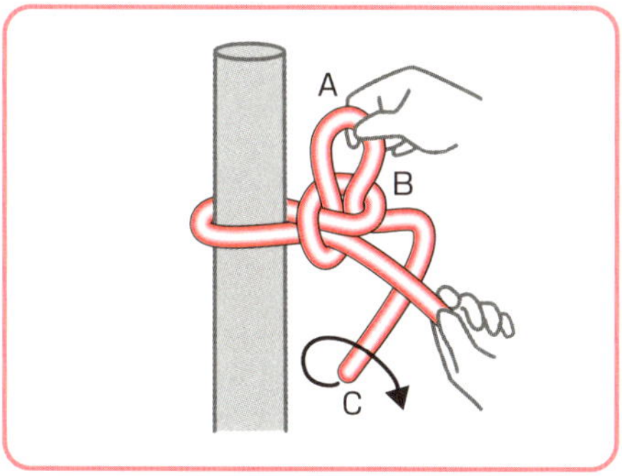

3 図のように、端Cをひねって輪をつくる。

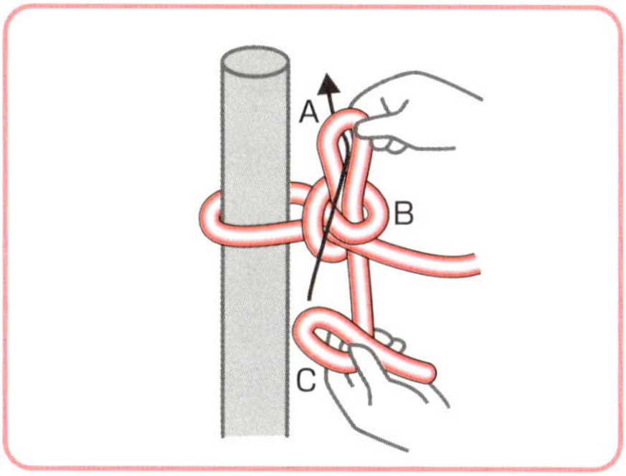

4 3でつくったCの輪を2でつくったAの輪の中に通す。

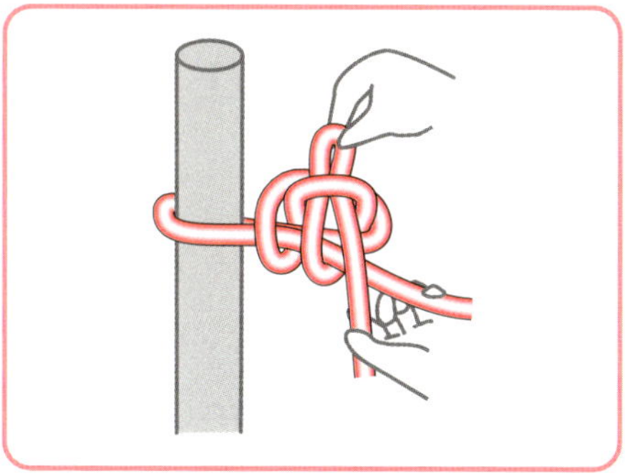

5 結び目を引き締めて完成。

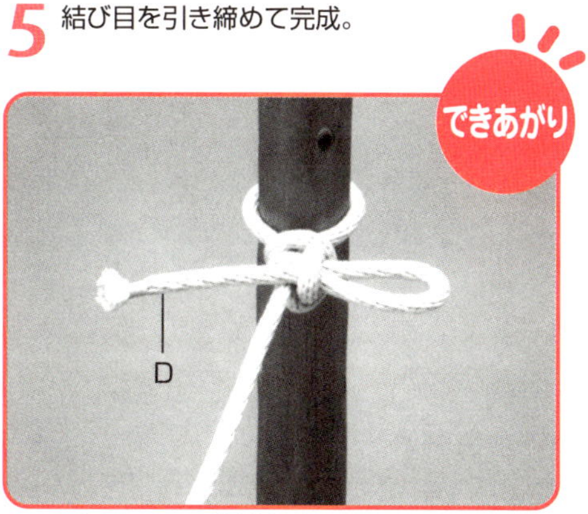

6 Dを引っ張れば簡単に解ける。

手づくり（D.I.Y）を楽しむ結び

D.I.Y（Do.It.Yourself）とは、住まいと暮らしをよりよいものにするために、自分の手で快適な生活空間をつくることです。D.I.Yにひもとロープを活用することで、いかにも手づくりらしい、味のある物を製作することができます。ここで紹介する例は、機能的にも満足できるものばかりで、豊かな暮らしが演出できます。

1 柵をつくる

ロープと丸太を用意して、柵をつくります。固め止め結びを使って、丈夫な柵をつくりましょう。固め止め結びなら、しっかり結べ、おしゃれで美しく仕上がります。ロープの太さや材質は丸太とのバランスを考えて選ぶとよいでしょう。作業を行う際には、あらかじめ一定の間隔で杭を打ち込んでおきます。また、丸太に色をつけたり、彫刻をするなど工夫すれば、つくる楽しみが一層ふくらみます。

丈夫な柵をつくりたいとき

固め止め結び

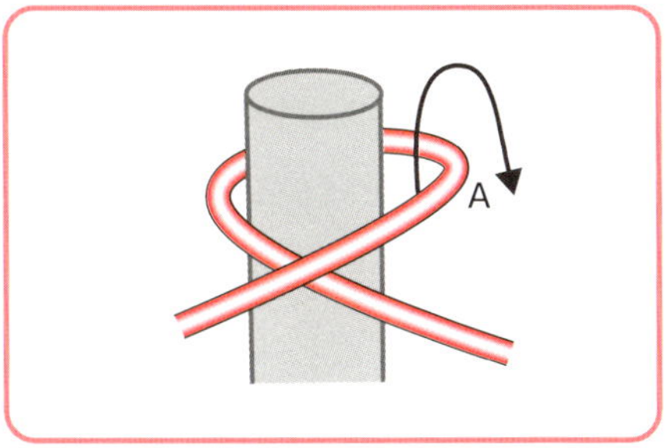

1 丸太にロープをひと巻きし、Aの部分を矢印のようにひねって輪をつくる。

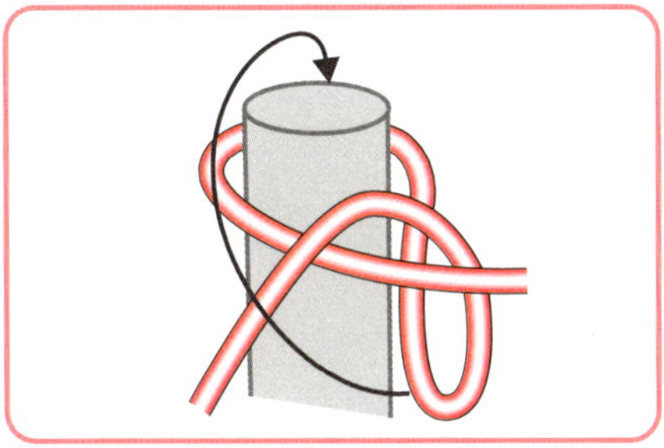

2 その輪を矢印のように移動させ、丸太に上から通す。

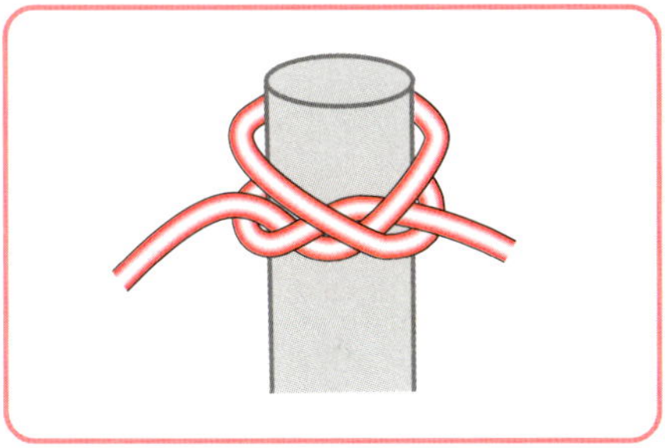

3 結び目を引き締める。

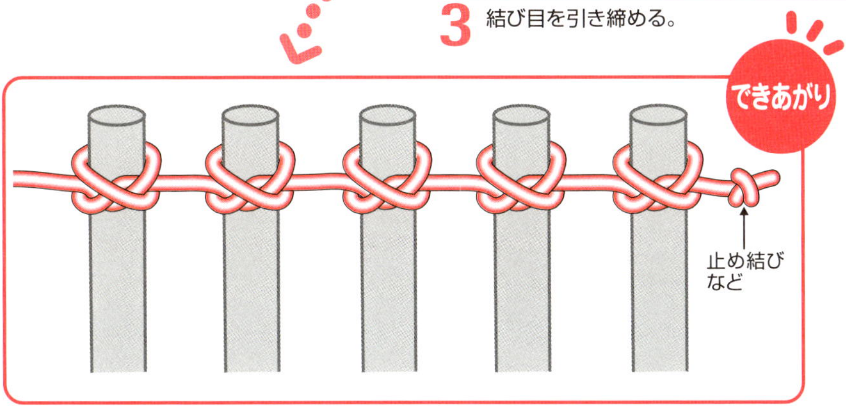

4 同様に、丸太に結びつけていく。

丸太にロープ穴をあけて本格的な柵をつくるとき

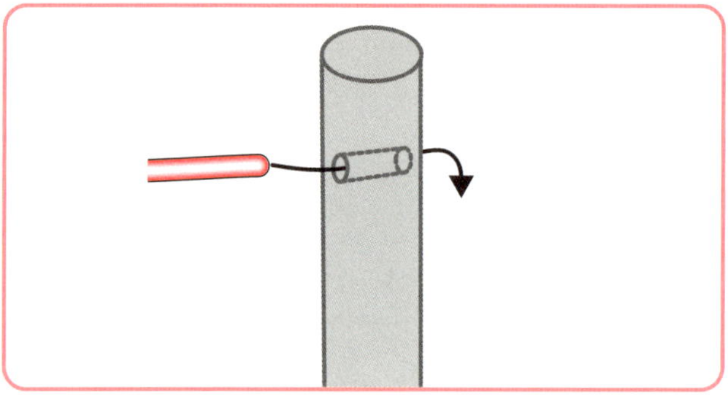

1 丸太に穴をあけ、ロープを通す。

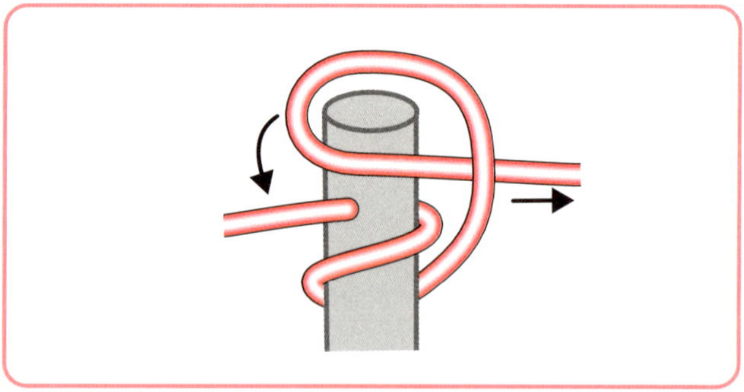

2 ロープを穴に通したら、図のように穴の下側で丸太にひと巻きしたあと、上にもっていきひばり結びで結ぶ。

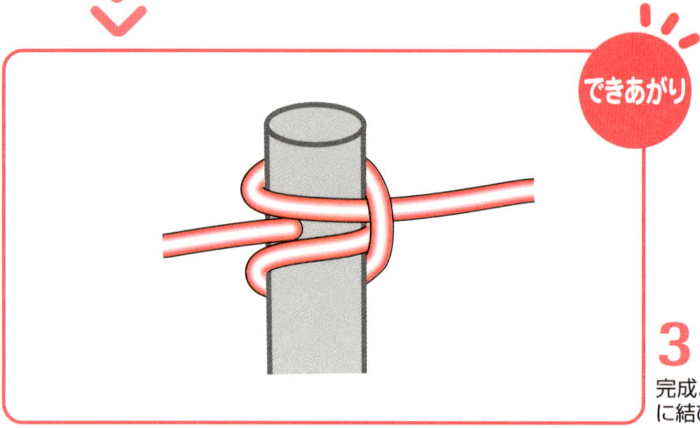

3 完成。この要領で順々に丸太に結びつけていく。

簡略型の柵をつくるとき

巻き結び

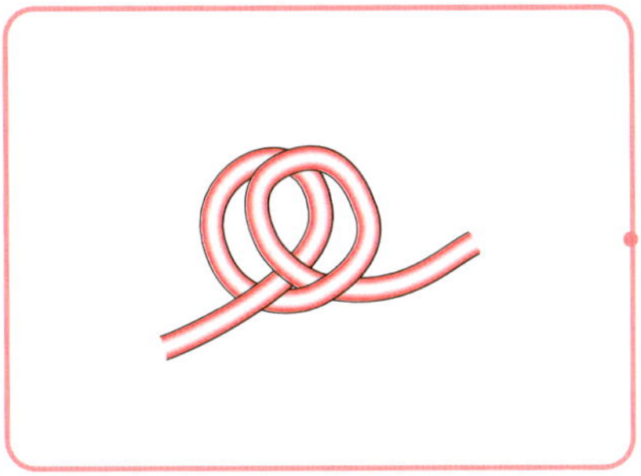

1 ロープで2つ輪をつくり、輪を重ねる。ロープの重なり方に注意。

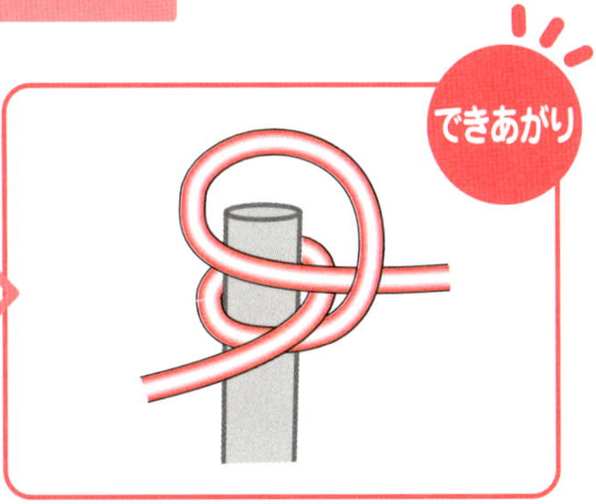

2 その輪を丸太に掛け、引き締めて完成。

てこ結び1

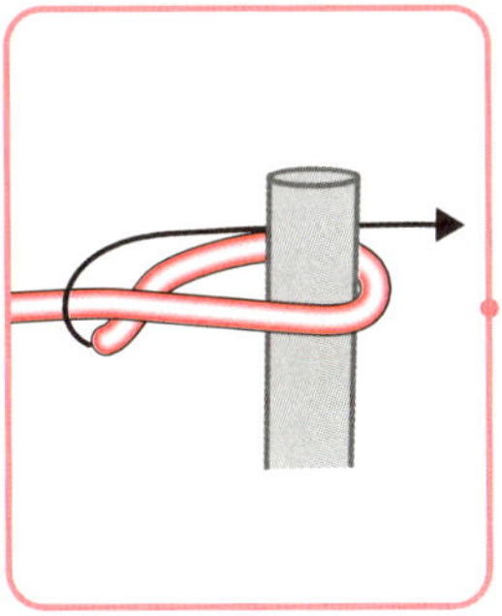

1 ロープを丸太にひと巻きし、端を矢印のようにもっていく。

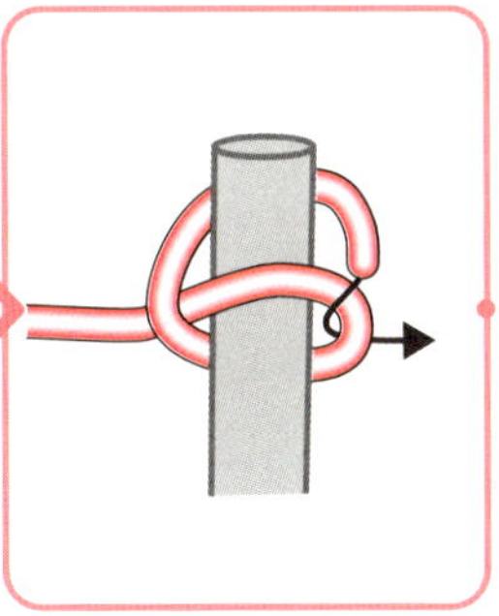

2 端を矢印のように移動させ、輪の中に通す。

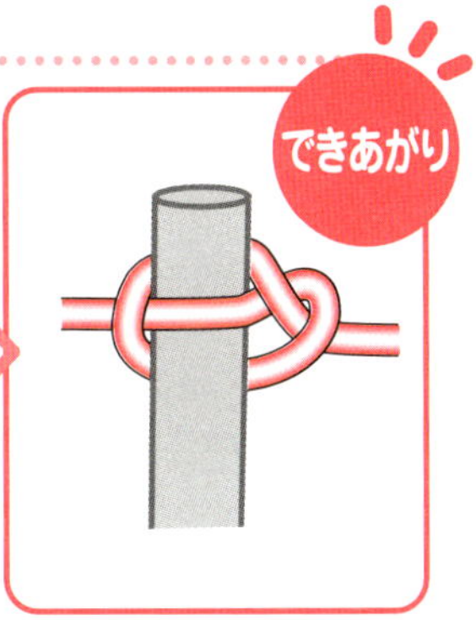

3 結び目を引き締めて完成。

てこ結び2

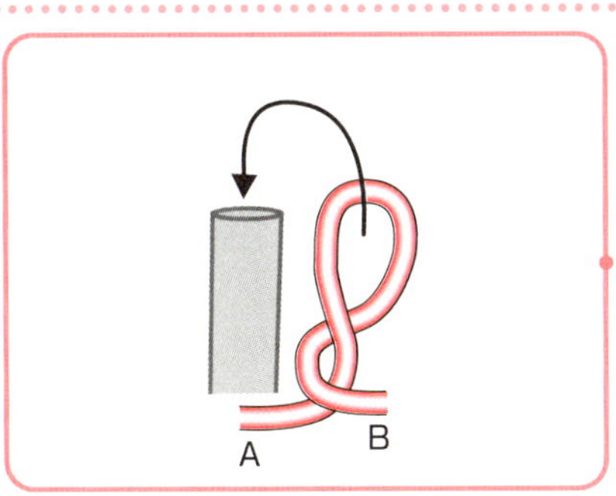

1 ロープを2回ひねり、図のような輪をつくる。矢印のように、上の輪だけを丸太に掛ける。

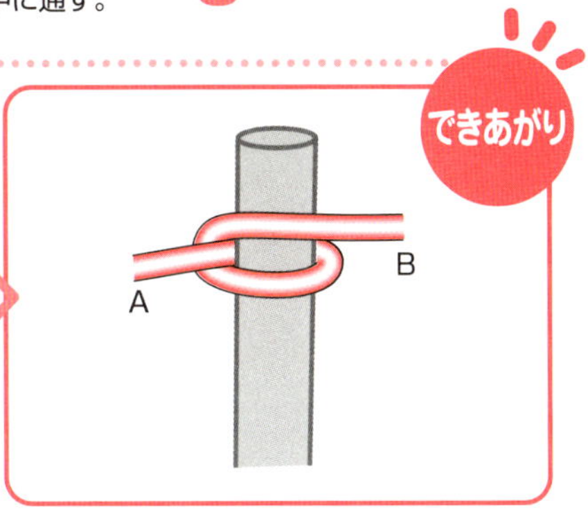

2 AとBを引き締めて完成。

② ブランコをつくる

丈夫なロープがあれば、お手製のブランコだって簡単に製作することができます。平らな板に穴をあけてつくる方法などいろいろありますが、ここでは丸太を「あぶみ縛り」で結んでつくる方法を紹介します。それを庭の木に結びつければ、オリジナルブランコの完成です。

あぶみ縛り

1人用のブランコをつくるのなら、直径8㎜のロープで十分です。多人数用のブランコをつくるならば、もっと太いロープを使用しましょう。木に結びつける部分は、ゆるみのないようにしっかり結びましょう。

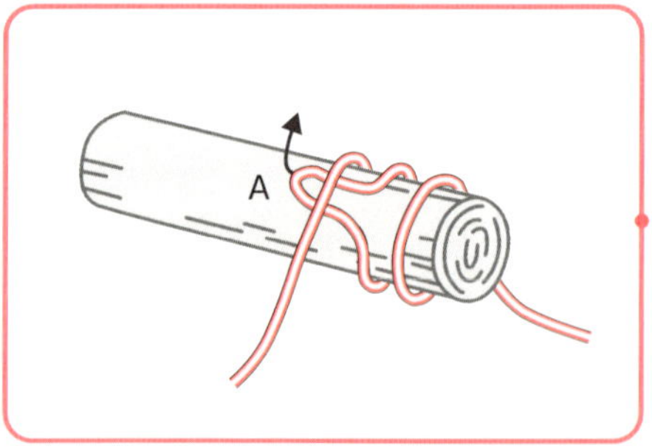

1 丸太にロープを2回巻きつけAを矢印のように引き出す。

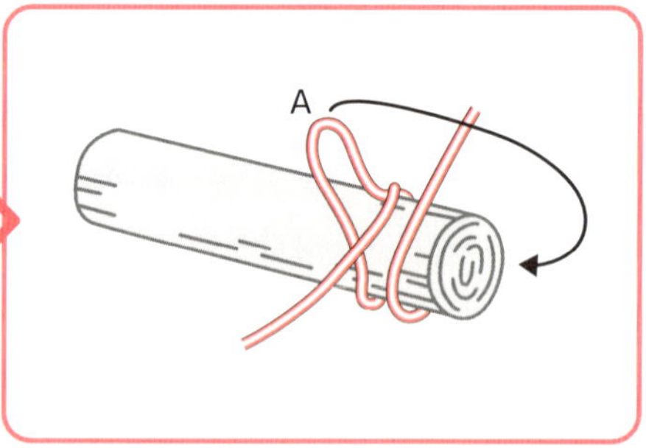

2 Aの輪を丸太の下にまわして掛ける。

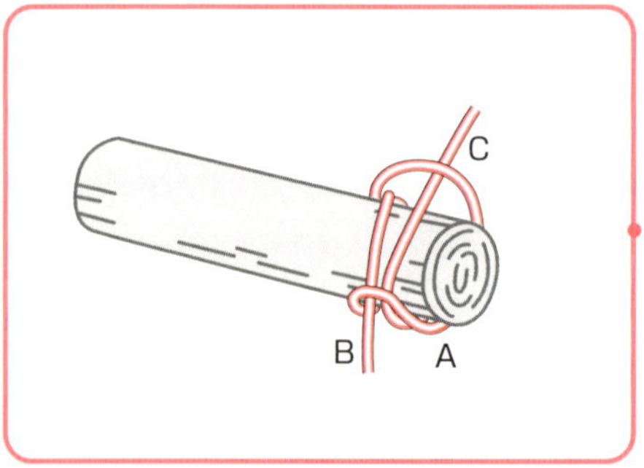

3 BとCを上にもっていき、木の枝などに縛る。

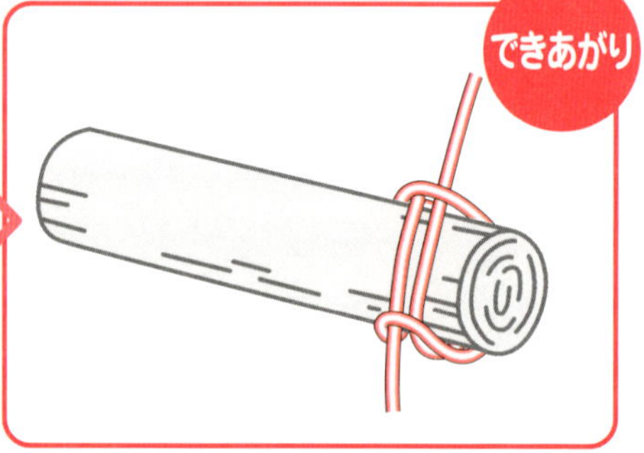

4 完成。

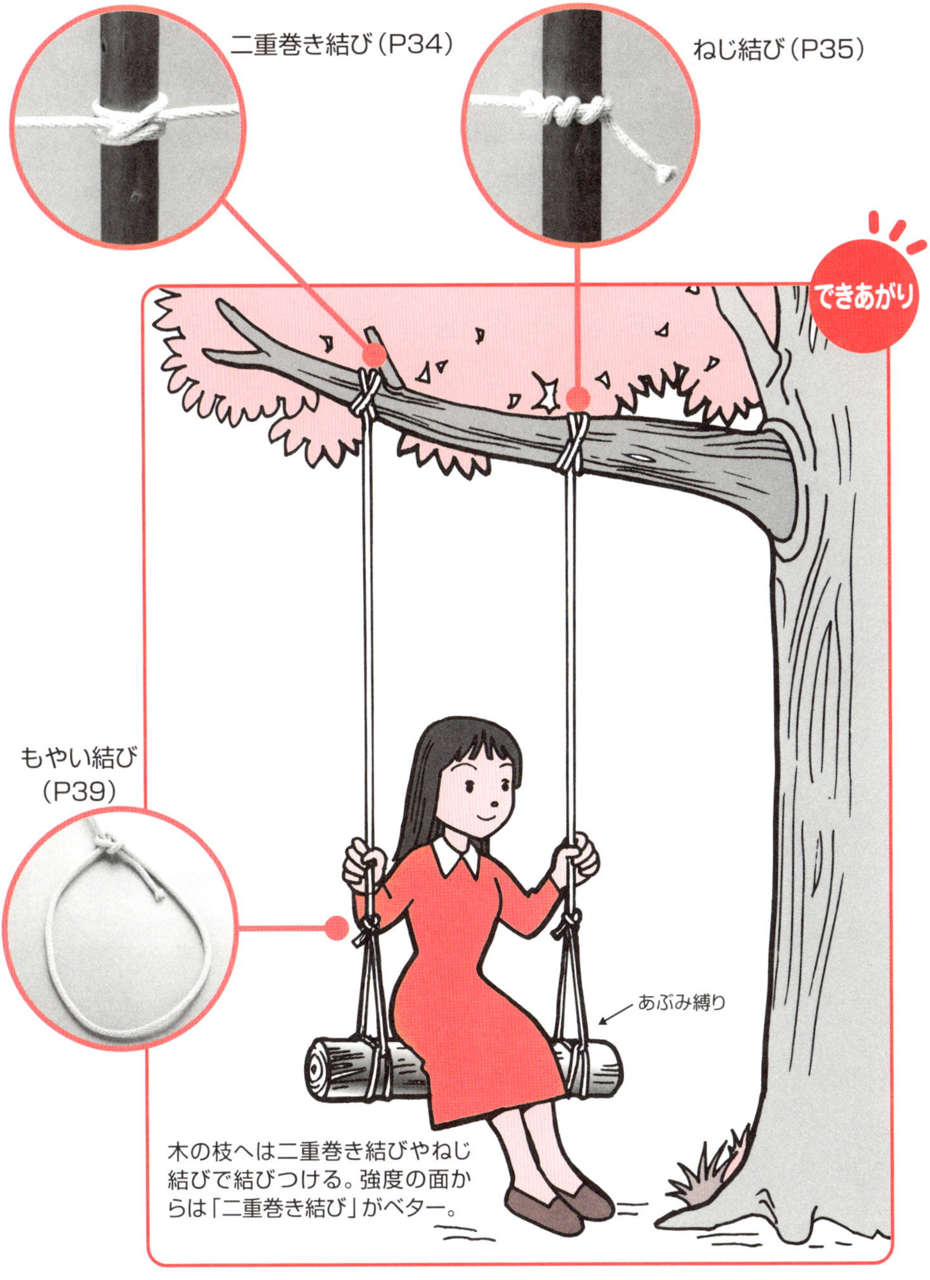
二重巻き結び（P34）
ねじ結び（P35）
できあがり
もやい結び
（P39）
あぶみ縛り

木の枝へは二重巻き結びやねじ結びで結びつける。強度の面からは「二重巻き結び」がベター。

③ 垣根をつくる

ここでは、本格的な垣根をつくる方法を紹介します。竹とシュロ縄を使用し、「垣根結び」や「蝶型垣根結び」で固定します。

シュロ縄の掛け方は「裏十字」「裏二の字」ともに表側は同じ形になります。

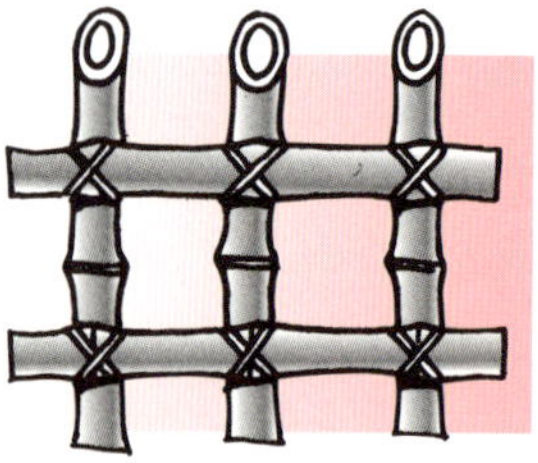

シュロ縄の掛け方

裏十字

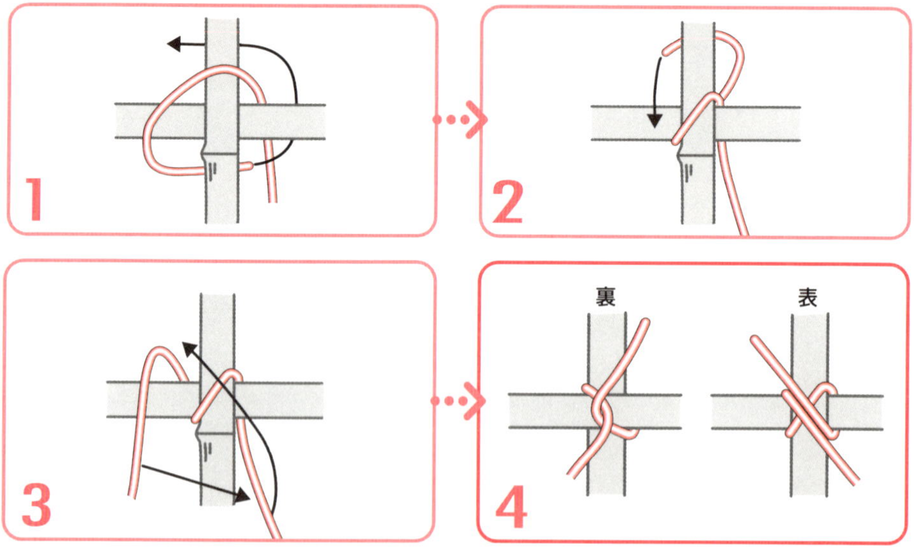

垣根結び

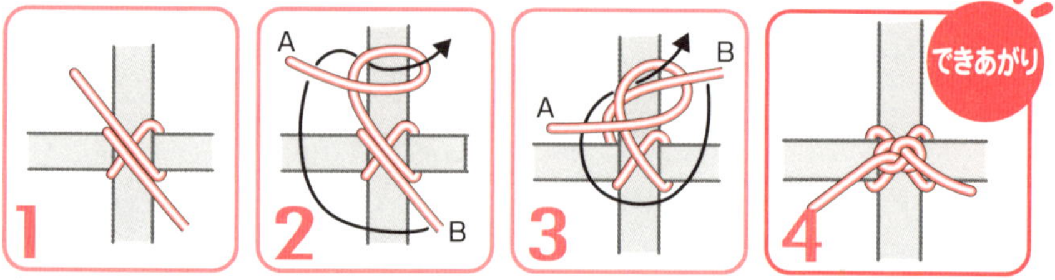

1 表側は、垣根結びで仕上げる。

2 Aで輪をつくり、Bをその輪に通す。

3 Bをもう一度輪に通す。

4 仕上がりは角が2本突き出たような勇ましい形になる。

シュロ縄の掛け方　裏二の字

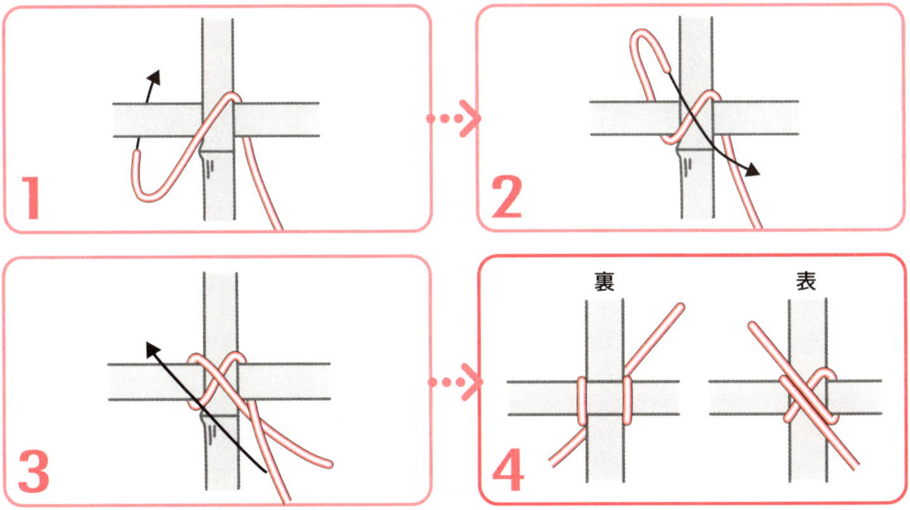

蝶型垣根結び

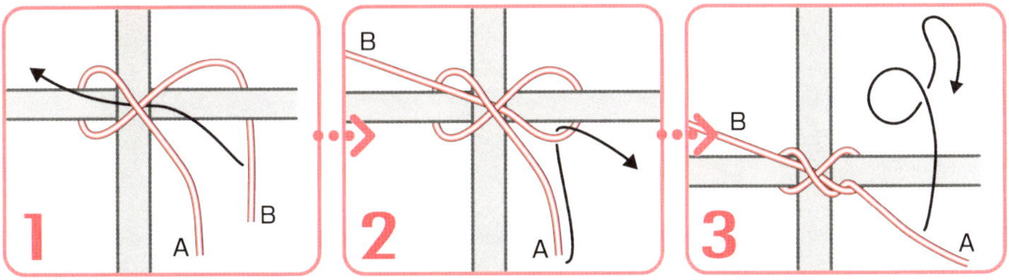

図のようにロープを掛けBを矢印のようにもっていく。　Aを矢印のようにもっていく。　Aを矢印の形にする。

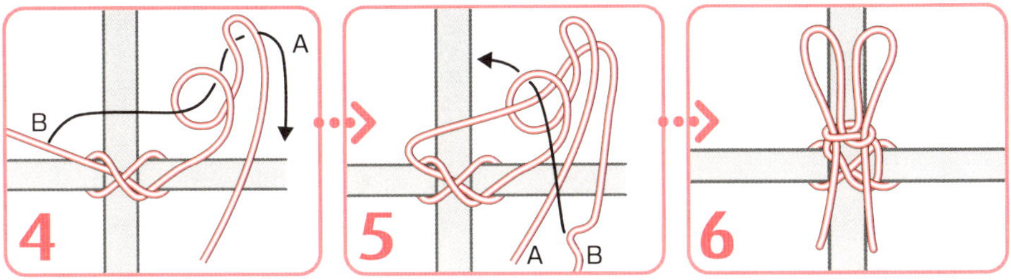

BをAでつくった輪に通し矢印のようにもっていく。　Bを折って矢印のように輪に通す。　結び目を締めて完成。

④ テーブル&ベンチをつくる

お手製のテーブルやベンチも、丸太とロープがあれば簡単に製作できます。使用するロープは、直径6～8㎜のものが適しています。丸太などを縛って工作物をつくる方法を縛材法といいますが、ポイントは、正確な手順でしっかりと力を入れて、確実にロープを結ぶことです。

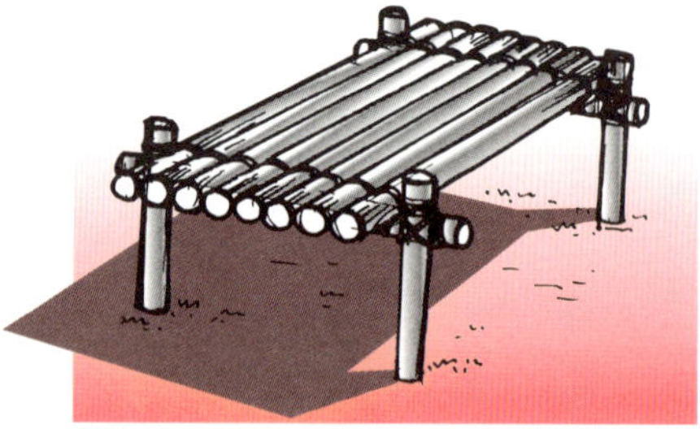

テーブル&ベンチ完成図

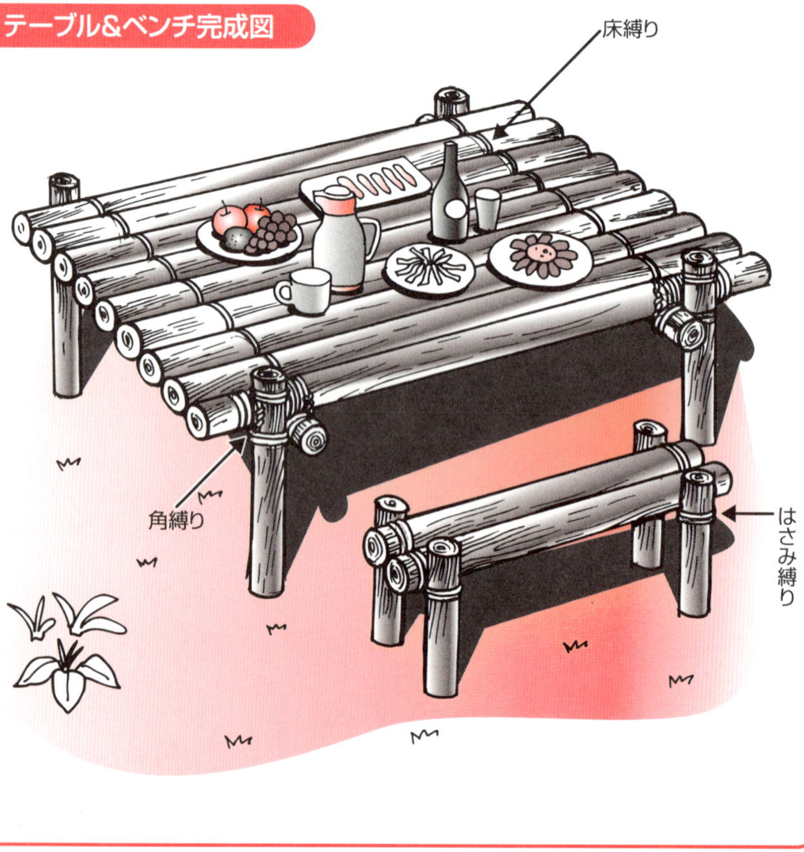

床縛り

丸太でテーブル台をつくる方法です。グラつかないように、しっかり引き締めることが肝心です。また食器棚やイカダをつくるのにも応用できる結び方です。

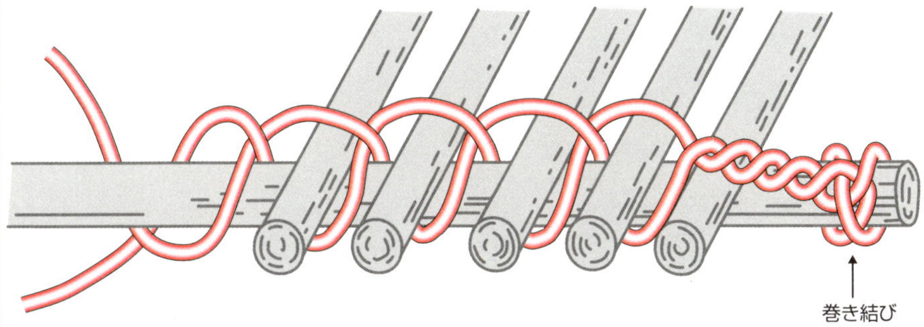

1 1本のロープを半分に折って、折った部分で横木に巻き結び（P32）で固定する。3〜4回ねじり合わせた後、図のように巻きつけていく。

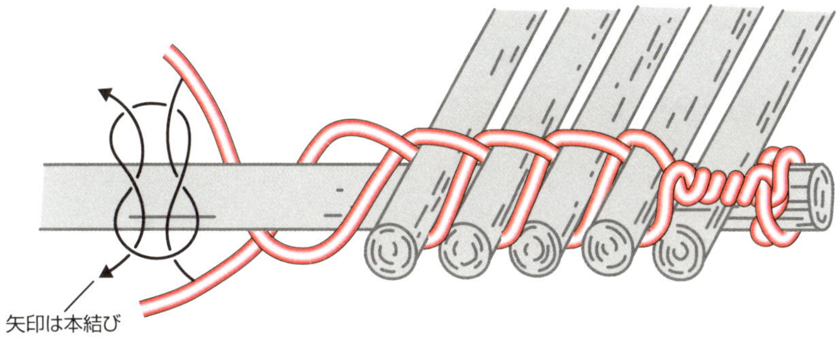

2 末端は本結び（P22）や固め結び（P56）、巻き結びなどで横の丸太に固定して完成。

角縛り

テーブルの脚とテーブル台を直角に結びつけるために使います。

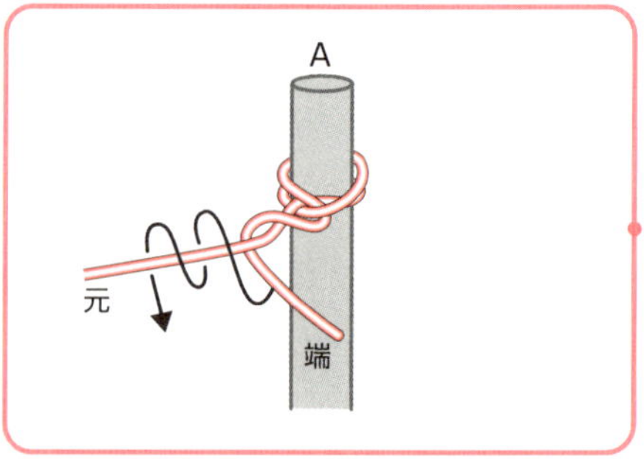

1 Aに巻き結び（P32）でロープを固定し、ロープの端を元に2～3回巻きつける。

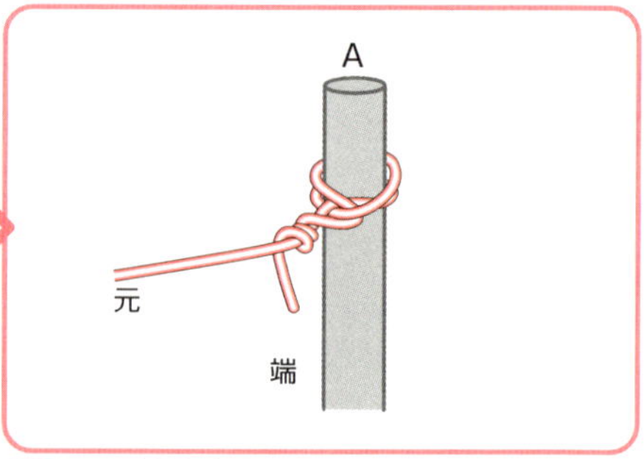

2 このようになる。

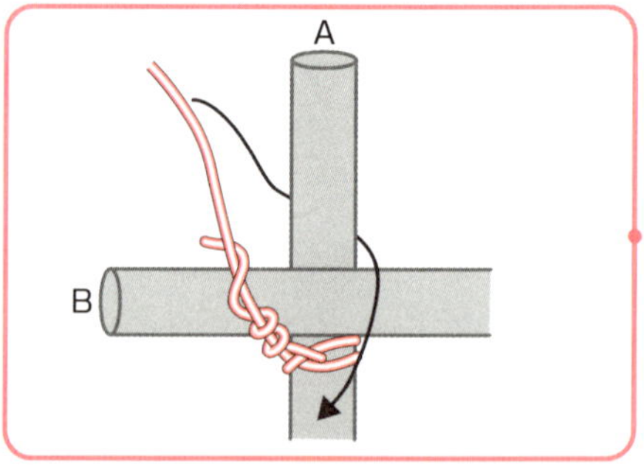

3 Bを図のように直角にセットし、ロープを矢印のように回して強くロープを引きながら締める。以後、最後までひと巻きごとに力を入れてしっかりと締める。

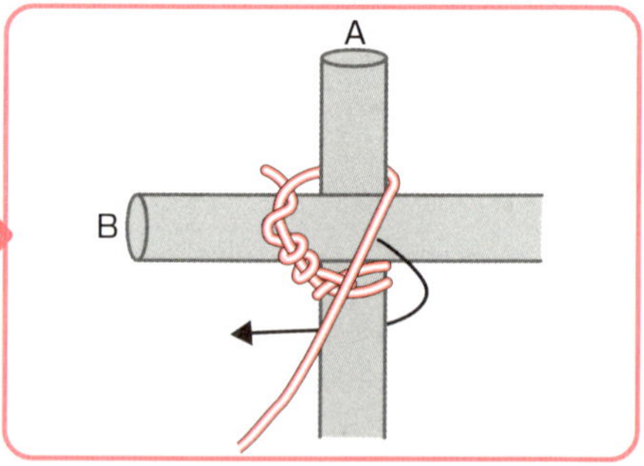

4 ロープを矢印のように移動させて巻きつける。

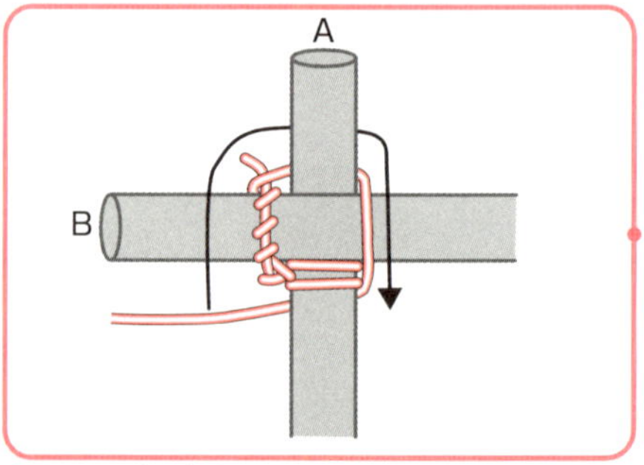

5 ロープを矢印のように移動させ、巻きつける。

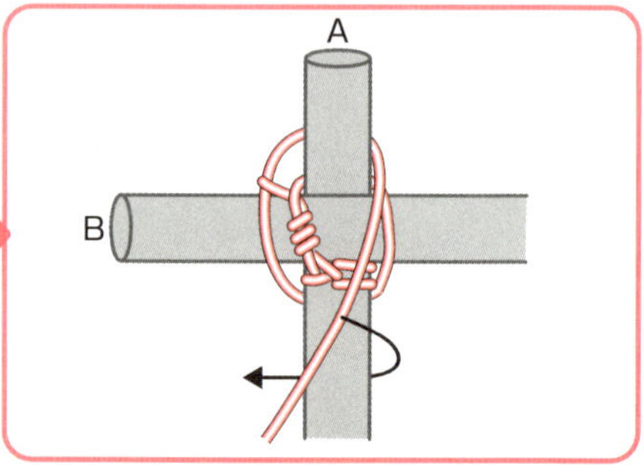

6 4、5の工程を2～3回繰り返す。

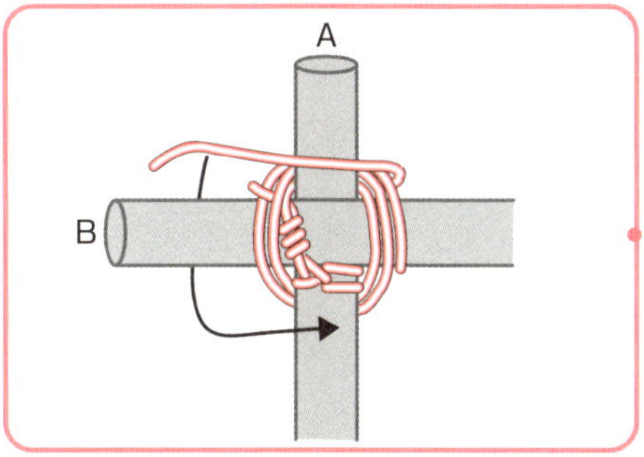

7 図のようにロープを移動し、今度は横方向に2〜3回巻き、割りを入れる。縦方向のロープの上に重ねて力を入れて巻くことがポイント。割りは縛りを強化する。

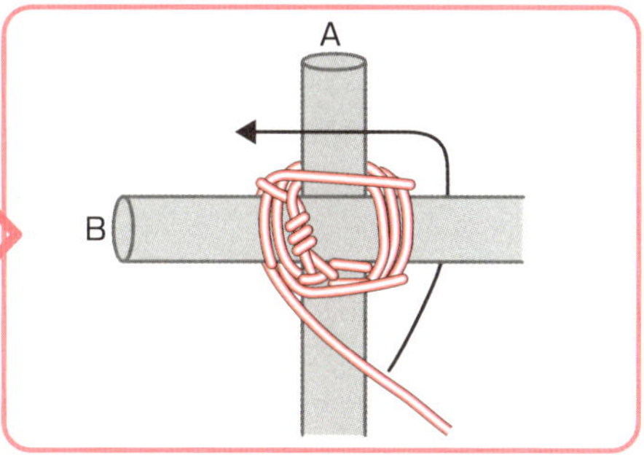

8 矢印のようにロープを移動させ、割りを入れていく。

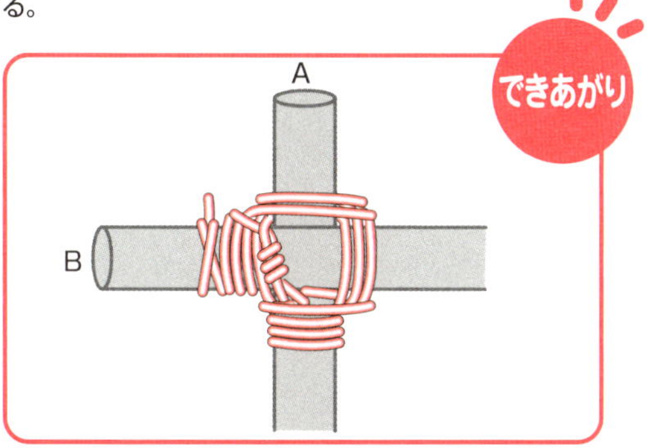

9 Bに固め結び（P56）で端を固定して、完成。

はさみ縛り(三脚)

簡単なベンチやイスをつくるために使う結び方です。

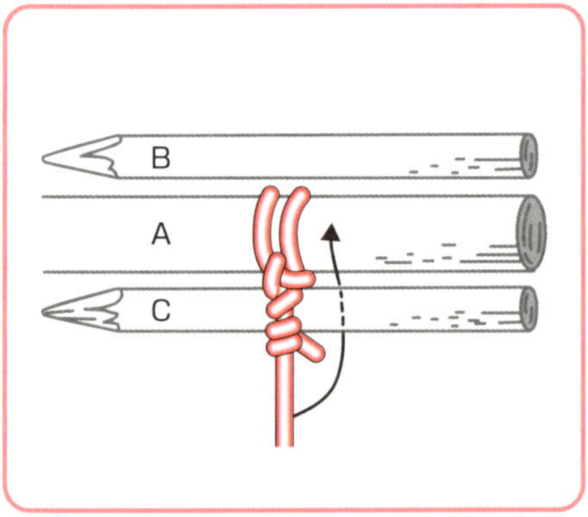

1 太めの丸太Aと細めの丸太B、Cを用意する。Aは腰掛ける部分に、B、Cはベンチの支柱となる。Aに巻き結び(P32)でロープを固定し、矢印のようにCにひと巻きする。

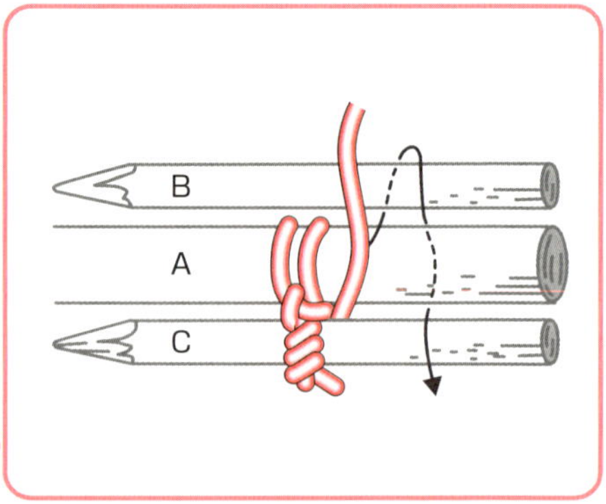

2 ロープをCに1回巻きつけたあと、矢印のように移動させ、Bにもひと巻きする。

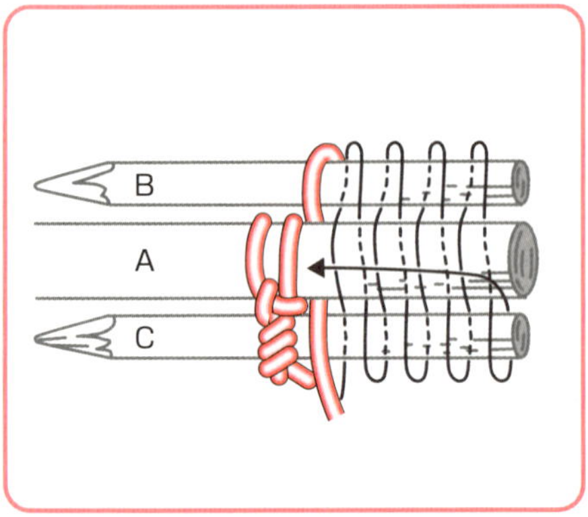

3 図のように、ロープの上下が互い違いになるようにロープを巻いていく。5回ほど巻きつけること。強く巻きすぎるとうまく開かないので注意。巻き加減を調節することがコツ。

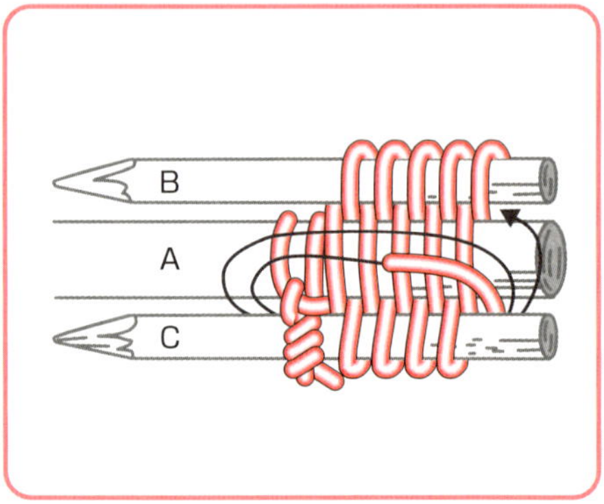

4 図のように、AとCの間にロープを2回巻き、割りを入れる。このときもあまり強く締めすぎないこと。

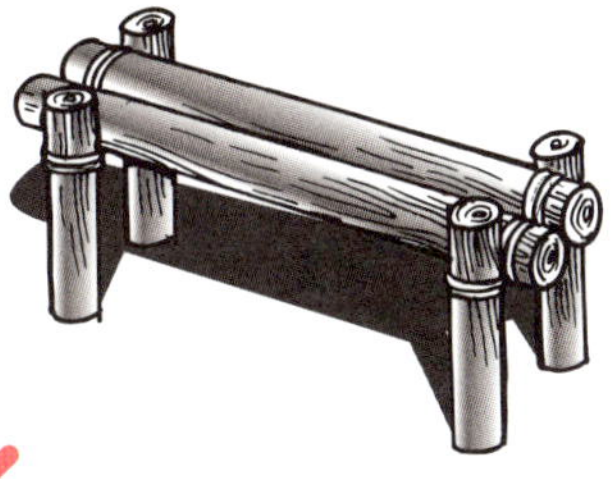

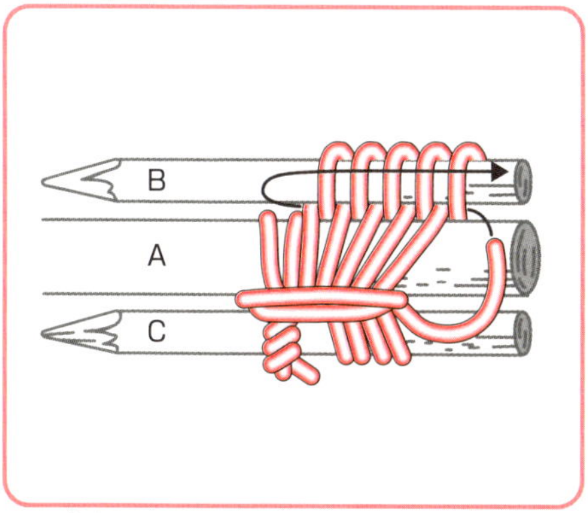
B
A
C

5 今度はAとBの間にロープを2回巻き、割りを入れる。

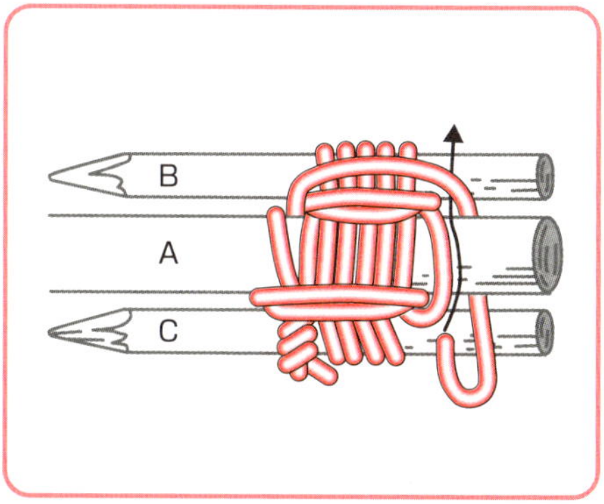
B
A
C

6 割りを入れたら、中央の丸太Aに端を巻きつける。

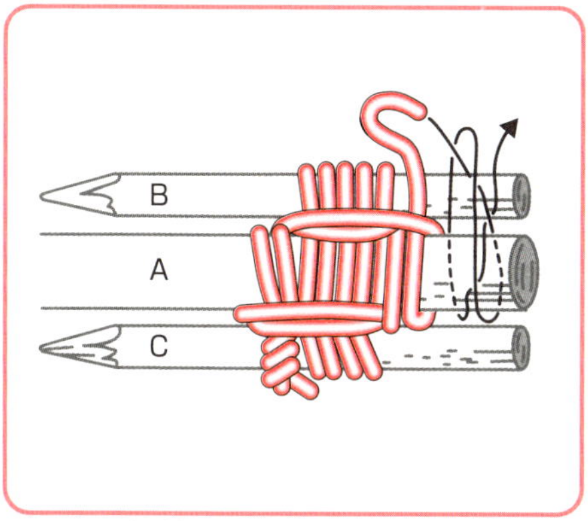
B
A
C

7 固め結び（P56）で中央の丸太Aに固定する。

できあがり
腰掛ける部分を
平らに削っておく
と座りやすい
B
A
C

8 AとB・Cを直角に開き、地面に固定する。

⑤ フロアマットをつくる

ロープでつくったフロアマットは、実用的にも、装飾品としても楽しめるものです。ここでは、2つの結び方を紹介します。色や材質、太さを工夫して、オリジナリティーあふれるマットづくりにチャレンジしましょう。

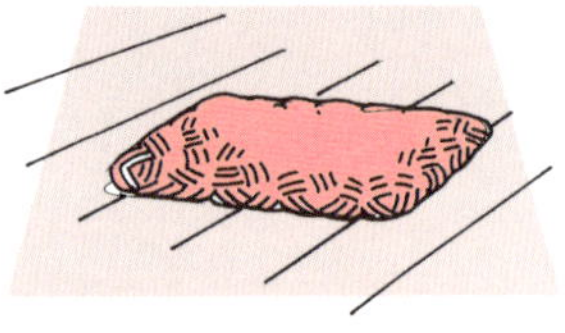

たまご型マット結び

ロープは直径6～8㎜のものでつくるとよいでしょう。

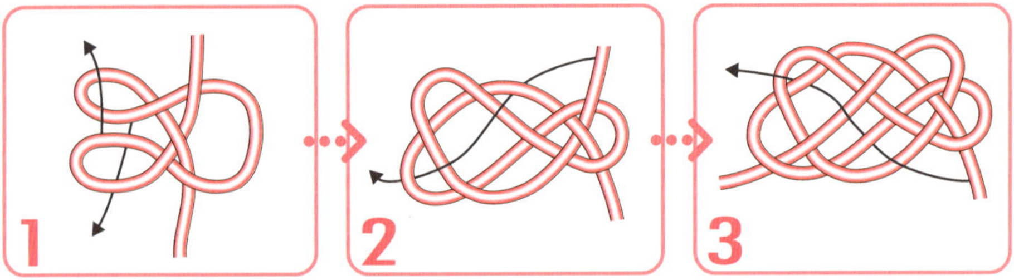

さらに結びを密にして、完成。ポイントは、内側が緊密になるようにすること。最後は端を裏側に差しこんで接着剤で固定。

角型マット結び

たまご型マット結びと同様、内側をより密にして、編んでいくことが大事です。

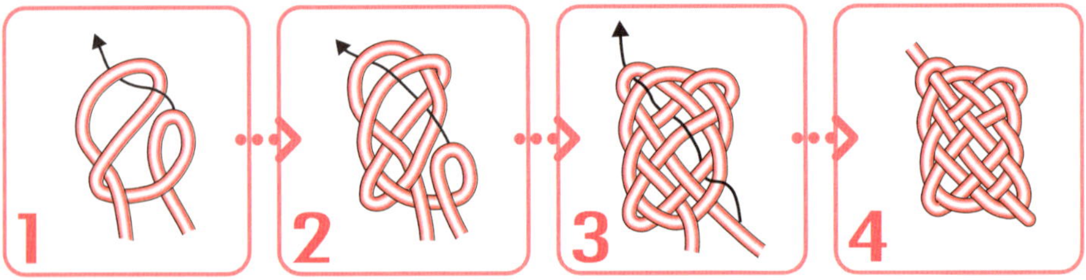

❻ 花びん敷きをつくる

花びん敷きをつくる場合には、細めのひもを使用します。ロープを使って大きめに編めば、フロアマットになります。

円形マット結び①

簡単でシンプルな花びん敷きをつくります。編み込み方に気をつけて、形を整えながらつくりましょう。

1

2

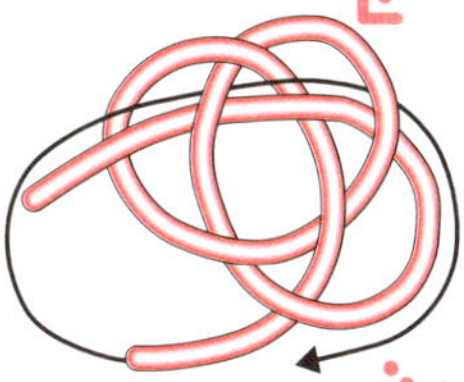

3
1～2を繰り返し、順次編み込んでいく。

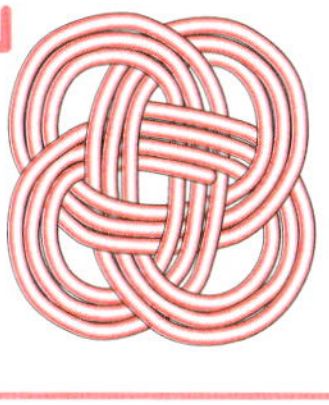

4
二～三重に結びを重ねて完成。端は裏側に差し込み、接着剤で固定する。

円形マット結び②

「円形マット結び①」よりも少し複雑な形に仕上がります。ゆっくり、確実に結んでいきましょう。

1

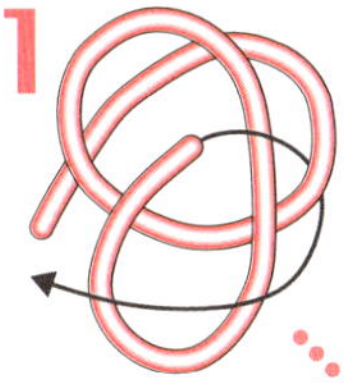

2

3
1～2を繰り返し、順次編み込んでいく。

4
二～三重に結びを重ねて完成。端は裏側に差し込み、接着剤で固定する。

※接着剤としては、木工用ボンドを使用するとよいでしょう。

7 ウォールハンガーをつくる

ロープでウォールハンガーにチャレンジしてみましょう。洋間にとてもマッチし、アウトドアっぽい雰囲気をかもし出してくれます。壁の有効利用にもなります。

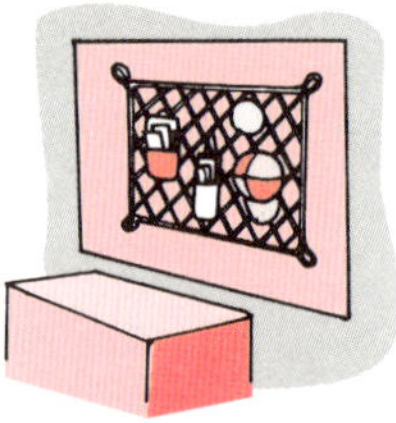

編み目のつくり方

一重つぎ

単純ですが、編み目が崩れにくい結び方です。

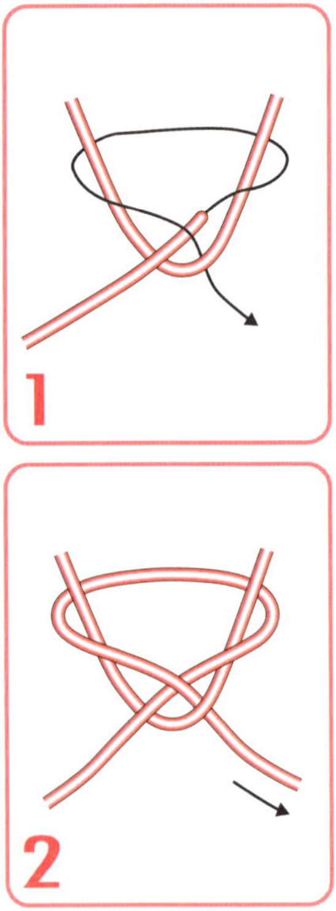

本結び

伸縮性に富んだ結び方ですが、ゆるみやすく編み目が移動しやすい欠点がありますが、ウォールハンガーやハンモックなら十分使用できます。

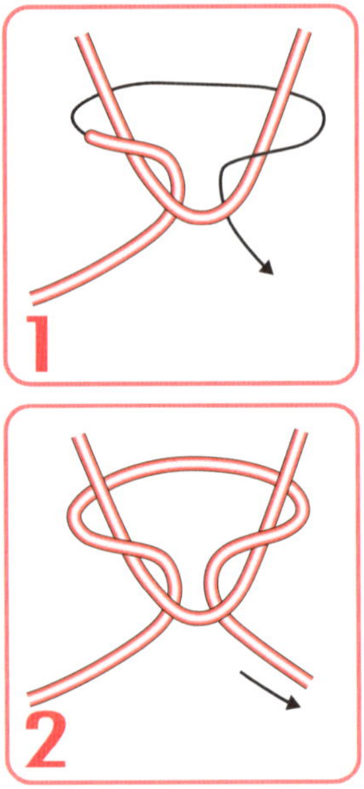

あやつなぎ

非常に強固で、整った編み目をつくることができる結び方です。魚網などにも用いられています。

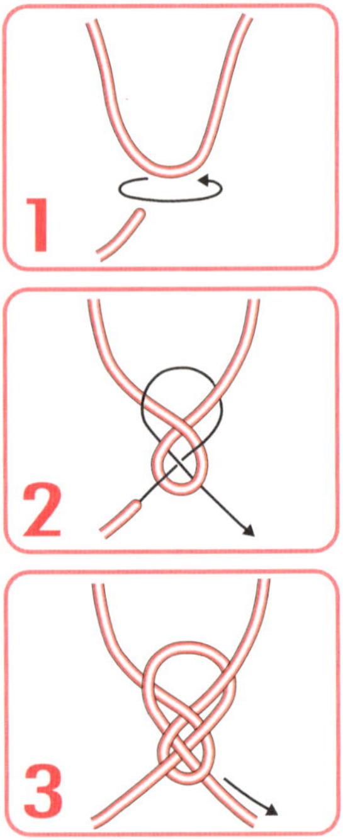

縁綱(棒)と編み目用ロープの接続法

ひばり結び

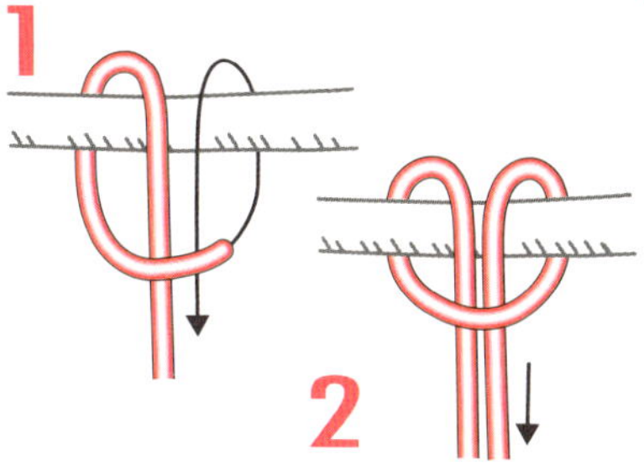
1
2
強く引いて締める

巻き結び

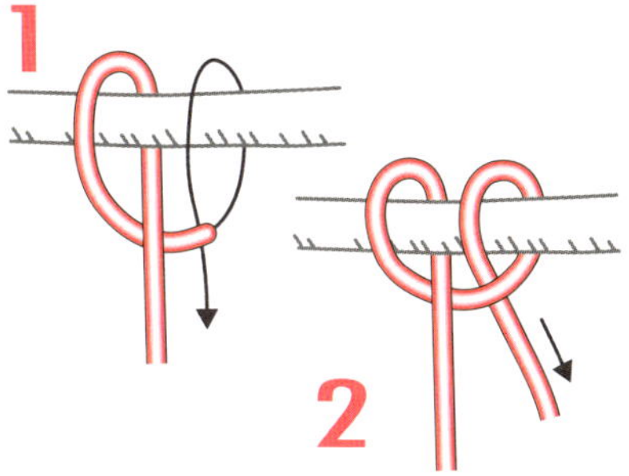
1
2

きちんとした編み目に仕上げたい場合は、基準板ゲージと編み針を使うとよい。

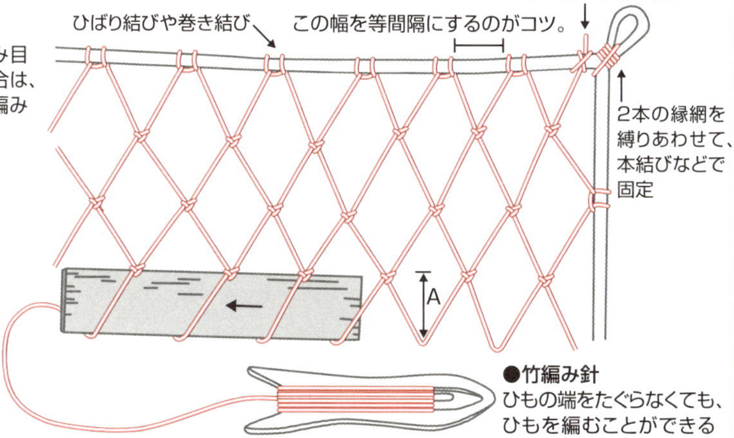
ふた結びや巻き結び
ひばり結びや巻き結び
この幅を等間隔にするのがコツ。
2本の縁綱を縛りあわせて、本結びなどで固定
A

●**基準板ゲージ**
ネットを等間隔に編んでいくための道具。横にすべらせることによってAの長さはすべて等しくなる。

●**竹編み針**
ひもの端をたぐらなくても、ひもを編むことができる道具。P132の結びのように編み針を動かす。

8 インテリア小物の結び

部屋に飾るインテリアなどに装飾性の高い結びを使用することで、いっそう華やかに部屋を引き立てることができます。もちろん、ロープやひも、リボンの材質や、色などにもこだわることが大切です。結ぶ物にマッチしたひもやリボンを選択し、小物などを素敵にドレスアップしてみましょう。明るく楽しい雰囲気の部屋に生まれ変わります。

リボンを結ぶ

叶《かのう》結び

結び目が、表は「口」、裏が「十」、あわせて「叶」という文字になるため、このような名前でよばれます。願いがかなうという縁起のよい結び方といわれています。

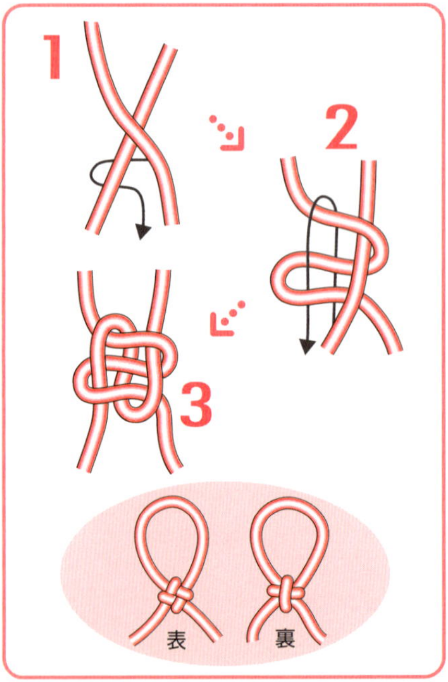

はな結び

「蝶結び」の名前で親しまれている、おなじみの結び方です。実用的で、装飾性も兼ね備えた便利な結び方です。

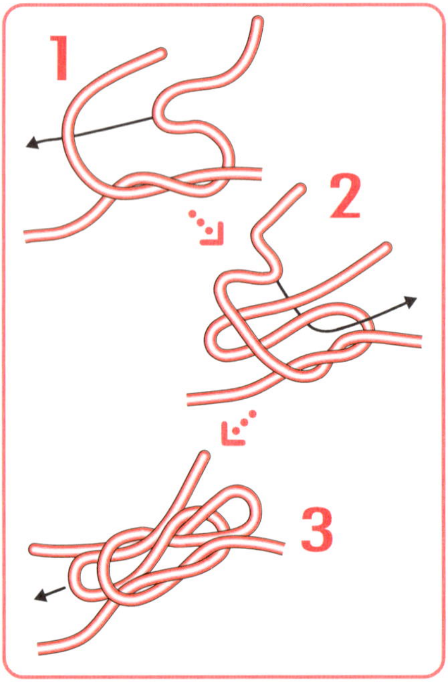

コブをつくって留める

8の字結び

ひもにコブをつくり、留めたい場合に使用します。大きなコブをつくることができる結び方です。

1 穴にひもを表側から通し、矢印のように8の字を描くようにする。

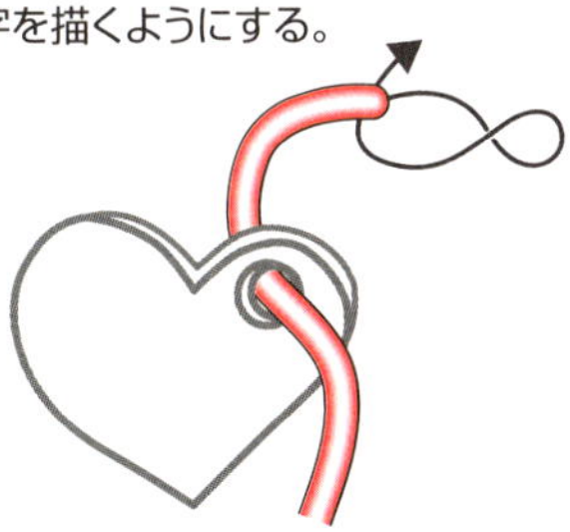

2 矢印のように端を輪に通し、結び目を締める。

仲仕結び

8の字結びよりも、さらに大きなコブをつくることができる結び方です。

1 ロープを2つに折り、先に輪をつくって端を3〜4回ねじりつけ、矢印のように輪に通す。

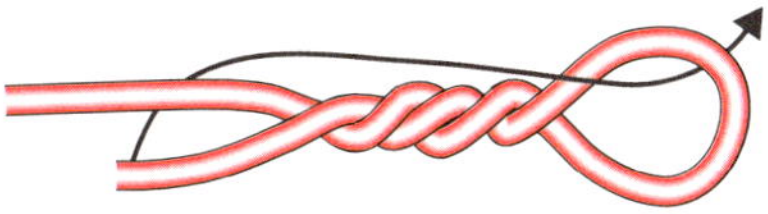

2 結び目を引き締めて完成。

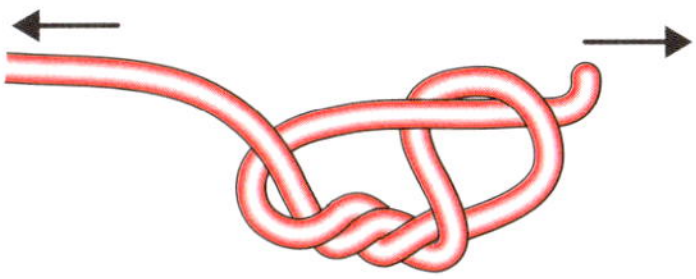

⑨ 造形美を楽しむ結び

仕上がりが美しい結びは、それ自体が装飾品となります。カラー・ロープや多彩なひもを利用し、おしゃれに美しく仕上げましょう。

あげまき結び

日本古来の結びで、山車《だし》や袴《はかま》のひもなどに使用されてきた飾り結びです。

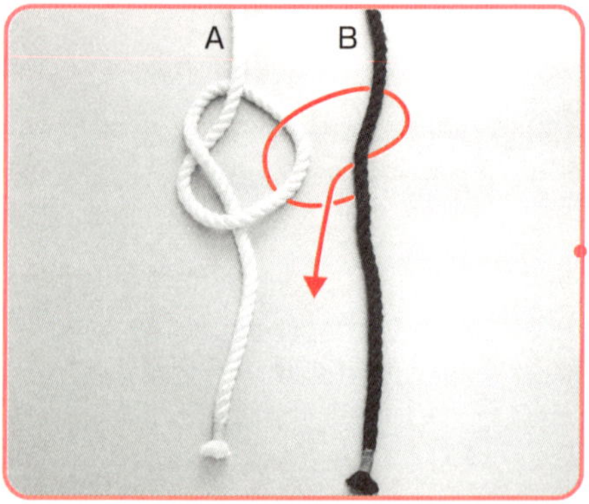

1 Aのロープに止め結びをし、その輪にかけるようにBのロープも止め結びを行う（結び目は強く締めないこと）。

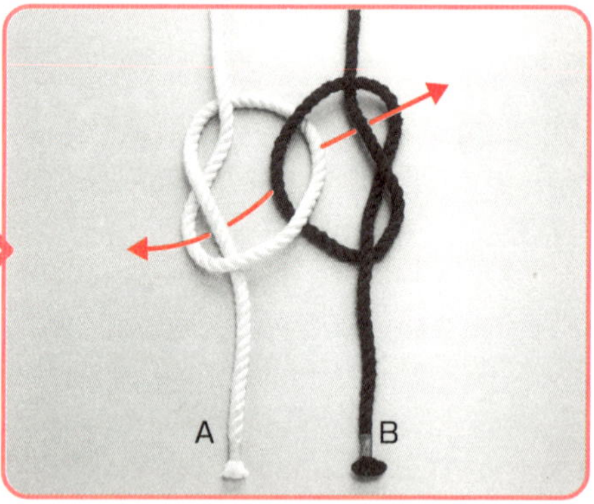

2 A、Bそれぞれのロープを矢印のようにもっていく。

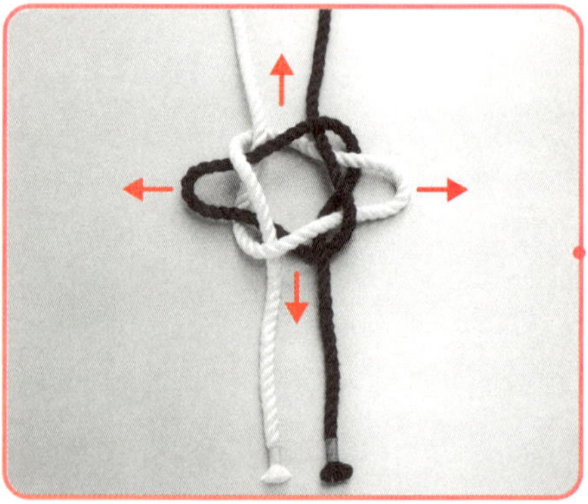

3 矢印のように四方を引っ張って結び目を締める。

4 完成。

ダイヤモンド・ノット

細いひもでボタンの代わりをつくるときに使用される結び方です。首にかけるホイッスルのひもなどにも使われます。

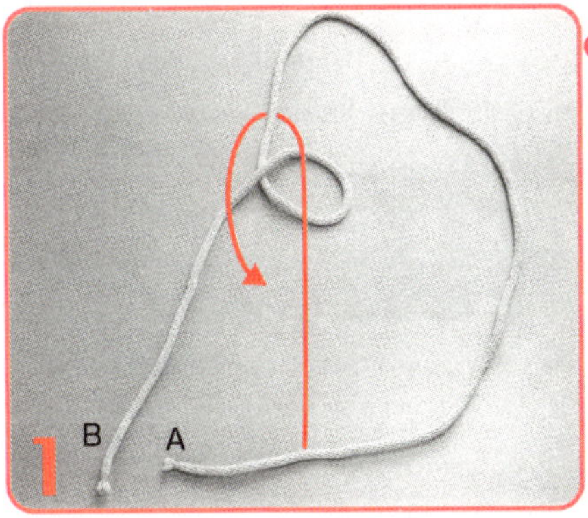

輪を1回つくり、Aの端を矢印のようにまわす。

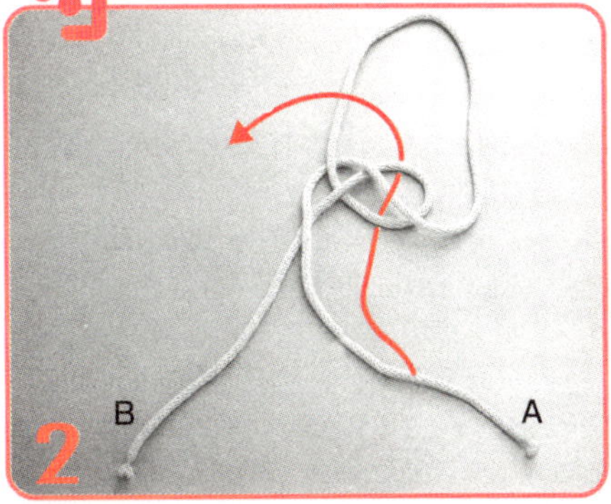

Aの端を矢印のようにまわす。

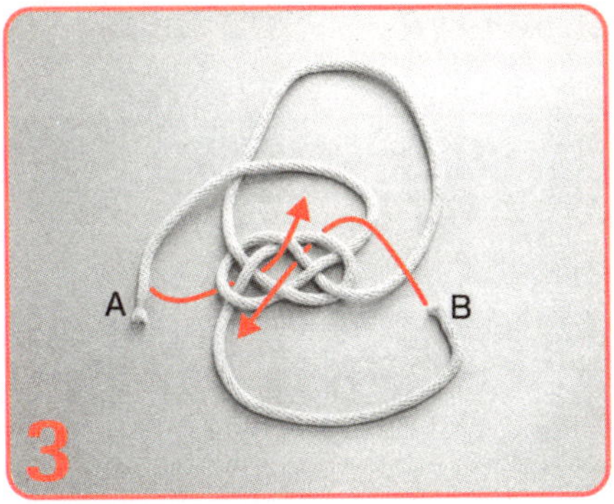

A、Bの端をそれぞれ矢印のように通し、真ん中から出す。

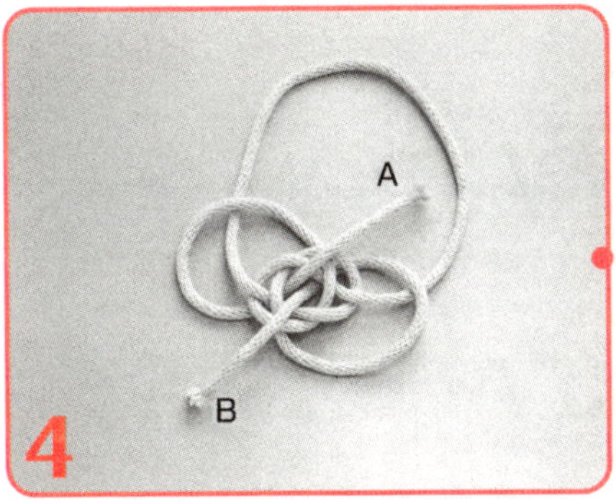

形を整えながら結び目を引き締めて完成。

農作業・ガーデニングの結び

農作業・園芸の分野でも、古くから結びが活用されてきました。ひもやロープの代わりに、ワラやツタ、木の枝を利用し、大根や柿を吊したり、草木の根を巻いたり、といったことが長年行われてきました。これらに使用される結び方は、キャンプなどでも活用できますので、覚えておくとよいでしょう。

1 農作物を吊す

大根や干し柿などを吊すときには、ワラを使用するのがよいでしょう。ワラ（稲・麦の茎を干したもの）は、強くしなやかで、通気性・保温性に優れ、防腐作用もあるので、古くから使用されてきました。

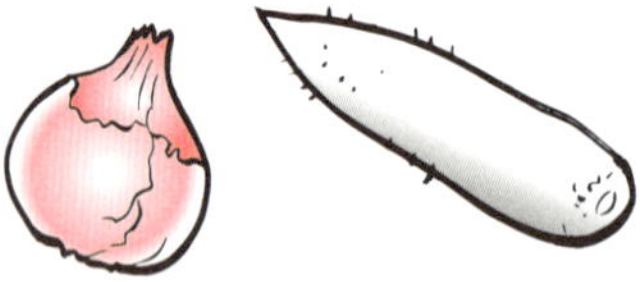

大根を吊す

大根を吊すときは、下に小さいものを吊し、大きいものを上に吊すようにする。

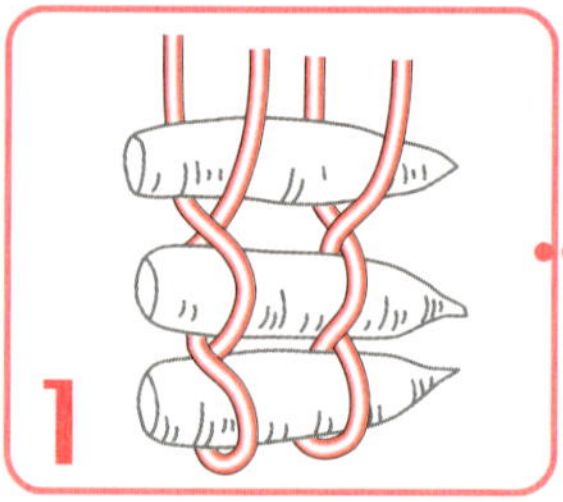

ワラ縄を2本用意し、大根を図のように吊り下げていく。

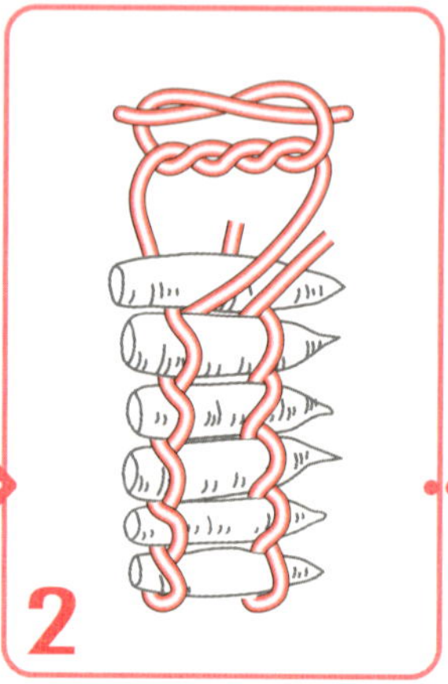

端を外科結び（P25）で固定する。

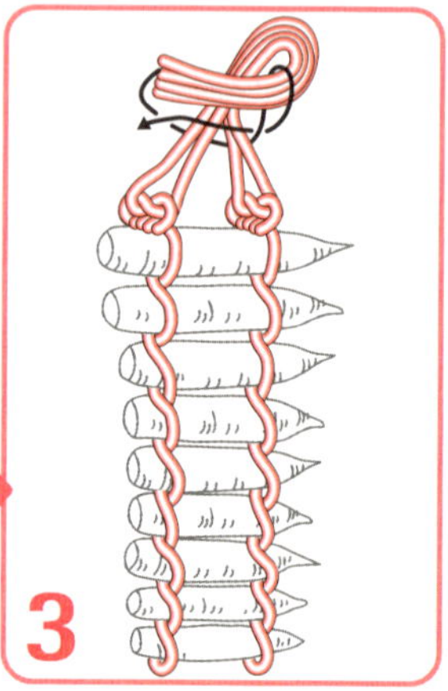

ロープを4本まとめ、ワナ結び（P46）などで吊す。

たまねぎを吊す

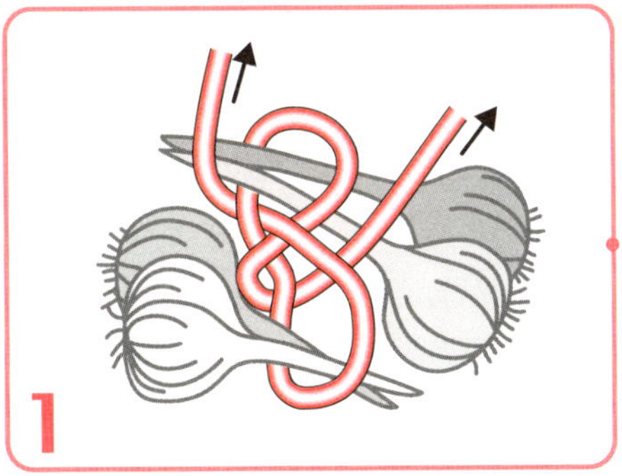

図のように輪を2つつくり、輪の中にたまねぎを2個ずつ通し、矢印のように引き締める。

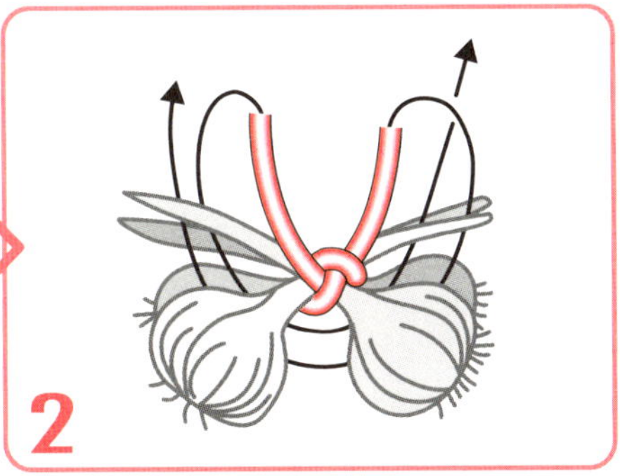

両端を矢印のように移動させ、1回下に通す。

4～5回ワラ縄をよじり合わせる。

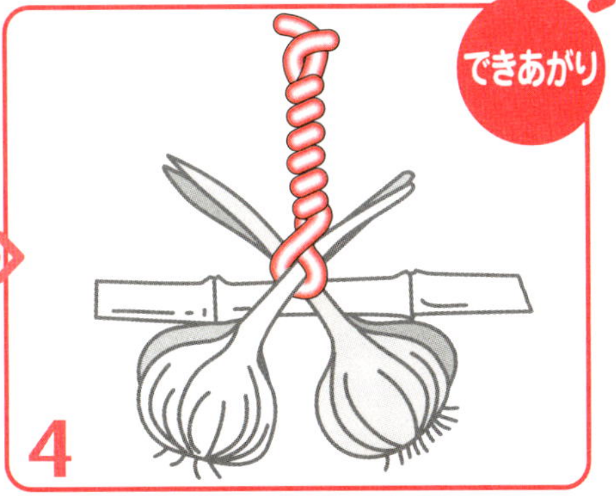

かき餅

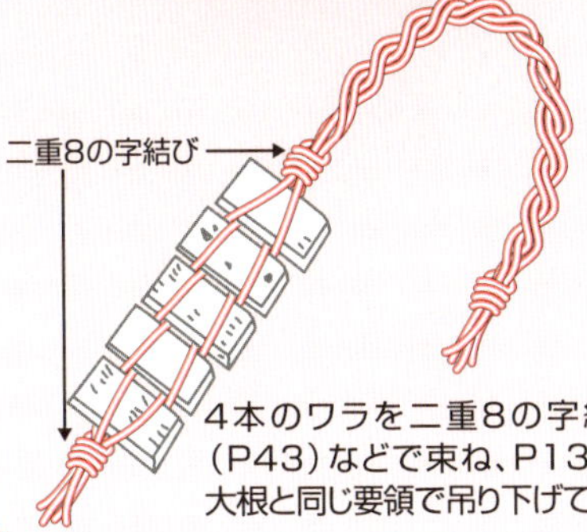

4本のワラを二重8の字結び(P43)などで束ね、P138の大根と同じ要領で吊り下げていく。

干し柿

図のようにワラ縄をよじり、その輪の中に柿の枝を通す。

最後は二重8の字結びなどで2本のワラ縄を縛り合わせる。

② 植物の支柱を立てる

庭の立ち木を保護したり、形を整える支柱にも、結びが必要です。難しい結び方ではないので、しっかりマスターしましょう。

樹木の支柱(箱結び)

この結び方は、角縛りによく似た結び方で、日本で古くから利用されてきました。

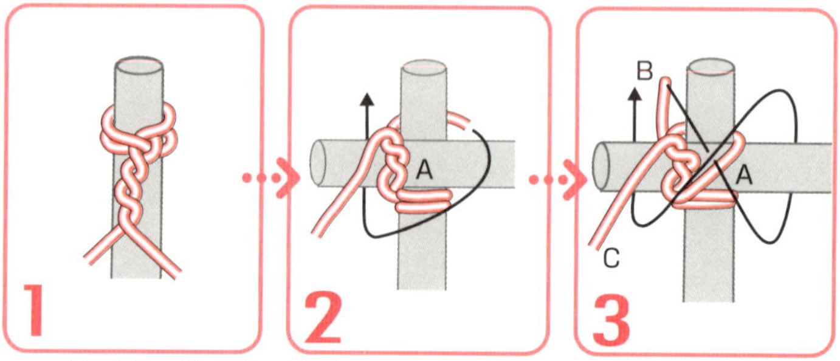

1 ロープを支柱に巻き結びで固定し、両端をねじり合わせる。

2 結び目の上に柱Aを置き、矢印のようにロープを巻きつける。

3 図のように、柱Aの前でロープを交差させるように縛る。これを3回繰り返したら、BとCを垣根結び(P57)で固定して完成。

<垣根結び>

樹木の支柱(筋交い縛り)

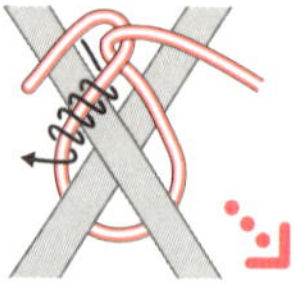

1 ロープの始端をねじ結び(P35)で固定する。

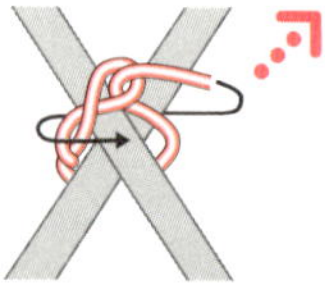

2 矢印のように端を移動させ、横方向に3回巻きつける。

3 次に、縦方向に3回巻きつける。

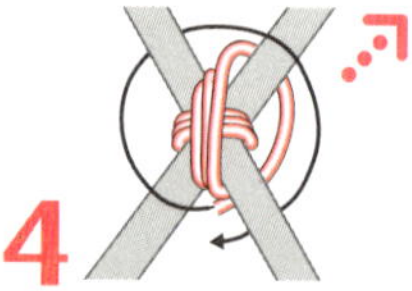

4 矢印のようにロープをもっていき、2〜3回割りを入れる。

5 端を固め結び(P56)で固定して完成。

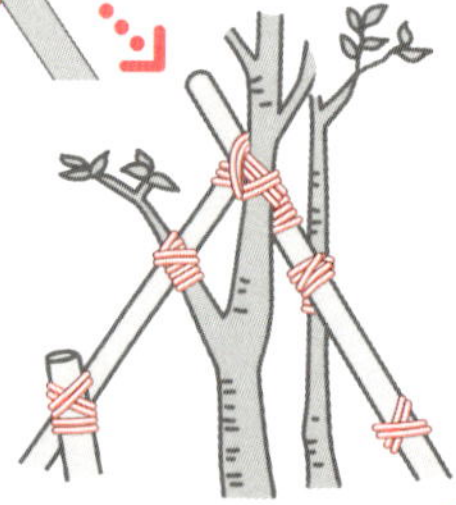

あんどん仕立て(垣根結び)

シュロ縄を使うのが一般的です。

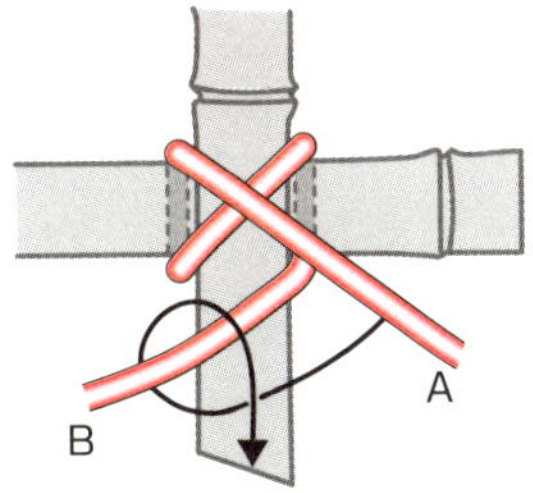

1 支柱を十字に組んで図のようにひもを掛ける。Aを矢印のようにまわす。

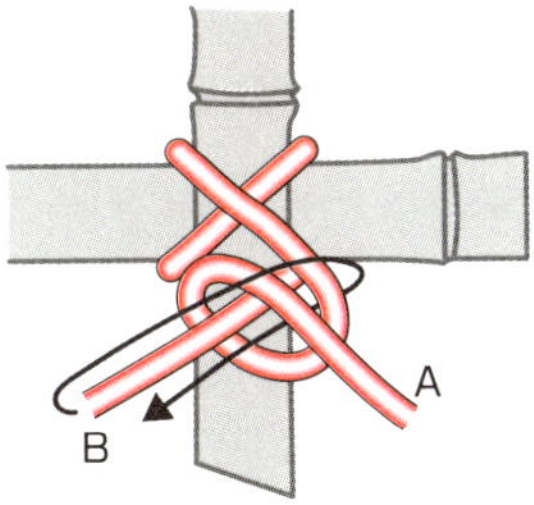

2 Bを矢印のようにもっていく。

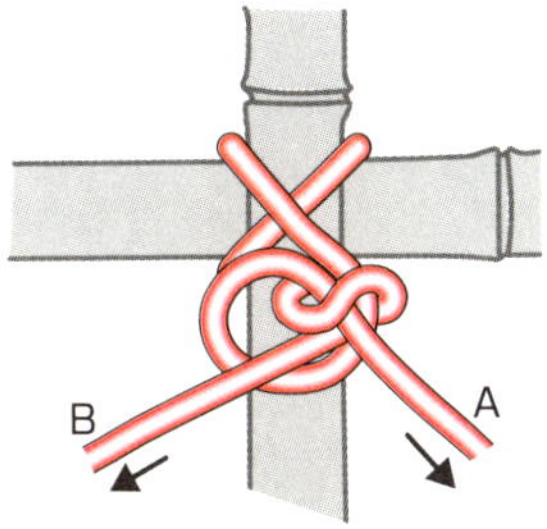

3 A、Bを引き締めて完成。

●ビニールの被覆線を利用する

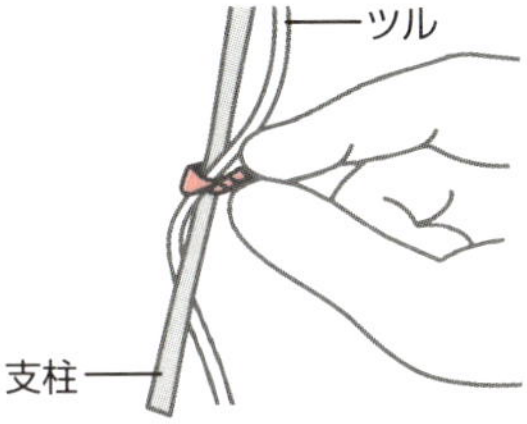

ツルを支柱に固定するときは、被覆線(針金をビニールで覆ったもの)で支柱とツルを巻いて、2〜3回ねじって固定する。

細竹を支柱にした、アサガオのあんどん仕立て

針金を支柱にした、アイビーのあんどん仕立て

支柱3本を三角錐に組んだあんどん仕立て

装い・贈答の結び

普段の身だしなみを整えるときや、贈り物を贈るときにも結びが活用されます。スカーフを巻いたり、リボンを結んだりと日常で使用する機会も多いので、しっかり練習して身につけましょう。また、最近はあまり見かけなくなりましたが、風呂敷の結び方も覚えておくと便利です。

1 スカーフやネクタイを結ぶ

定番のおしゃれアイテムとして定着したスカーフは、使い方しだいで優しげな雰囲気を出したり、スポーティーに見せることができます。90～95㎝の正方形のものが主流で、これを首周りにふんわりと巻くのが基本です。一方、おなじみのネクタイには、結び目の形と大きさが異なる3種類の結び方があります。

スカーフの巻き方・結び方

カジュアルに装う

スカーフを半分に折り、三角形の底辺の両端を持って胸に当てる。

両端を首の後ろに回し、裏で交差させて前に持ってくる。

両端を少しねじり、本結び（P22）で固定する。

固定する際のポイントは、首周りに少しゆとりを持たせること。結び目もゆるめに固定するのがよい。

華やかに大人っぽく装う

1 図のようにスカーフを半分に折り、背中に掛ける。やや左肩よりに掛けること。

2 図のように、左肩のほうの端をひと結び（P30）し、輪をつくる。

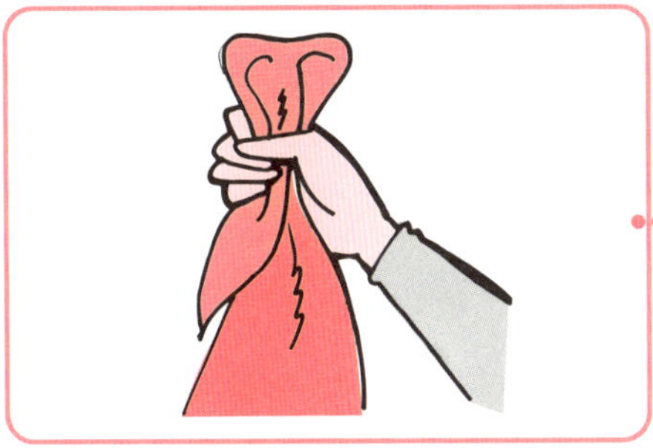

3 もう片方の端を、端から15㎝ほどのところで2つ折にし、前に回して2でつくった輪の中に通す。

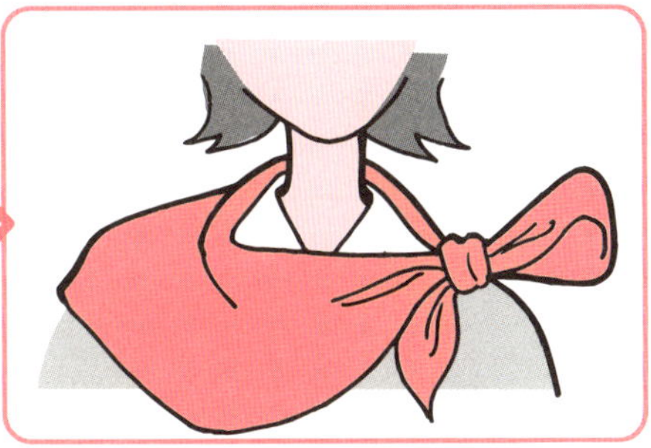

4 2でつくった輪を引き締めて完成。

ネクタイの結び方

プレーン・ノット

オーソドックスな結び方で、結び目が小さいことが特徴です。別名「レギュラーノット」。

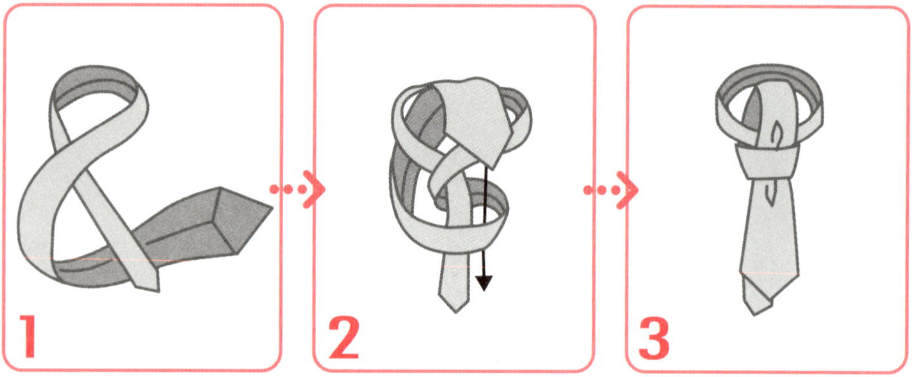

セミ・ウインザー・ノット

プレーン・ノットとウインザー・ノットの中間に当たる結び方です。

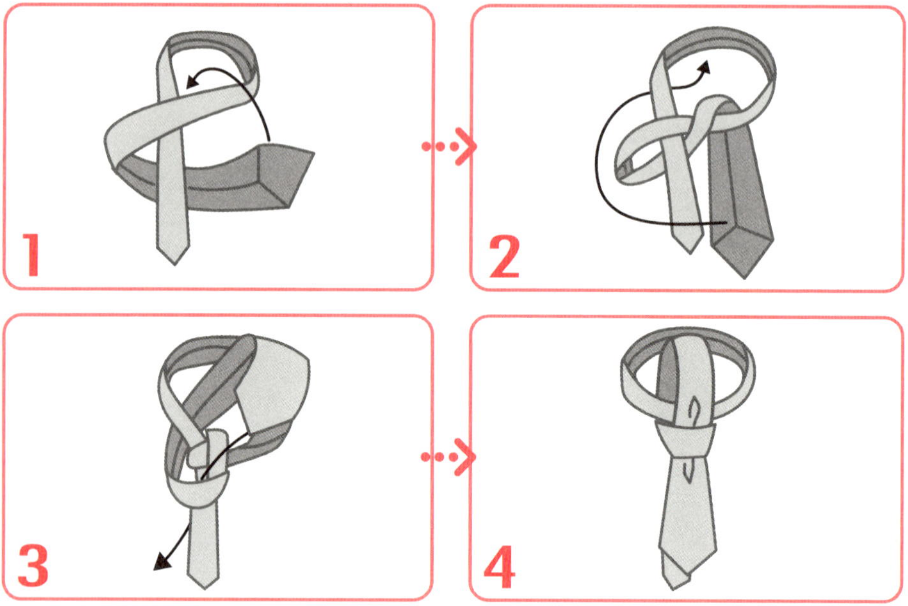

ウインザー・ノット

左右対称の結び目をつくれることが特徴です。
結び目が大きく、重厚な印象を与えます。

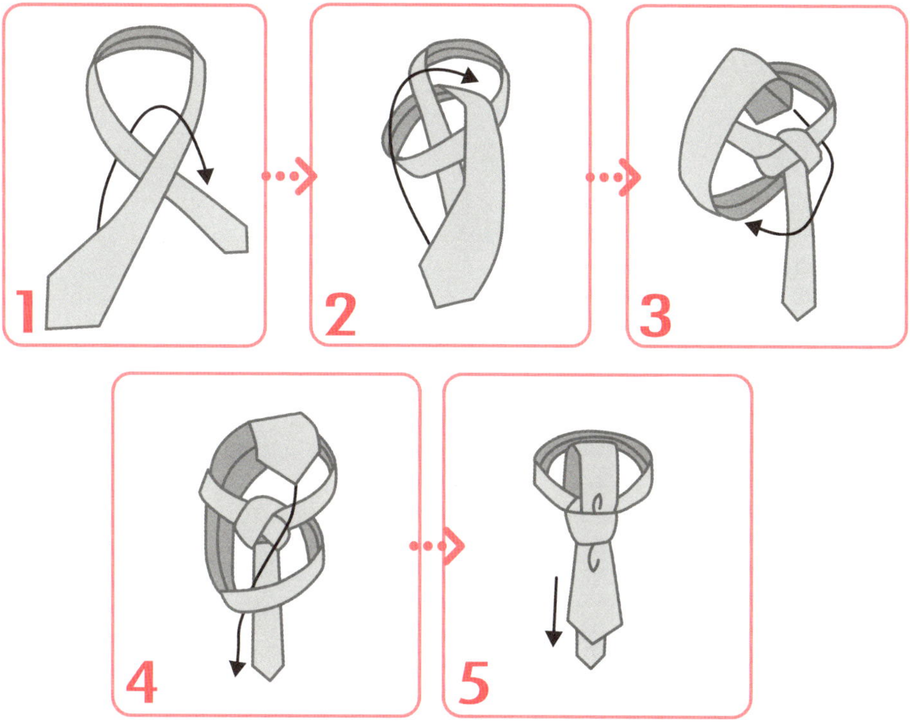

ボウタイの結び方

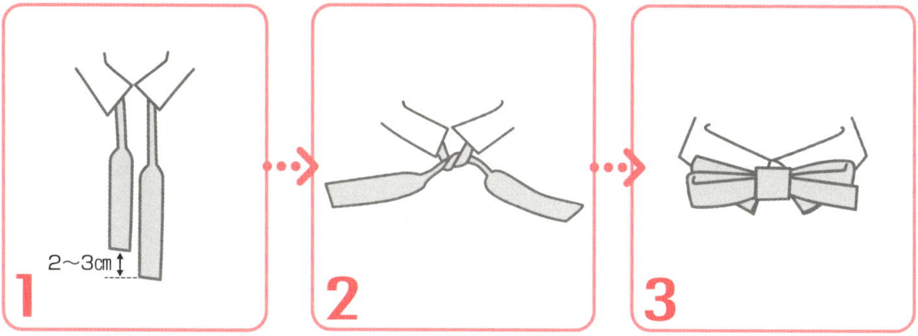

はな結び（P23）でゆるめに締め、形を整えてからギュッと締めつける。

② 風呂敷を使いこなす

贈答品を包んだり、バッグの代わりに使用したりと、なにかと便利な風呂敷です。結び方も簡単ですので、ぜひ活用しましょう。

本結び

1 風呂敷で包み込み、図のように端を巻きつける。

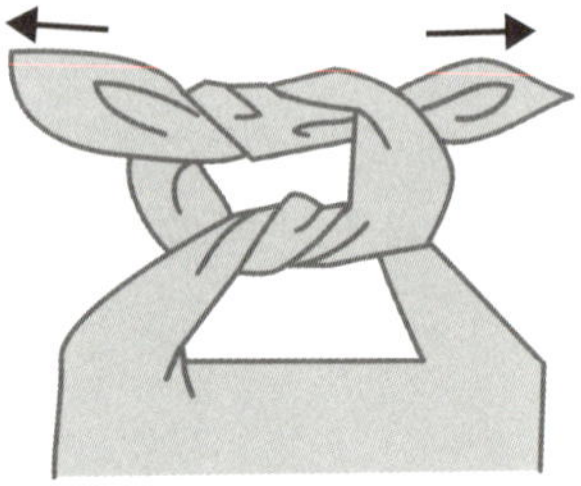

2 左右に引っ張り、輪を引き締めて完成。

はな結び

1 風呂敷で包み込み、図のように端を巻きつける。

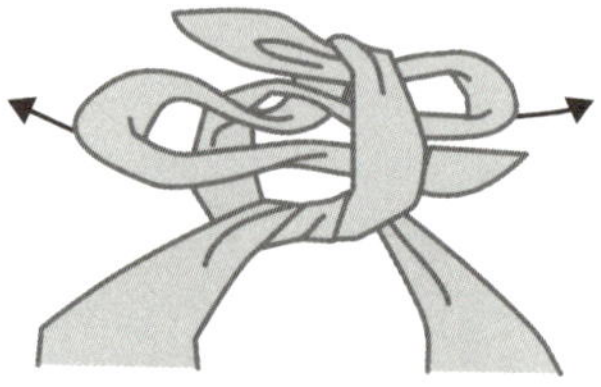

2 両方の端を折り返し、本結びにする。結び目を引き締めて完成。

びんを包む

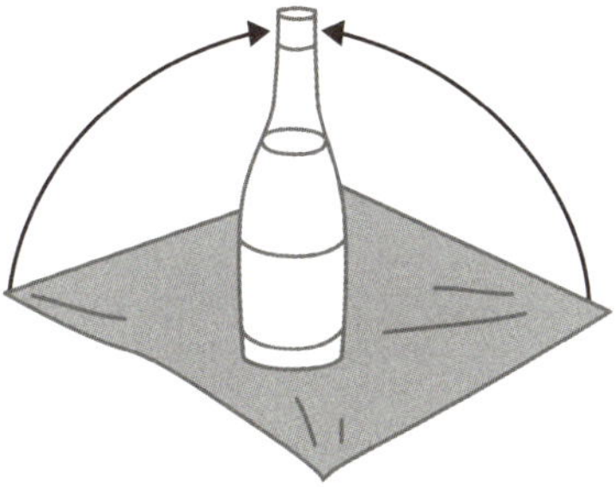

1 風呂敷の上にびんを置き、対角線上の角をびんの口の所に持っていき、本結びで固定する。

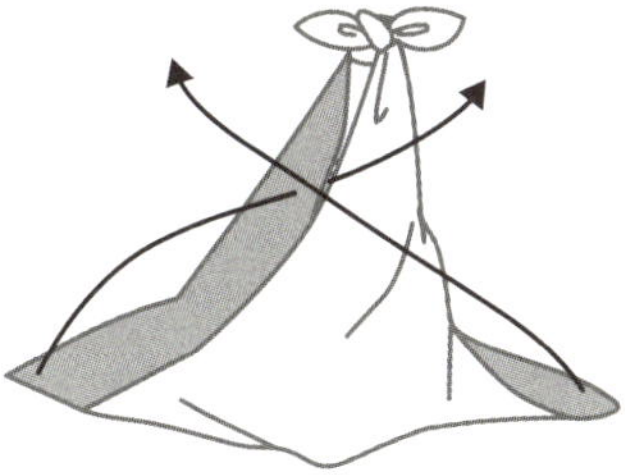

2 残りの角を矢印のように移動させ、交差させる。

3 両端を矢印のように移動させ、裏側に回す。

4 本結びで固定して完成。

できあがり

③ 贈り物を包む

最近はラッピングという言葉がすっかり定着し、デパートのサービスなどで目にする機会が増えました。贈り物の包み方やリボンの掛け方などに工夫を凝らし、相手に気持ちを伝えようというのがラッピングなのです。ここでは、基本的な贈り物の包み方や、リボンの掛け方などを紹介します。

贈り物の包み方

角箱のキャラメル包み

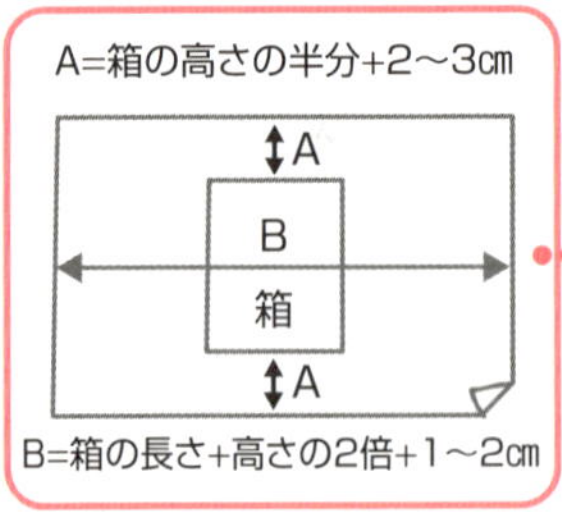
A=箱の高さの半分+2～3㎝
A
B
箱
A
B=箱の長さ+高さの2倍+1～2㎝

1 紙取りをきちんと行う。

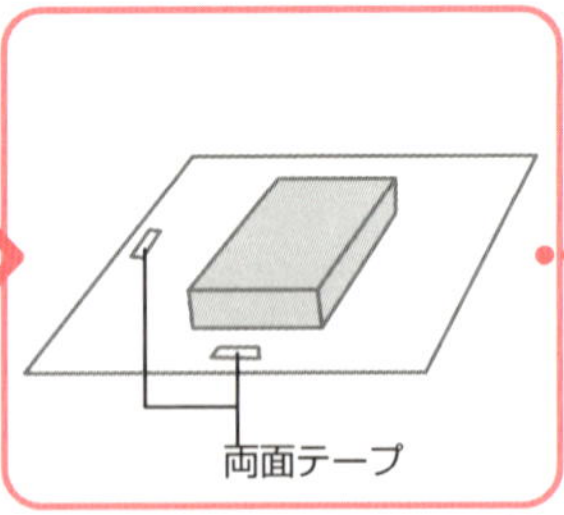
両面テープ

2 図のように、両面テープを貼り付ける。

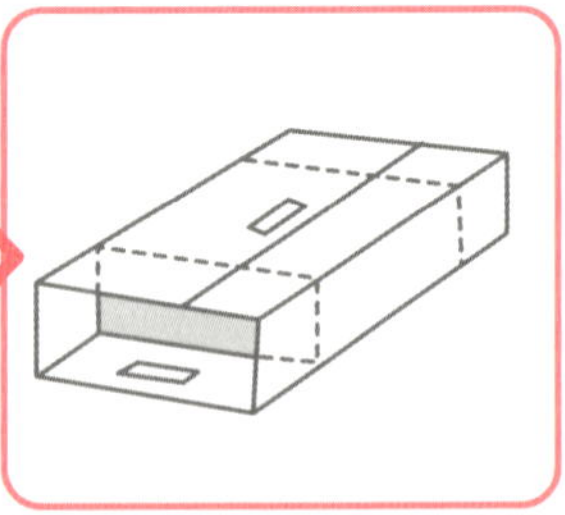

3 まず、左右を図のように折り、巻くようにして包む。中央を両面テープで固定する。

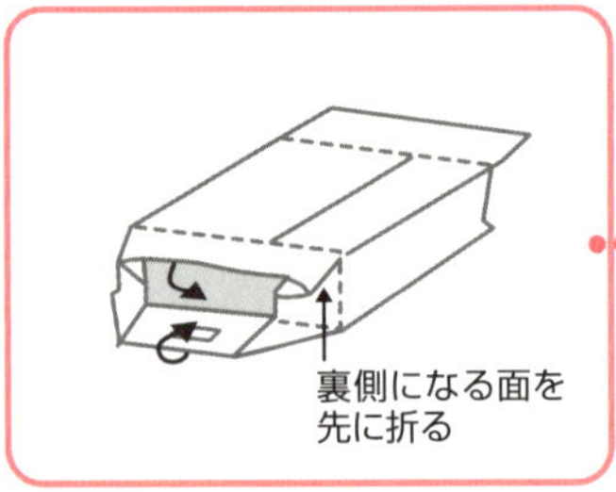
裏側になる面を
先に折る

4 図のように、箱の端を三角に折り込み、両面テープで固定する。

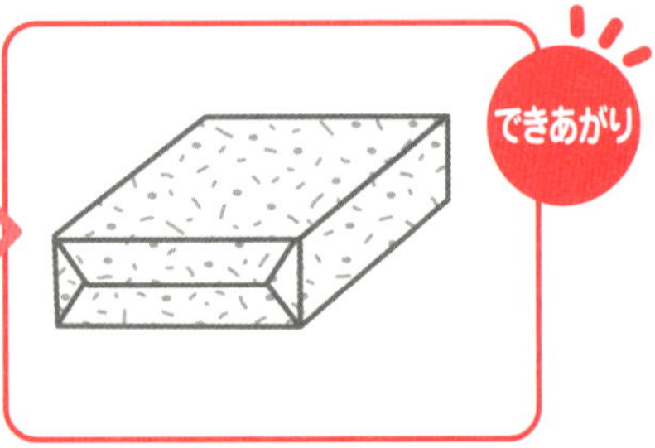
できあがり

5 両端を折り込んで完成。

角箱の斜め包み

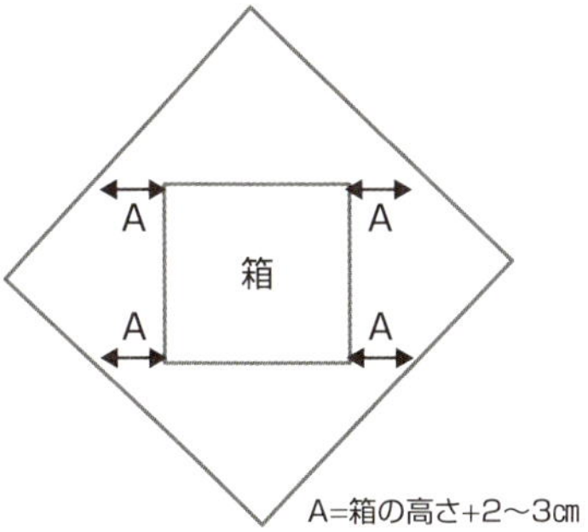

1 紙取りをきちんと行う。

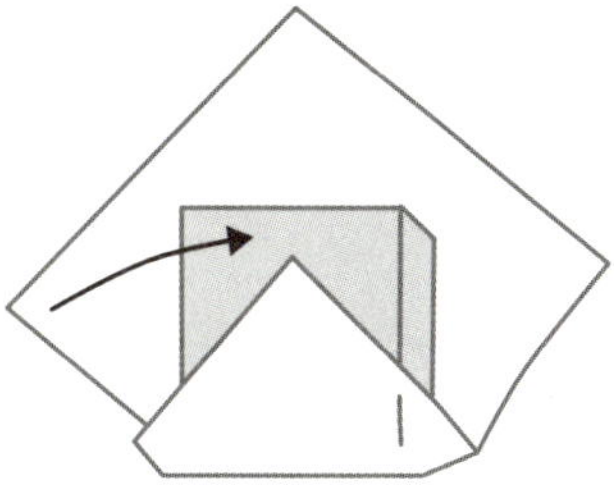

2 図のように包み込む。

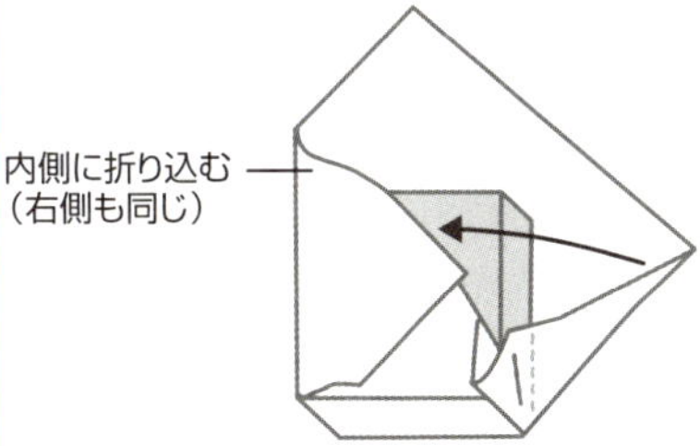

3 紙の余った部分を内側に折り込むようにして、左側の紙を図のように折る。

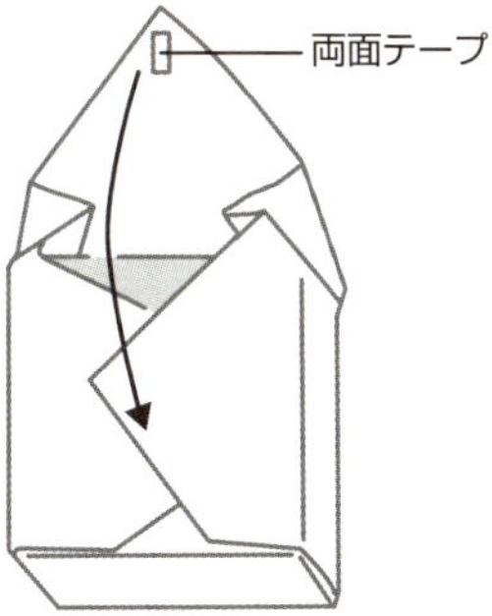

4 3と同様に右側を折り、上側に両面テープを貼る。

できあがり

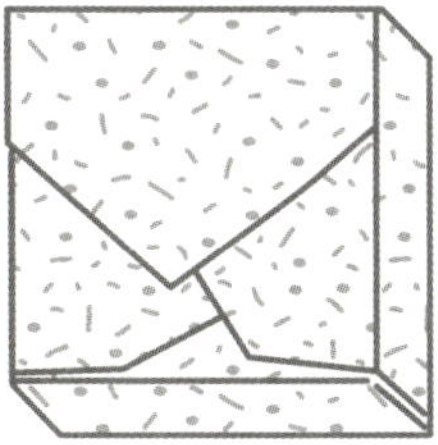

5 上側を折り込み、両面テープで固定して完成。

三角箱の包み方

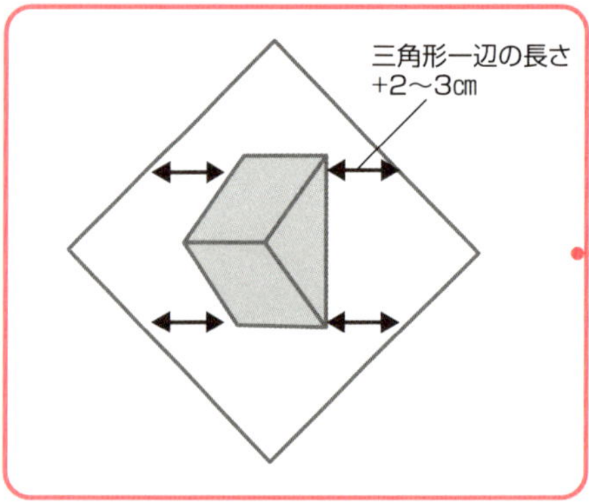

1 紙取りをきちんと行う。

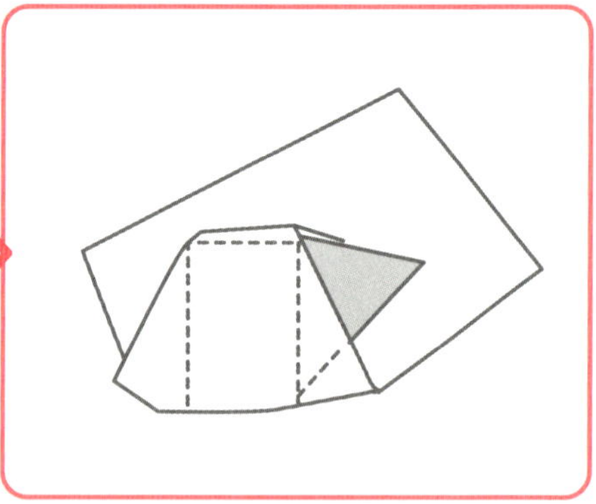

2 図のように、下側の紙を折る。

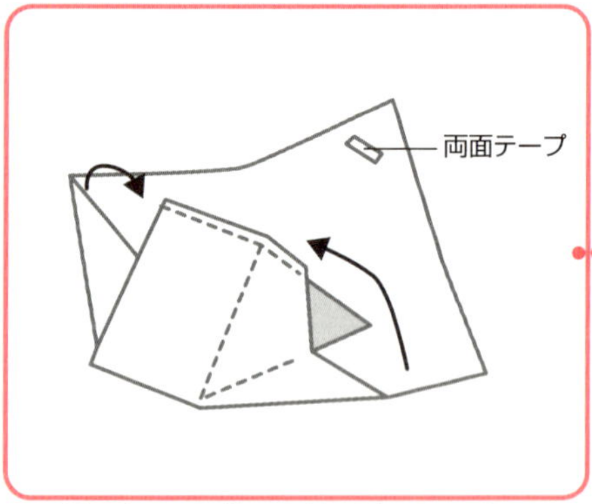

3 紙の余った部分を内側に折り込むようにして、左右の紙を折る。図のように両面テープを貼る。

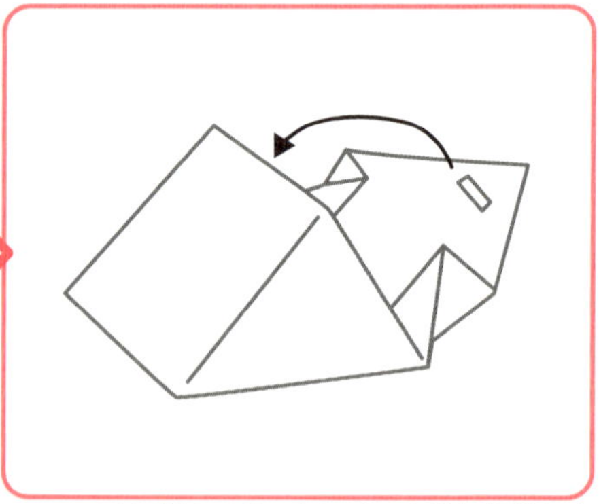

4 3と同様に、形に合わせて余分な部分を内側に折り込みながら、上側の紙を折る。

5 両面テープで上側の紙を固定して完成。

円筒箱（缶）の包み方

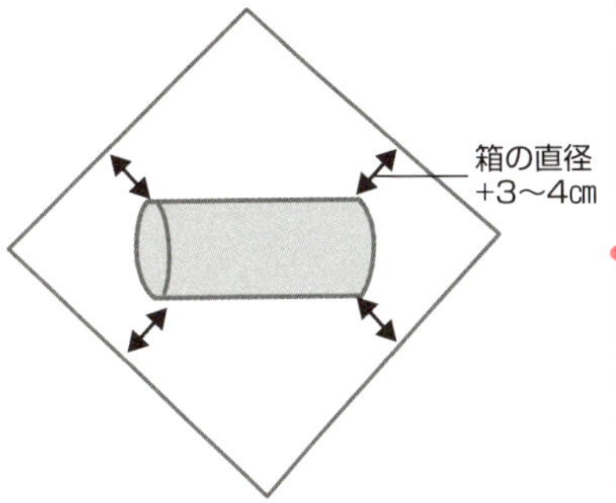

1 紙取りをきちんと行う。

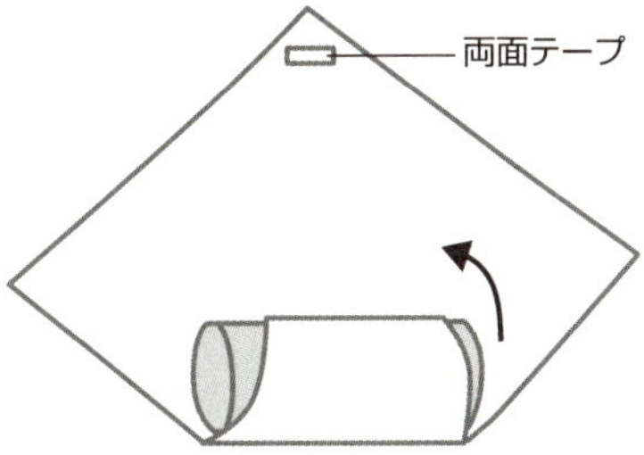

2 下側の紙を、図のように巻きつける。上側の紙に両面テープを貼っておく。

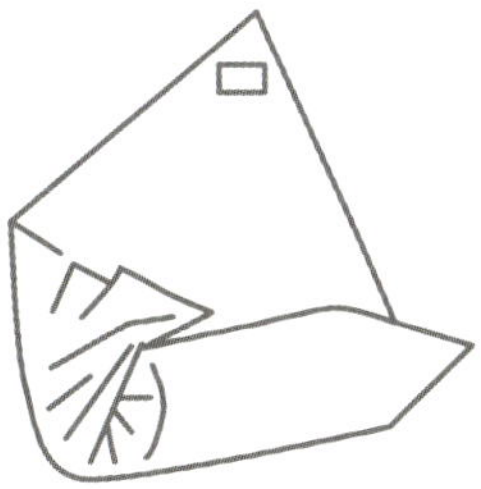

3 図のように、左側の余分な紙を内側に巻き込む。

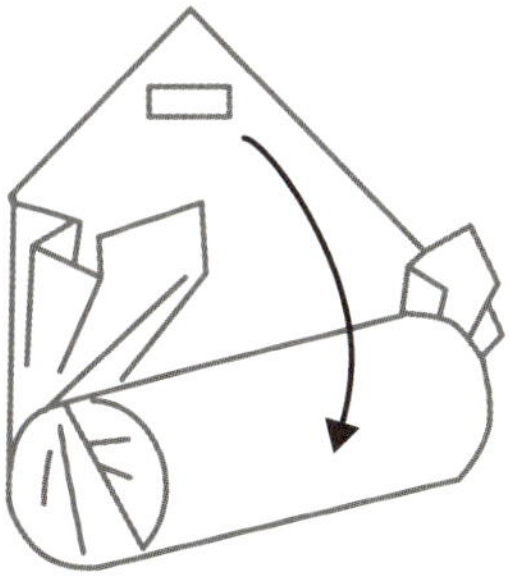

4 3と同様に、右側の余分な紙を巻き込む。左右の余分な紙を巻き込みながら、巻きつけていく。

できあがり

5 最後まで巻き、両面テープで固定して完成。

リボンの結び方

贈り物の大きさや色に合わせて、リボンを選ぶことが大切です。結び目をバランスよく整えることがきれいに仕上げるコツです。

はな結び

1 図のようにリボンを巻きつけ、箱の中央で交差させる。

2 はな結び（P23）を行い、形を整えて完成。箱に対して斜めに結ぶとおしゃれな雰囲気が出せる。

片はな結び

1 図のようにリボンを巻きつけ、箱の中央で交差させる。

2 片はな結び（P24）を行い、形を整えて完成。はな結びの場合と同様に、箱に対して斜めにリボンを結ぶとしゃれた感じになる。

丸い箱の場合

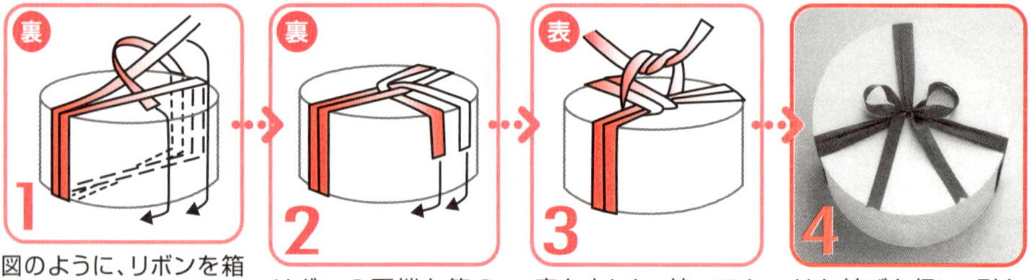

1 図のように、リボンを箱に巻く。箱の下側（表側）でリボンを交差させ、矢印のように移動させる。

2 リボンの両端を箱の表に持っていく。

3 表を上にし、持ってきたリボンを図のように交差させ、ひと結びする。

4 はな結びを行い、形を整えて完成。

リボンの掛け方

十字掛け

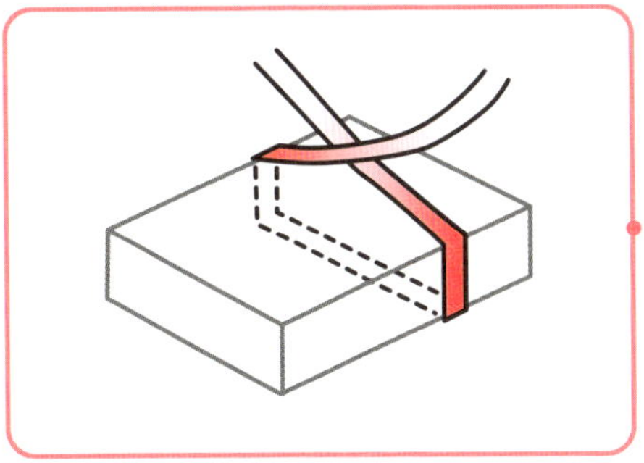

1 図のように、横にリボンを巻きつける。端は、片方を短くしておくこと。

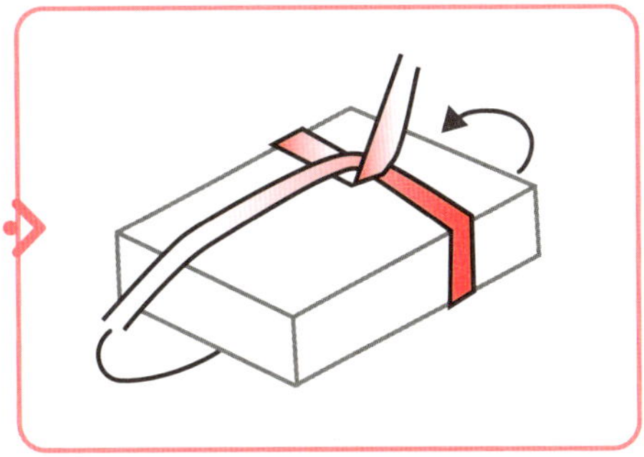

2 リボンを交差させ、長いほうの端を縦に巻きつける。

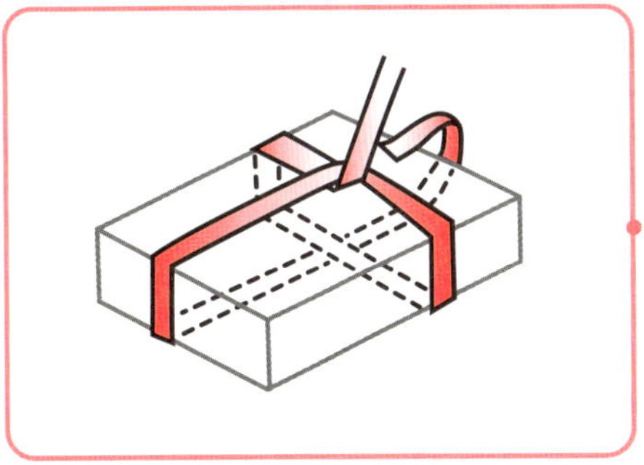

3 長いほうの端を交差部に持ってくる。

4 はな結びを行い、形を整えて完成。

斜め掛け

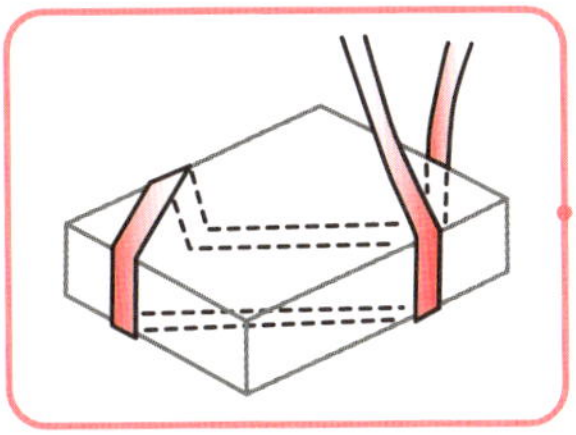

1 図のように、箱にリボンを掛ける。

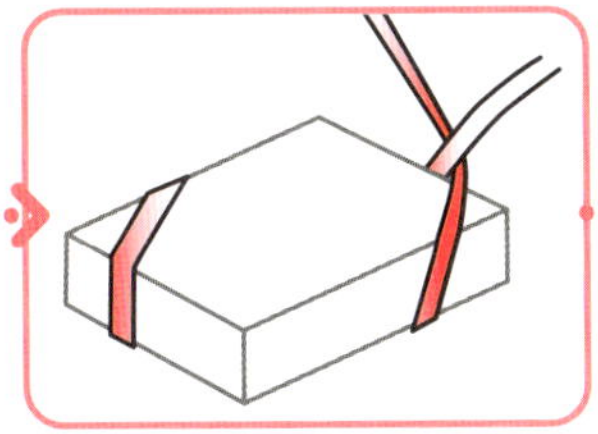

2 端を交差し、はな結びを行う。

3 形を整えて完成。

リボン飾り（リボンボウ）

リボンを美しく結ぶことで、さらに装飾性が高まります。

ジュエリーボウ

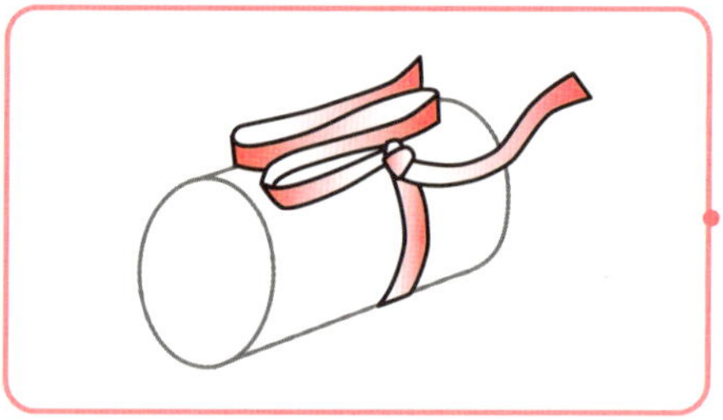

1 止め結び（P18）でリボンを固定し、長いほうの端を適当な幅で数回たたむ。

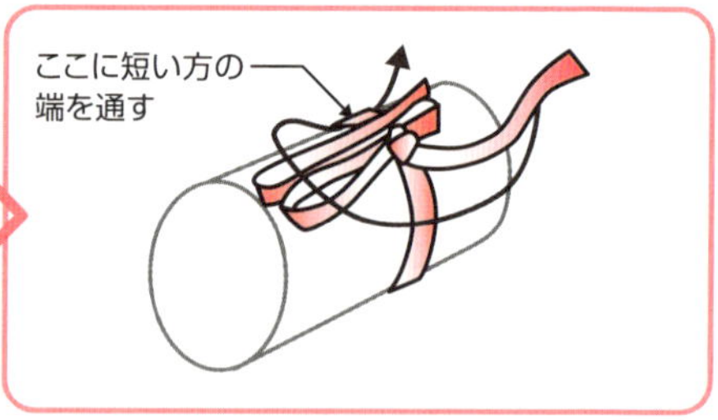
ここに短い方の端を通す

2 短い方の端を矢印のようにもっていく。

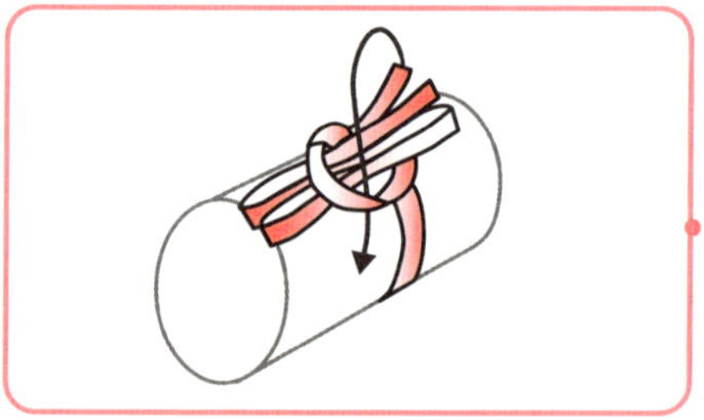

3 短い方の端を輪に通し、引き締める。

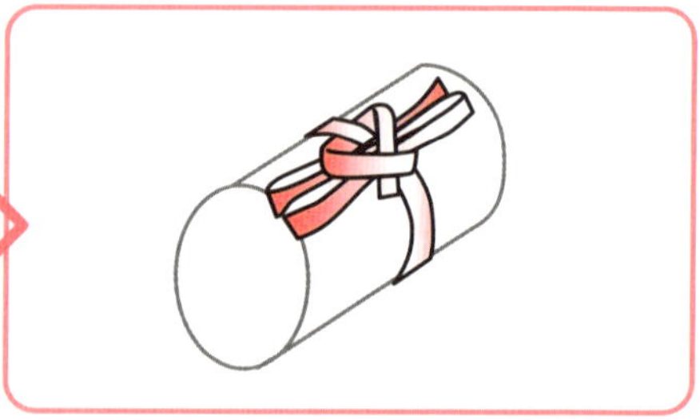

4 完成。

フレンチボウ

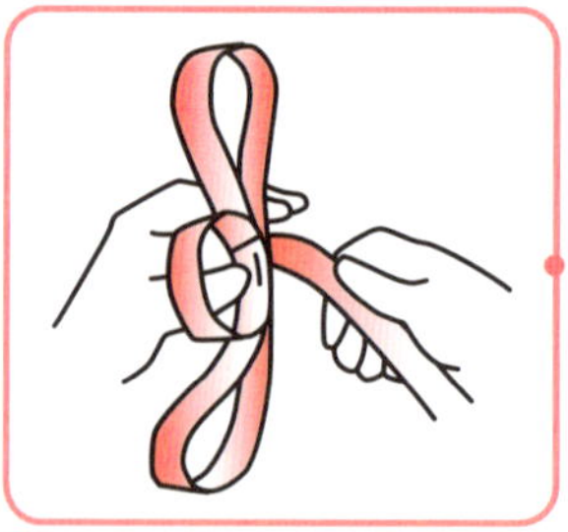

1 ホッチキスの頭が入る大きさの輪をつくり、その左右に適当な大きさの輪をつくる。

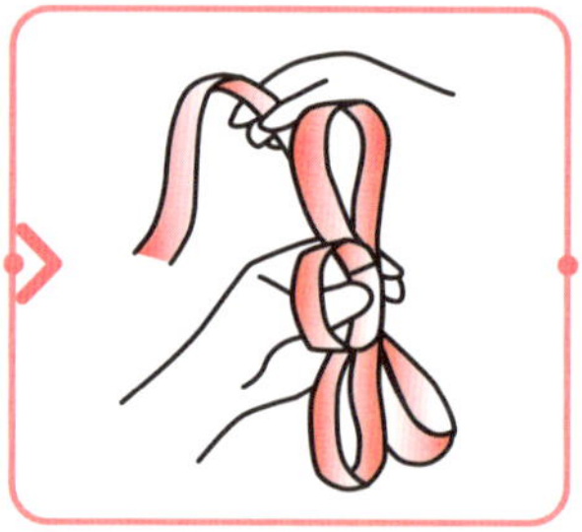

2 位置をずらしながら、1と同様に左右に輪を3つずつつくる。

3 小さな輪の内側からホッチキスで固定して完成。

ウェーブボウ

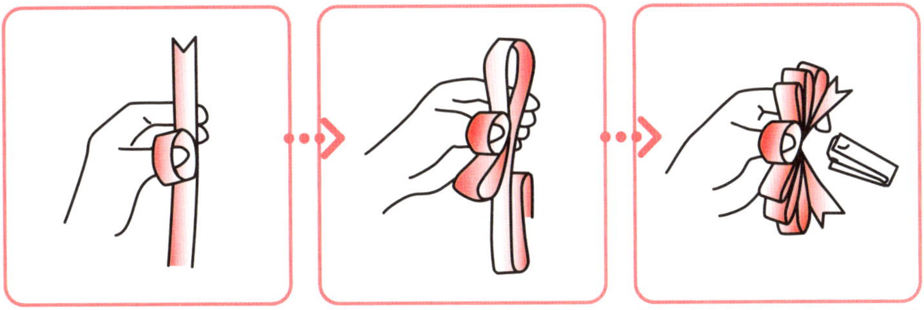

1 リボンの端に、ホッチキスの頭が入る大きさの輪をつくる。

2 図のように、左右に輪をつくっていく。輪を少しずつ大きくしていく。

3 小さな輪の中にホッチキスを入れ、固定して完成。

※リボンボウは両面テープを使って箱に貼りつけます。

リボンの掛け方の工夫

前ページで紹介したリボンの掛け方を組み合わせて、独自にドレスアップしてみましょう。仕上げにリボン飾りを加えれば、素敵なラッピングの完成です。

車・オートバイまわりの結び

引越しの際にトラックの荷台に荷物を固定したり、レジャーに出掛けるときに車のルーフキャリアに備品を積むときなど、車まわりの結びを知っておけば、いざというとき、大いに役立ちます。

荷物を固定する

荷物の荷づくりが終わったら、次はその荷物をトラックなどに固定する作業です。運搬中に荷物が転落してしまわないようにしっかり結ぶことがなによりも大切ですので、2人で協力してしっかりと積み荷を固定しましょう。

縮め結び

縮め結びを応用して、積み荷をしっかり固定しましょう。始端の固定は「巻き結び」+「ひと結び」で、末端は1～7の手順で結びます。

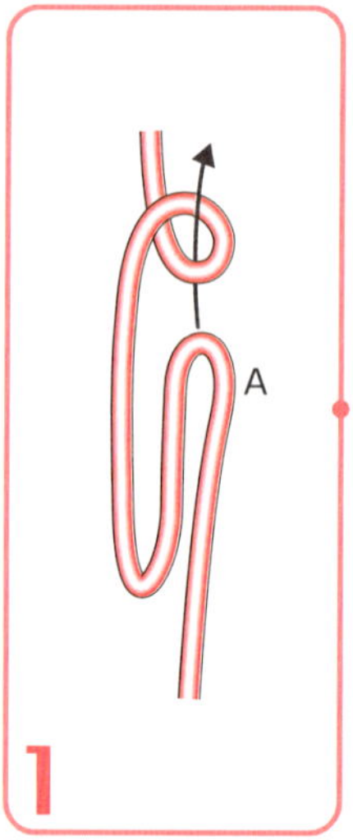

図のように輪をつくりAの部分を輪に通す。

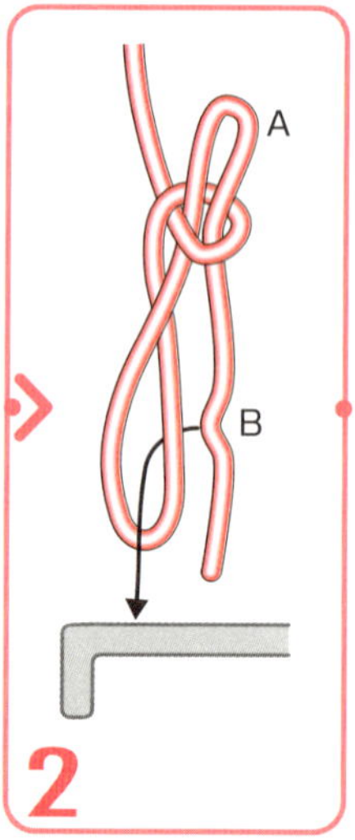

Bを折って、矢印のように輪に通す。

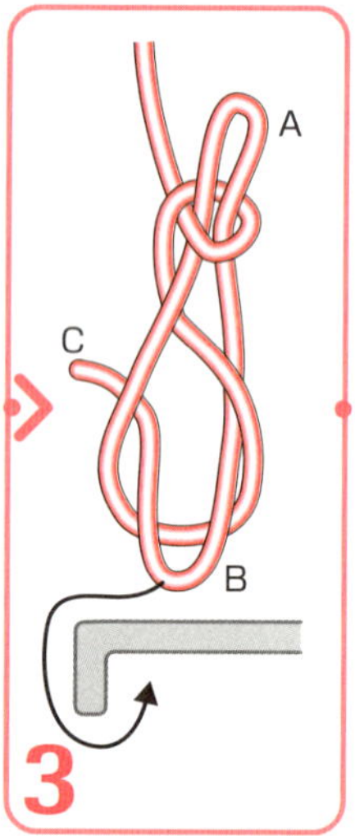

Bを荷台のフックに引っ掛ける。

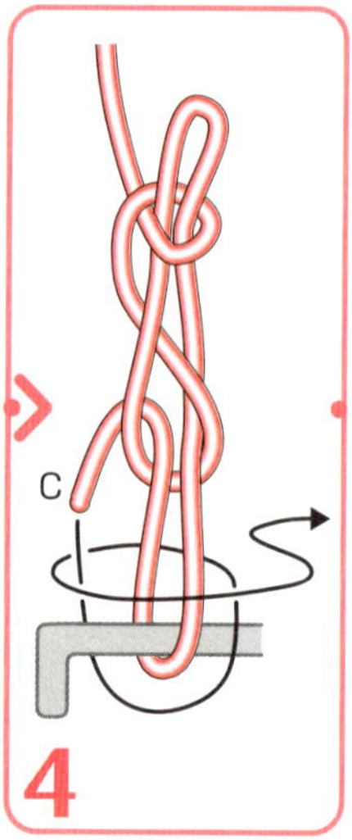

Cを強く引っ張り、矢印のように巻く。

積み荷の上に乗った人が積み荷を締める
積み荷に掛かったロープを上方に持ち上げ、パッと離し、それと同じに4のCを強く引くようにする

始端の固定

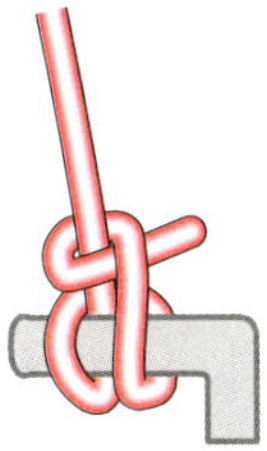

「巻き結び」+「ひと結び」で始端を止める

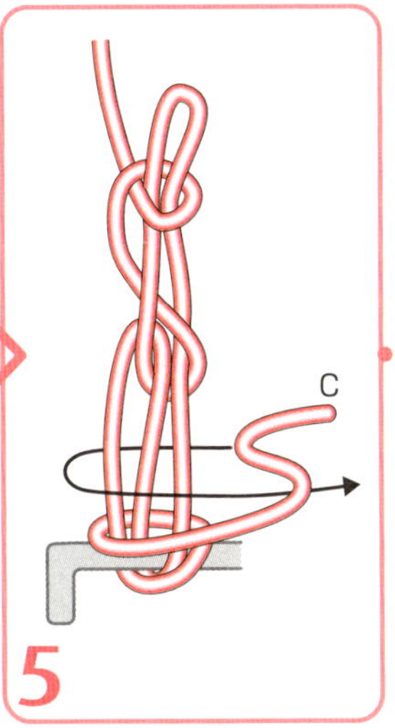

さらにCを折って矢印のように巻く。

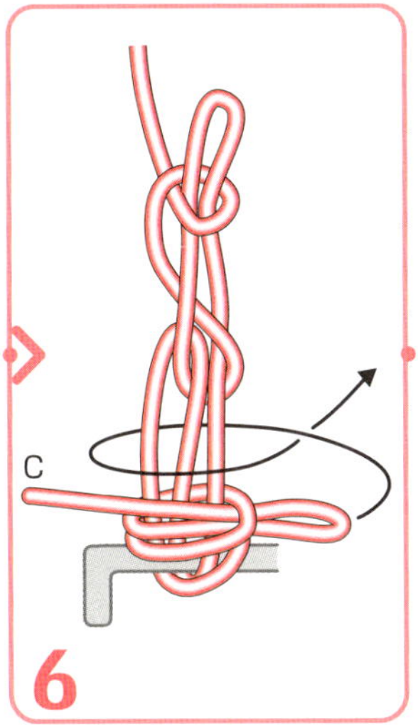

輪の部分を矢印のようにさらにひと巻きする。

完成。

車・オートバイまわりの結び

荷台に荷物を積む

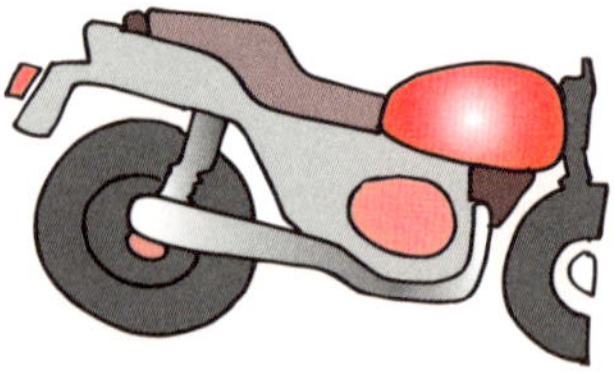

走行中に荷くずれが起きないように荷物を確実に固定することが大切です。万が一にも、大事故を起こさないために、以下の結びを繰り返し練習して、しっかりマスターしましょう。

車のルーフキャリアに荷物を固定

縮め結びを応用した結びを使います。

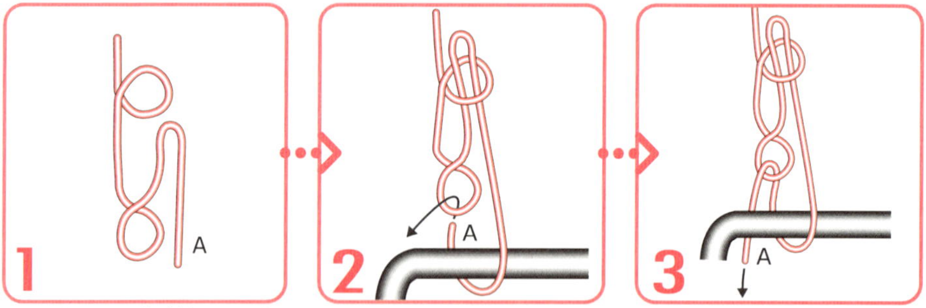

1 図のようにロープに輪を2つつくり、上の輪にロープを折った部分を通す。

2 Aの端をキャリアにかけ、矢印のように下の輪の中に通す。

3 矢印のようにロープを移動させる。

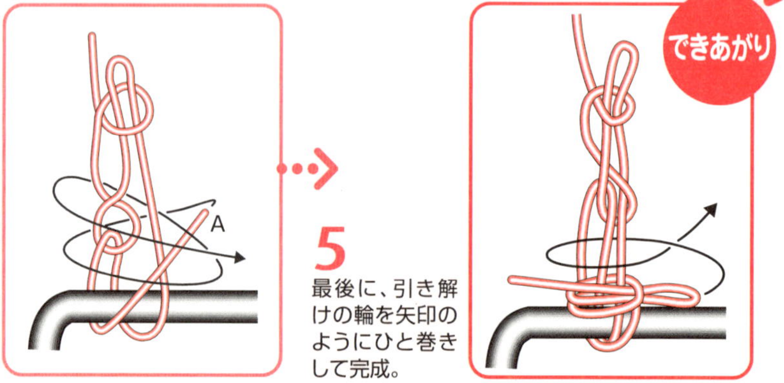

4 Aの端を矢印のように2～3回巻きつける。最初に巻いた結び目は締め、最後に巻いた端は引き解けの形にする。

5 最後に、引き解けの輪を矢印のようにひと巻きして完成。

オートバイのキャリアに荷物を固定

「かます結び」を使用します。

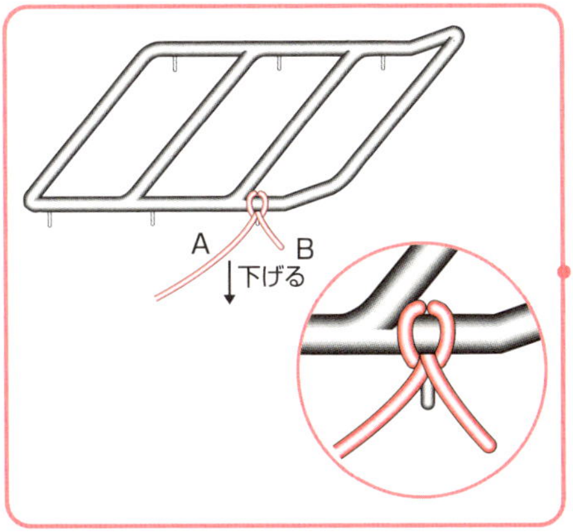

1 ひばり結びで始端を固定する。

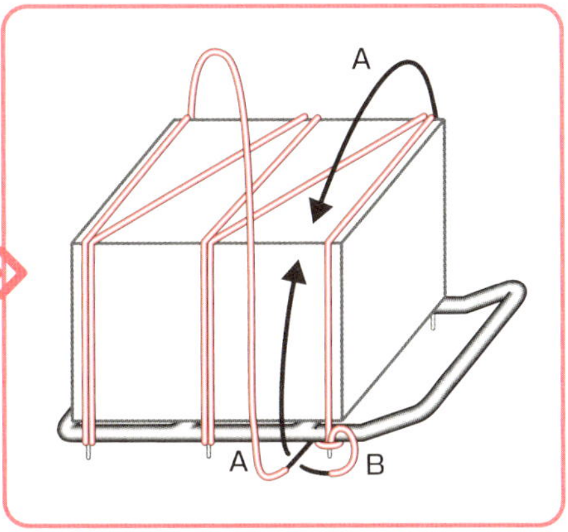

2 長いほうのロープAで荷台のフックにジグザグに引っ掛けながら荷物を固定する。端までいったら始端の位置に戻し、荷台の下を通して向こう側から出す。

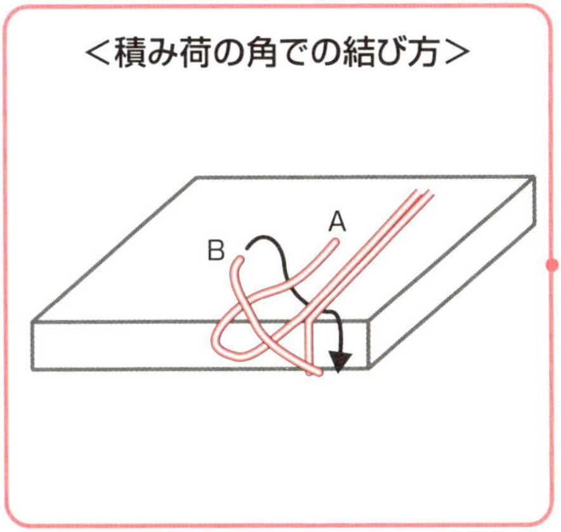

3 Aを折ってBを矢印のように移動する。積み荷の角で固定するのがポイント。

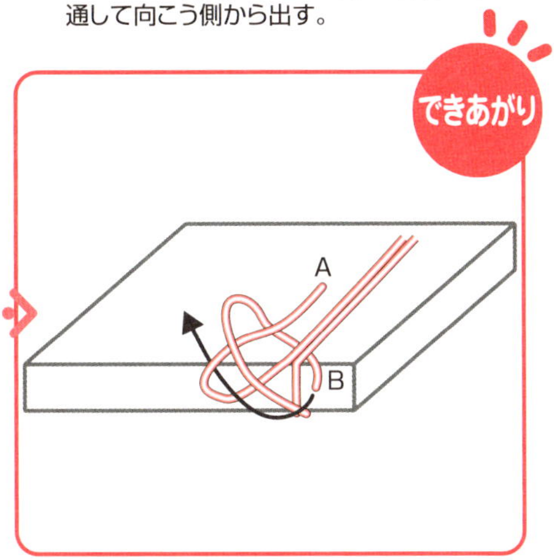

4 Bのロープの端を矢印のように輪の中に通し、Aを引っ張り、輪を引き締めて完成。

車・オートバイまわりの結び

自動車・オートバイを車に積む

運送中に転落しないよう、しっかりと荷台に固定することが大切です。

●ふた結び

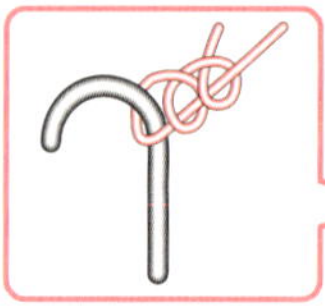

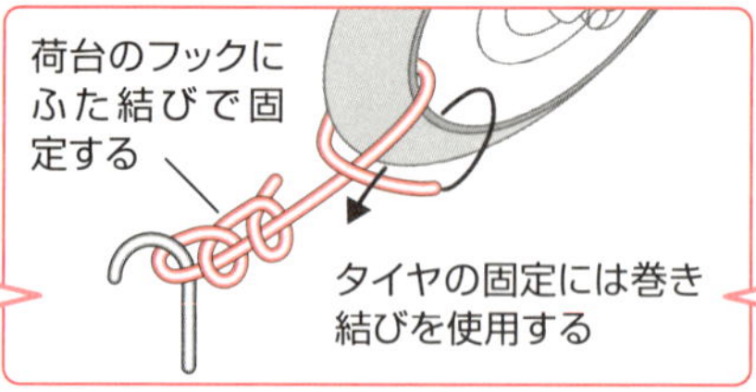
荷台のフックにふた結びで固定する
タイヤの固定には巻き結びを使用する

●巻き結び

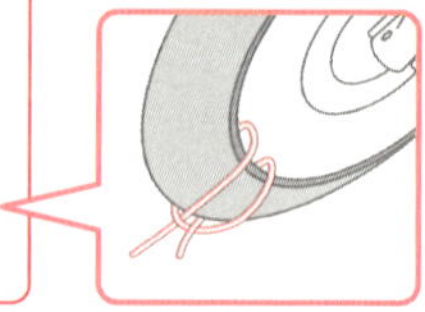

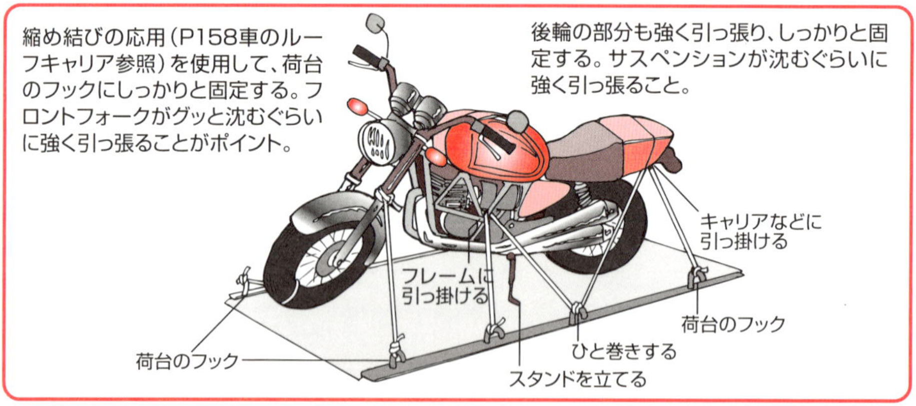
縮め結びの応用（P158車のルーフキャリア参照）を使用して、荷台のフックにしっかりと固定する。フロントフォークがグッと沈むぐらいに強く引っ張ることがポイント。
後輪の部分も強く引っ張り、しっかりと固定する。サスペンションが沈むぐらいに強く引っ張ること。
キャリアなどに引っ掛ける
フレームに引っ掛ける
荷台のフック
ひと巻きする
スタンドを立てる
荷台のフック

オートバイの応急修理

オートバイのパーツが破損してしまったときには、針金を使用して修理します。針金と一緒にペンチを携帯すると、いざというときも安心です。

パーツの結合

ブレーキレバーなどが折れてしまった場合には、図のようにレバーを重ねて針金を巻きつける。AとBのように両側に針金を巻きつけておくと、ストッパーになる。

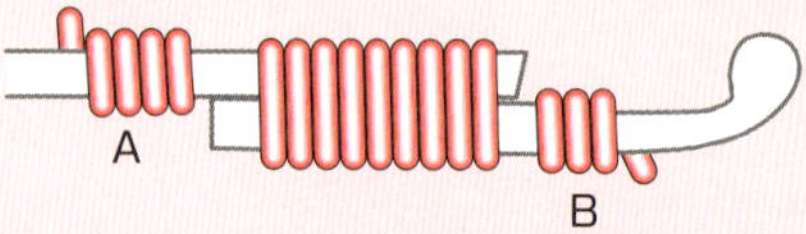
A
B

PART 4

<応用編2> フィールドライフをエンジョイするための

・アウトドアで役立つ結び・

キャンプ場での結び

キャンプでの大仕事といえば、やはりテントを張ることです。このテントをきちんと張ることができないと、快適な生活どころか、睡眠をとることもままなりませんし、暖をとることもできません。

PART4では、キャンプ場での結び方から、アウトドアライフのさまざまな場面で使える結び方の数々を紹介します。

1 靴ひもの結び方

アウトドアでは、通常の生活よりも歩行量が増大し、不安定な足場を歩くことも多くなります。きちんと整備されたオートキャンプ場でも、普段の生活を上回る負担が足腰にかかることになります。

アウトドアで快適に過ごすためにも、疲れを翌日に持ち越さないためにも、足ごしらえをしっかりとしておくことは大切です。正しい靴ひもの通し方と結び方を行うだけで、驚くほど足腰にかかる負担が軽減されます。

足にフィットする靴ひもの結び方

「オーバーラッピング」とよばれている結び方で、靴ひもを穴の上から通していきます。緩みにくいことが特徴の結び方なので、野外だけではなく、もちろん日常でも活用できる靴ひもの結び方です。ぜひ覚えておきましょう。

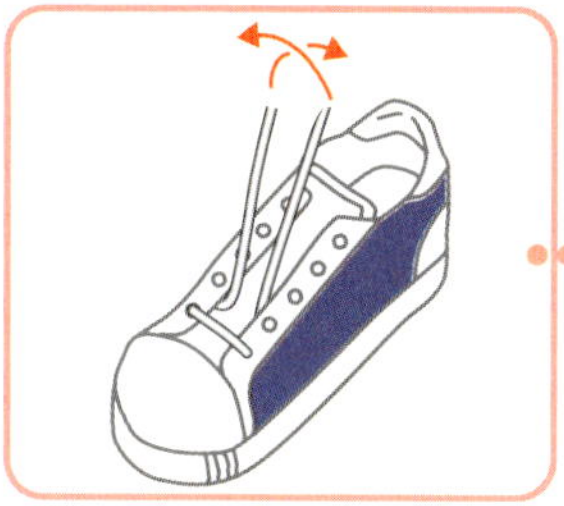

1 つま先のほうの穴に、上からひもを通す。

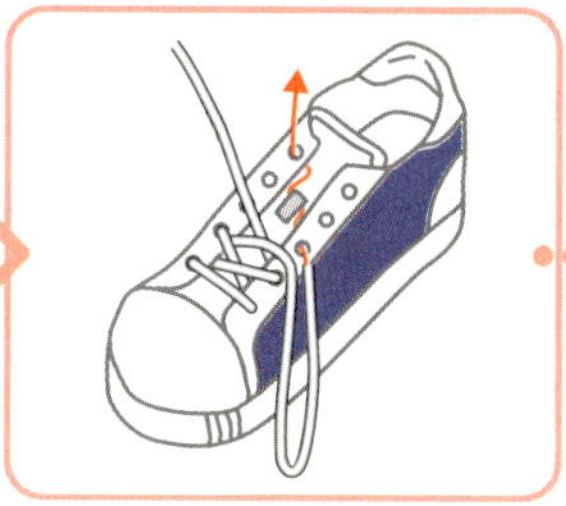

2 図のようにひもを交差させながら、順々に穴にひもを通していく。

3 上から2番目の穴だけ飛ばして、1番上の穴にひもを通す。

4 図のように上から2番目の穴にひもを通し、輪の中にひもを通す。

5 ひもの両端を引っ張り、輪を引き締める。

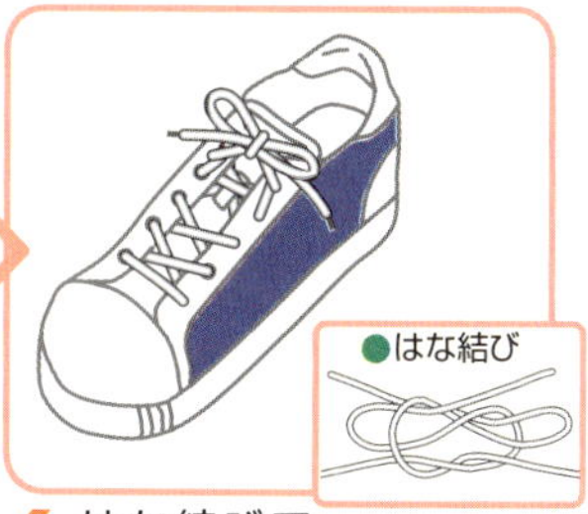

6 はな結びで固定して完成。

靴ひもの長さを調節する

靴ひもが長すぎると、歩行中に踏みつけてほどけてしまいます。
次の方法で長さを調節し、しっかりと結びましょう。

ナイロンなど化繊のひも

適当な長さに切断し、ライターでひもの先をあぶって溶かし、手で固める

綿など天然繊維のひも

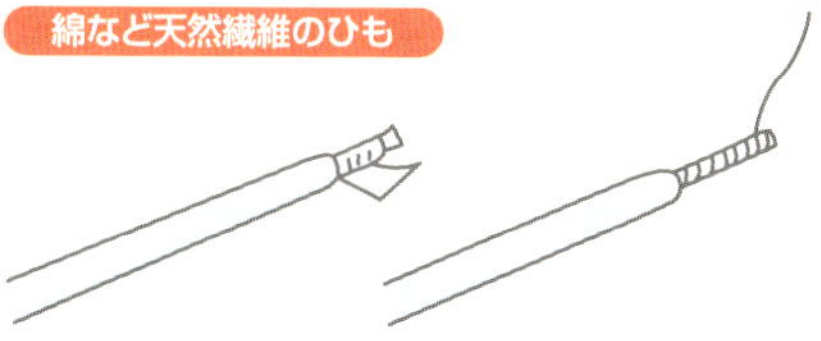

適当な長さに切断し、糸やビニールテープで端止めをして端がほつれないようにする

② ウエアやバンダナの結び

バンダナは、ファッション性に優れているだけではなく、ハンカチの代わりに使用したり、木の実を包んだり、救急用の三角巾の代わりに使用したりと、実用性にも優れています。キャンプで使用するバンダナは、一辺が50〜60㎝のものを使用しましょう。少し大きめのバンダナのほうが、いろいろなことに使用できて便利です。

アウトドア向きのバンダナ・ファッション

叶《かのう》結び

表から見たら「口」、裏から見たら「十」になる結び方です。願いが叶うとされる縁起のいい結び方です。

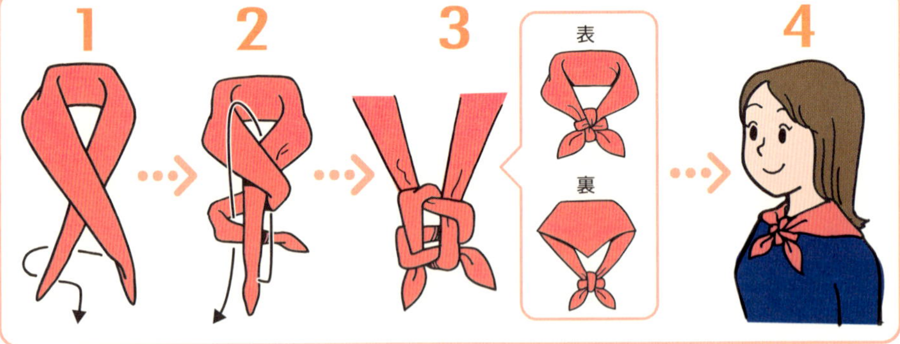

頭への巻き方

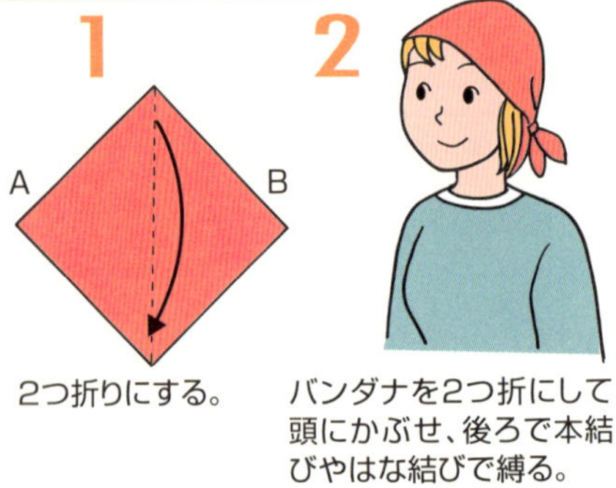

1 2つ折りにする。

2 バンダナを2つ折にして頭にかぶせ、後ろで本結びやはな結びで縛る。

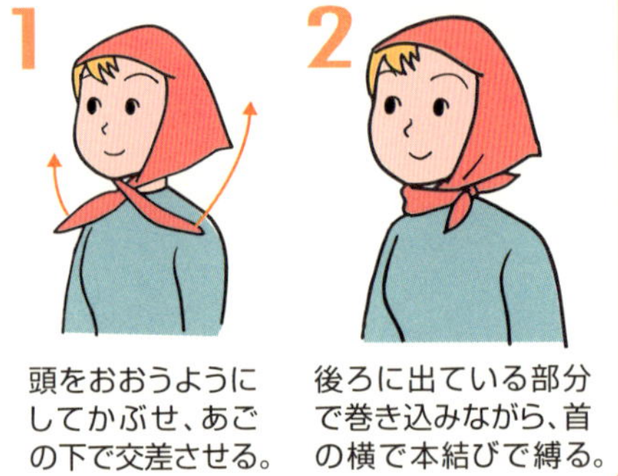

1 頭をおおうようにしてかぶせ、あごの下で交差させる。

2 後ろに出ている部分で巻き込みながら、首の横で本結びで縛る。

バンダナをマフラー風に結ぶ

1 首に1回巻きつけて一方を折り、矢印のようにもってくる。

2 この形で結び目を締める。

3 完成。

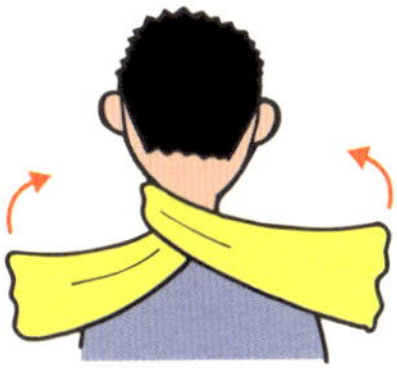

1 後ろで交差させ矢印のように前にもっていく。

2 前でひと結びをする。

3 一方の端を背中に回して完成。

ウエアの結び

よくマウンテンパーカーやレインウエアなどのフード部分、腰回りについているひもを結ばずに垂らしている人を見かけます。せっかくついている機能を利用するためにも、ひもを結んで、体にフィットさせることが必要です。アウトドアでは思わぬことから事故につながることもあり、ウエアをきちんと着ることは基本です。はな結びなどでしっかり結びましょう。

③ テントまわりの結び

現在ではランナーとよばれる調節金具が普及し、誰でも簡単にテントを張ることができますが、一昔前では張り綱結びを知らなければ、テントをきちんと張ることは不可能でした。この結び方を覚えておくと、万が一ランナーが破損してしまったときなどにもテントを張ることができるので、ぜひ覚えておきましょう。そのほかにも、便利な器具の登場で使用されなくなった結びが数多くあります。ここでは、テントを張るときに使用する結び方を中心に紹介しますので、ぜひ活用してみてください。

テントまわりで用いられる主な結び

もやい結び (P39)

ロープの端に輪をつくるときに使用する。解けにくい結び方で、さまざまな場面で活用できます。

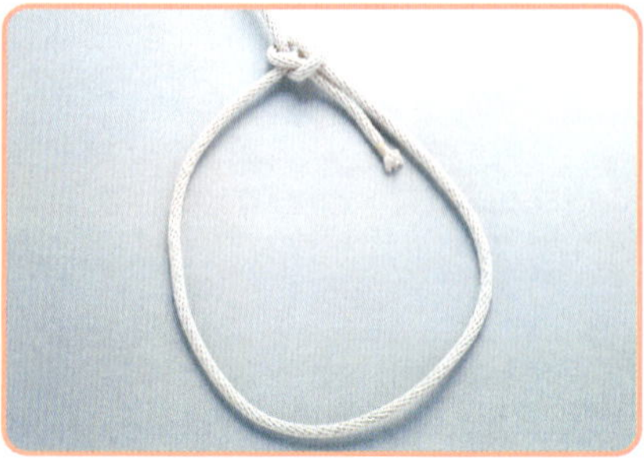

張り綱結び (P51)

ロープの長さを調節できるので、テントの張り綱に使用されます。

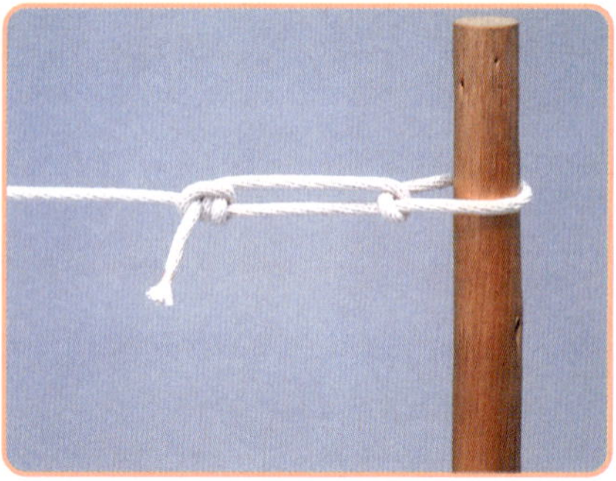

ねじ結び (P35)

樹木などにロープを結びつけるときに使用します。

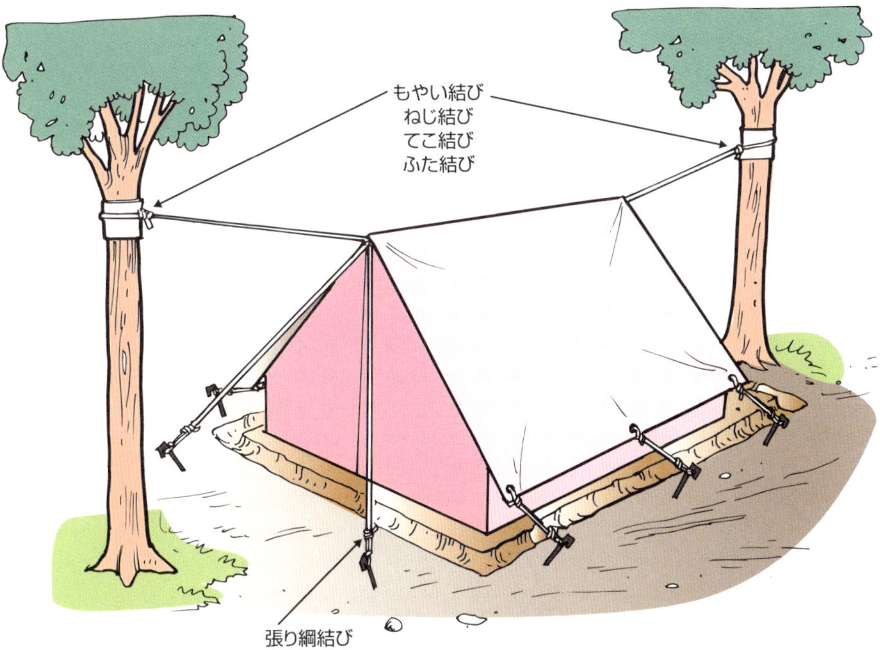

てこ結び（P36）

樹木などにロープを結びつけるときに使用します。

ふた結び（P31）

樹木やテントの支柱、グロメットなどに、ロープを結ぶときに使用します。

④ 石をペグがわりに用いる方法

地面が柔らかすぎたり、固すぎてペグが打ち込めないという場合には、手頃な大きさの石や岩を探し、ペグがわりに利用しましょう。比較的大きめの石に、ロープをもやい結びや変形ひばり結びで固定します。石は形がまちまちで、結ぶのは少し難しいかもしれませんが、練習してみてください。

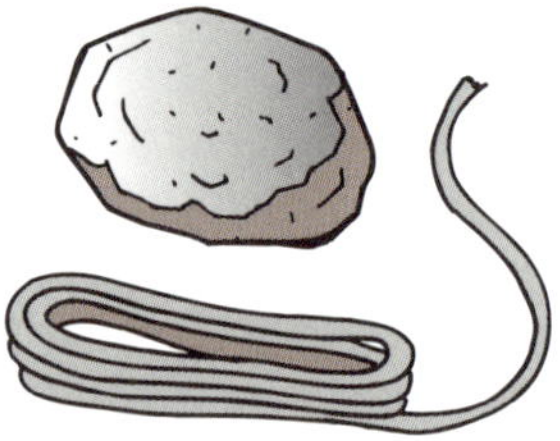

変形ひばり結び

ひばり結び（P133）を応用した結び方で、石にしっかり結びつけることができます。

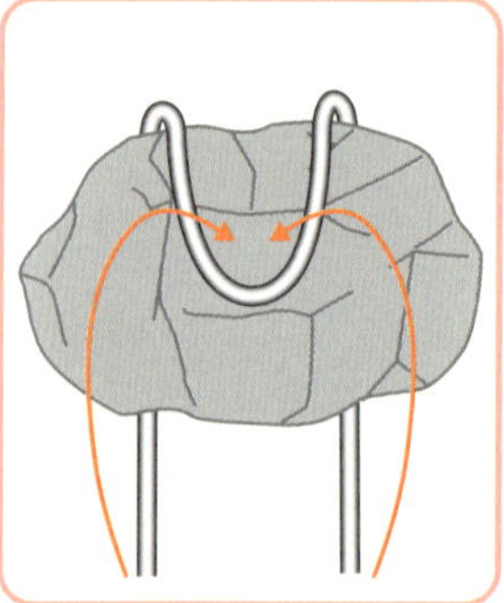

1 ロープを図のように石に掛け、端を輪の中に通す。

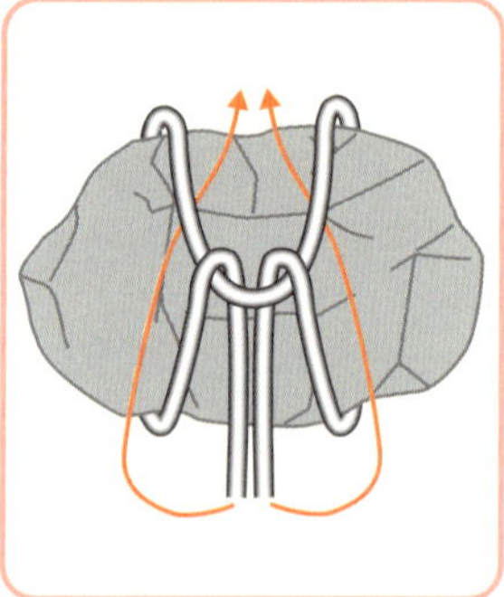

2 ロープの両端を矢印のように再び輪の中に通す。

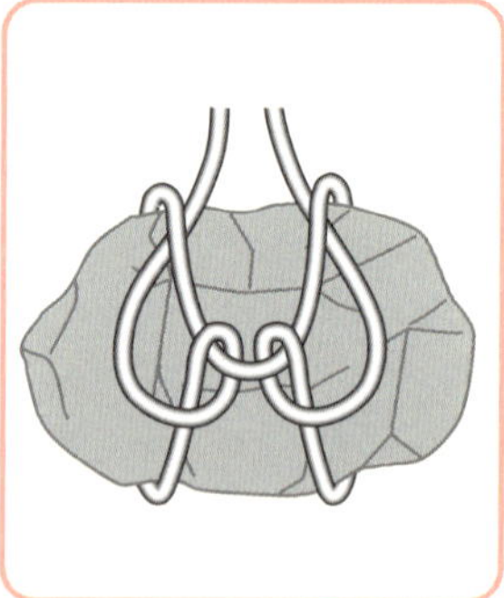

3 このようになる。

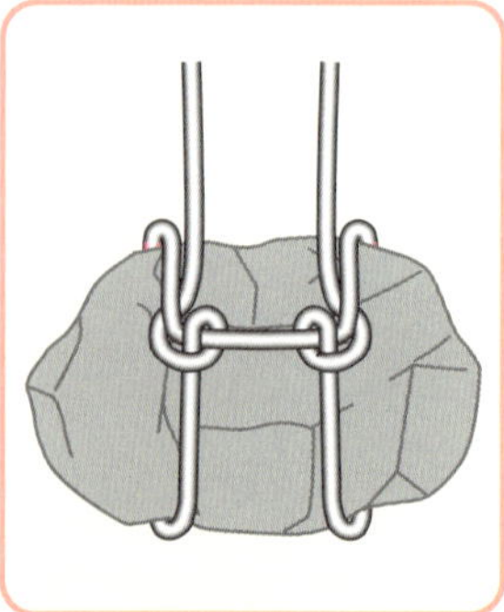

4 両端を引っ張り、結び目を引き締める。

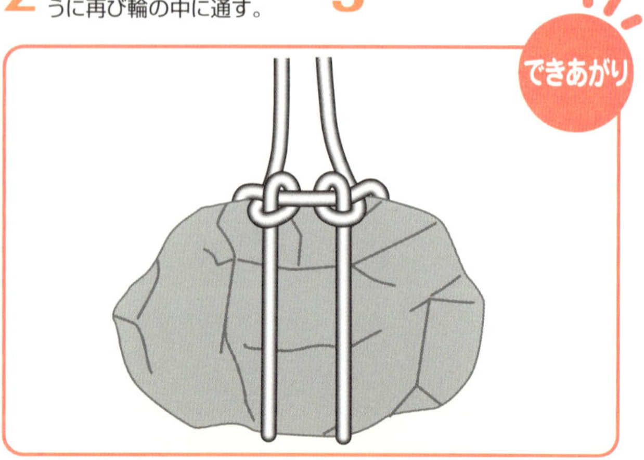

もやい結び

輪の大きさが固定されることと、固く しっかり結べるのが特徴です。

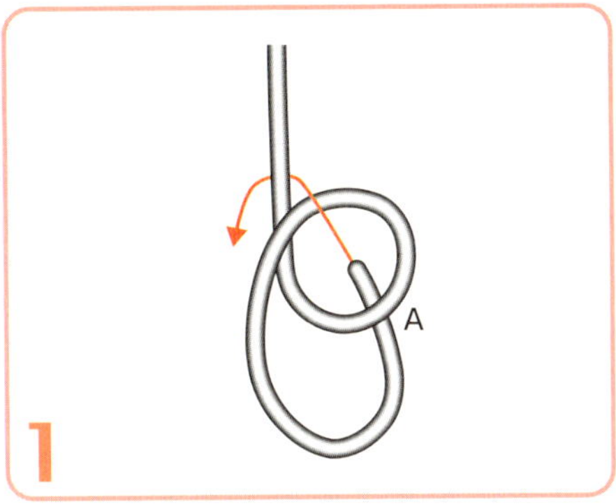

ロープの中間部に輪をつくり、Aを矢印のように移動させる。

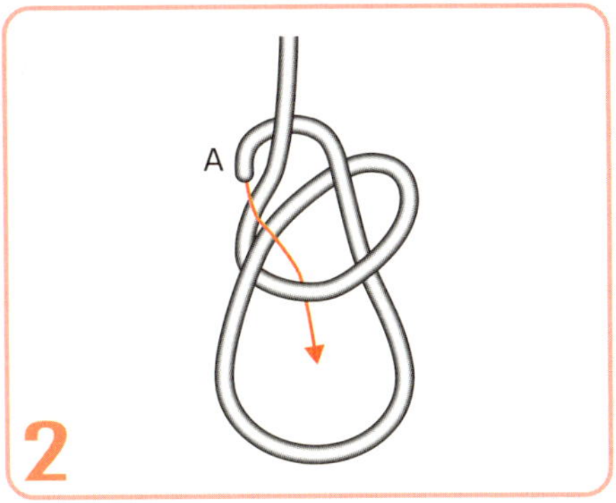

Aを再び輪に通す。

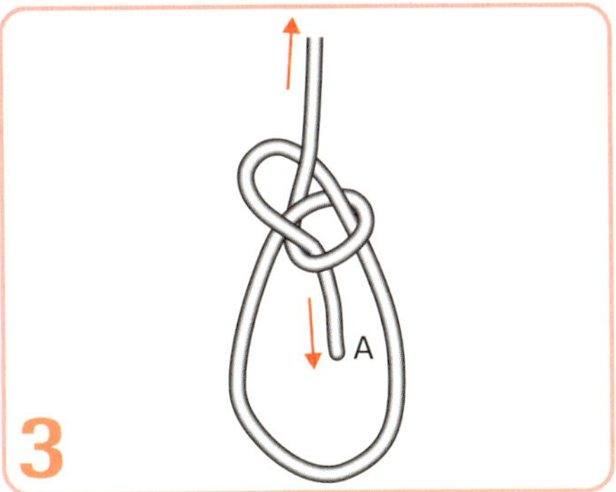

Aと元を引っ張り、結び目を引き締める。

袋に石を入れ、袋の口に結びつける

石に直接結びつける

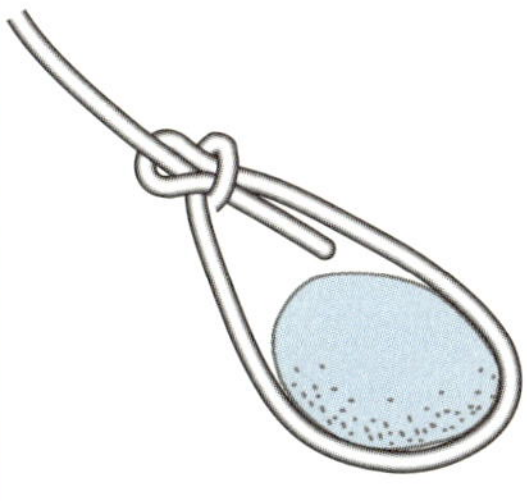

木の切り株や岩に直接結びつける

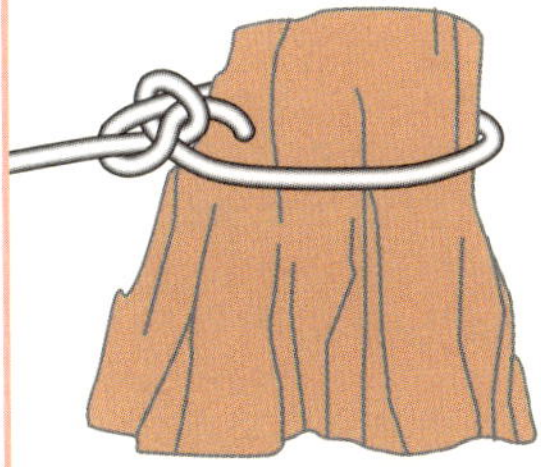

5 張り綱をペグに結ぶ

テントの張り綱は時間がたつにつれて、次第にゆるんできます。そのため、テントを張るときには、張り綱結びや縮め結びなどの、長さの調節ができる結びを使います。

張り綱結び

長さの調節が簡単にできるので、テントの張り綱を張るのに最適な結び方です。

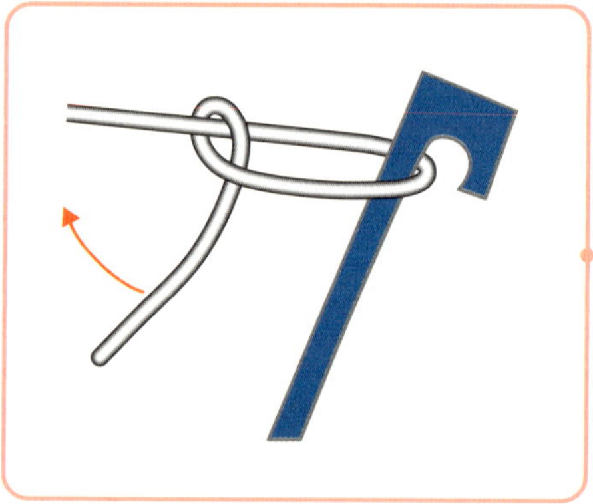

1 ロープをペグに掛けひと結びをし、ロープを矢印のようにもっていく。

2 はじめにひと結びをした位置よりも少し離した位置で、もう一度ひと結びをした後、矢印のようにロープをもっていく。

3 ロープを矢印のように元の方へもっていく。

4 さらにロープの元側で矢印のようにひと結びをする。

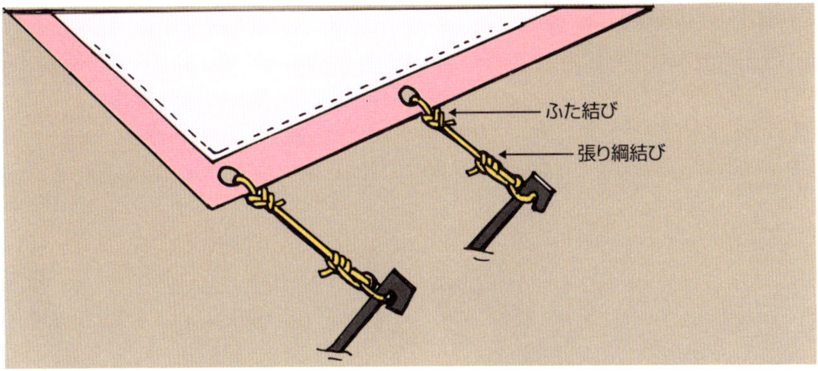

5 このような形になる。

昼は張って夜は緩める

天然繊維でできたロープやテントは、水に濡れると縮む特性があります。
そのため晴れの日の昼間は張り綱をピンと張り、雨の日や夜は多少緩めに張っておくとよいでしょう。

6 結び目を引き締めて完成。

ロープの長さを調節し、ロープをピンと張って使用する。

縮め結び

縮め結びでペグに結ぶ方法です。あまりにもロープが長い場合は、張り綱結びでペグに結んだあと、張り綱の中間部分で縮め結びを行い、長さを調節するとよいでしょう。

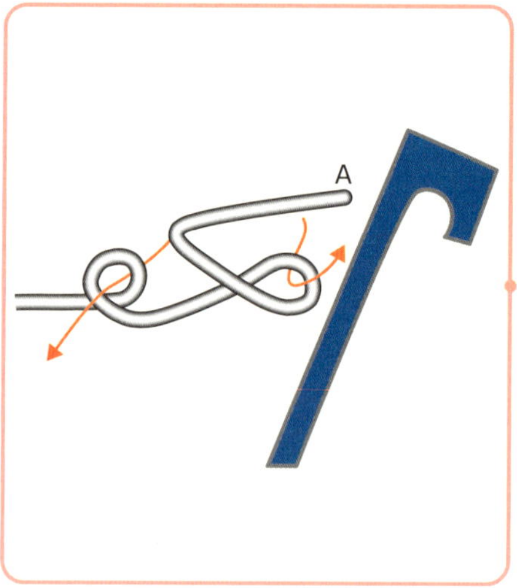

1 図のようにロープに輪を2つつくり、端を折って元側の輪に矢印のように通す。その後、端Aをもう一つの輪に通す。

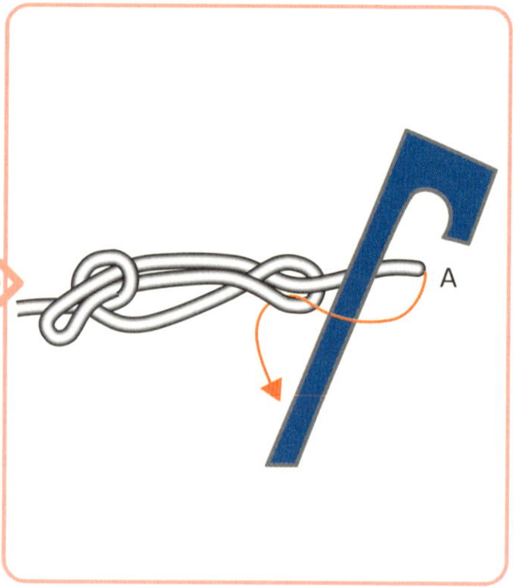

2 Aをペグに巻きつけ、もう一度輪の中に通す。

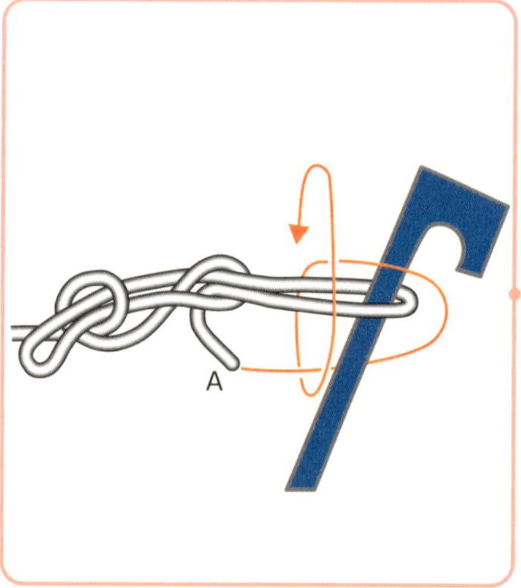

3 Aを矢印のように移動させ、ペグとロープに巻きつける。

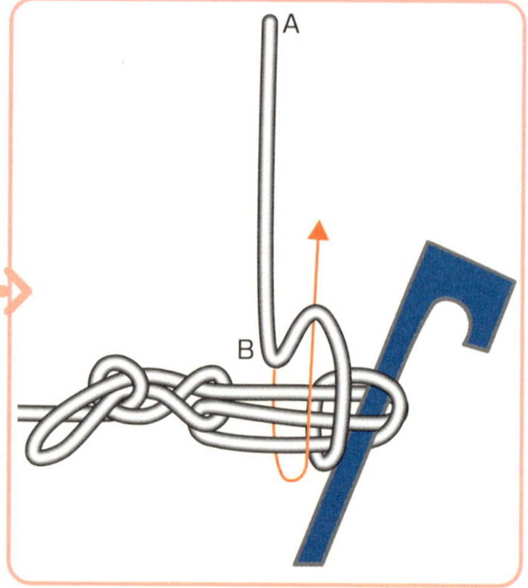

4 Aを折り曲げ（B）、図のように巻きつける。

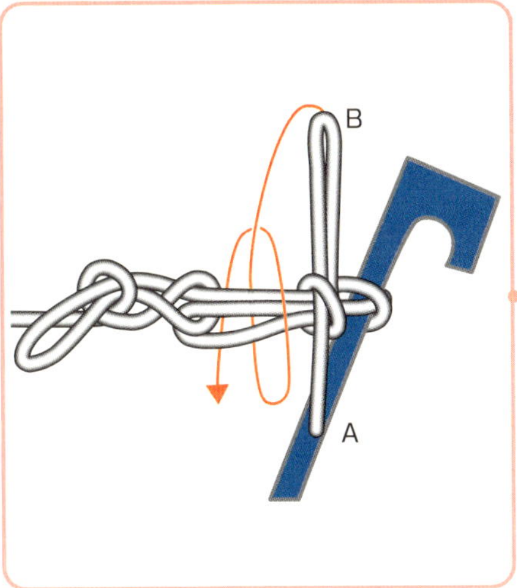

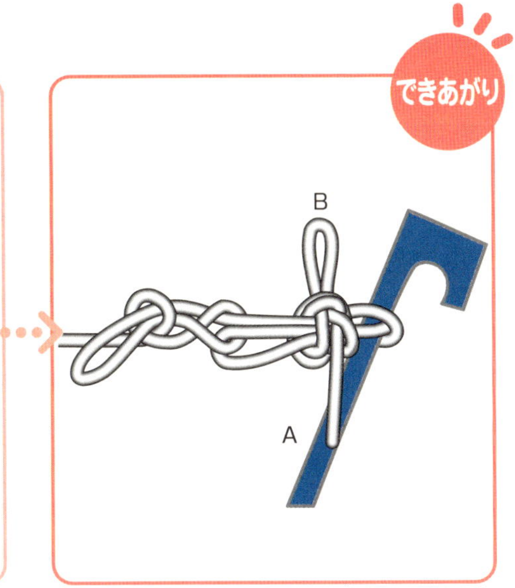

5 Bを矢印のようにひと巻きして完成。

テントの張り綱を張る際の注意点

テントの張り綱を張るときは、一気にぴんと張らず、数か所を少しずつ締めていきながら張っていくのがコツです。

⑥ 張り綱を樹木などに結ぶ

テントやタープ（テントに使うシートやビニールシート）を張るときに、樹木を利用する場合があります。樹木を利用すると、簡単に、かつ丈夫に設営できるからです。もやい結びやねじ結びなどを利用しますが、縛る際は新聞紙や布などを当て必ず樹木を保護しましょう。

もやい結び

「結びの王様」と呼ばれているこの結び方は、簡単に結ぶことができ、強度も抜群です。

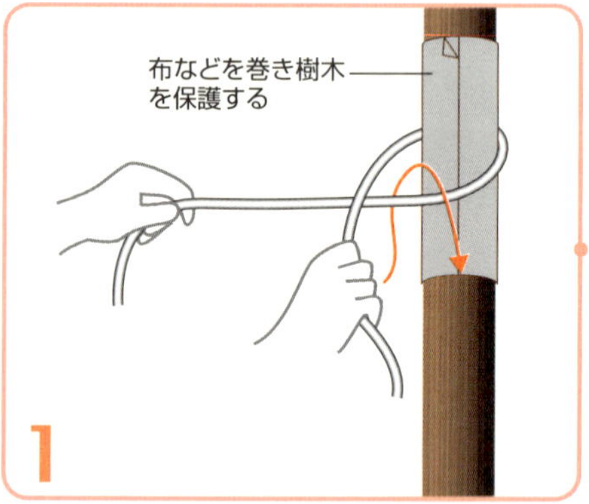

ロープの端を立ち木などにひと巻きし、輪に通す。

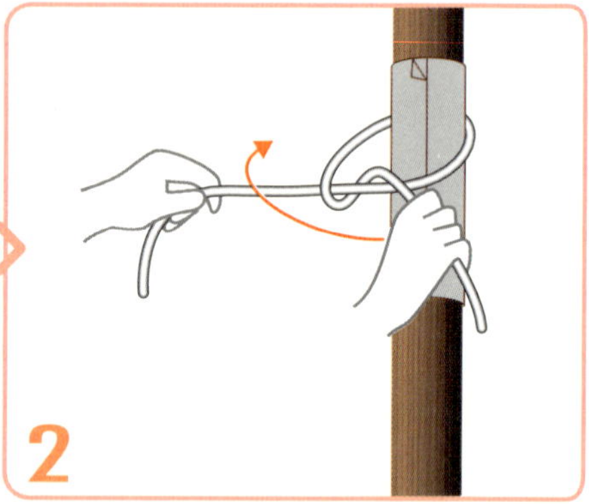

ロープの端を、強く引きながら矢印のように移動させる。

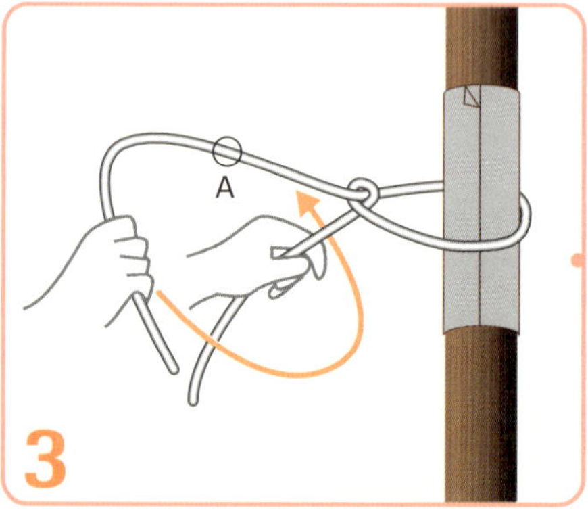

右手を矢印のように移動させ、Aをつかむ。

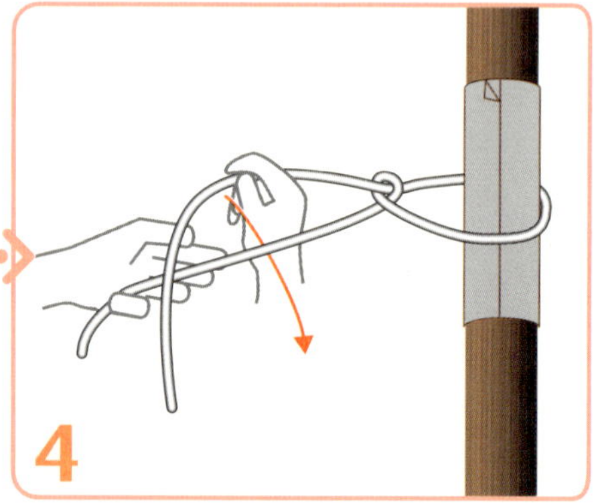

Aをつかんだ右手を下にもってくる。

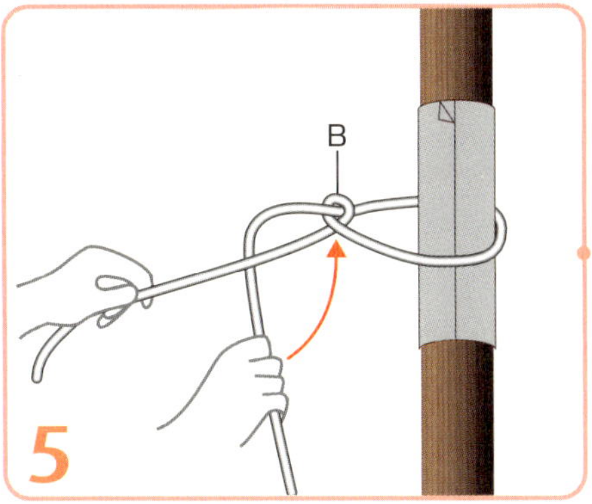

ロープの端を矢印のようにもっていく。

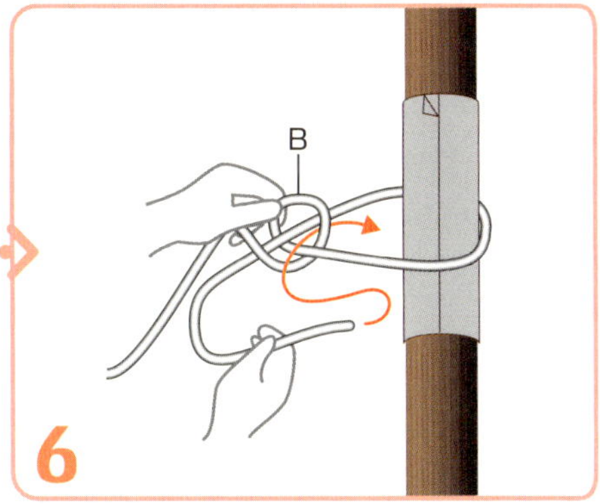

左手でBをつかみ、その輪の中に端を通す。

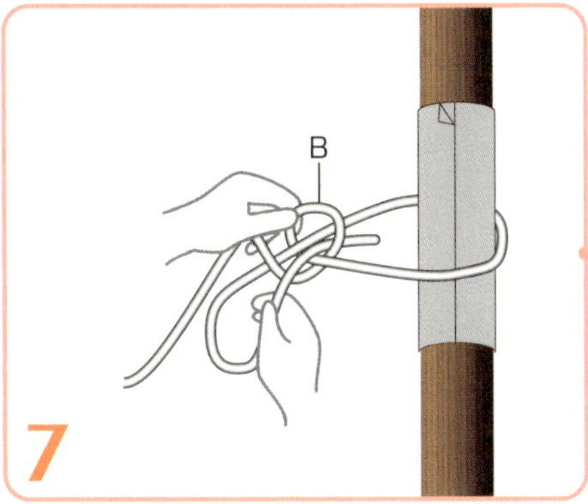

Bの輪に端を通したところ。

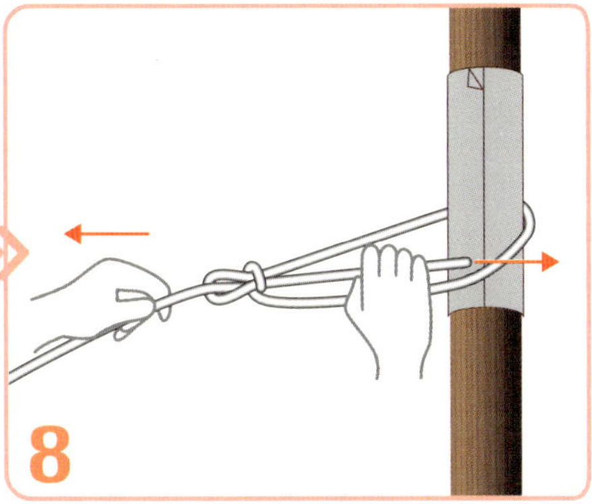

元と端を引っ張り、結び目を引き締める。

ねじ結び

「立ち木結び」ともよばれる結び方です。ロープの端をネジのように巻きつけることからこの名前がつけられました。結び目をしっかり引き締めることが大切です。

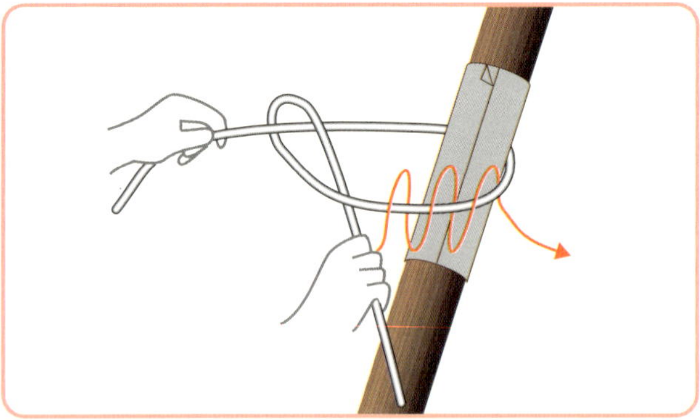

1
立ち木に布などを巻きつけ、立ち木を保護する。図のようにロープを巻きつけ、矢印のように3～4回巻きつける。

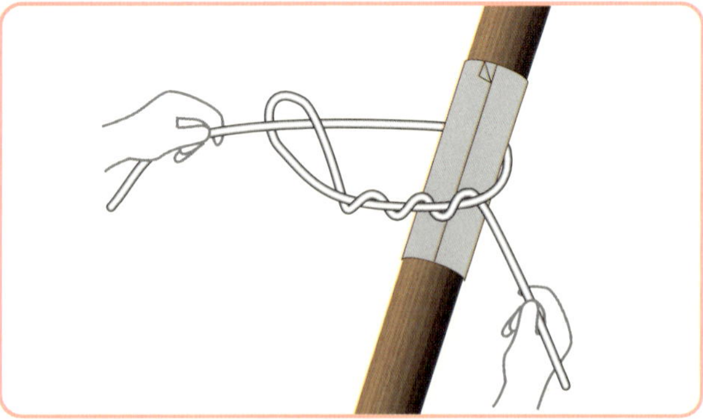

2
ロープの元と端を引っ張り、結び目を引き締める。

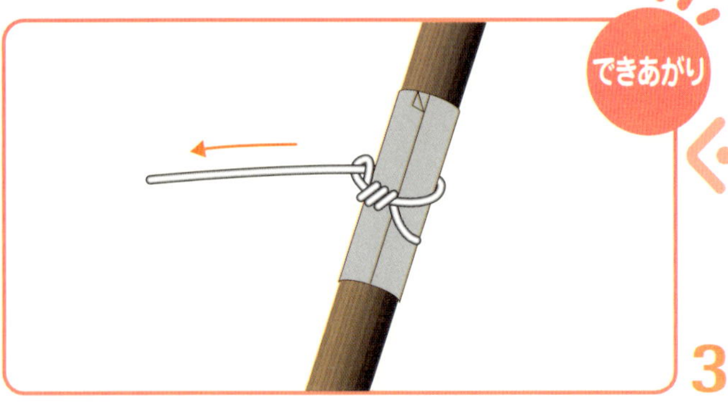

3 ロープの元が引っ張られていれば、緩むことはない。

てこ結び

簡単な結びですが、ねじ結びと同様に、ロープの元が引っ張られていれば、緩むことはありません。

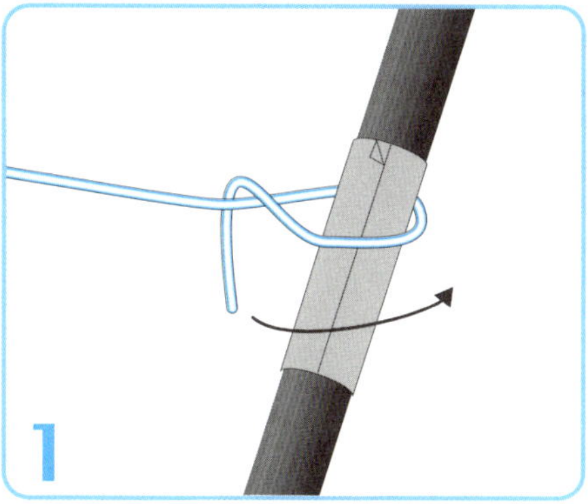

図のように、ロープを立ち木に巻きつける。

立ち木に巻きつけたロープを矢印のように180度ひねり、輪をつくる。

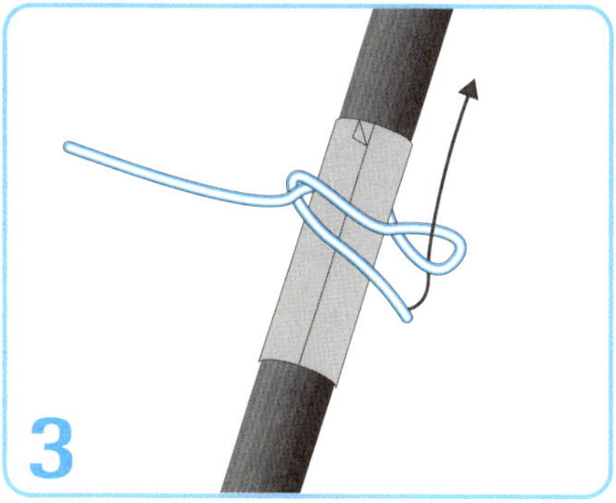

矢印のように端を輪に通す。

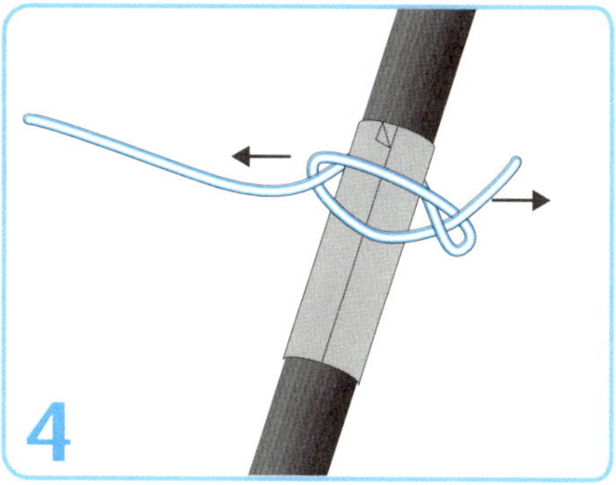

ロープの端と元を引っ張り、結び目を引き締める。

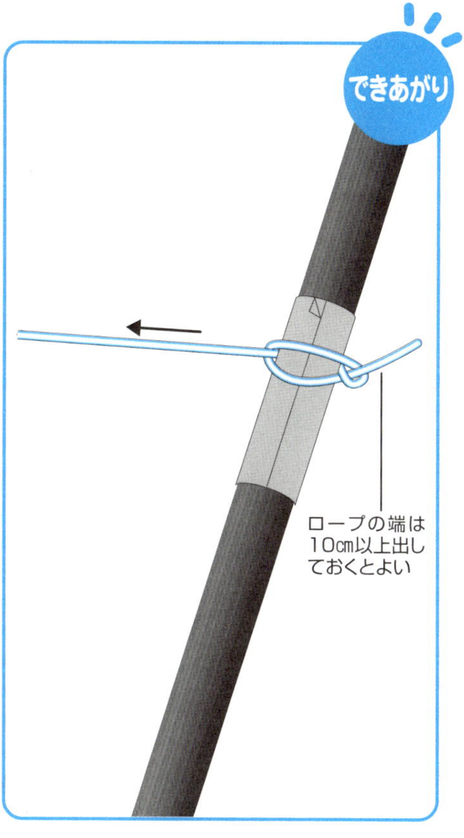
できあがり
ロープの端は10㎝以上出しておくとよい

7 張り綱をタープに結ぶ

張り綱をタープ（テントに使うシートやビニールシート）に結ぶときは、ふた結びを使用します。簡単に結べ、力が加わっている限り緩むことがありません。グロメットがない場合には、小石を利用して結びます。

ふた結び

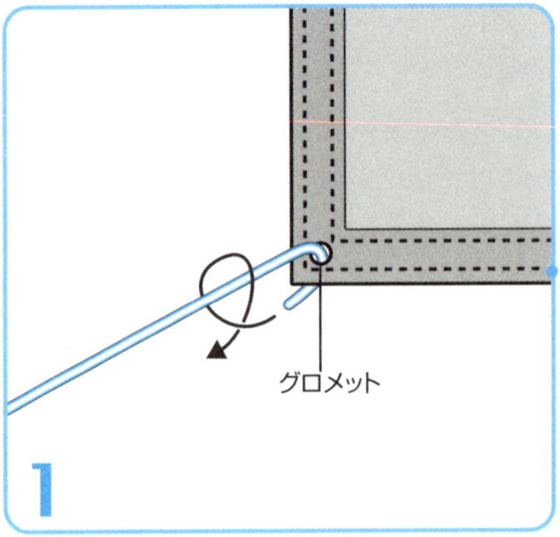

図のようにグロメットにロープを通し、ひと結びする。

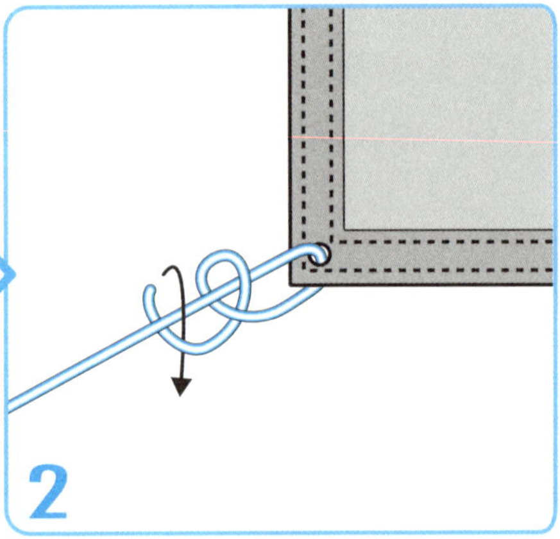

矢印のようにもう一度ひと結びを行う。

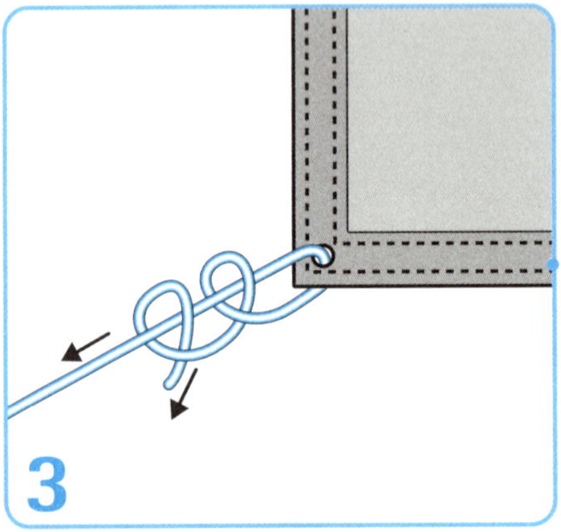

結び目を押さえながら元と端のロープを強く引っ張り、結び目を引き締める。

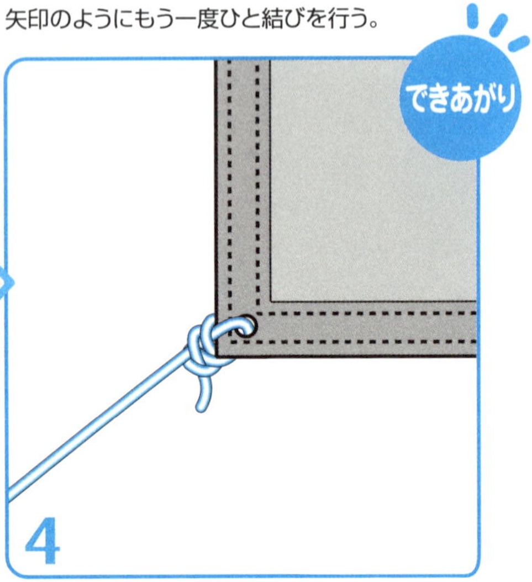

グロメットのない場合

グロメットの穴がない場合には、タープの端で小石を包み、グロメットの代わりに使用します。

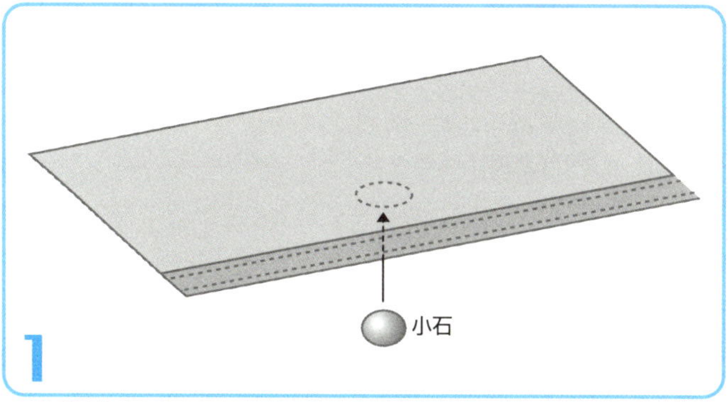

タープが傷つかないように丸い小石を選び、小石をタープの下に入れる。

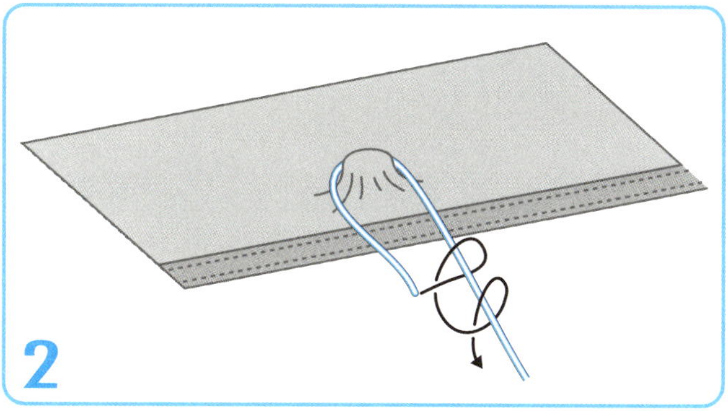

矢印のようにタープの上から小石にふた結びを行う。

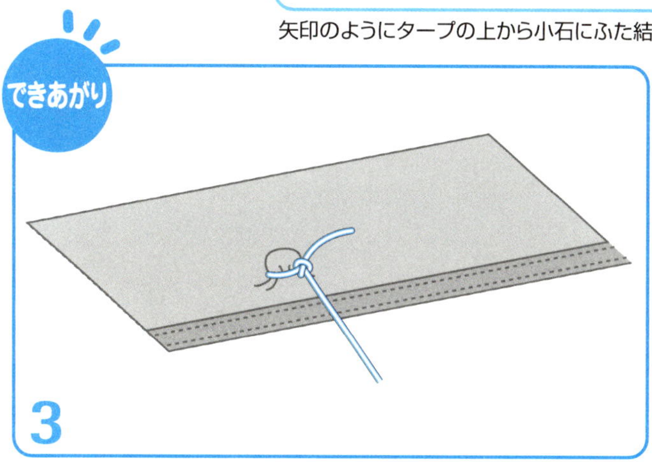

しっかり結び目を締めて完成。タープをピンと張ると、結び目にはかなりの力が加わるので、固く結びつけること。

8 使い道の広い「1本の張り綱」

キャンプのときには、立ち木の間にロープを1本張っておくと、なにかと便利です。洗濯物を干したり、調理器具を吊り下げたりと、いろいろなことに使用できます。PART3でも紹介しましたが、キャンプでは大変重宝する結びですので、ぜひ覚えておきましょう。

ロープをぴんと張るのに最適な結び（ロープ・テークル）

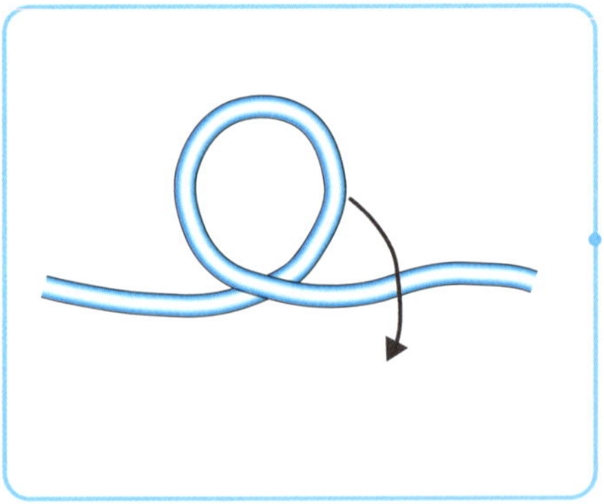

1 ロープの端から1mぐらいの場所に輪をつくり、矢印のように移動させて輪をロープに重ねる。

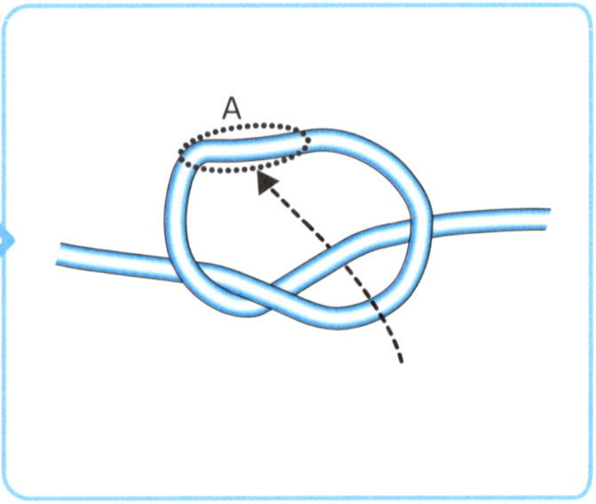

2 右手を矢印のように輪に通してAの部分をつかむ。

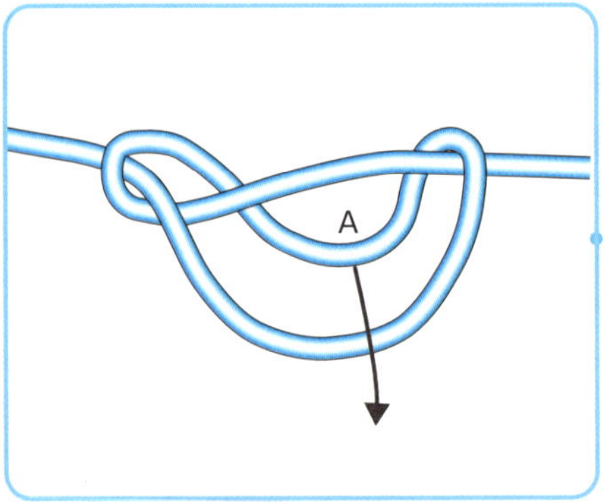

3 Aをつかんだまま右手を輪の中から出す。

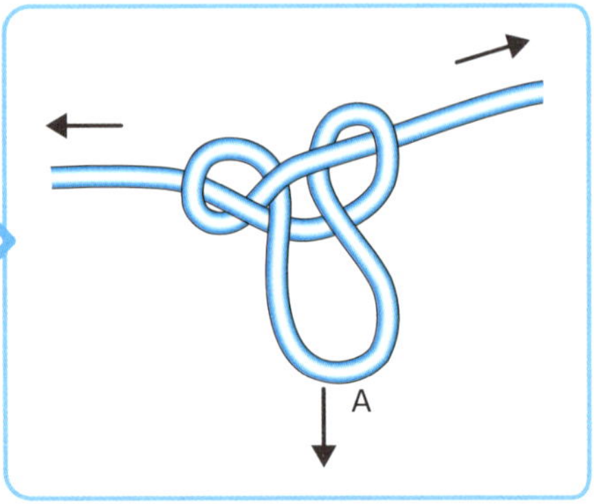

4 輪とロープの端を強く引っ張り、結び目を引き締めてよろしい結びの完成。

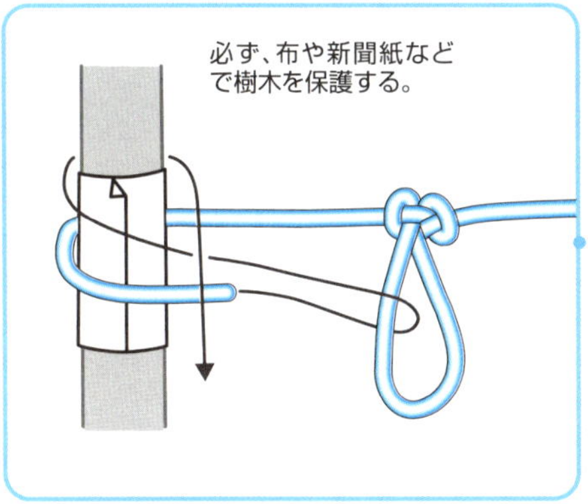
必ず、布や新聞紙など
で樹木を保護する。

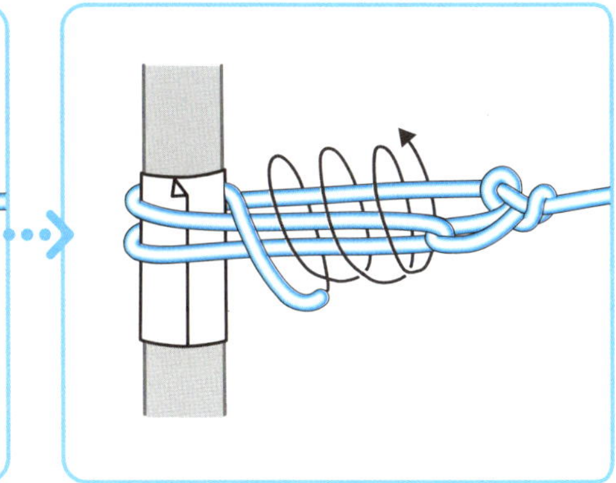

5 ロープの端を立ち木などに巻きつけ、端を輪に通してから強く引き、ロープをぴんと張る。その後、もう一度立ち木に巻きつける。

6 図のように、端を何回か巻きつける。

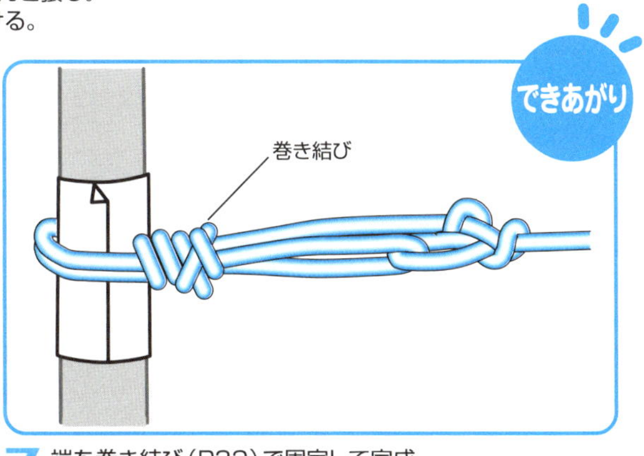
できあがり
巻き結び

7 端を巻き結び（P32）で固定して完成。

⑨ マキや荷物を運ぶ

ここでは、キャンプファイヤーなどで必要なマキの運び方を紹介します。重い荷物の運び方も覚えておくと大変役に立ちます。

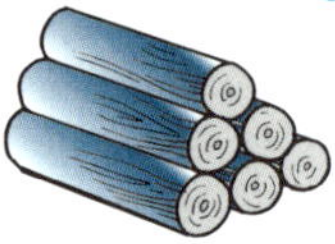

マキを運ぶ（簡単に結ぶ場合）

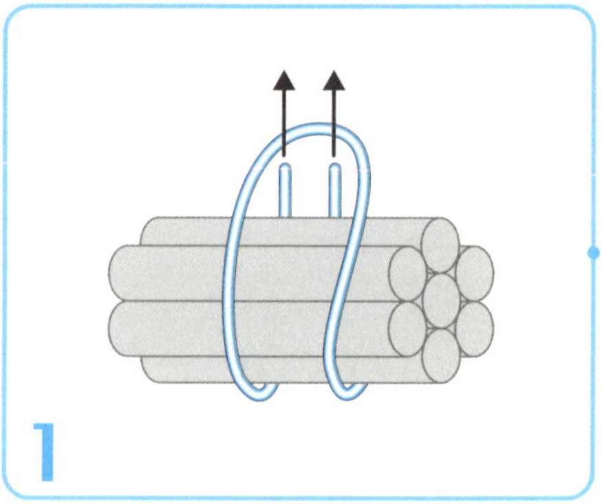

ロープを2つ折にし、図のようにマキに巻く。

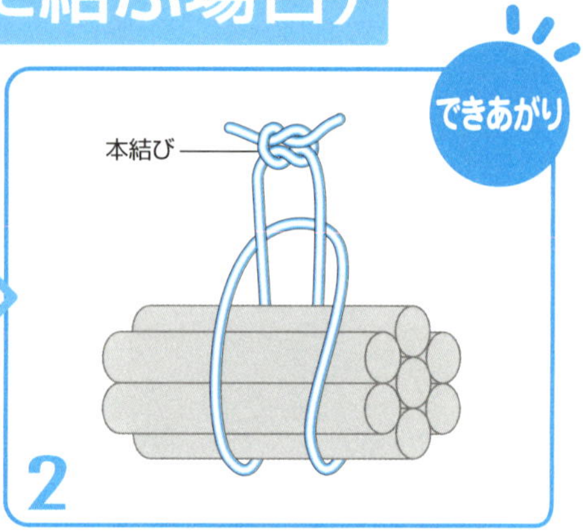

本結び（P22）などで取っ手をつくって完成。

マキを運ぶ（しっかり結ぶ場合）

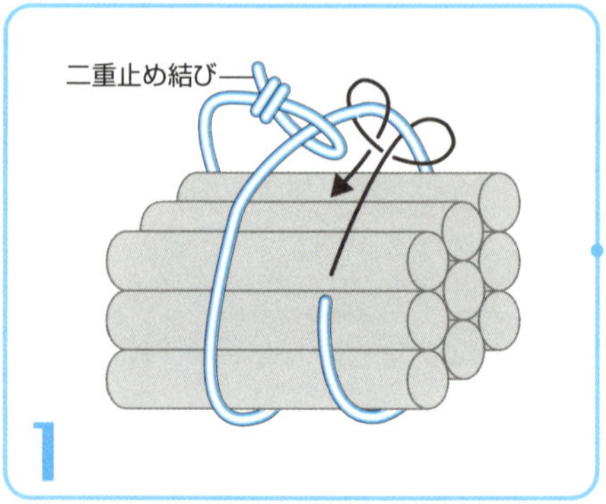

ロープの端に二重止め結び（P42）で輪をつくる。図のようにマキにロープを巻きつけ、ふた結び（P31）で固定する。

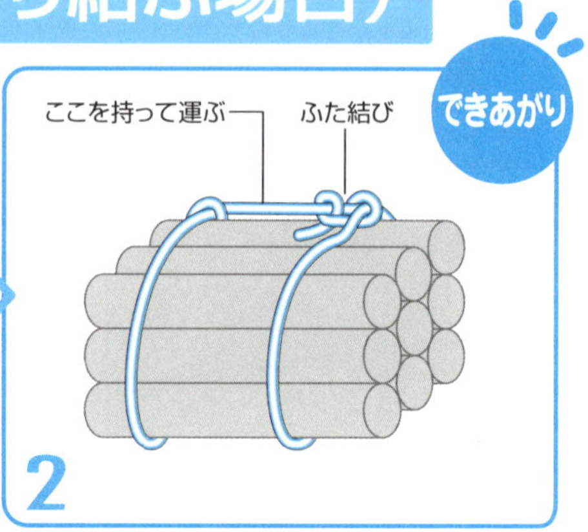

マキをしっかりロープに固定するのがコツ。

マキを運ぶ（大量の場合）

マキに限らず、大量の荷物を運ぶときには、「背《しょ》負い子《こ》結び」を使用すると便利です。馬の背などに荷物をくくりつけるときにも重宝します。

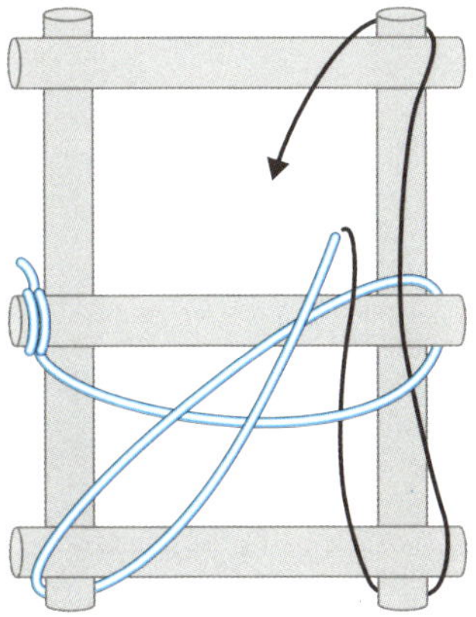

1

背負い子に巻き結びなどでロープを固定し、矢印のように順々に背負い子の端に掛けていく。

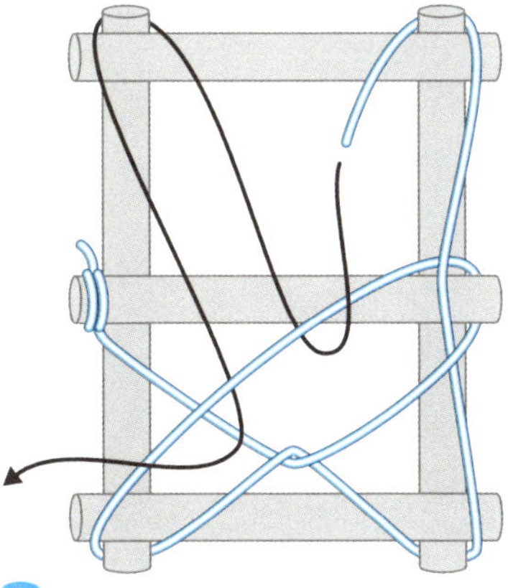

2

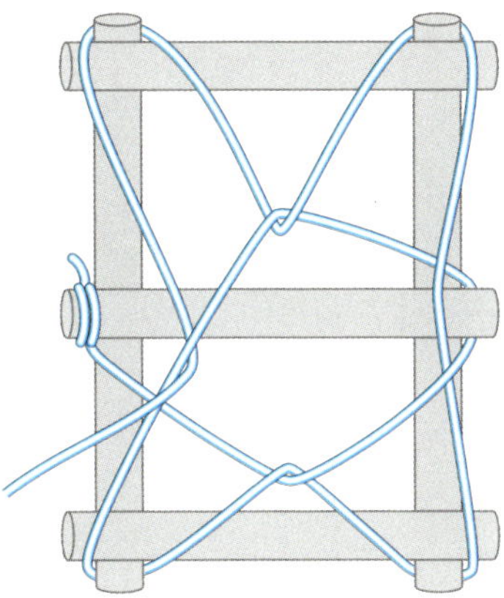

3

できあがり

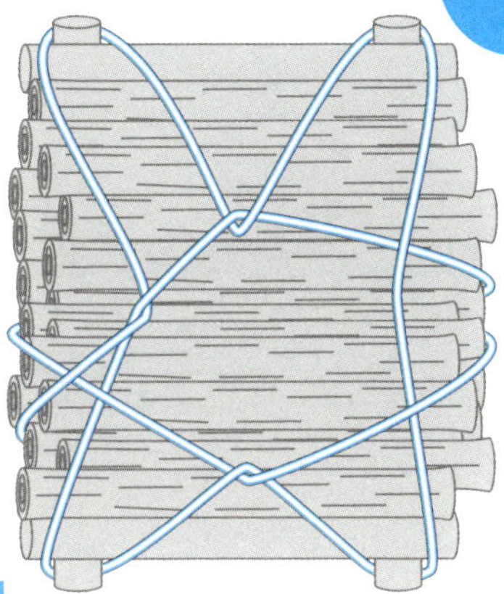

4

マキや荷物をロープと背負い子の間に入れ、ロープを引き締め、末端は巻き結び(P32)などで固定する。

北米先住民（イヌイット）の荷づくり

この結び方は、北米先住民が自分の背に荷物をくくりつけるときに使用していたものです。覚えておくと大変役に立ちます。

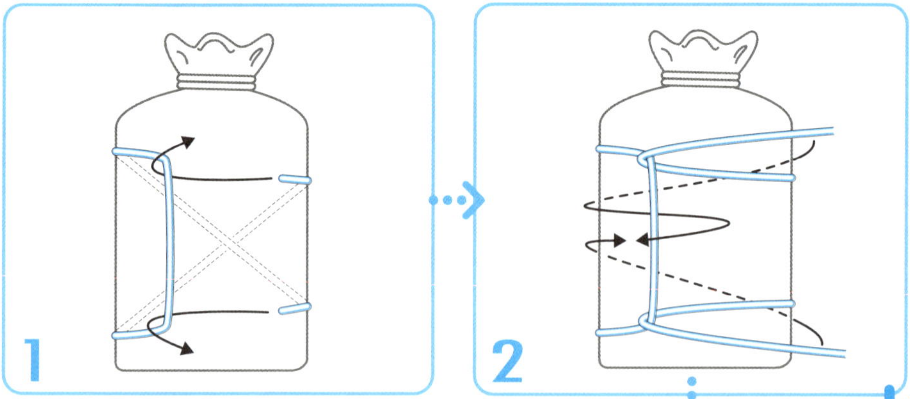
1
2

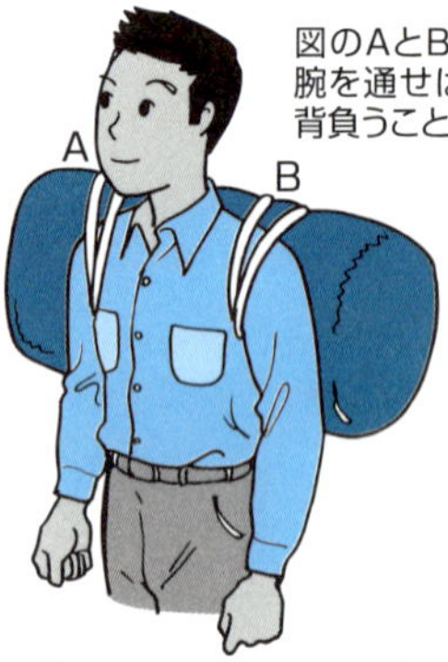
図のAとBの場所に
腕を通せば、荷物を
背負うことができる
A
B

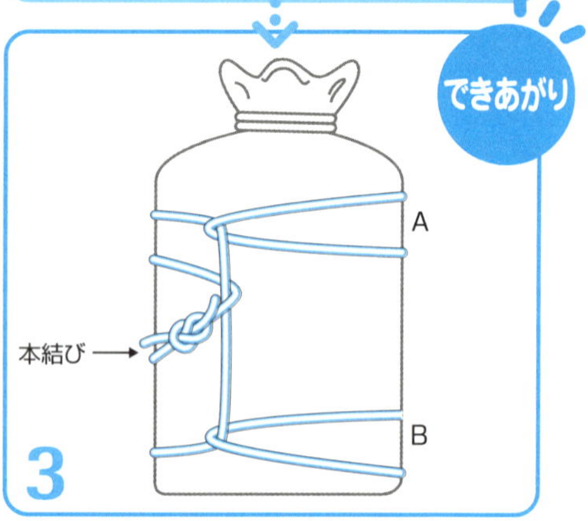
できあがり
A
本結び
B
3

「トラボイ」とよばれる運搬具に荷物を固定するときにも、この結び方を使用する。
トラボイはロープをくくりつけて家畜に引かせたり、自分で引く。

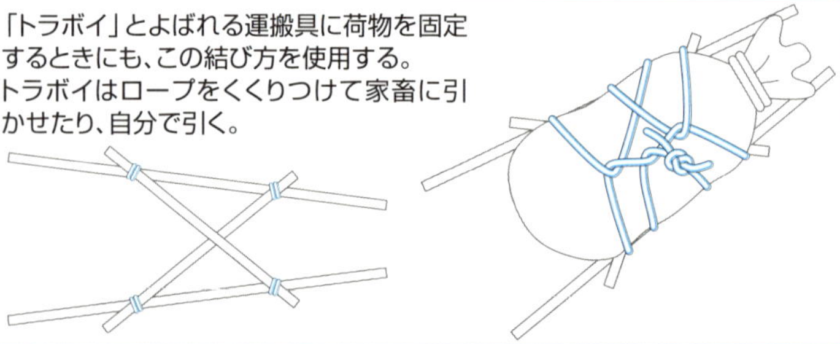

水をくむ

バケツにロープを結べば、高いところから水をくむことができます。バケツがなくても、取っ手つきのビニール袋に石などの重りを入れれば、同様に水をくむことができます。

巻き結び+ひと結び

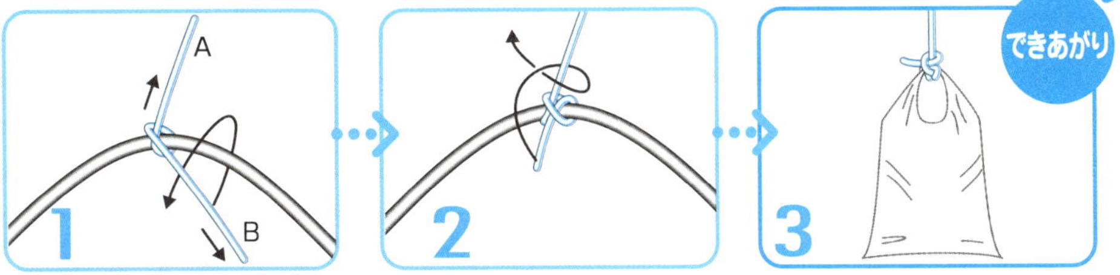
A
B
1
2
3
できあがり

AとBを強く引っ張って結び目を引き締め、矢印のようにもうひと巻きする。

矢印のように端を元のロープにひと結びして完成。

ふた結び

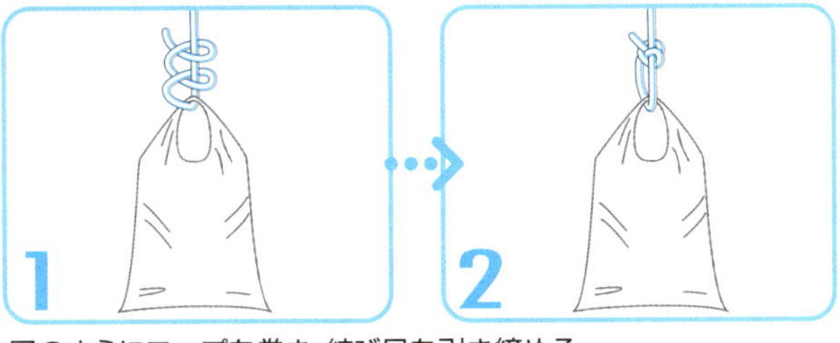
1
2

図のようにロープを巻き、結び目を引き締める。

もやい結び

できあがり

もやい結びも使える。(P39)

重い丸太を動かす

重い丸太を動かすときは、下に2本丸太を敷くとよい。

1

2本の丸太を下に敷き、上に動かしたい丸太をのせてロープを掛ける。

2

矢印のようにロープを引っ張れば重い丸太も楽に動かせる。

できあがり

⑩ 丸太で野営工作物をつくる

ロープと丸太があれば、手製のテーブルやベンチ、調理台、洗面台などをつくることができます。これらは、「縛材法《ばくざいほう》」（ラッシング）と総称される結び方で製作していきます。

主な縛材法

①**角　縛　り**…直角に交差する2本の丸太を縛り合わせる場合に使用します。
②**筋交い縛り**…斜めに交差する2本の丸太を縛り合わせる場合に使用します。
③**はさみ縛り**…二脚や三脚を製作するときや、2本の丸太をつぎ足す場合に使用します。
④**床　縛　り**…丸太などを並べて縛るときに使用します。

縛材法の注意点

1

使用するロープは、直径6～8㎜程度の木綿ロープが適している。

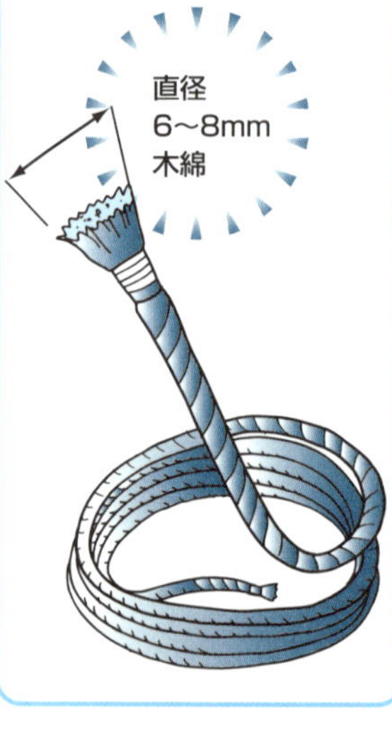

2

正確な手順で、しっかりと結ぶこと。

3

ひと巻きごとにしっかりと力を入れ、ギュッと締めつけることが大切。二脚、三脚の場合は、開く角度によって力加減を調節すること。

<主な縛材法の完成図>

角縛り

丸太を直角に交差させる場合には、この結び方を使用する。(P52、126、196、205参照)

筋交い縛り

丸太を斜めに交差させる場合には、この結び方を使用する。(P53、140、190参照)

はさみ縛り

二脚や三脚をつくるときには、この結び方を使用する。(P54、55、128、192、194参照)

野営工作物のいろいろ

筋交い縛り P53、P140、P190
はさみ縛り P54、P55、P128、P192、P194
角　縛　り P52、P126、P196、P205
床　縛　り P125、P198、P208

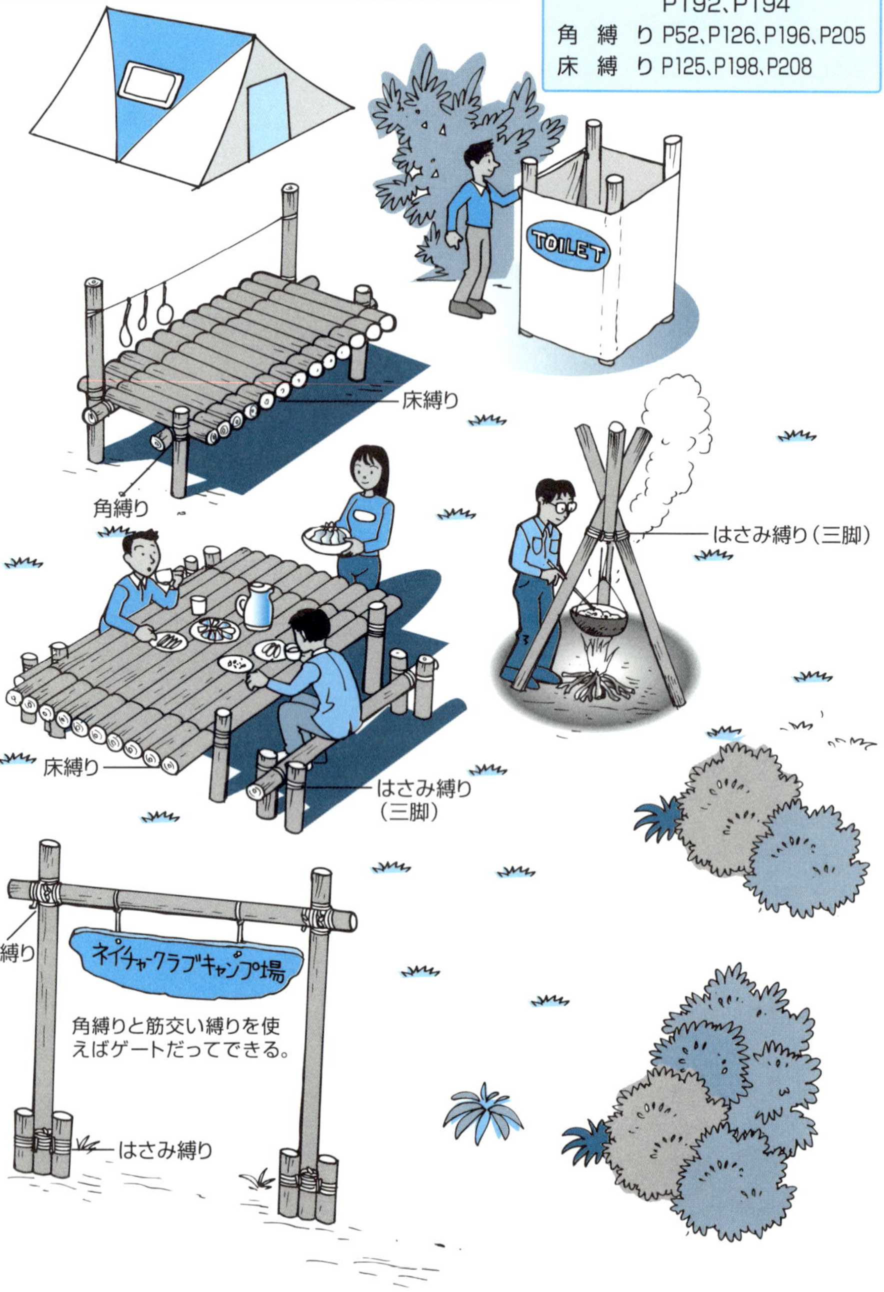
TOILET
床縛り
角縛り
はさみ縛り（三脚）
床縛り
はさみ縛り（三脚）
角縛り
ネイチャークラブキャンプ場
はさみ縛り

角縛りと筋交い縛りを使えばゲートだってできる。

工作物づくりはアウトドアキャンプならではの醍醐味です。
アイデア次第で、さまざまな手づくりアイテムをつくることができます。
丈夫で使いやすい機能的な工作物を工夫しましょう。

角縛りと床縛りを使って
食器棚をつくる。
床縛り
筋交い縛り

筋交い縛り

テーブルの脚やかまどをつくる際、丸太を斜めに交差させた状態で縛り合わせるときに使います。

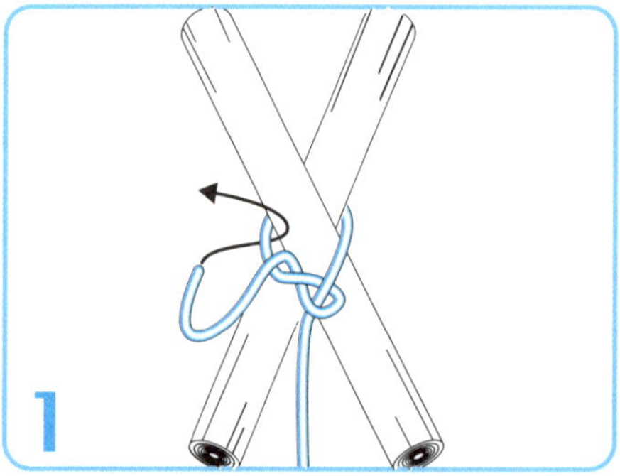

丸太の交差部にロープを巻きつけ、ねじ結び（P35）で端を固定する。

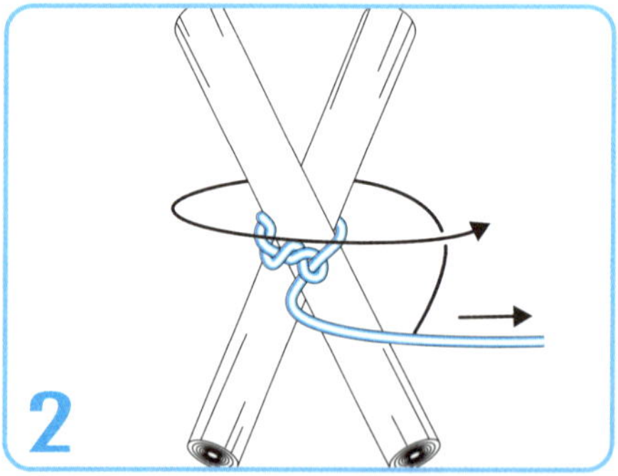

ロープの元を強く引っ張り、結び目を引き締める。以後、ひと巻きごとに力を入れながら巻きつけていく。

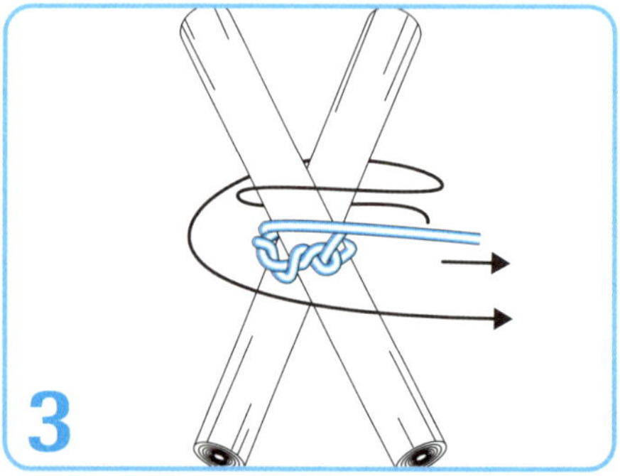

交差部の上に2回ほどロープを巻きつけ、端を交差部の下に持っていく。

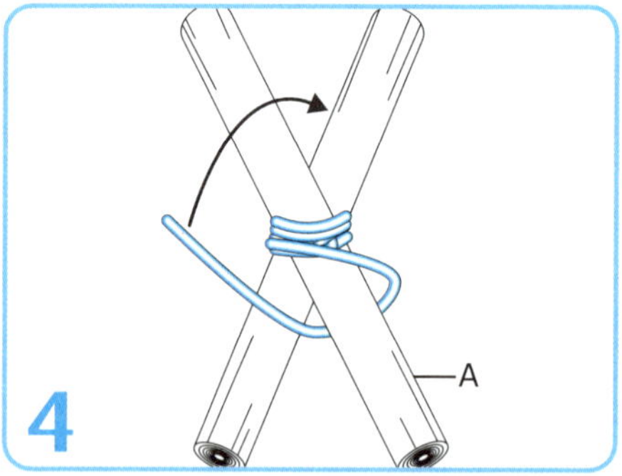

Aに1回ロープを巻きつけ、今度は縦方向に巻きつける。

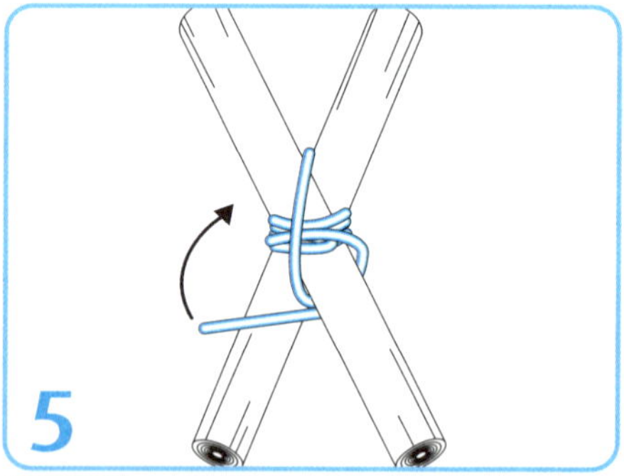

矢印のようにロープをもっていき、縦方向に巻きつける（3回程度）。

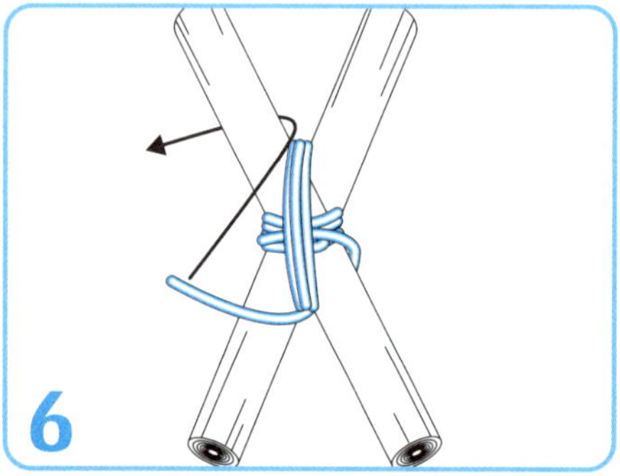

縦方向に巻き終わったら、矢印のように端をもっていく。

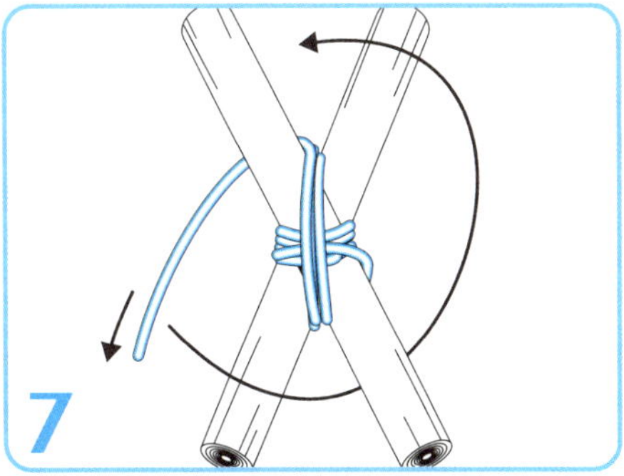

矢印のように2本の丸太の間に割りを入れる。

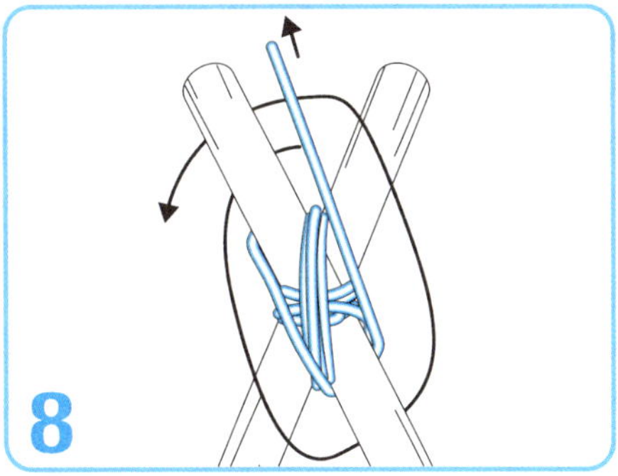

端を矢印のように移動させ、左斜め上がりの割りを3回ほど入れる。

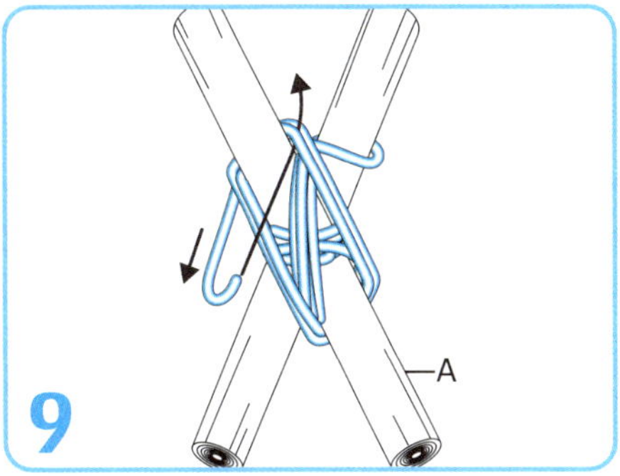

割りのあと、端を矢印のようにもっていく。

固め結び（P56）で端を固定して完成。

固め結びをするところを裏側から見た図

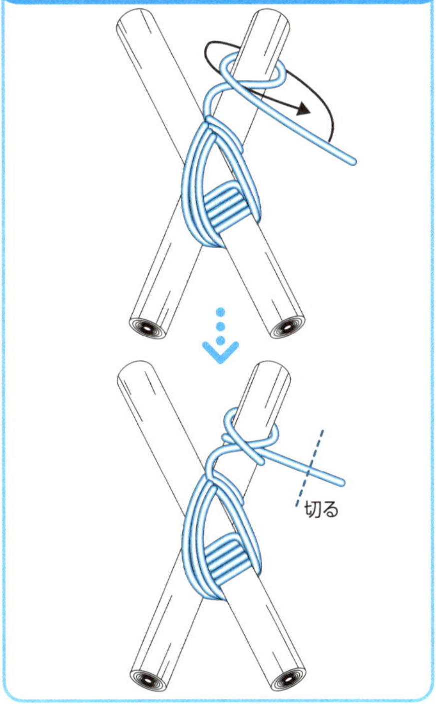

はさみ縛り(二脚)

はさみ縛りのポイントは、脚を開く角度に応じて縛る強さを調整することです。

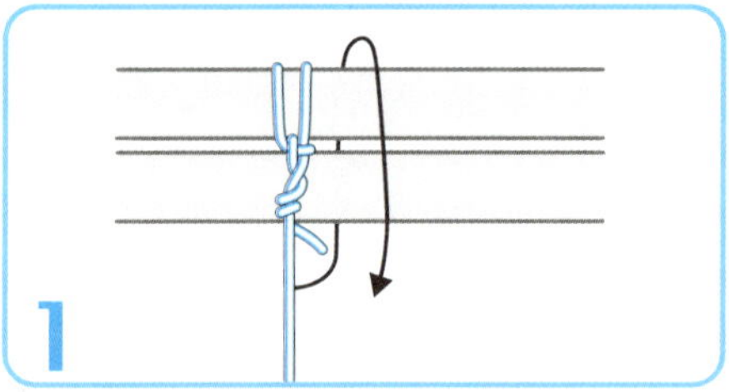

ロープの端を巻き結び(P32)で固定し、短いほうの端を、長いほうのロープにねじりつける。
その後、図のようにロープを巻きつける。

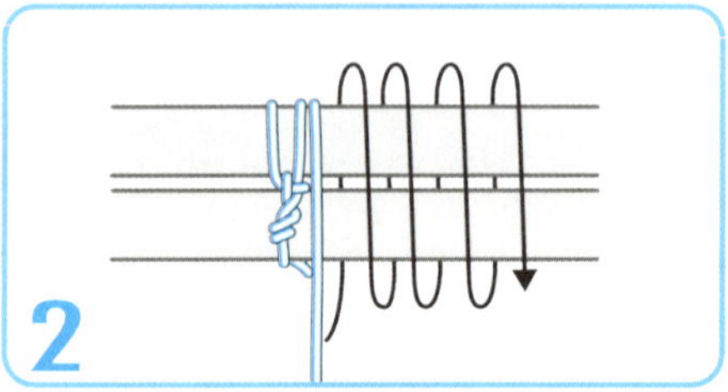

2本の柱を一緒に、5回ほどロープを巻きつける。

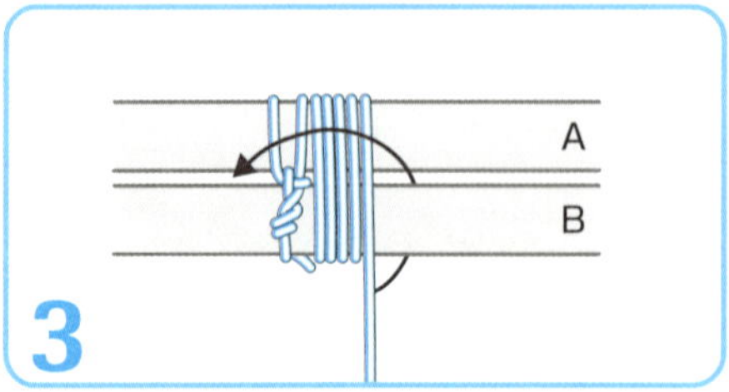

巻きつけ終わったらロープをA、Bの間に通す。

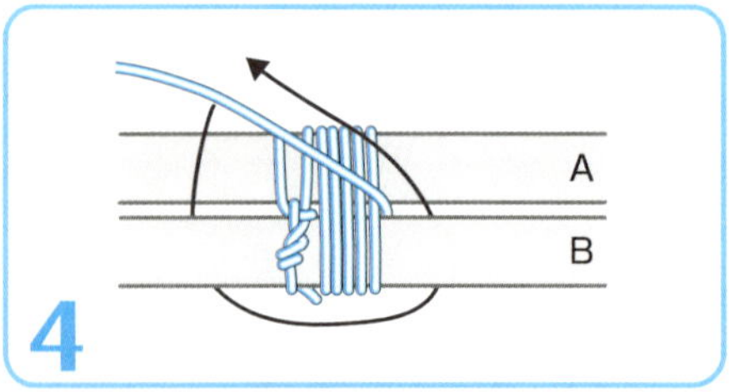

矢印のようにA、Bの間に割りを2回入れる。

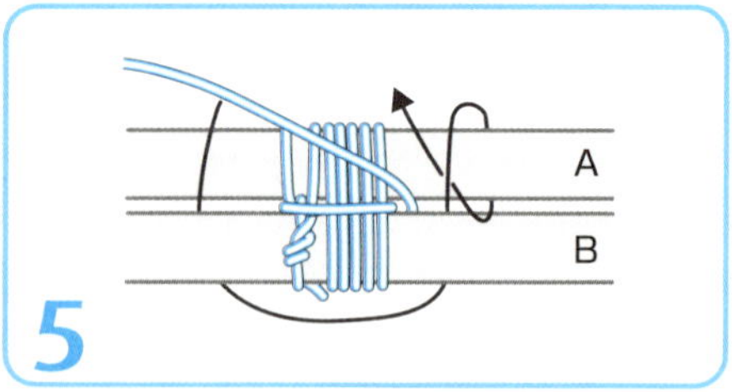

割りのあと端をAにひと巻きする。

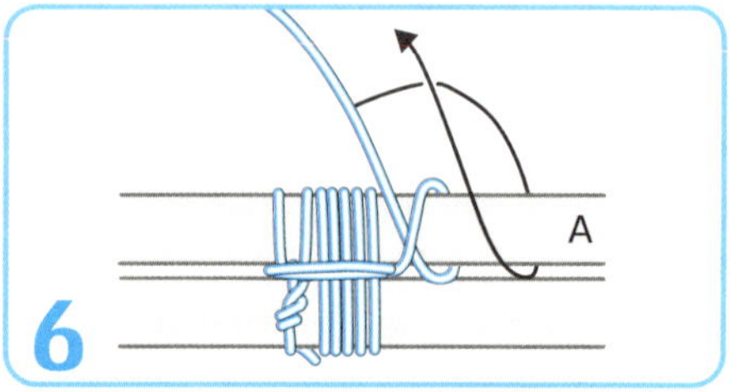

端を矢印のようにもう一度Aに巻きつける。

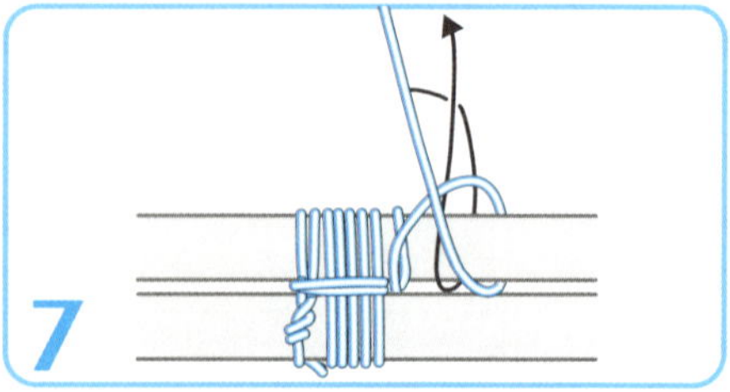

端をさらに矢印のように巻きつける。

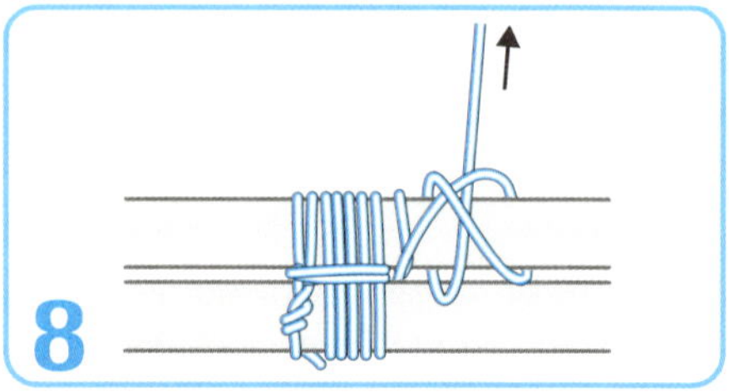

ロープを強く引き、結び目を引き締める。固め結びの完成。

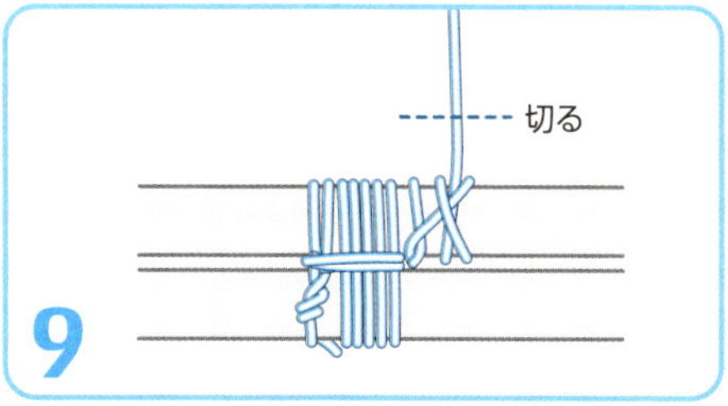

あまったロープを切断する。

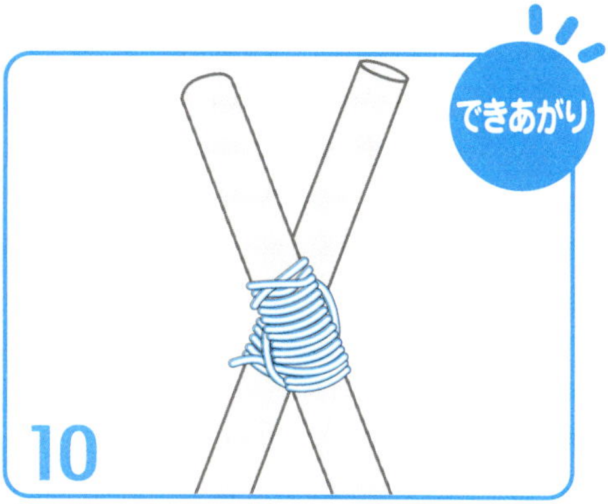

完成。脚を開く角度は35度以内にすること。

2本の柱をつなぎ合わせる

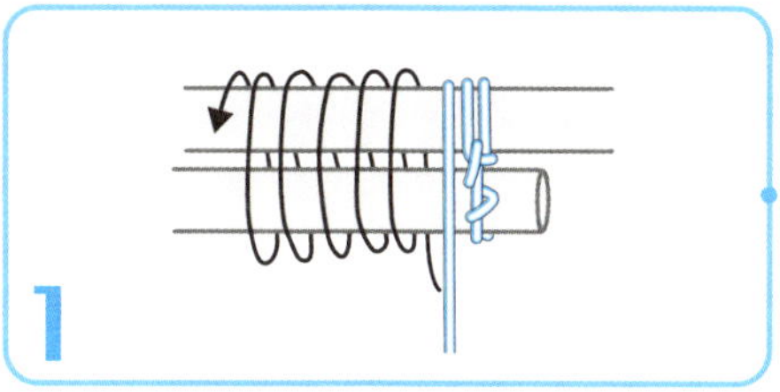

ロープの端を巻き結びで固定し、2本の柱に7～8回ロープを強く巻きつける。

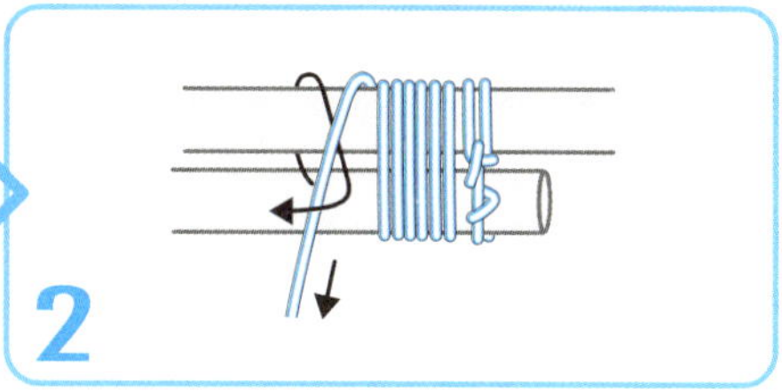

矢印のようにロープを巻きつける。二脚の場合と違い、割りは不要。

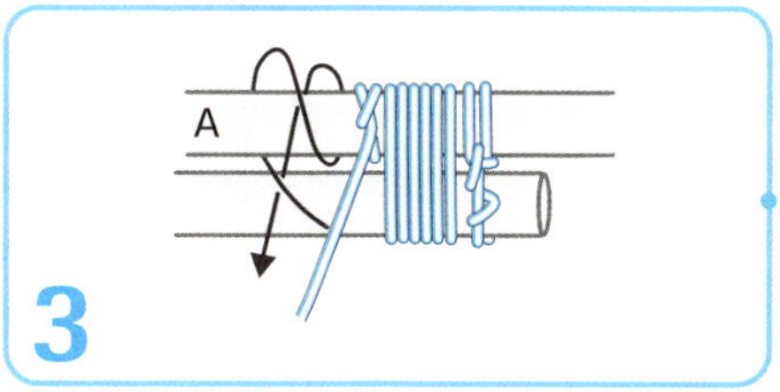

固め結び（P56）で、Aの柱にロープを固定する。

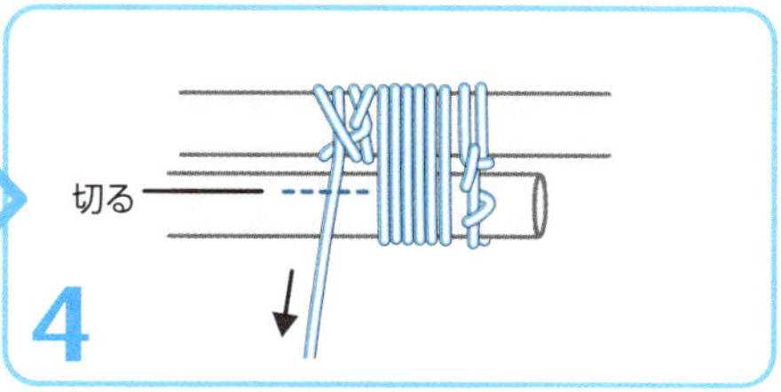

あまったロープを切断する。

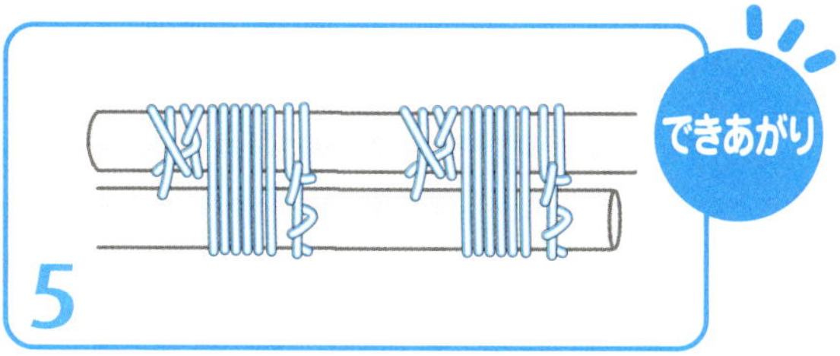

1～4の手順でもう1か所固定して完成。

はさみ縛り(三脚)

三脚でかまどをつくるときなどに使う縛り方です。
二脚の場合と違い、割りを入れる場所が2か所になります。

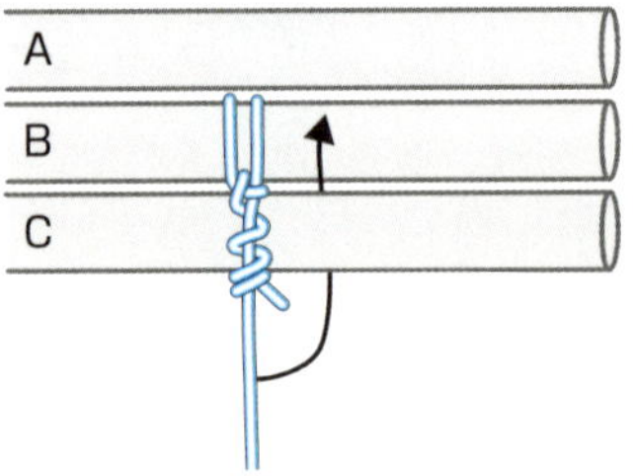

1

柱を3本用意し、Bの柱に巻き結び（P32）でロープを固定する。そのあと、Cにひと巻きする。

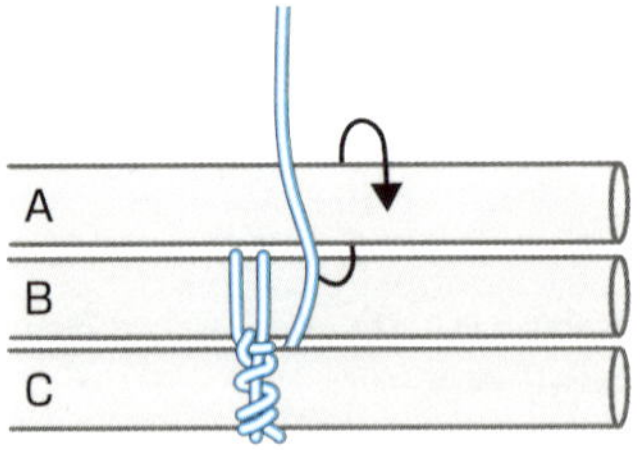

2

ロープをBの上側に通したあと、Aの下側を通す。

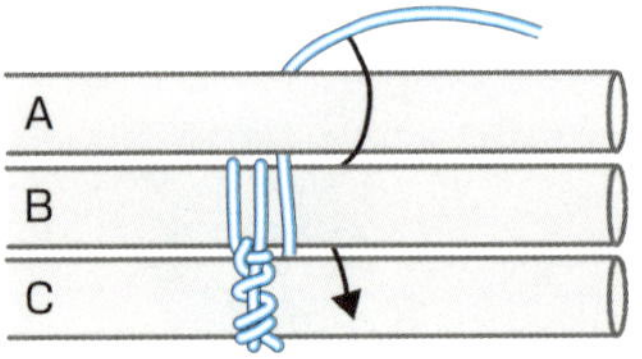

3

Bの下側にロープを通す。

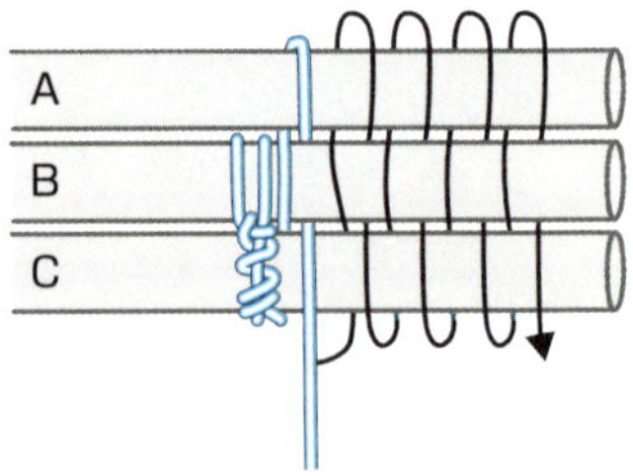

4

1～3を5回ほど繰り返し、巻きつける。

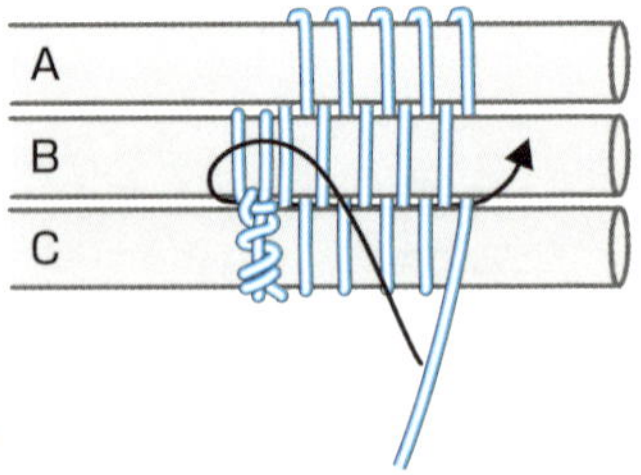

5

図のようにBとCの間にロープを巻きつける。

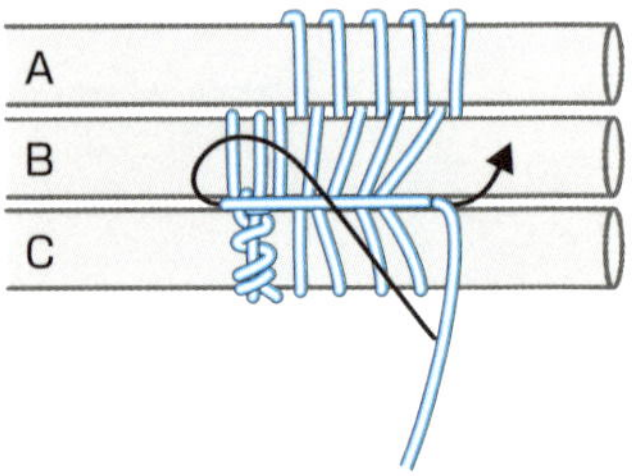

6

もう一度BとCの間に巻きつけ、割りを入れる。

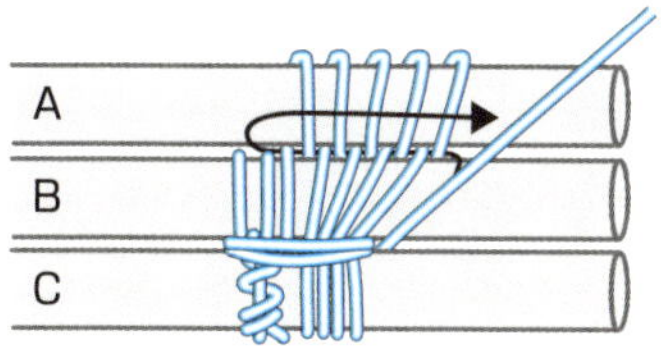

7

今度はAとBの間に3回、割りを入れる。

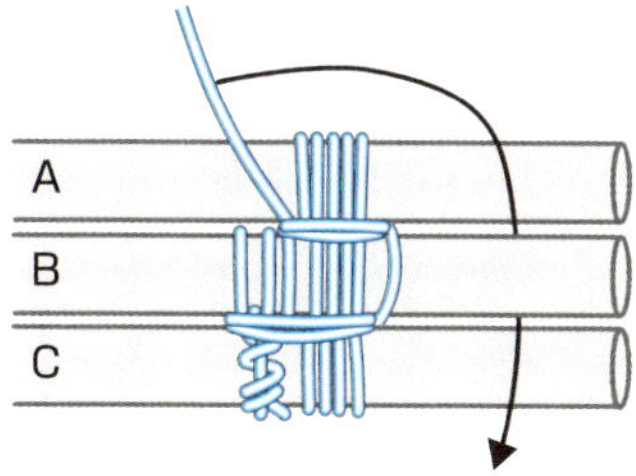

8

割りを入れたあと、ロープを矢印のように移動させる。

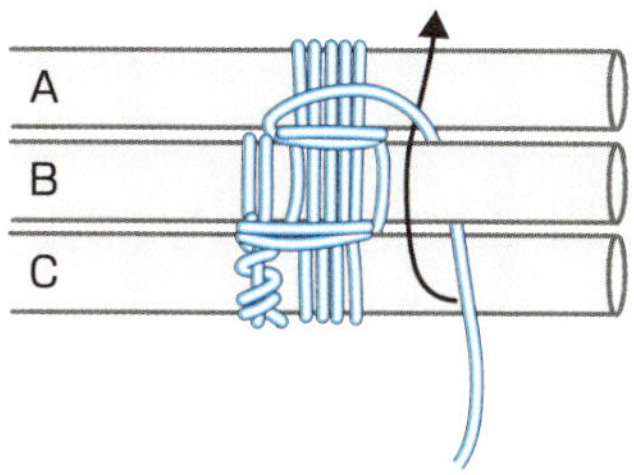

9

ロープを矢印のようにBにひと巻きする。

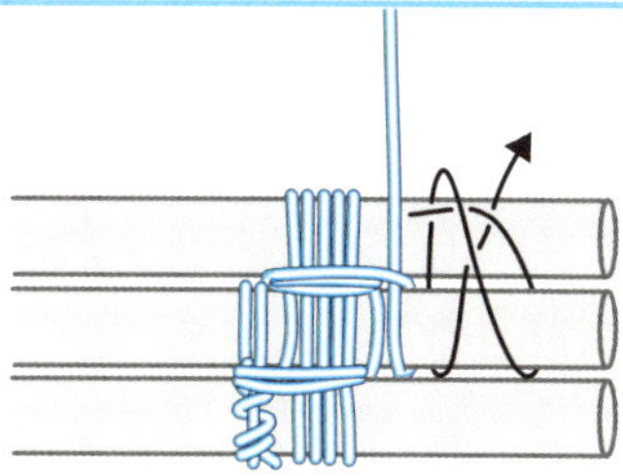

10

図のようにロープを巻きつけ、固め結び（P56）で固定する。

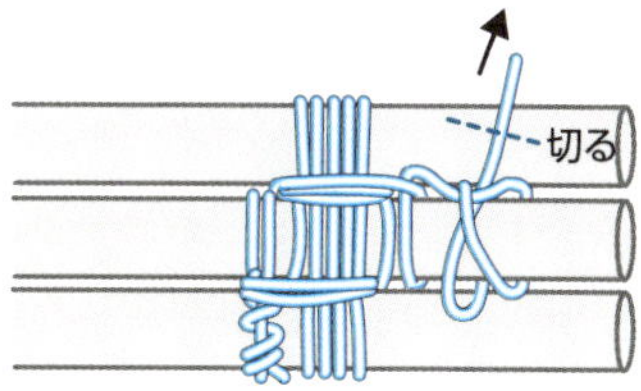

11

余ったロープを切断する。

できあがり

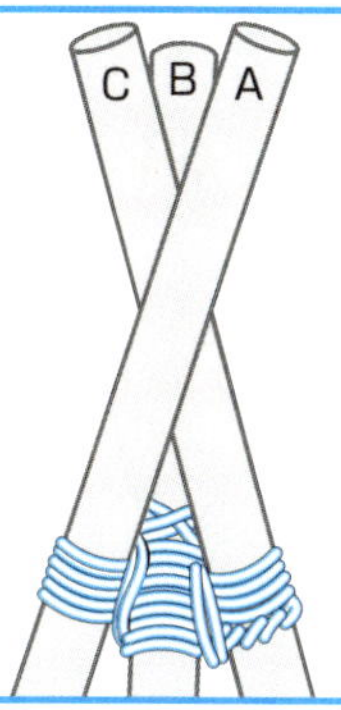

12

三脚の形を整えて完成。脚を開く角度は35度以内にすること。

角縛り

直角に交差する柱を固定するときに使用する結び方です。
ひと巻きごとに力を入れ、しっかり巻きつけていきます。

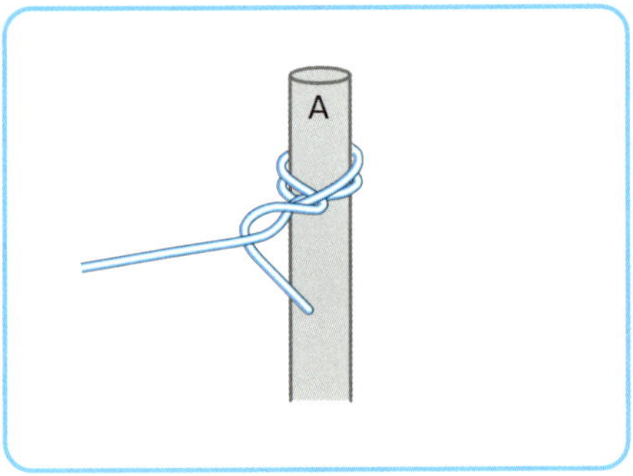

1 Aの柱にロープを巻き結び（P32）で固定する。

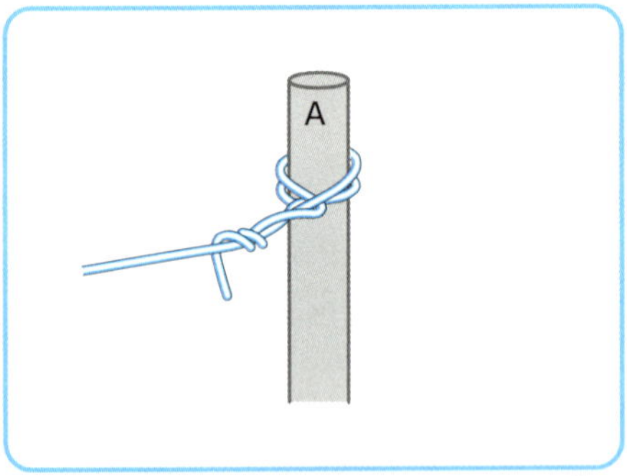

2 短いほうのロープを、長いほうのロープに2〜3回巻きつける。

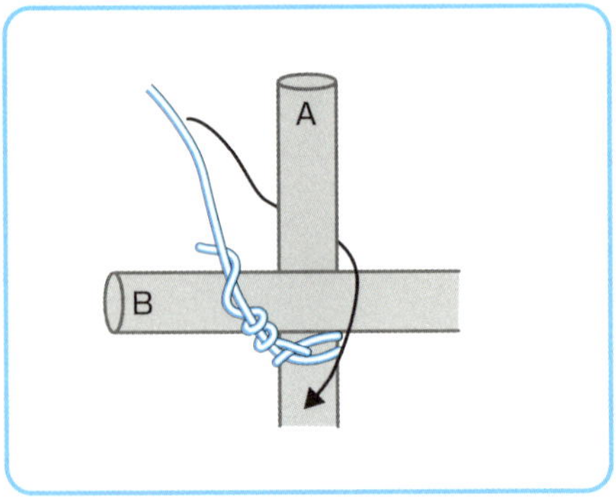

3 Aの結び目の上にBの柱を直角にセットし、矢印ようにロープを回す。

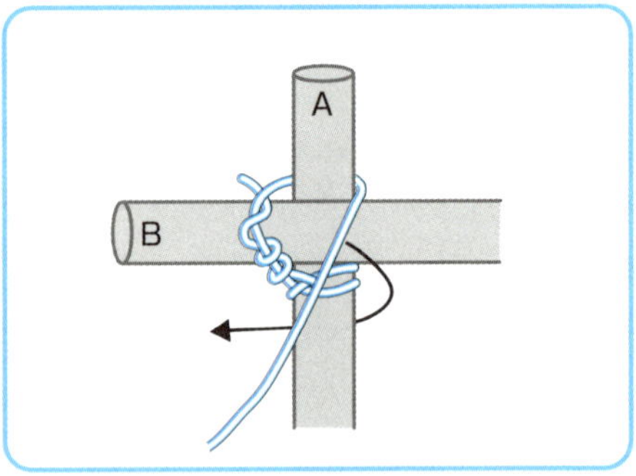

4 矢印のようにロープを回し巻きつける。

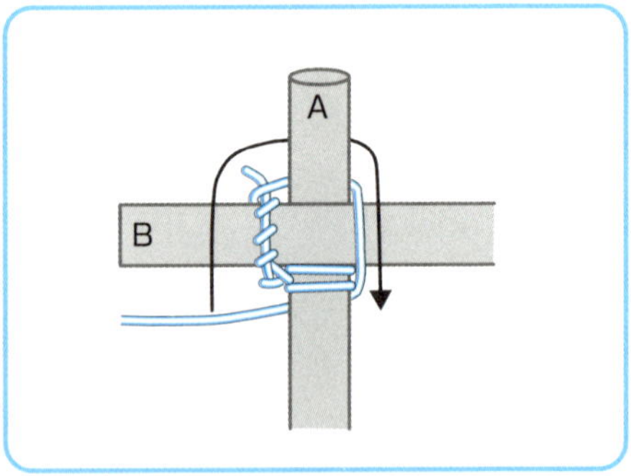

5 矢印のようにAの裏、Bの表側にロープがくるようにする。

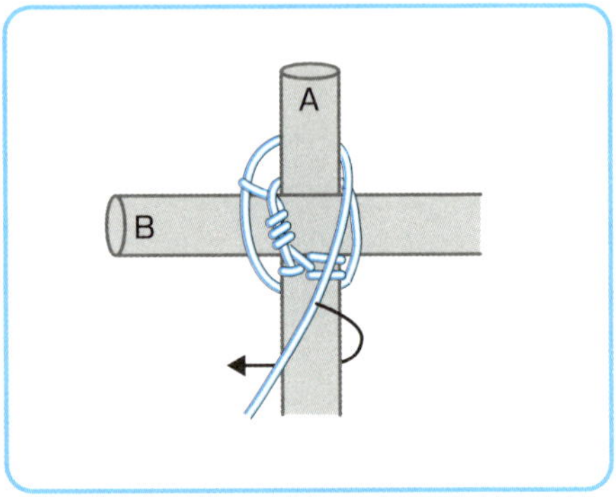

6 4、5の工程を2〜3回繰り返す。

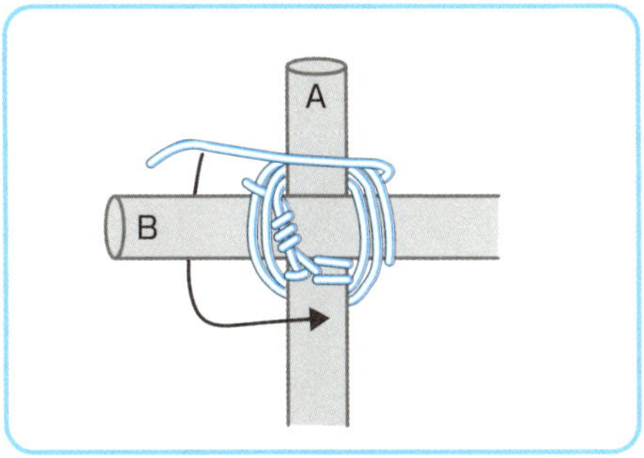

7 Bにひと巻きし、今度は図のようにロープをもっていく。矢印のようにロープを移動させ、A、Bの間に割りを入れる。

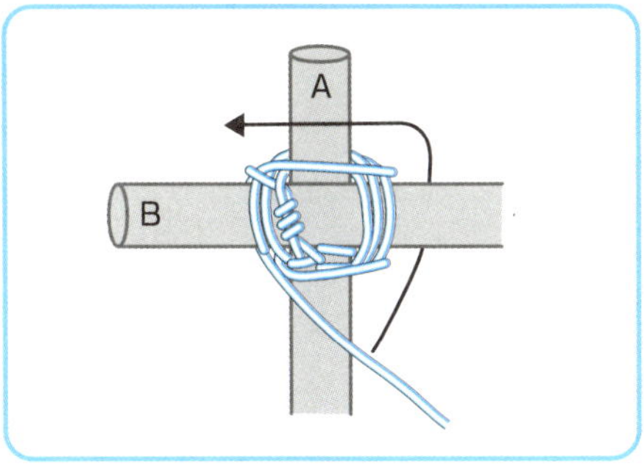

8 割りは2～3回入れる。

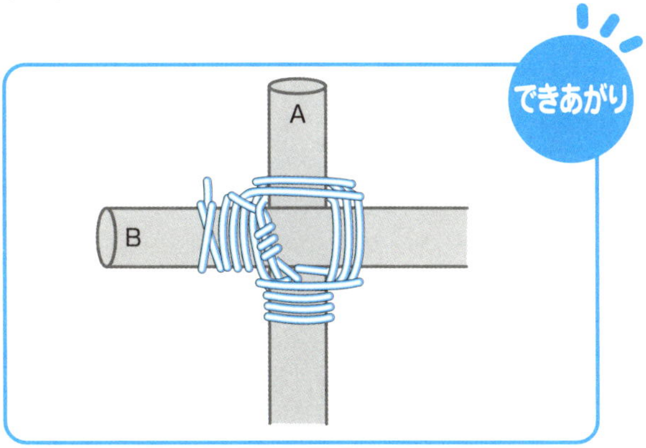

9 割りのあとBに固め結び（P56）で固定して完成。

床縛り

柱を並べてテーブルや物置き台、イカダなどをつくるときに使用する結び方です。すき間をつめて、1本1本しっかり固定させることが大切です。

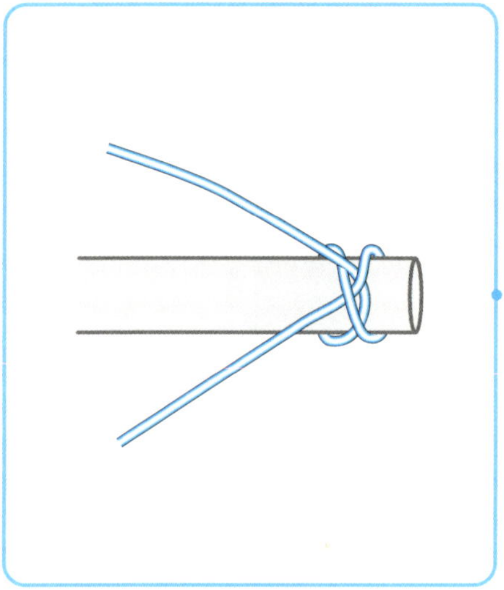

1 図のようにロープの中央の部分で、丸太の端に巻き結び（P32）を行う。

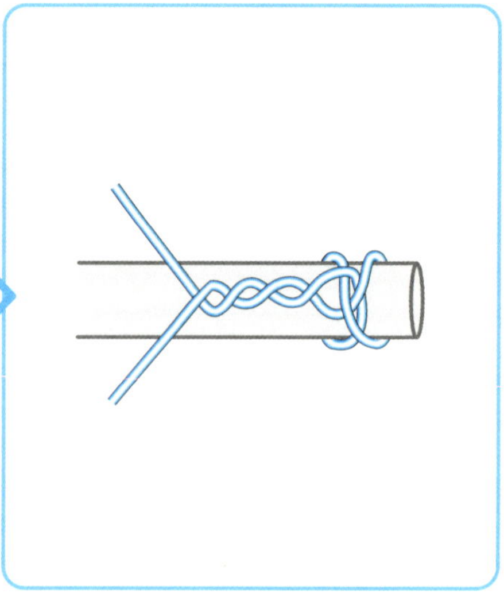

2 ロープ同士を4～5回より合わせる。

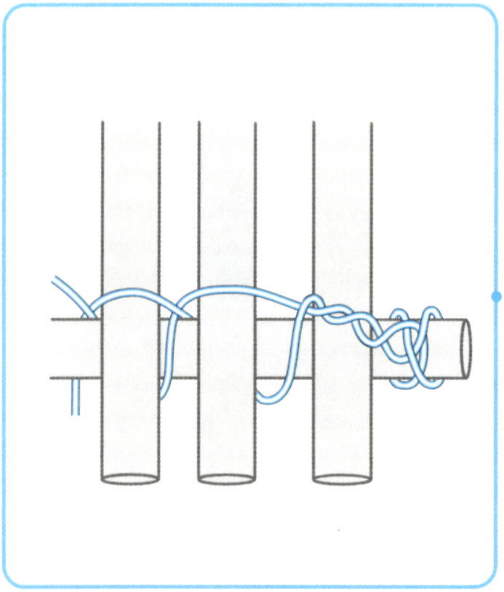

3 図のように丸太を直角にのせ、交互にロープをからめて丸太を固定していく。

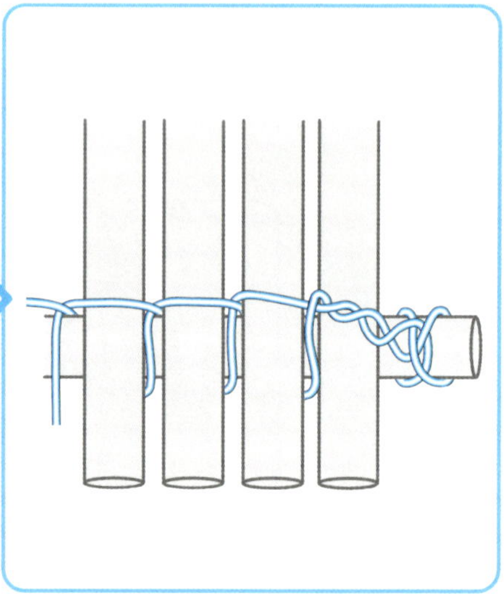

4 丸太のすき間をつめて、順々に巻いていく。

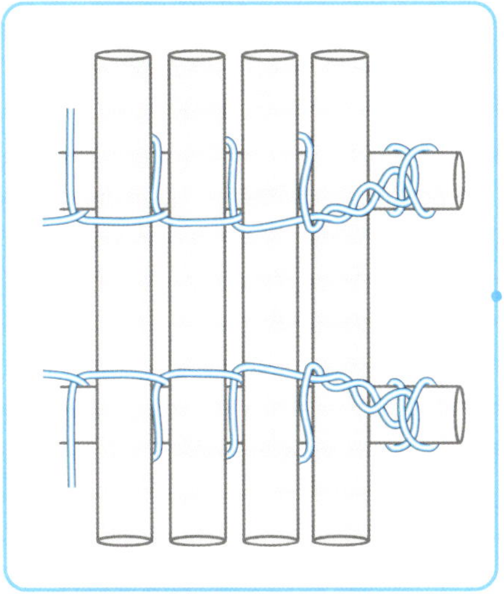

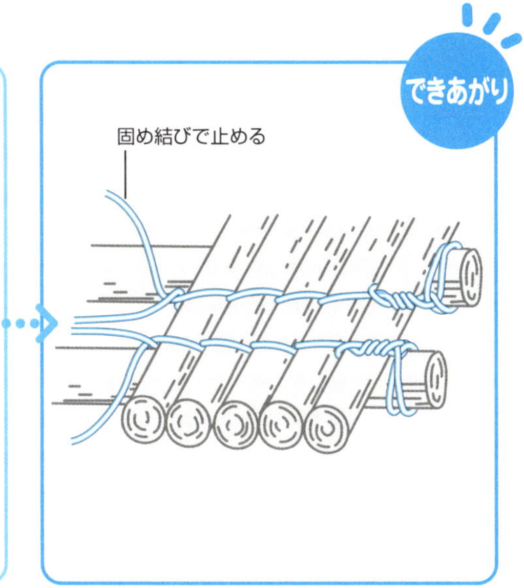

5 反対側の丸太も同じように固定する。緩みがないように気をつけること。

6 末端は固め結び（P56）や本結び（P22）、巻き結びなどで横の丸太に固定して完成。

11 火おこしに挑戦する

現在ではマッチやライターを使用して簡単に火をおこすことができますが、木を使って火をおこすのもアウトドアのひとつの楽しみです。家族で火おこし競争をしてみるなど、遊び感覚でチャレンジしてみましょう。

"弓ぎり"で火をおこす方法

クワやウツギの枯れ枝がよい。

棒の両端に、ロープを通す穴を開けておく。
棒を削ってロープを結びつけてもよい。

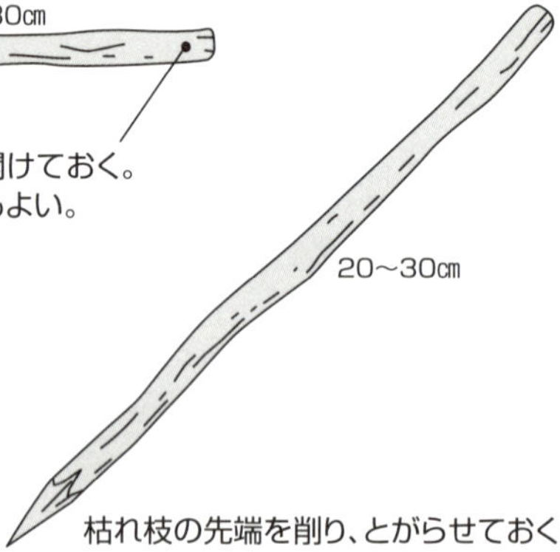

枯れ枝の先端を削り、とがらせておく。

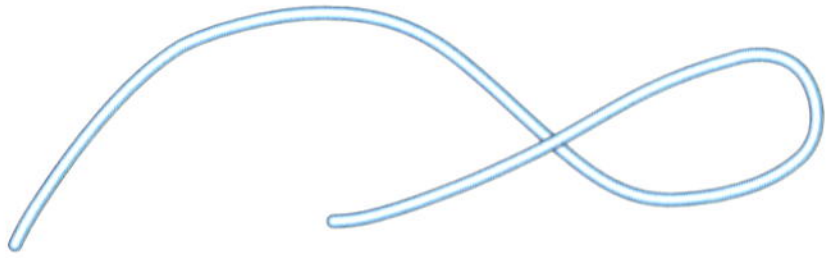

直径が6㎜ぐらいのロープ。用意できるのであれば、革ひものほうがよい。

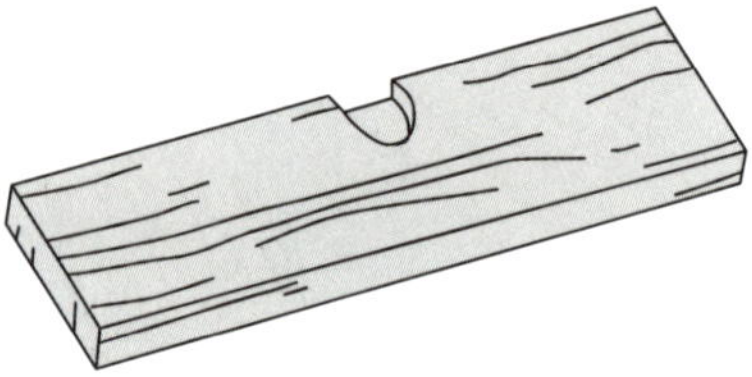

図のように、スギやヒノキなどの木切れにくぼみをつける。

竹の切れ端。

1 材料を準備する。

燃えやすい枯れ草や枯れ葉を木切れのくぼみに置いて、火をおこす

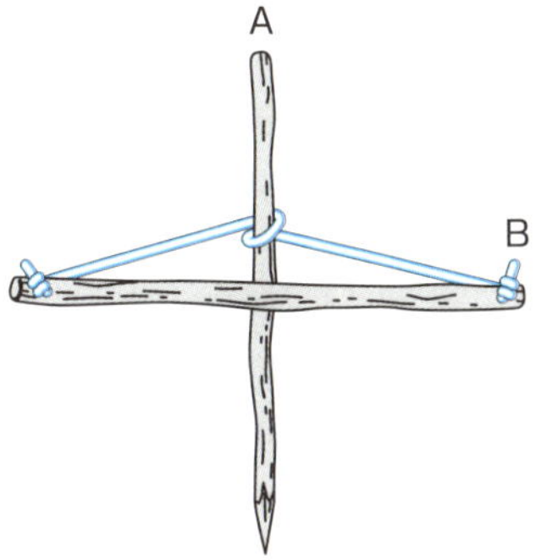

2 ロープをBの穴に8の字結び（P20）でコブをつくって固定し、Aにひと巻きする。ロープをピンと張ることが肝心。

できあがり

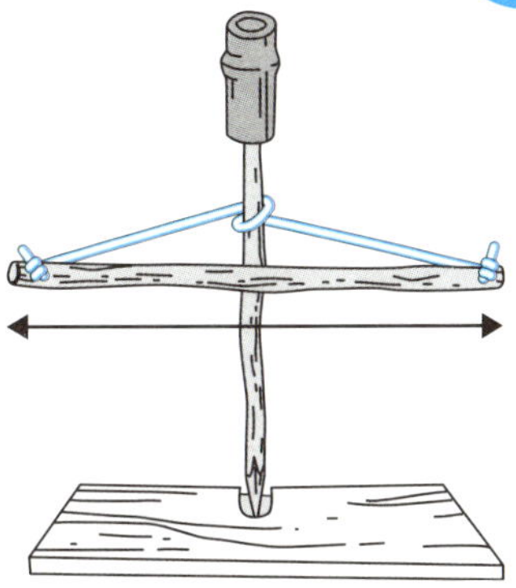

3 図のようにセットし、横棒を前後に動かして火をおこす。

⑫ ロープで遊ぼう

ひもやロープの結び方を上達させるためには、ひもやロープに接する機会を増やすことです。ロープを使用する遊びは、まさにうってつけといえます。みなさんも童心に帰って、子供たちと一緒に楽しんでみましょう。

目かくしトレイル

トレイルとは「散歩道」のことで、まずリーダーの人が森の中の木などにロープを巻きつけ、トレイル（コース）をつくります。プレイヤーは目かくしをし、ロープをたよりにゴールを目指します。子どもたちにはワクワク、ドキドキの楽しい体験となるでしょう。

空中ケーブル

ロープと、滑車がひとつあれば楽しめるロープ遊びです。2本の立ち木のあいだにロープを張り、そのロープに滑車を吊り下げて遊びます。ポイントは、ロープをしっかりと張ることです。

ロープ飛び

中央の人がロープを回し、最後までロープをよけることができた人が勝ちです。

ロープの長さは5mぐらいが適当。ロープの先に投げ結び（P235）でコブをつくっておくとよい。

ロープ相撲

ロープを引っ張ったり緩めたりして、相手のバランスを崩したら勝ちです。

ロープの端に8の字結び（P20）でコブをつくっておくとよい。

⑬ 縄ばしごをつくる

縄ばしごのつくり方を知っておくと、アウトドアや緊急時の脱出などに役立ちます。自分の体重をあずけるものですから、特に念入りにつくり、途中で結び目がほどけることがないように注意しましょう。

連続8の字結びでコブをつくる

8の字結びのコブを連続して何個もつくる方法です。
素早くつくれるのでイザというときに役に立ちます。
ロープは直径12㎜以上のものを使用するとよいでしょう。

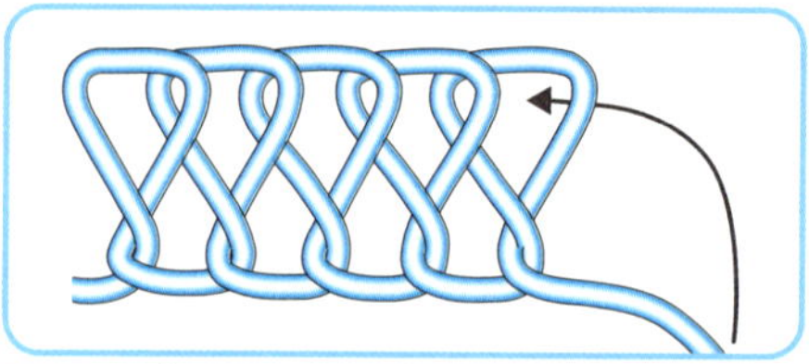

1 ロープで図のように連続した8の字をつくる。ロープの重なり方に注意。

2 ロープの一方の端を、図のように輪の中に通していく。

3 全部の輪に通したあと、ロープの元と端を8の字の形を整えながら引っ張る。

4 1つひとつの8の字を丁寧に輪から引き出していくのがコツ。

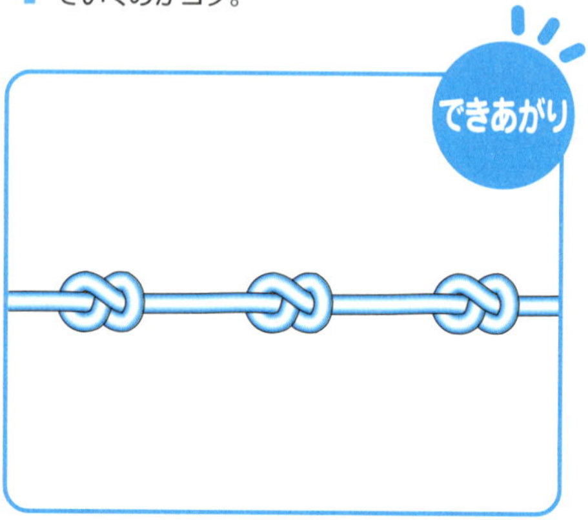

5 完成。

丸太ばしごをつくる

てこ結び（P36）

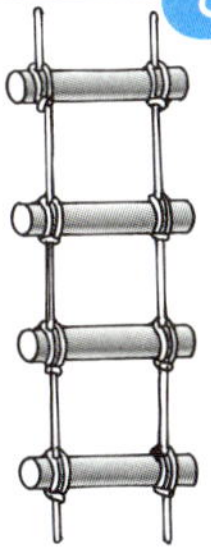

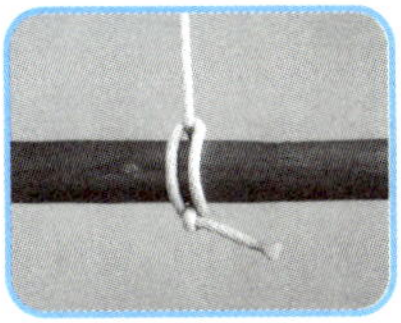

てこ結びで丸太にロープを連続して結び、はしごをつくる

角縛り（P52）

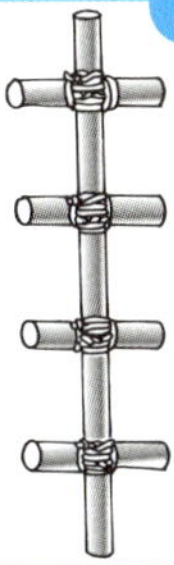

長い丸太に短い丸太を角縛りで固定して、十字型のはしごをつくる

編みばしごをつくる

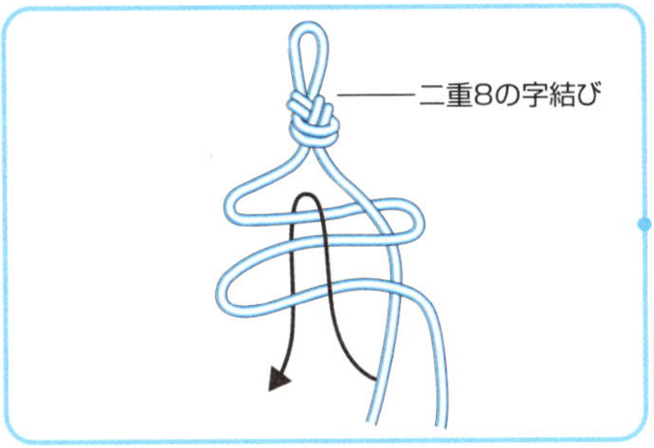

1 ロープを中央で半分に折り、二重8の字結び（P43）をつくる。まずロープで足を掛ける部分をつくり、もう一方の端をそこに巻いていく。

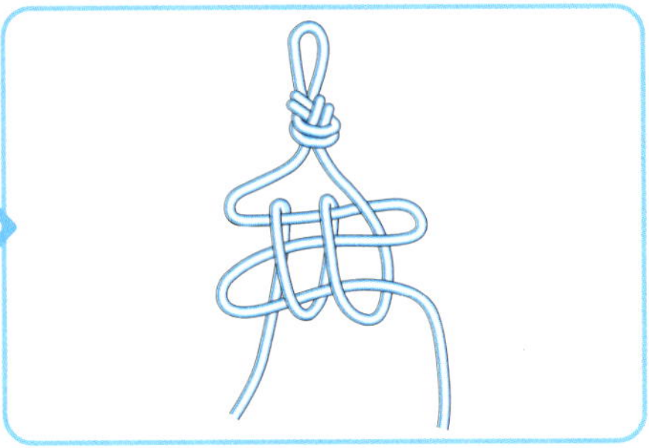

2 巻くときは、ひと巻きごとにしっかりと力を入れ、密に巻いていくこと。

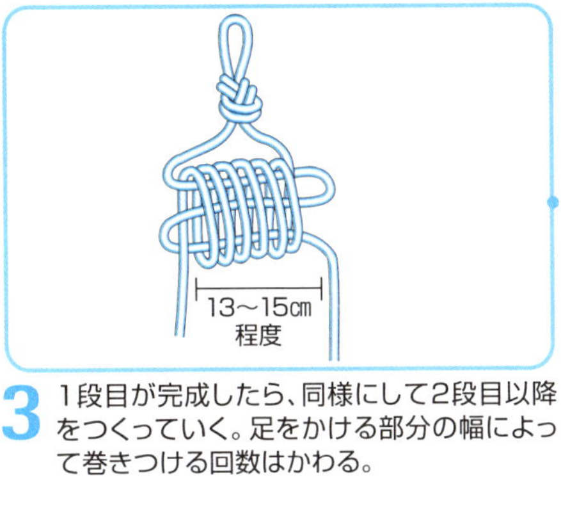

3 1段目が完成したら、同様にして2段目以降をつくっていく。足をかける部分の幅によって巻きつける回数はかわる。

できあがり

4 必要な段数をつくり、最後に両方の端を8の字結びで閉じて完成。

⑭ ハンモックをつくる

キャンプやアウトドアで、ハンモックにゆられながら読書や昼寝を楽しむことは、最高のぜいたくです。ハンモックをつくるには、8㎜前後の太めのロープと、4㎜前後の細めのロープが必要です。

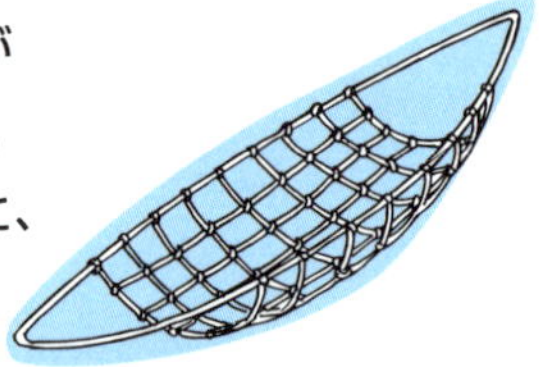

太いロープへの細いロープの結び方

太いロープに細いロープを結ぶときには、ひばり結びや巻き結びを使用します。

ひばり結び

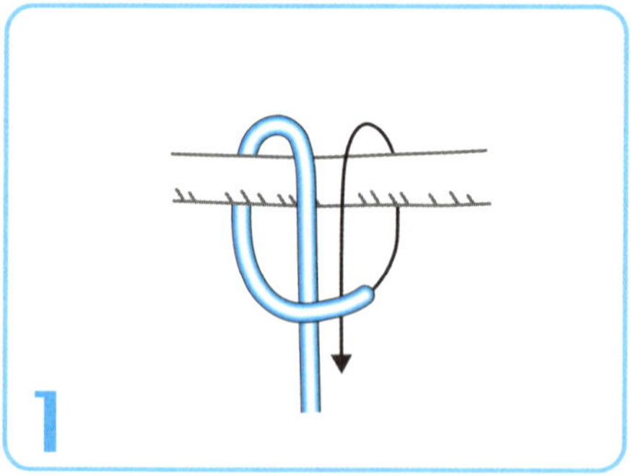

図のように、太いロープに細いロープを巻きつける。

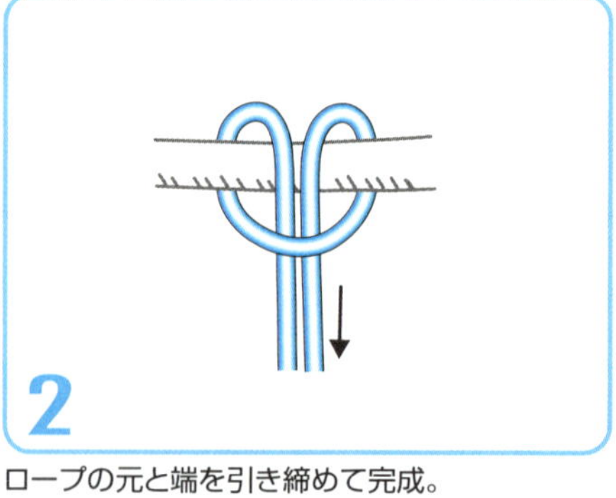

ロープの元と端を引き締めて完成。

巻き結び

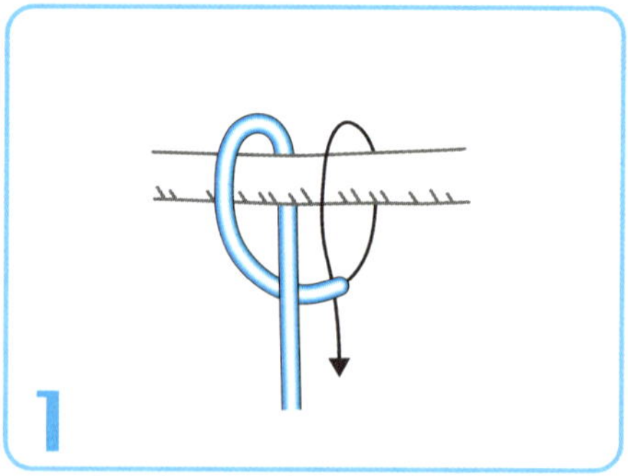

図のように、太いロープに細いロープを巻きつける。

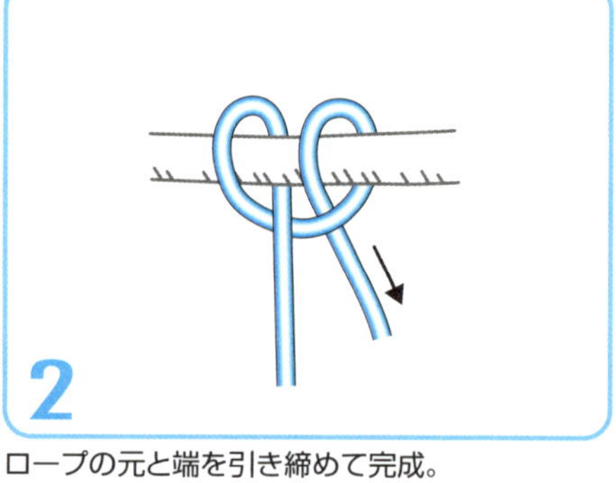

ロープの元と端を引き締めて完成。

編み目のつくり方

編み目をつくるときには、本結びやあやつなぎを使用します。

あやつなぎ

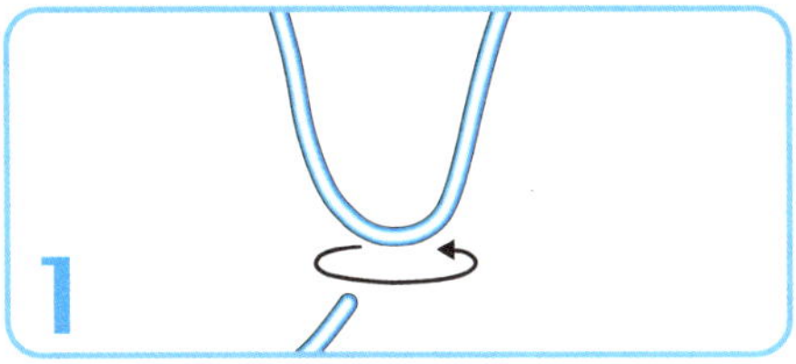
1

ロープをひねって輪をつくる。

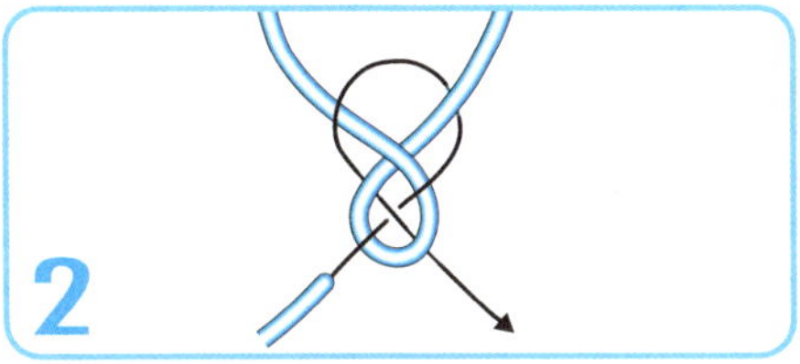
2

矢印のようにロープを通す。

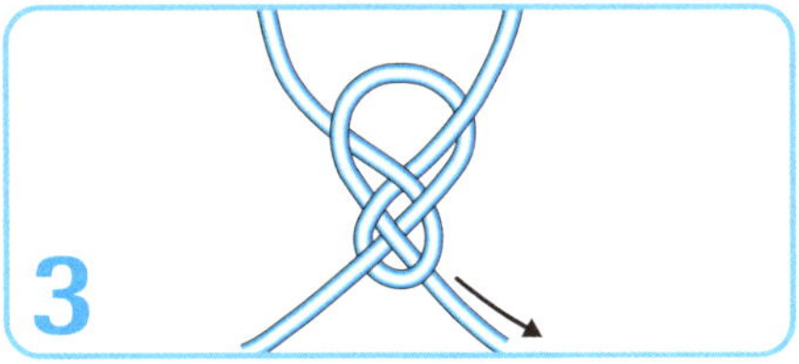
3

本結び

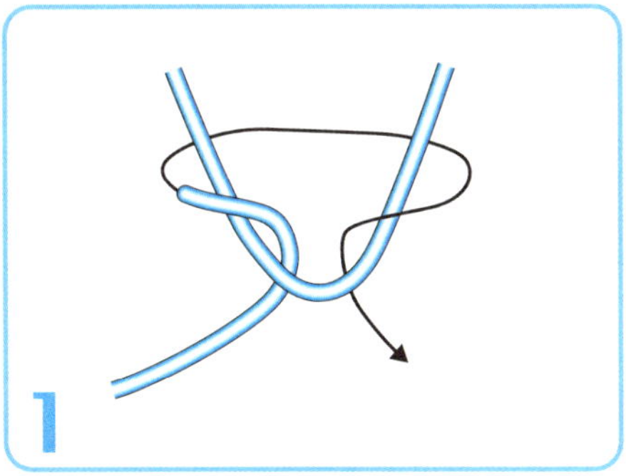
1

図のようにロープの端を通す。

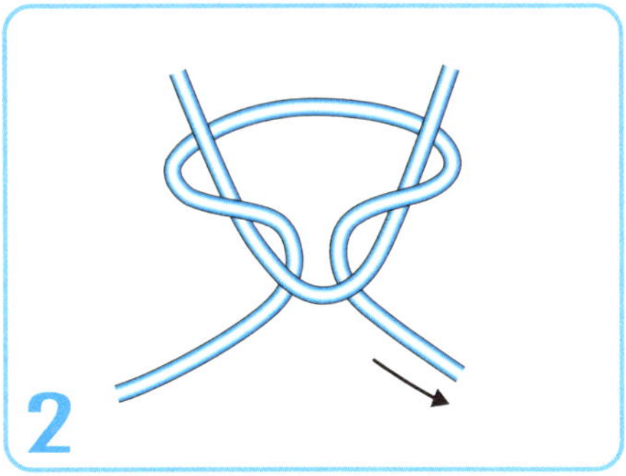
2

結び目を引き締めて完成。

編み方

1本の長いロープで1段目から順々に編み目をつくっていく。(P132参照)

<注意>
しっかりとしたものをつくらないと危険を伴うので、はじめは市販のものを参考にするとよいでしょう。

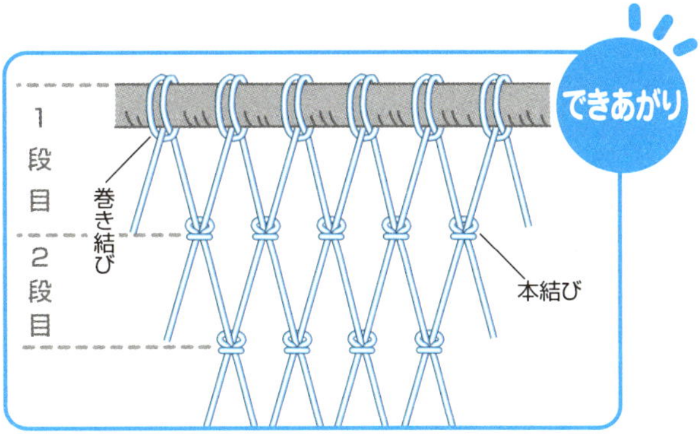
できあがり
1段目
巻き結び
2段目
本結び

⑮ イカダをつくる

浮力がある太めの丸太が用意できるのなら、イカダをつくってみましょう。川下りや湖での遊びに最適です。テーブルをつくるときに使用した床しばりで、しっかりと結びましょう。

イカダの床のつくり方（床縛り）

イカダをつくるときには、水上でほどけないように、しっかりと結ぶことが大切です。

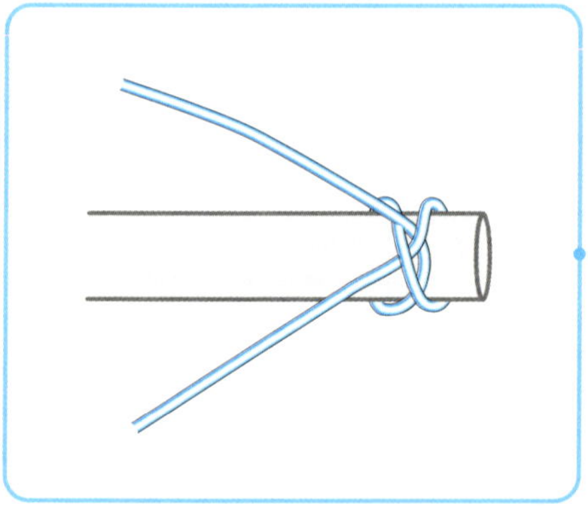

1 図のように、ロープの中央の部分で、丸太の端に巻き結び（P32）を行う。

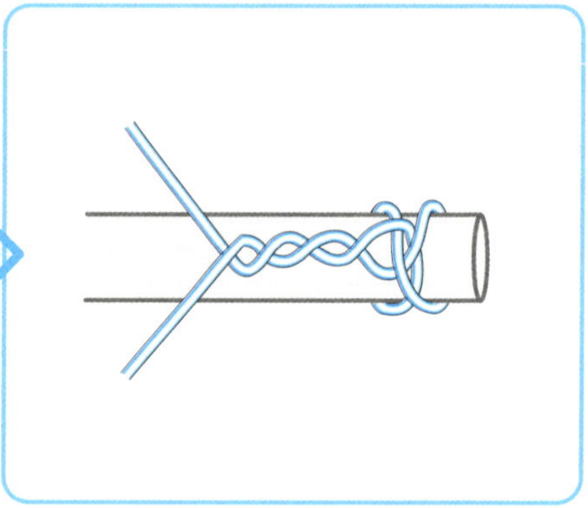

2 ロープ同士を4〜5回より合わせる。

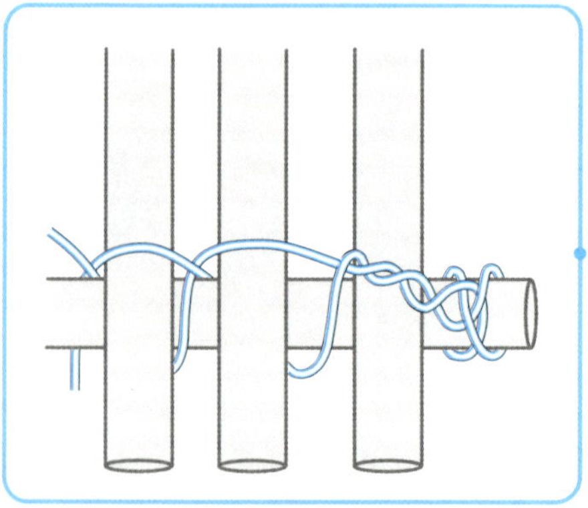

3 図のように丸太を直角にのせ、交互にロープをからめて丸太を固定していく。

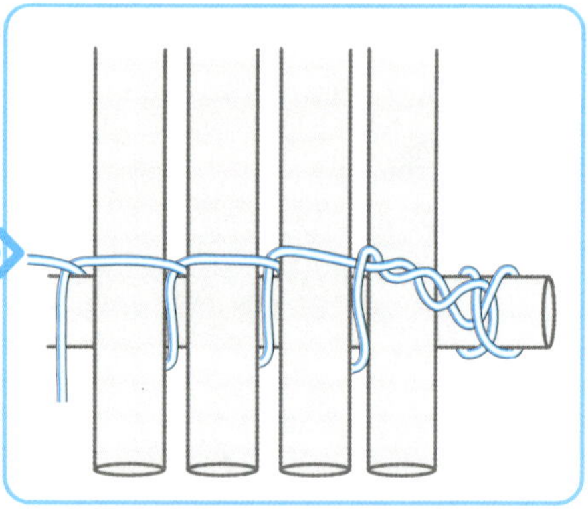

4 丸太のすき間をつめて、順々に巻いていく。

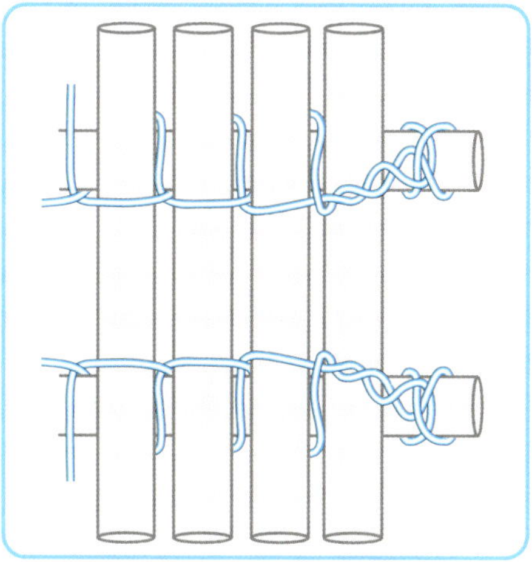

5 反対側の丸太も同じように固定する。緩みがないように気をつけること。

※イカダは流される危険性があるので、必ず周囲の安全を確認すること。他人に迷惑のかからないことを確かめてから行ってください。
また、ライフジャケットは必ず用意し着用しましょう。

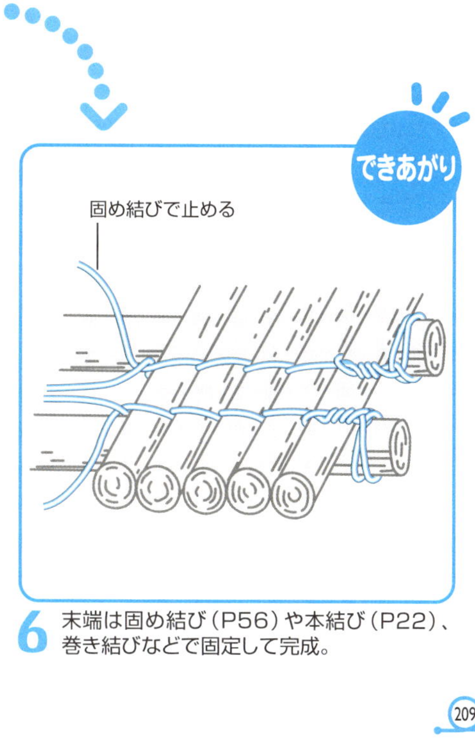

6 末端は固め結び（P56）や本結び（P22）、巻き結びなどで固定して完成。

登山で使う結び

登山やハイキングでは、結びのテクニックは欠かせません。靴のひもを結んだり、ロープを結んだりと、さまざまな局面で結びが使用されます。使用するロープは、アウトドアショップなどで販売されている、用途にあった専用のものを購入するのがよいでしょう。また、事前に結びを練習しておくことも重要です。

1 登山靴などのひもを結ぶ

山道などを歩くと、当然ながら足に大きな負担がかかります。履きやすい靴を選ぶことも重要ですが、靴ひもをしっかり結ぶことも大切です。ここでは靴ひも以外に、アイゼンの結び方も紹介します。

アイゼン

アイゼンは、氷の上や硬い雪の上を歩くときに使用します。8本以上爪があるものが一般的です。

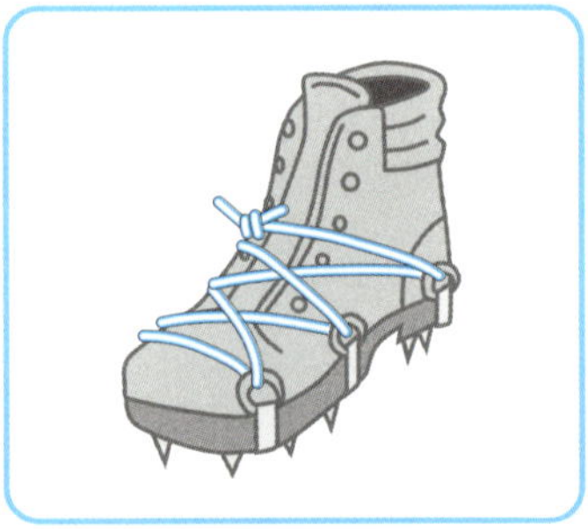

図のようにひもを通し、登山靴に固定する。端は本結び（P22）でしっかり固定する。

登山靴

よりしっかり結びたい場合は、はな結びを行ったあとに、ひと結びを加えます。

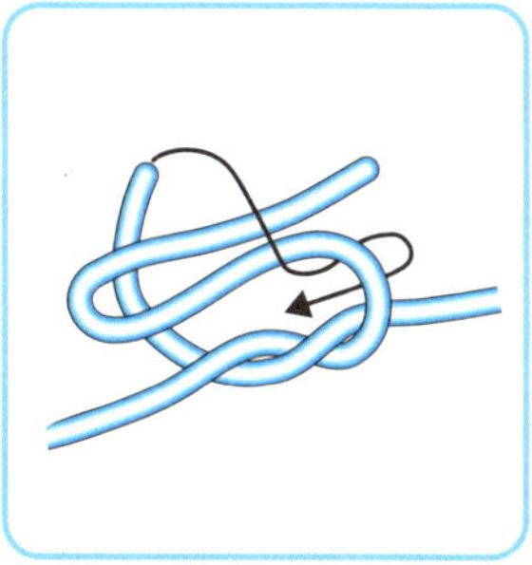

1 図のように、端同士ではな結びを行う。

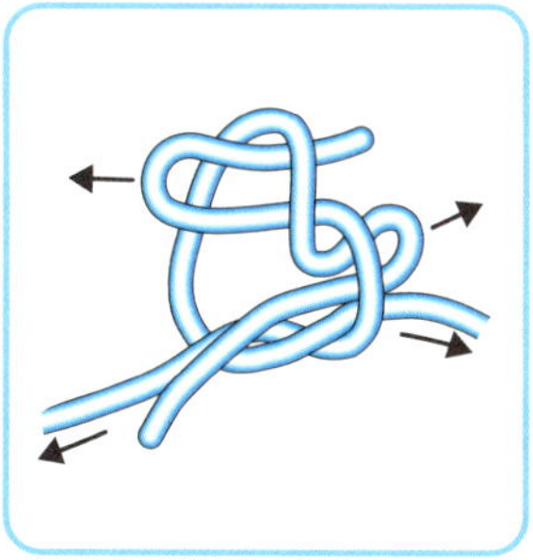

2 矢印の方向にひもを引っ張り、結び目を引き締める。

できあがり

3 はな結びの両方の輪でひと結びを行い、結び目を引き締めて完成。

上りを歩くとき

上りのときは、つま先のほうをきつめに、足首のほうをゆるめにすると、足首が楽になって疲労が減ります。

きつめに
ゆるめに

下りを歩くとき

下りのときは、足首のほうをきつめに結びます。足がつま先のほうにずれるのを防ぐことができます。

きつめに

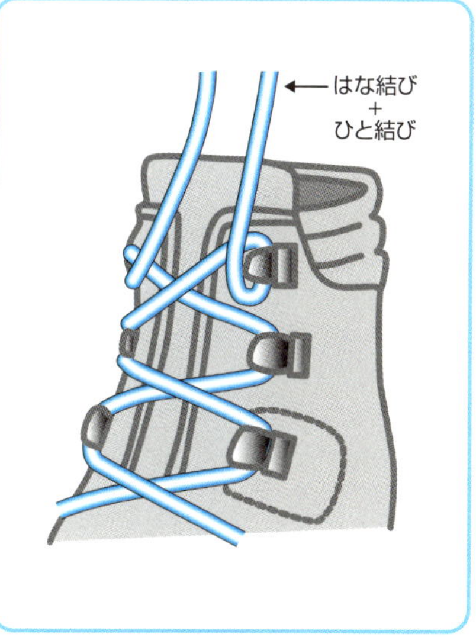
はな結び
+
ひと結び

一番上のフックに図のように上からひもをまわすと足首が窮屈にならず足によくフィットするため歩行が楽になる。

② 登山で多用する"もやい結び"

ロープを物に結びつけたり、自分の体に結ぶときには、もやい結び(登山関係では「ブリーン結び」とも呼ばれます)が多用されます。状況によって結ぶ方法にバリエーションがあるので、その時々に適した方法で結びましょう。

体に結びつける

登山関係では、もやい結びでロープを自分の体に結ぶことが一般的です。自分を守るものですので、しっかり確実に結びます。

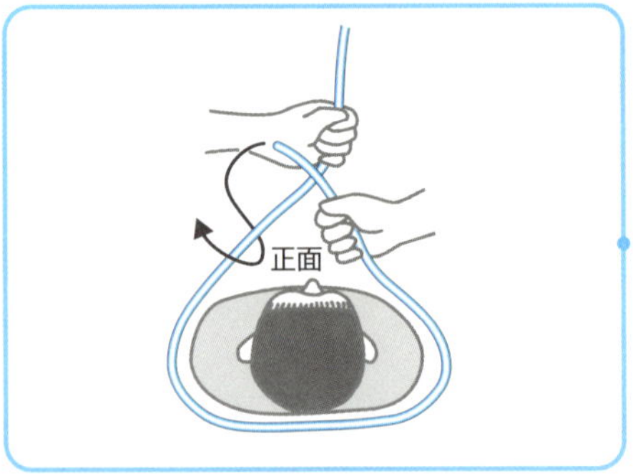

1 右手にロープの端をもってロープを体に回す。

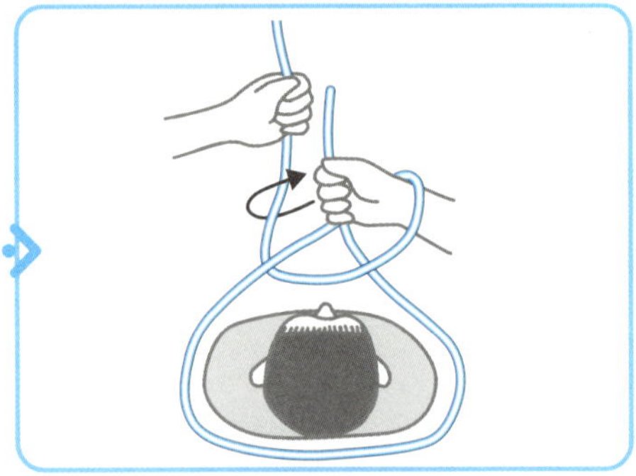

2 矢印のように端を元のロープにひと巻きする。

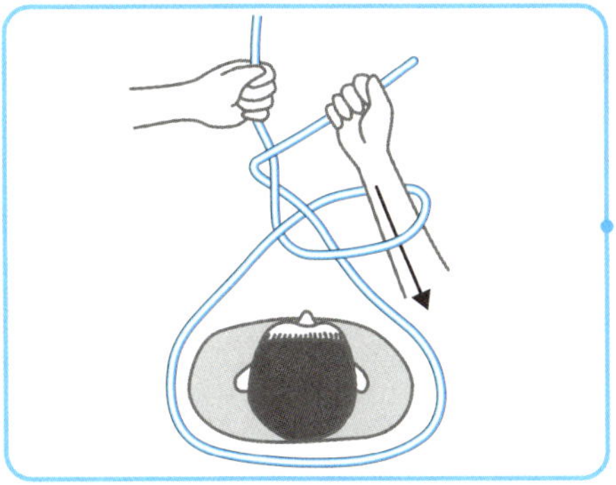

3 端を持ったまま、右手を輪から引き出す。

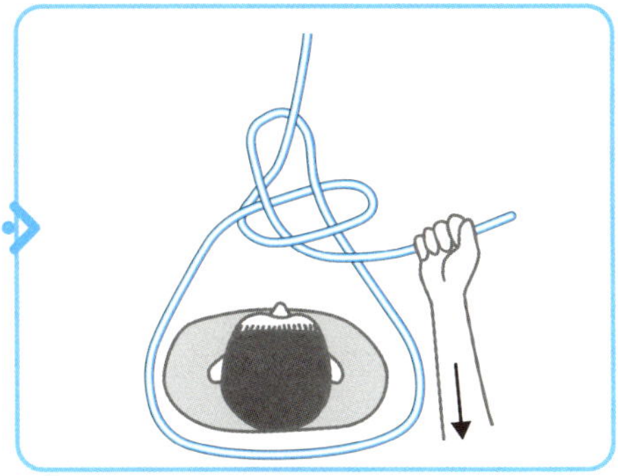

4 結び目を引き締めて完成。

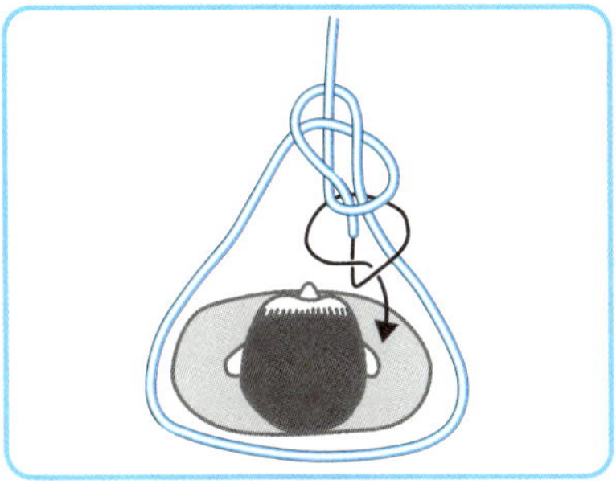

4のあと、端に止め結びを加えると、さらに解けにくくなり安全性が増す。

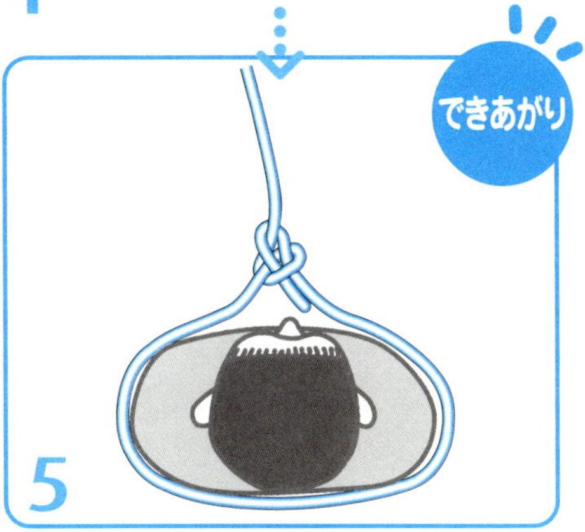

もやい結びは片手で結べる

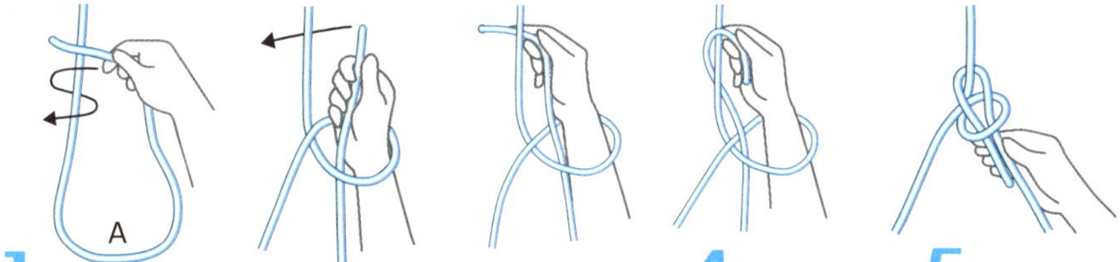

1 ロープの端を持ったまま矢印の軌跡を通るようにして右手を動かす。

2 このようになる。

3 ロープの端を元の後ろ側に通す。

4 ロープの端を元に1回巻きつけ、右手で持ち直す。

5 端をつかんだまま右手を輪の中から引き抜く。

もやい結びで物に結ぶ

もやい結びで岩や柱にロープを結びつける場合には、このような手順で行います。

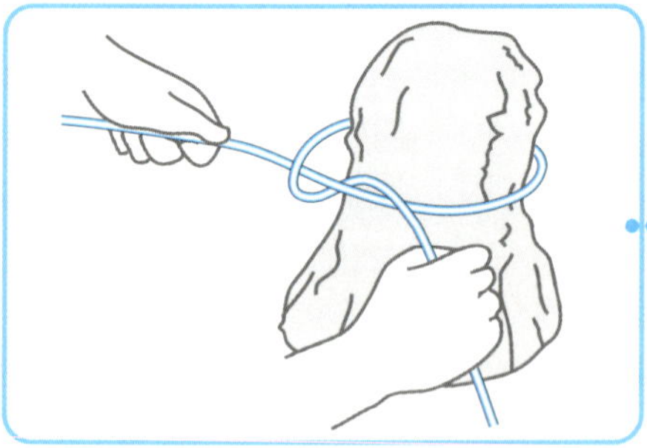

1 ロープを岩などにひと巻きし、止め結びをつくる。

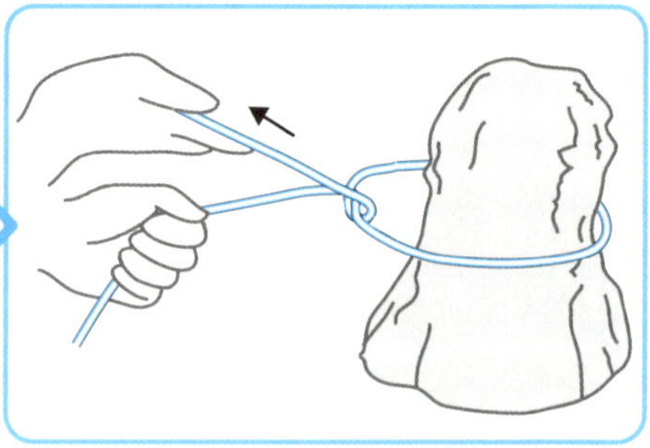

2 右手にロープの端を持ち、腕を交差させるように斜め上方に強く引っ張る。

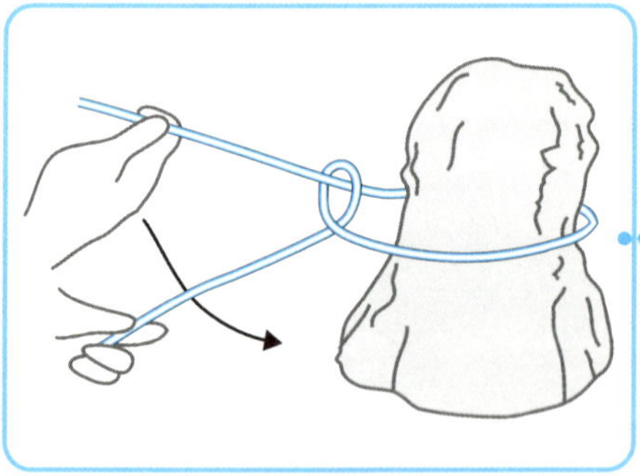

3 矢印のように端を移動させる。

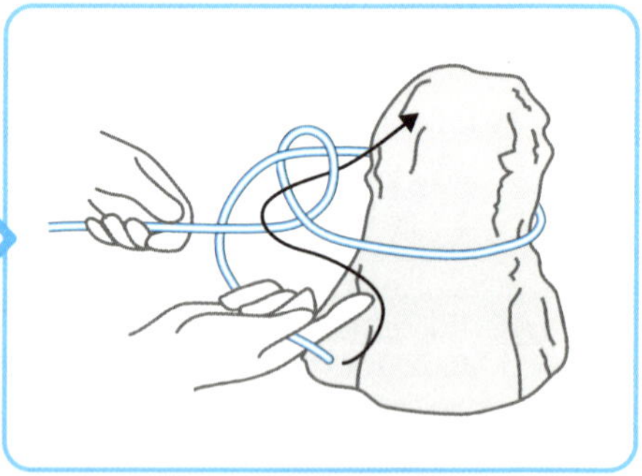

4 図のように、ロープの端を輪の中に通す。

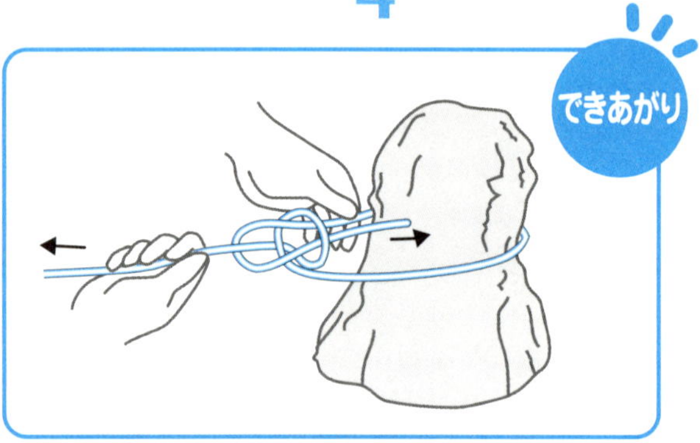

5 端と元を引っ張り、結び目を引き締める。

③ ロープ同士をつなぐ

ロープ同士をつなぐ場合には、テグス結びと二重テグス結びが最適です。ここで紹介しているテグス結びの変形は、ロープの端にコブをつくってからテグス結びを行い、強度を高めています。

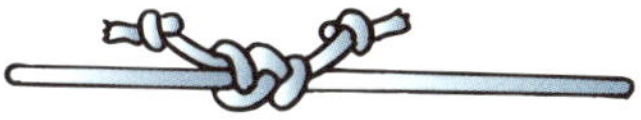

テグス結びの応用

ロープの端にストッパーの役割を果たすコブをつくり、強度を高めています。

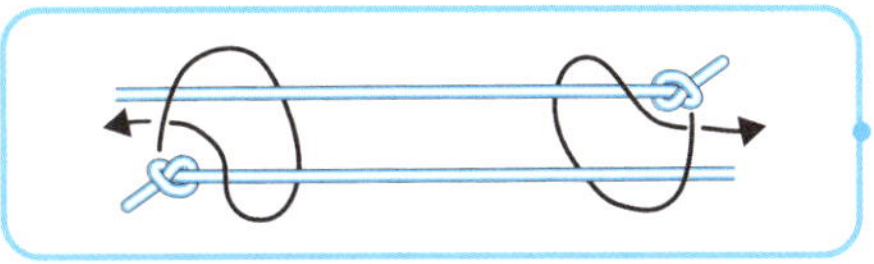

1 ロープの端に止め結びでコブをつくり、図のようにロープを巻きつける。

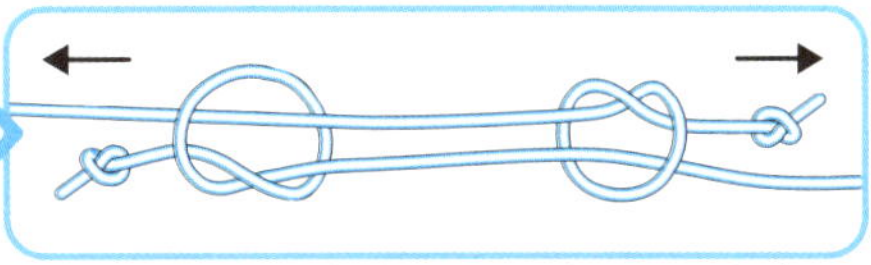

2 上側のロープの端と元を引っ張り、結び目を引き締める。

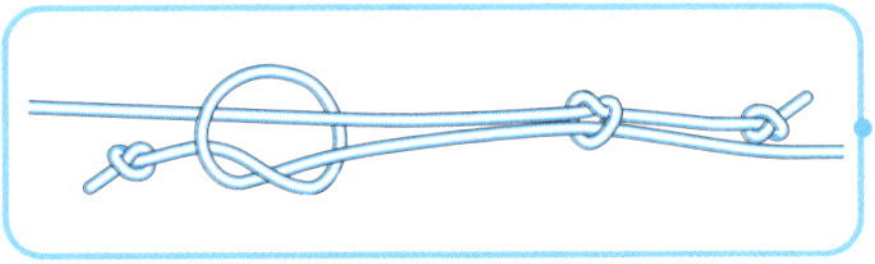

3 下側のロープも同様に結び目を引き締める。

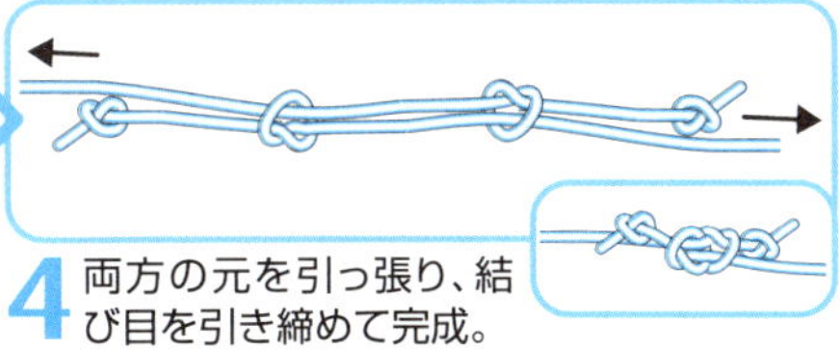

4 両方の元を引っ張り、結び目を引き締めて完成。

二重テグス結び

テグス結びのからみを増やし、強度を高めた結び方です。ロープの端にコブをつくると、さらに強度が高くなります。

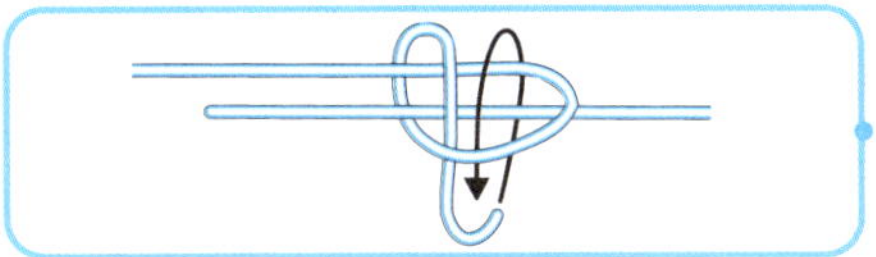

1 一方の端でもう一方の元にひと巻きし、輪の中に2回通す。

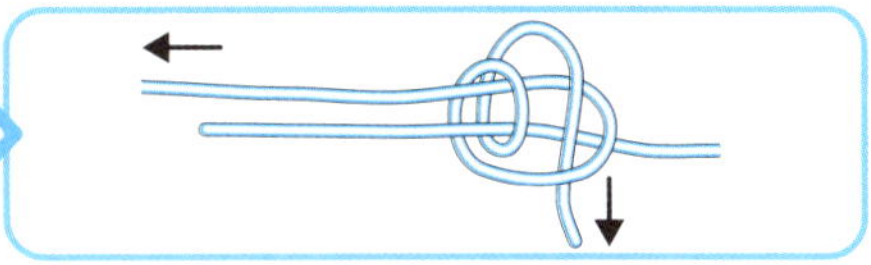

2 ロープの端と元を引っ張り、結び目を引き締める。

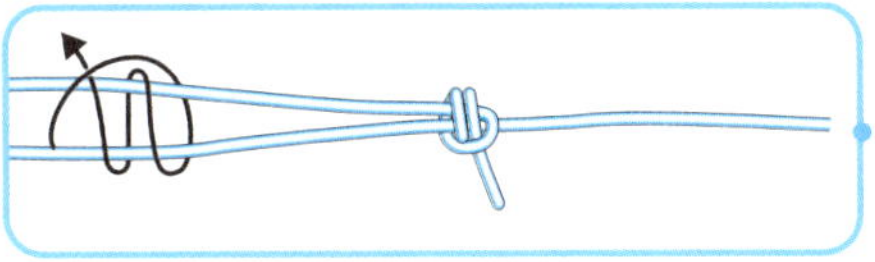

3 もう一方の端も同じように結ぶ。結び目は強く引き締めること。

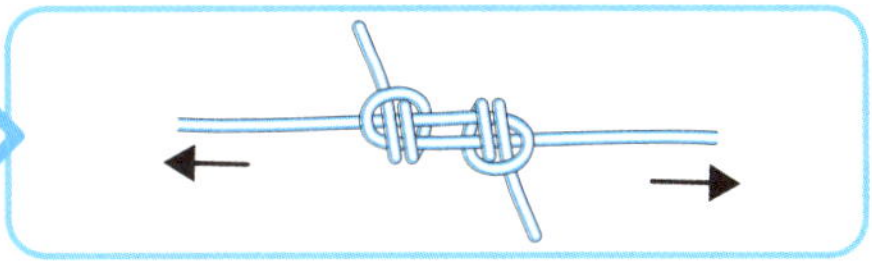

4 2本のロープの元を強く引っ張って結び目を引き締める。

④ ロープを物に結ぶ

重い荷物を持って急な崖や岩場を登ることは、登りづらいだけではなく、大変危険です。一度荷物を下ろし、岩場を登りきってからザイルで荷物を引き上げたり、下ろしたりする工夫が大切です。

グランベル結び

ロープの輪の部分をバックの取っ手などに通し、カラビナで固定します。

1 ロープを半分に折り、荷物の取っ手などに通す。

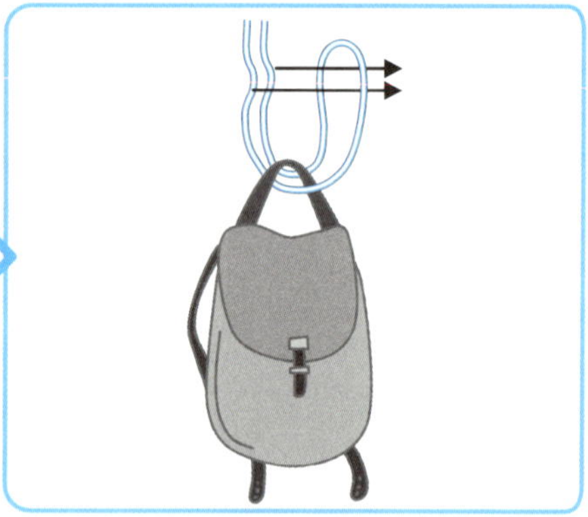

2 取っ手に通した輪の部分を、ロープの元に通す。

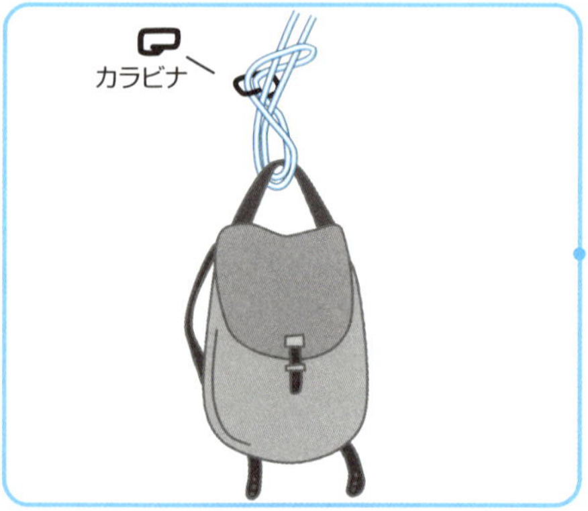

3 図のようにカラビナをかませる。

4 完成。

ターバック結び

取っ手のある荷物を引き上げたり吊り下げたりする場合に使用します。

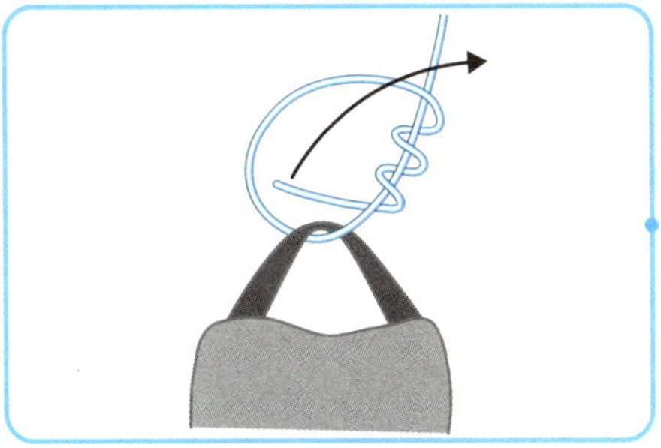

1 ロープの端を取っ手に通し、図のように結ぶ。

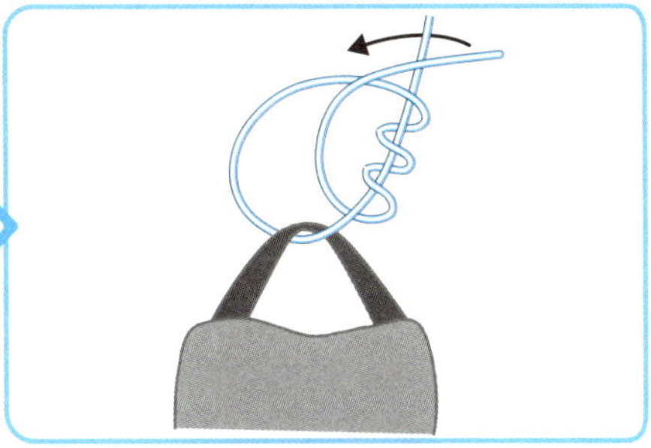

2 端を結び目の上に移動させる。

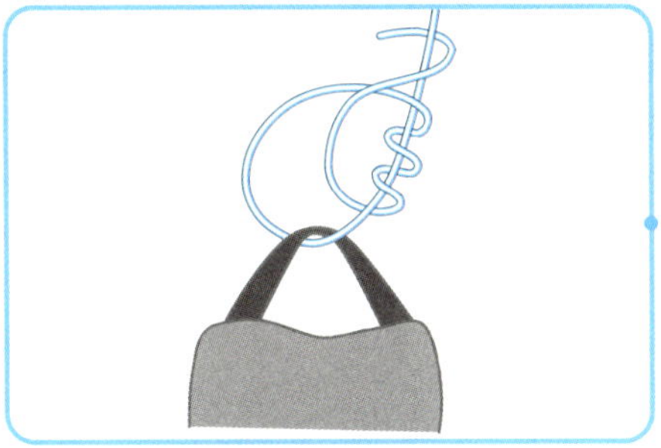

3 ロープの端を元に巻きつける。

4 図のように端を結び、結び目を引き締めて完成。

シュバーベン結び

ピッケルなどの棒状のものを吊り上げる場合には、この結びを使用します。

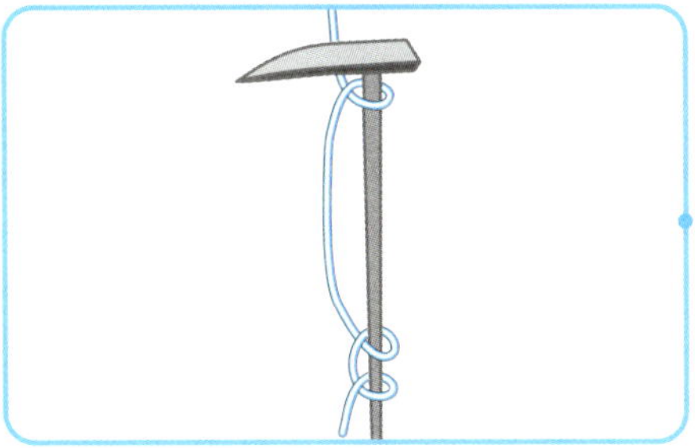

1 図のように、ピッケルの上部にひと巻きし、下部はロープをふた巻き巻きつける。

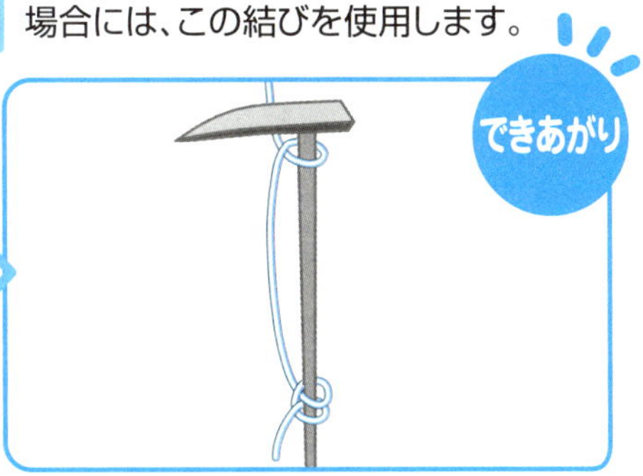

2 結び目を引き締めて完成。

5 中間ループをつくる

尾根などを歩くときには、パーティーの何人かが1本のロープで結ばれます。このパーティーのうち、先頭と最後尾の人はもやい結びで結ばれますが、中間の人は、ここで紹介する結びを使います。この他にも二重8の字結び、二重止め結びで結べます。

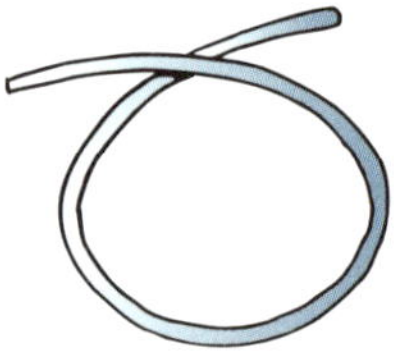

ミッテルマン結び

よろい結び（P47）を応用した結び方で、よろい結びよりも丈夫に結べるのが特徴です。

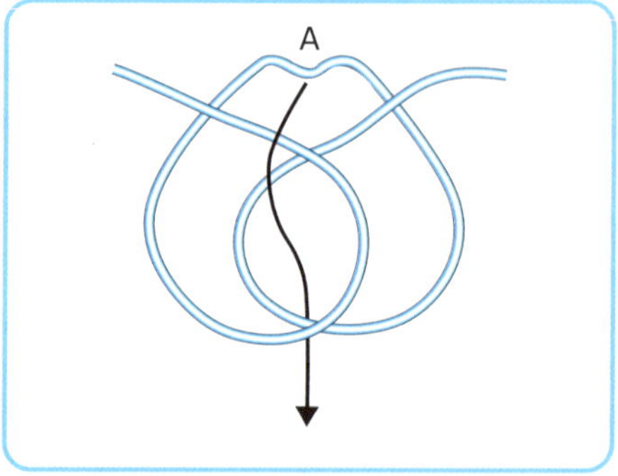

1 2つの輪をつくって重ね、Aの部分を矢印のように移動させる。

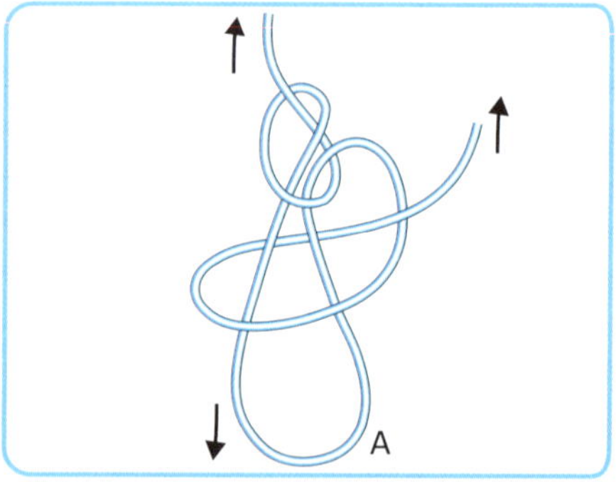

2 Aを輪に通したら、元と輪を引っ張って結び目を締める。

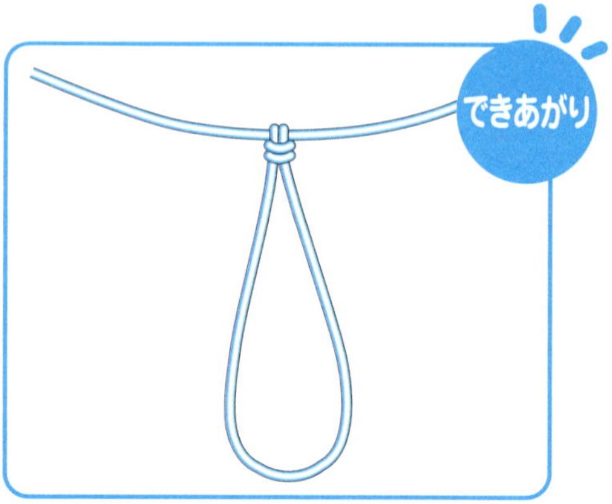

3 完成。輪の大きさを調節しながら結び目を締めるのがポイント。

バタフライ・ノット

輪がゆるみにくいことと、水に濡れても簡単に解けることが特徴です。

1 ロープの中間部分をひねって輪をつくり、できた輪の下部をさらにひねって8の字をつくる。

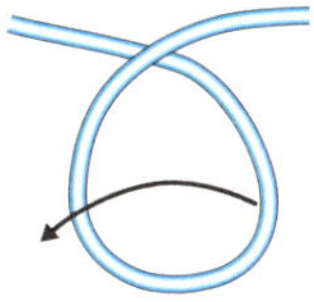

2 下の輪を、矢印のように移動させる。

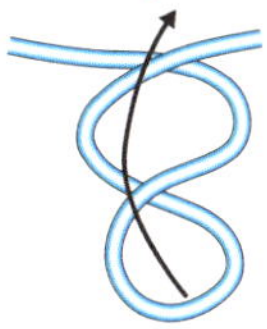

3 Aの中に右手を通し、Bをつかんで手を輪から抜き出す。

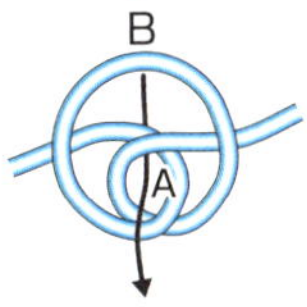

4 結び目を引き締めて完成。

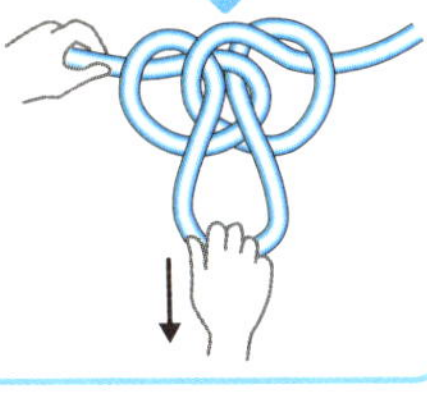

二重8の字結び

強固に結ぶことができますが、水に濡れると解きにくくなることが欠点です。

1 ロープを2つ折にし、端を矢印のように移動させる。

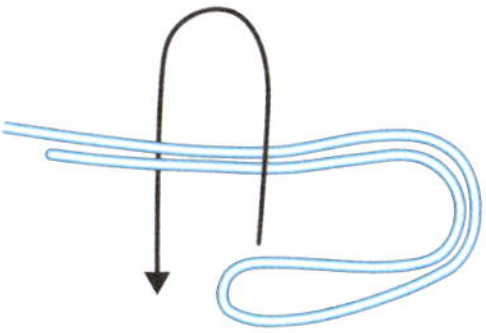

2 端を輪の中に通す。

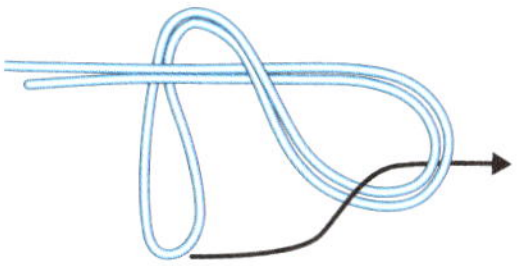

3 端と元を引っ張り、結び目を引き締める。

4 完成。

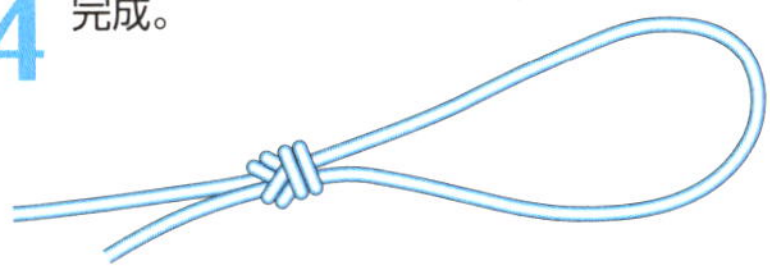

腰掛け結び（ニーベル結び）

「ニーベル結び」ともよびます。2つの輪を、腰と肩にかけて使用します。体に合わせて、輪の大きさを変えることがポイントです。

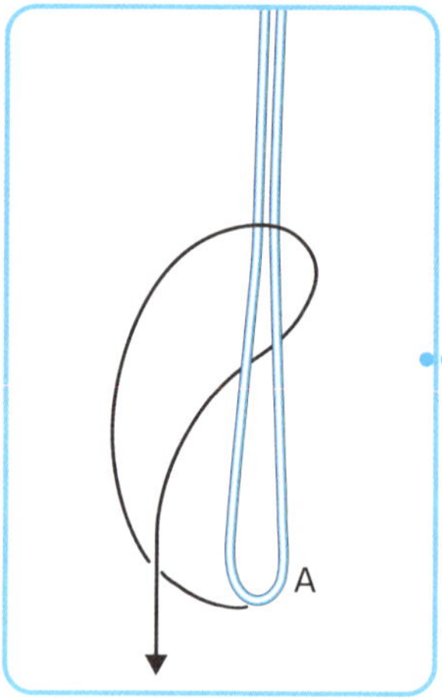

1 ロープを2つに折り、止め結びをつくる。

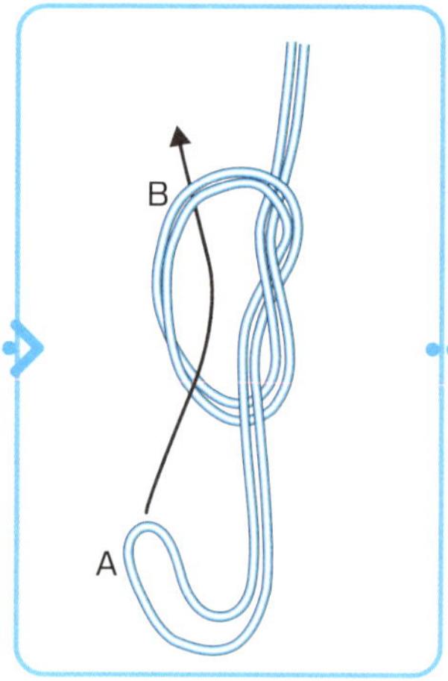

2 Aの先端だけをBに通す。

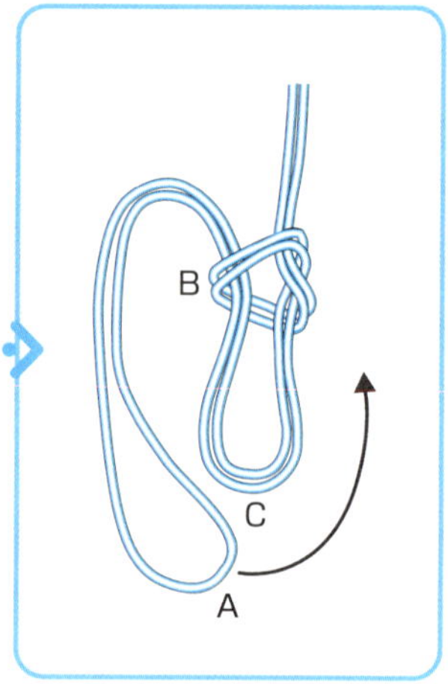

3 AをCに通しながら、上に移動させる。

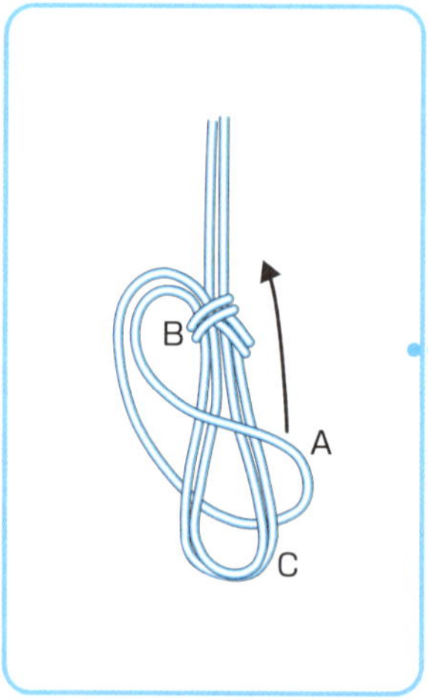

4 Aを結び目の上まで移動させ、Cを引っ張って大きさを整えながらAを引き締める。

5 完成。

⑥ 高所から負傷者を救出する

ロープを体に結びつけるテクニックは、負傷者の救出にも役立ちます。ロープの端に2つの輪をつくり、その輪で負傷者の体を支えて安全に吊り降ろすことができます。

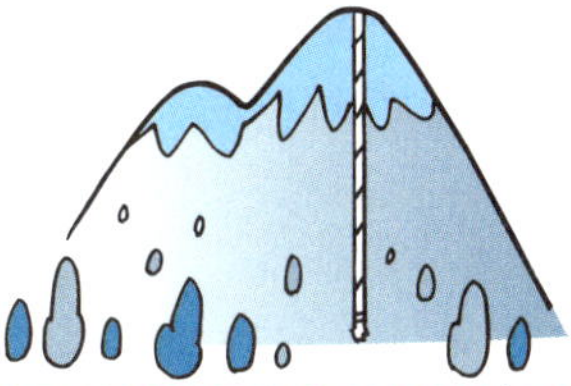

腰掛け結び

腰掛け結び（P41）や左ページで紹介している腰掛け結びの応用であるニーベル結びで、負傷者を救出します。自力でロープにつかまることのできない負傷者には、絶対に使用しないでください。

図のように、一方の輪を脇の下、もう一方の輪をひざの裏に掛ける。脇の下に通す輪は小さめにつくり、ひざに掛ける輪を大きめにつくること。

2つの輪を同じ大きさにすると、体が抜け落ちてしまう危険性がある。そのため、脇の下に通す輪を小さくつくって、体を起こした状態を必ず保つようにすること。

二重もやい結び

2つの輪をつくることができる結び方です。P221と同じように2つの輪に体を通し、高所からの救出の際に用います。自力でロープにつかまることができない負傷者には絶対に使用しないでください。

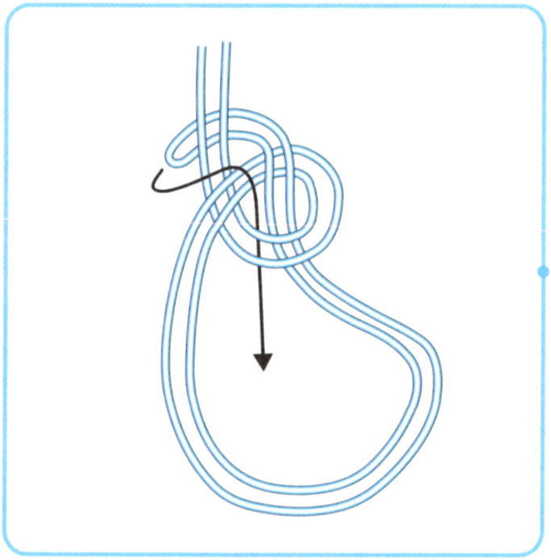

1 ロープを2つに折り、図のように結ぶ。

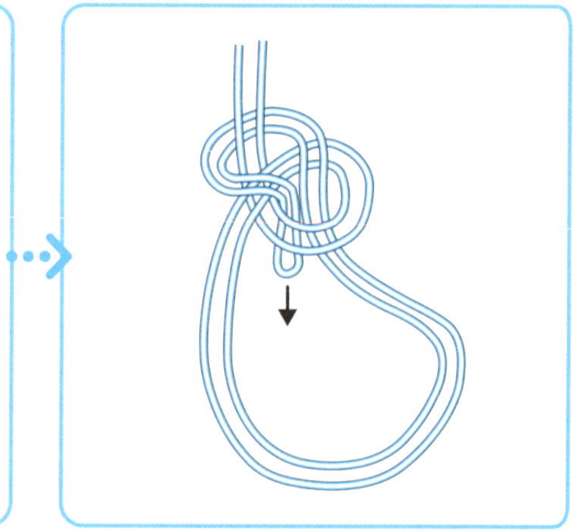

2 ロープの端と元を引っ張り、結び目を引き締める。

3 完成。

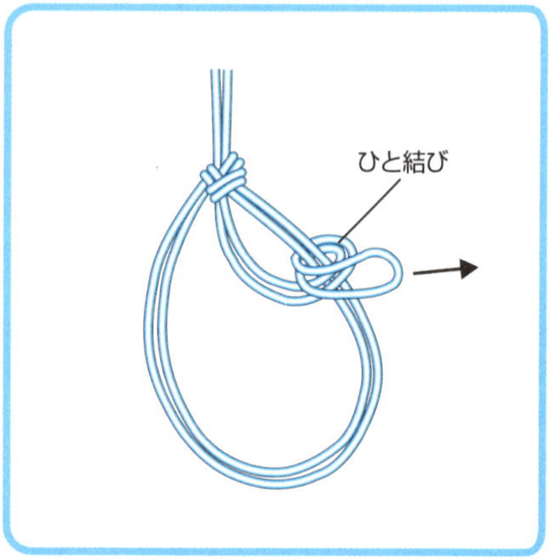

図のように、ひと結びを加えると、さらに強固になる。

スペインもやい

スペインもやいは2つの輪をつくり、その輪にそれぞれの太ももを通して、使用します。二重もやい結びと同様、自力でロープにつかまることができない負傷者には絶対に使用しないでください。

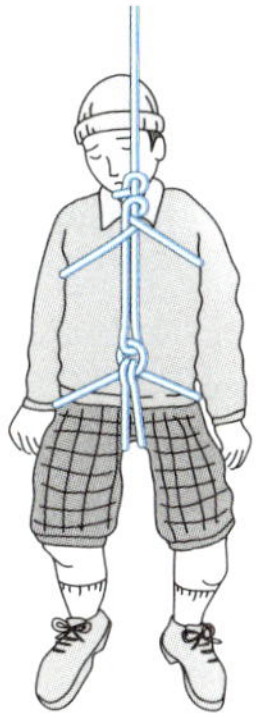

スペインもやいや消防結び（P224）は、図のように胸にひと巻き加えると、より安定します。

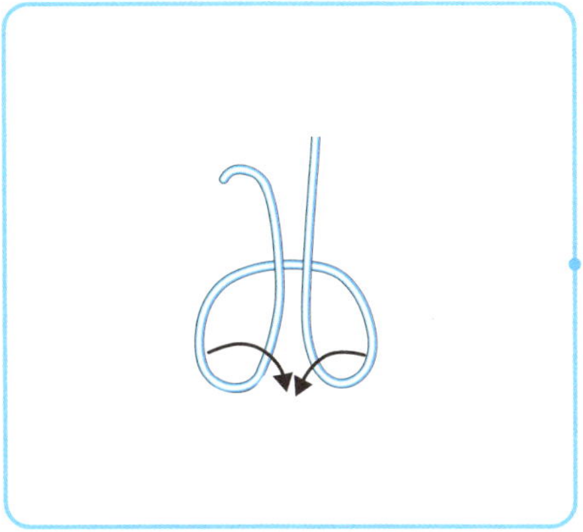

1 ロープの端で図のように輪を2つつくり、それぞれの輪を矢印のようにひねる。

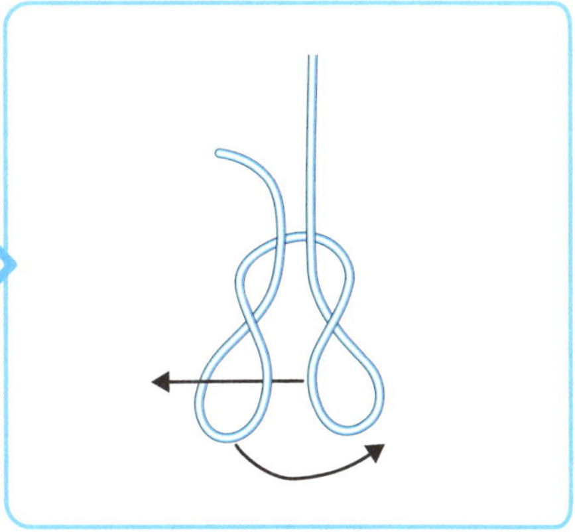

2 右の輪を左の輪の中に通す。

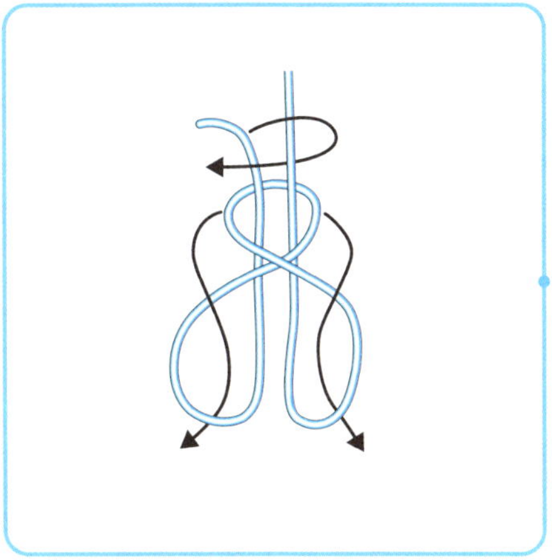

3 上部の輪を矢印のように移動させる。

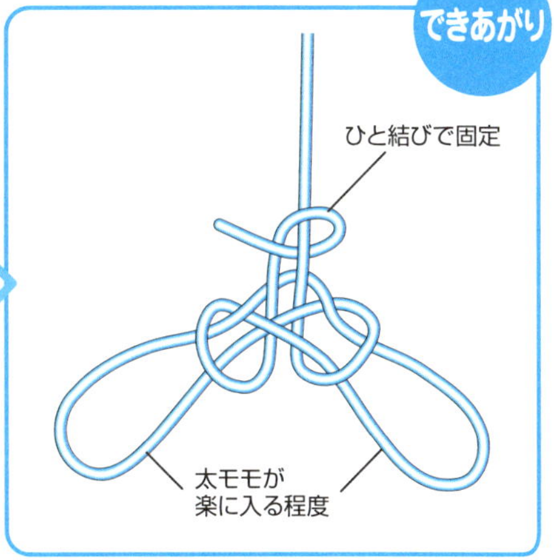
できあがり
ひと結びで固定
太モモが
楽に入る程度

4 結び目を引き締め、ロープの端をひと結びで固定して完成。

消防結び

消防関係者が使用したことから、この名前がついたといわれている結び方です。

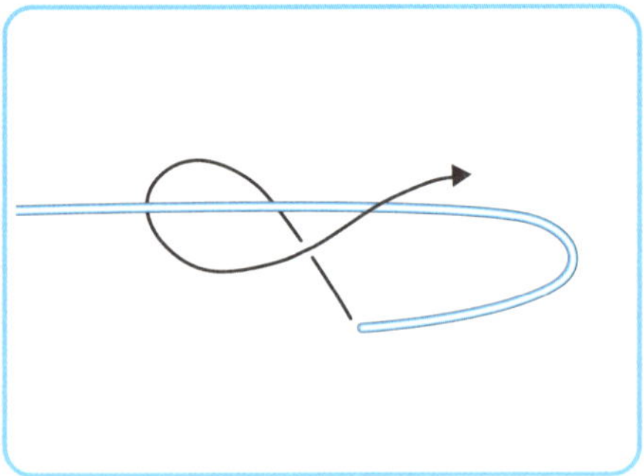

1 ロープの端を図のように折り返し、輪を2つつくる。

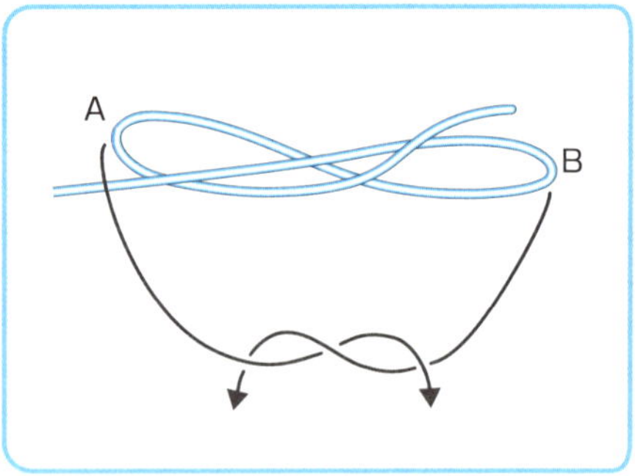

2 AとBを矢印のように移動させ、ひと結びを行う。

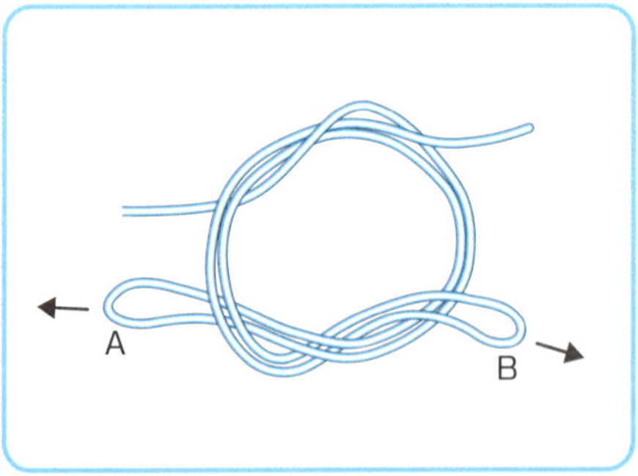

3 AとBを強く引っ張り、結び目を引き締める。

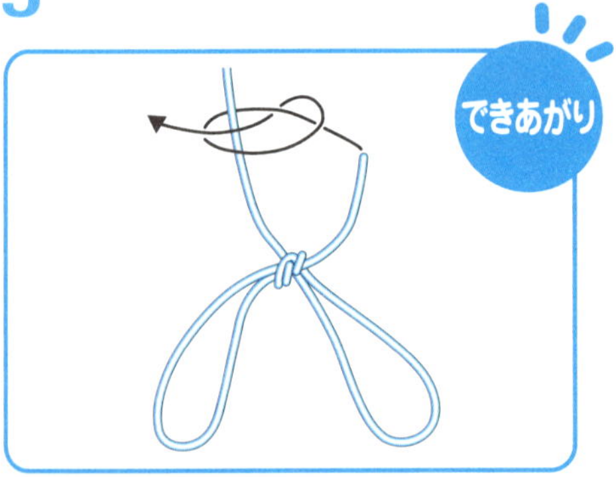

4 完成。端を元に止め結びやひと結びで固定すると、さらに強固になる。

簡易担架で救助する

丸太とロープ、毛布などがあれば、簡易型の担架をつくることができます。

衣服担架

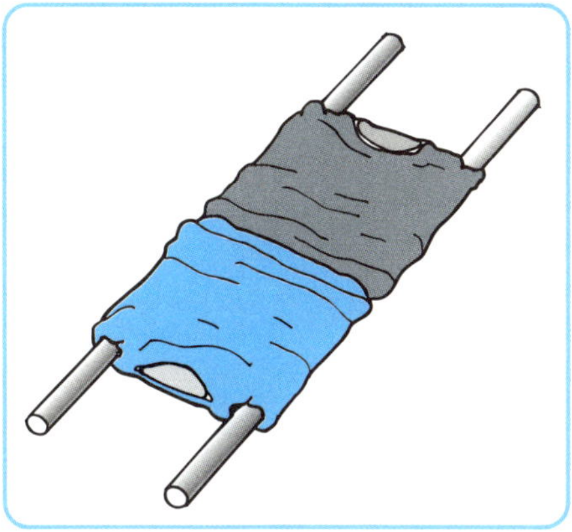

厚手の上着やトレーナーなどのそでを内側に折り込み、そこに丸太を通すと担架となる。

ロープを利用する

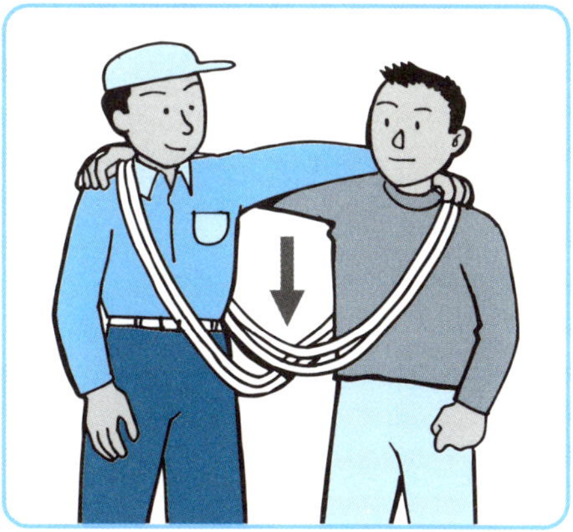

図のようにロープを肩に掛け、矢印の部分に負傷者を座らせる。

木材などでつくる簡易担架

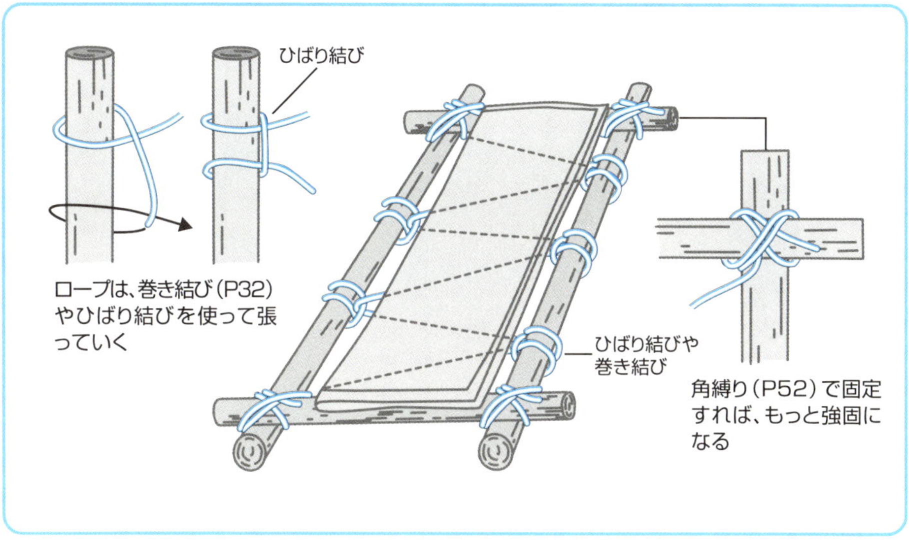
ひばり結び
ロープは、巻き結び（P32）やひばり結びを使って張っていく
ひばり結びや巻き結び
角縛り（P52）で固定すれば、もっと強固になる

7 懸垂降下《けんすいこうか》と肩確保のテクニック

ロープを支えにして絶壁などを降りるテクニックのことを、「懸垂降下」、ロープを肩にまわし、後続のパートナーの安全を確保することを「肩確保」といいます。懸垂降下は大変な危険が伴います。遊び半分の気持ちや、腕力に自信がない場合、体力が落ちているときは、行ってはいけません。

X型懸垂降下

カラビナを用いて懸垂降下する方法です。

1 懸垂面に面してロープをまたぎ、ロープを左右に分ける。

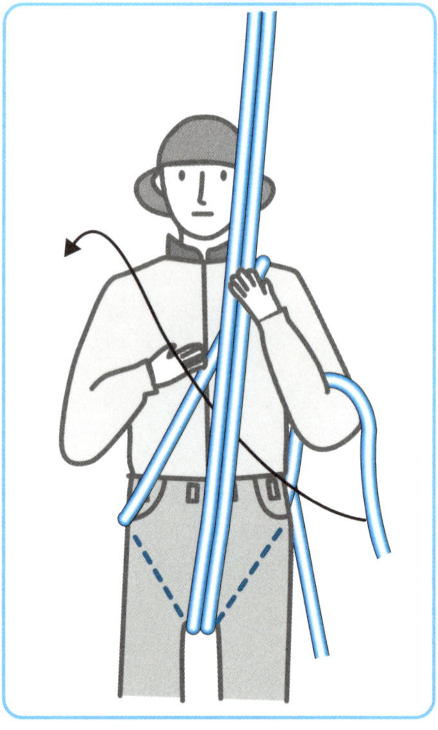

2 右側のロープを図のように前に回し、左肩に掛けて背後に回す。

＜X型懸垂降下の方法＞

両腕をやや伸ばしてロープの上方を握り、下降地点の足場を見つめながら下降することがポイントです。あせらずに、ゆっくりと下降しましょう。腕力があまりない場合や、過度に速度が出てしまった場合は、肩からたれたロープに片手を添えて下で引いてブレーキをかけます。

3 左側のロープも、2と同様に前に回し、右肩に掛けて背後に回す。体の正面の4本のロープにカラビナをはめて完成。

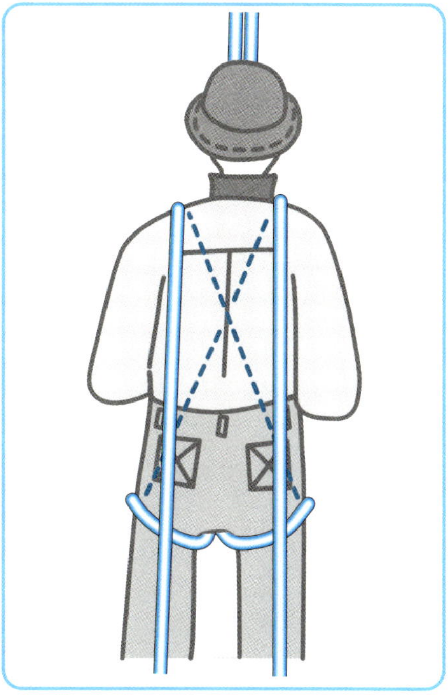

後ろから見たところ。

懸垂降下

安全性がなによりも重要ですので、丈夫なロープを使用することと確実なロープワークを身につけることがポイントです。

首がらみ

股間を通したロープを、尻から腹にまわし、首に掛ける方法です。

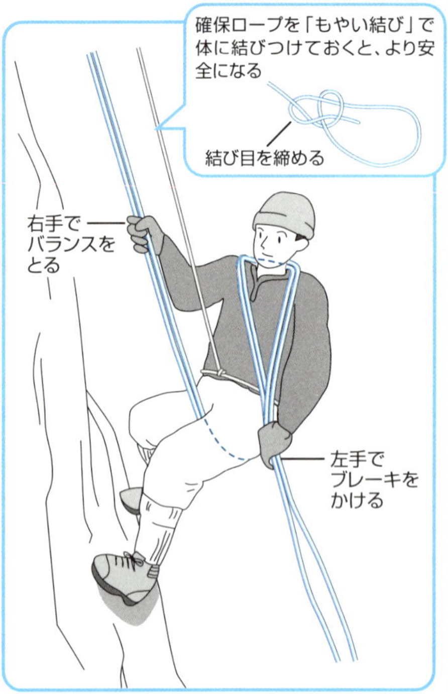
確保ロープを「もやい結び」で体に結びつけておくと、より安全になる
結び目を締める
右手でバランスをとる
左手でブレーキをかける

肩がらみ

股間を通したロープを、体の前面を通して肩に掛ける方法です。

ロープの回収方法

「捨て縄」を利用すると、ロープを使用後にたぐりよせることで、簡単にロープを回収できます。
捨て縄には、全体重の重みがかかり、高い強度が要求されるため、使用するロープと同じものか、合成繊維の太めのロープを使用しましょう。

●捨て縄の結び方●

捨て縄にする輪をつくるときは、テグス結びで結び合わせる。十分に強度を確かめること。

肩確保の方法

肩確保を行う人は、自身の安全確保のために、腰に巻いた命綱を確実な支点に結びつけることが重要です。

立った姿勢

体をやや後ろに反らせ、力の掛かる方向に対して斜めに構えることがポイントです。

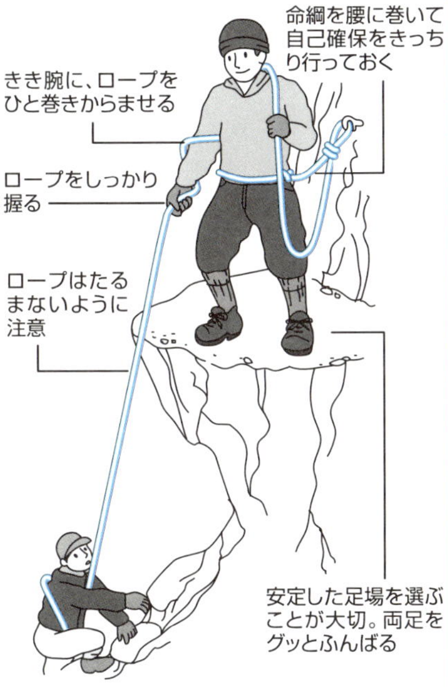
命綱を腰に巻いて
自己確保をきっちり行っておく
きき腕に、ロープをひと巻きからませる
ロープをしっかり握る
ロープはたるまないように注意
安定した足場を選ぶことが大切。両足をグッとふんばる

座った姿勢

十分なスペースがある場合は、立った姿勢よりも、座った姿勢で肩確保を行ったほうが安定します。ロープをたぐるときは、必ず一方の手でロープをしっかり握ることが重要です。

自己確保の命綱
安定した足場を選び、両足をふんばる

捨て縄の使用例

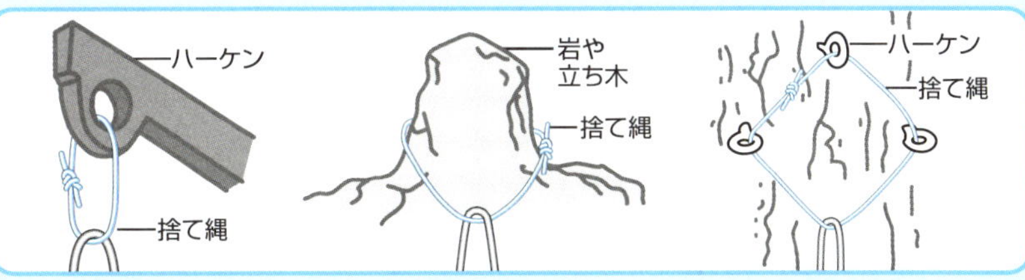
ハーケン
捨て縄
岩や
立ち木
捨て縄
ハーケン
捨て縄

いずれの場合も、十分な安全性を確かめた上で行うこと。また、前の登山者が残していった捨て縄やハーケンは使用しないこと。

海や川で使う結び

海や川などの水辺で使用するロープは、耐水性に優れた丈夫なロープを使用する必要があります。アウトドアショップやマリンスポーツの専門店などで扱っている、専用のロープを購入するとよいでしょう。また、日頃から結びに慣れておき、いざというときすぐに結べるようにしておきましょう。

1 ボートを岸につなぐ

船やボートを岸につなぐときに使用する結びです。丈夫に結べて、簡単に解くことができる結びを使用することになります。代表的な結びは、もやい結びです。

ボートやカヌーを一時的に係留するとき

一時的にボートを岸につけるときはほどきやすい結びを使うと便利です。

ひと結び →P30参照

スリーパー・ヒッチ

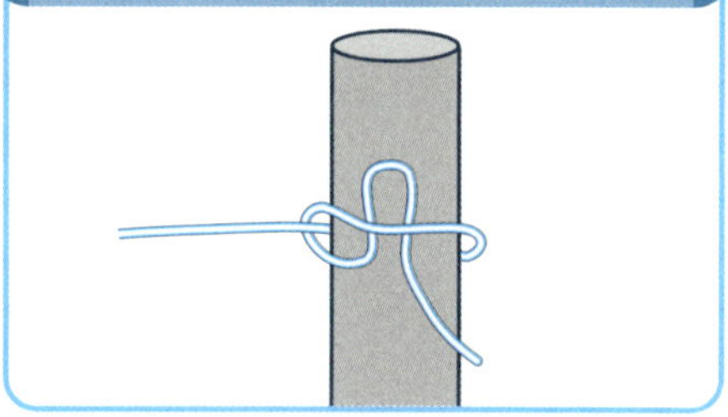

しばらく係留するときや小型船の場合

長時間係留する場合は波や風の影響でほどけないようしっかりと結びます。

ふた結び →P31参照

てこ結び →P36参照

ねじ結び →P35参照

巻き結び →P32参照

輪をつくって係留する方法

しっかりした輪をつくっておけば、毎回結ぶ手間がはぶけます。

もやい結び →P39参照

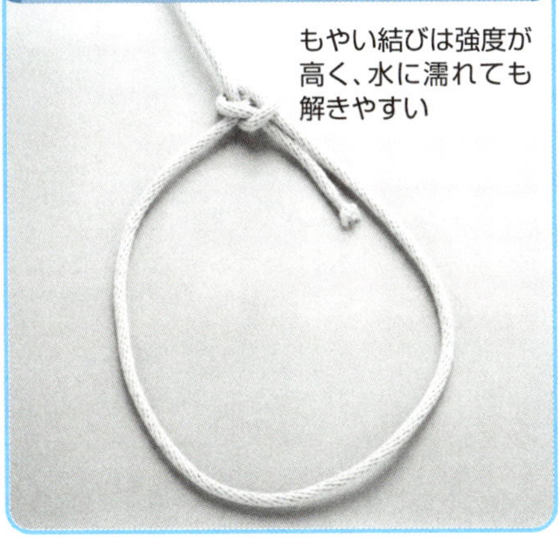

もやい結びは強度が高く、水に濡れても解きやすい

イングリッシュマンズ・ノット

もやい結びに止め結びを組み合わせたイングリッシュマンズ・ノットは、古くからイギリスで使用されてきた結び。水に濡れると解きにくくなるので注意。

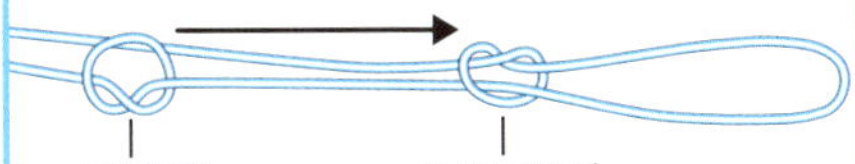

② 海でロープをつなぐ

船を曳航《えいこう》する場合など、海上でロープ同士をつなぐときには、一重つぎが多用されます。水に濡れても解きやすく、太さや素材の違うロープ同士を確実に結びつけられるからです。

船同士を結びつける

一重つぎ →P28参照

端の処理を「引き解け結び（P44）」の形で結ぶと、より簡単に解くことができる。

二重つぎ →P29参照

一重つぎの巻きを1回増やした結び。そのぶん強度が高くなっている。

テグス結び →P26参照

ロープ同士を結ぶ場合は、テグス結びの利用頻度も高い。

二重テグス結び →P27参照

テグス結びの巻きを1回増やした結び。強度はかなり高い。

③ 船上で使う結び

船上では、ストッパーの代わりとなるコブをつくれる8の字結びや、クリートに結ぶときに使うクリート・ヒッチなどが使用されます。

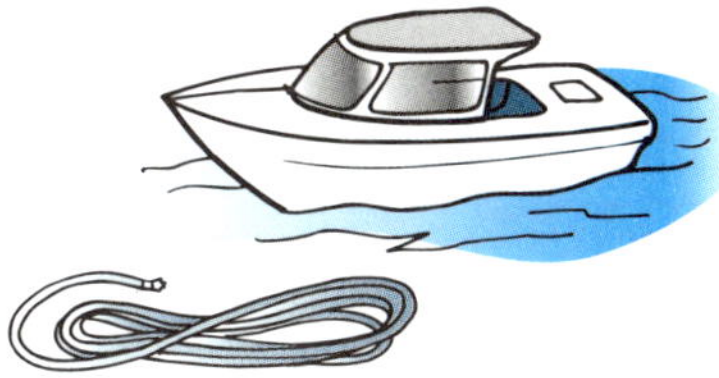

滑車やグロメットに結ぶ

8の字結び

滑車やグロメットにロープを通すときは、8の字結びでコブをつくり、ストッパーとして使用します。

滑車で使用するときは、太めのロープを使用し、大きめのコブをつくること。

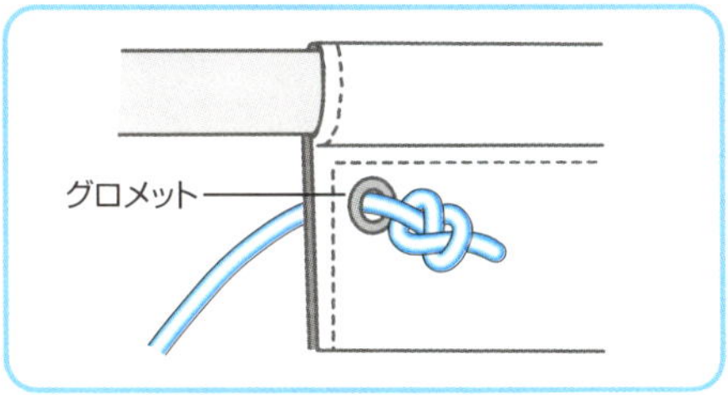

グロメットの場合も、このようにストッパーの代わりとして利用できる。

クリートに結ぶ

クリート・ヒッチ

ロープなどを巻きつけて固定するT字型の器具のことを、クリートといいます。

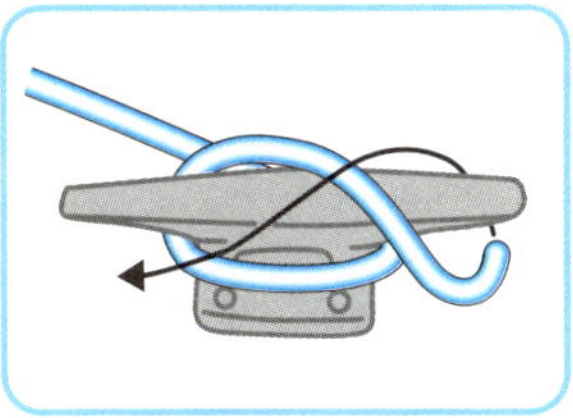

1 ロープをクリートの根本にひと巻きし、図のようにロープを巻きつける。

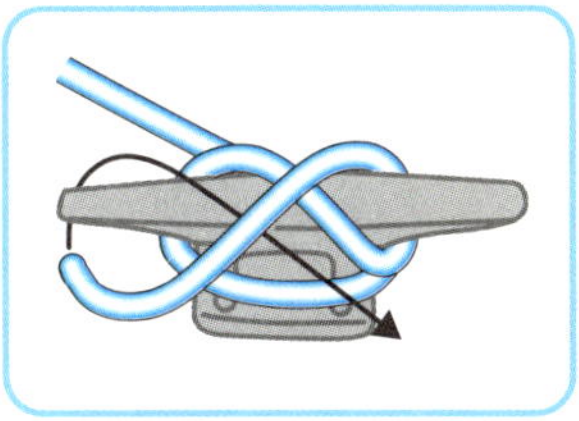

2 矢印のようにロープを移動させる。

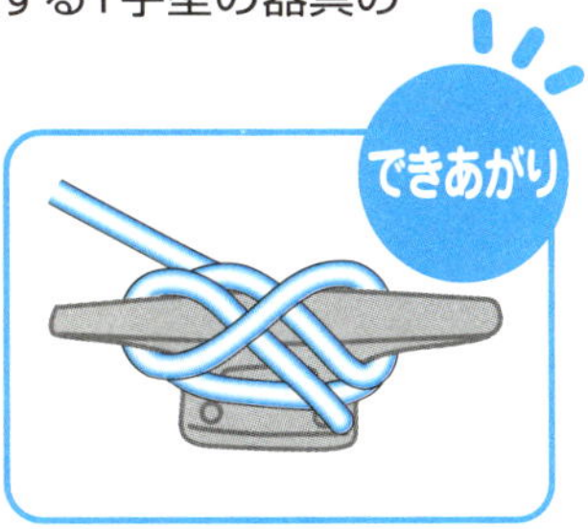

3 完成。

④ フックやイカリに結ぶ

フックに重い荷物を掛けるときにはねじ掛け結びを、軽い荷物にはてこ掛け結びを使用します。イカリ結びは、イカリ以外にも、重い物を結ぶときに使用できるので、覚えておくと便利です。

フックに結ぶ

てこ掛け結び (P113)

この部分は
イカリ結びを
使って結ぶ

見た目よりも信頼度が高い結び。

ねじ掛け結び (P113)

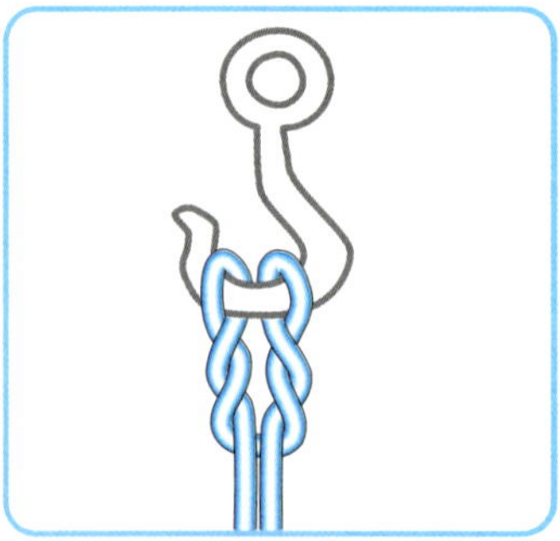

重い荷物を掛けるときに使用する。

イカリに結ぶ

イカリ結び

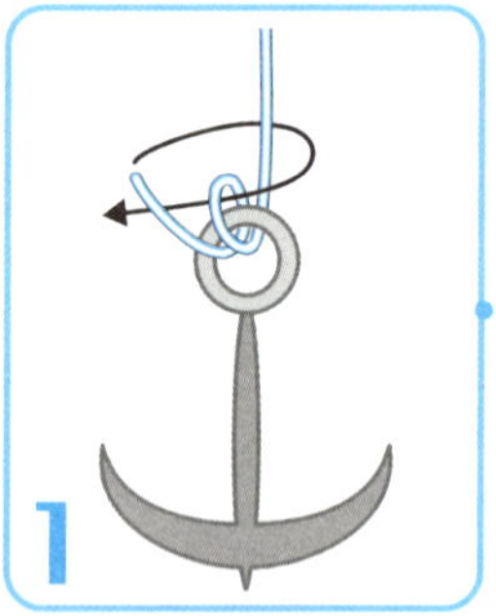
1

図のようにイカリのリングにロープを通す。

2

端を輪に通してから、矢印のようにロープの元にひと巻きする。

3

ロープを引いて結び目を締める。

ひも
針金
4

細いひもや針金などで端をロープの元に止める。

⑤ 命綱をつくる

水中に転落した人を救助するときには、命綱結びを使用します。スピーディーに結べないといけないので、常に練習し、確実に結べるようにしておきましょう。

ロープの端にコブをつくる

命綱結び

ロープの端にコブをつくると、正確な位置にロープを投げることができ、水中に転落した人がロープにつかまりやすくなります。

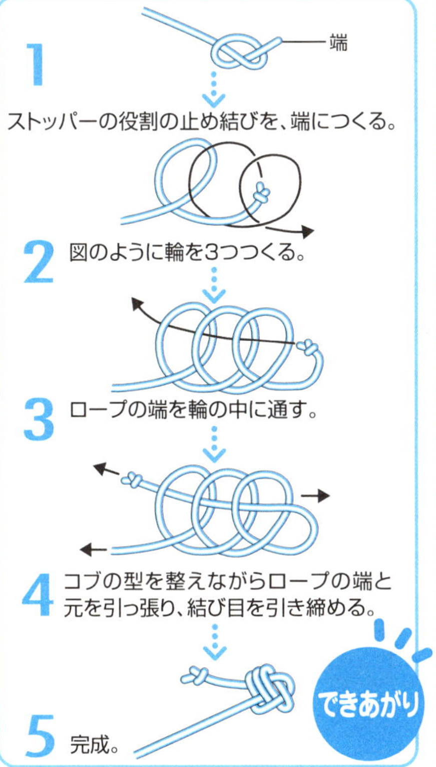

1 ストッパーの役割の止め結びを、端につくる。

2 図のように輪を3つつくる。

3 ロープの端を輪の中に通す。

4 コブの型を整えながらロープの端と元を引っ張り、結び目を引き締める。

5 完成。

投げ結び

大きなコブをつくることができる結び方です。

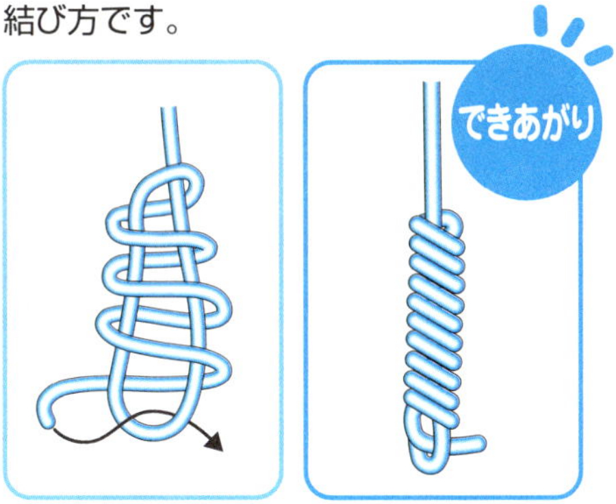

ロープの端を折り、図のように折った場所にロープを巻いていく。

8〜10回程度巻いたら端を輪の中に通し、結び目を引き締めて完成。

時間的余裕がない場合

1秒を争う場合は、仲仕結びや8の字結び、固め止め結び、止め結びなどの、素早くつくれる結びにする。

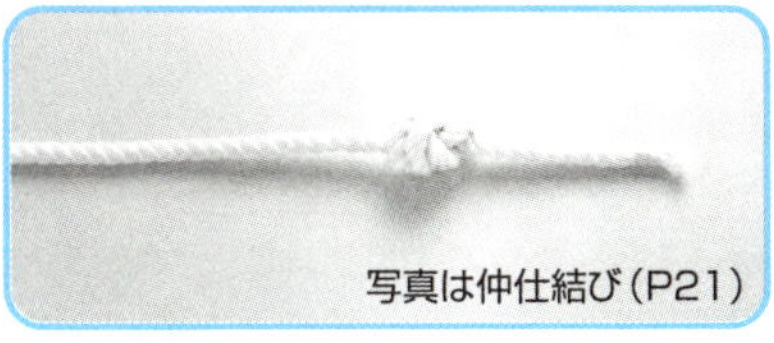

写真は仲仕結び（P21）

釣りを楽しむための結び

釣りの世界では、結びが非常に重要な位置をしめています。釣りで使用する「テグス」という糸は、①細く切れやすい、②すべりやすい、③熱に弱い、というデリケートな特徴を持ったものです。このため、テグスを結ぶときには、細心の注意を払いながら、用途に合った結びを使用しなければなりません。

① ハリスを結ぶ

ハリス（釣り針に結ぶ糸）を結ぶときは、ハリスが針の内側に位置するように結びましょう。結び目を引き締めるときは、水をつけて摩擦熱を防ぎ、ゆっくり結びましょう。

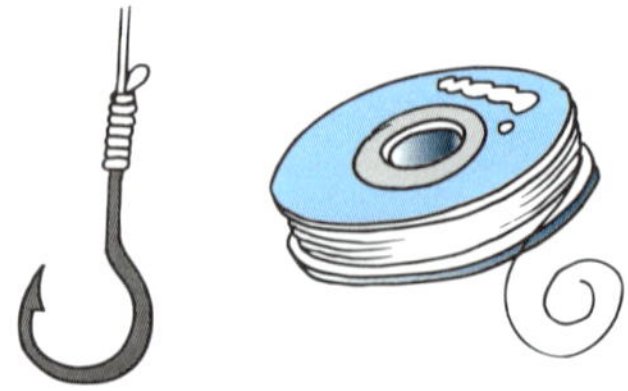

内掛け結び

外掛け結びとともに針への結び方の基本です。

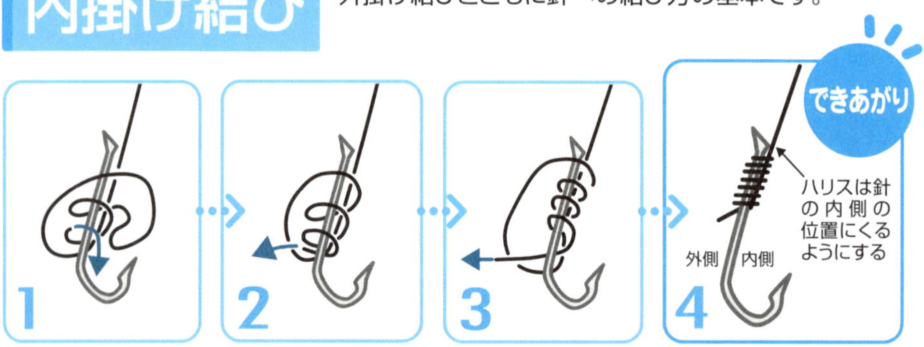
1
2
3
4
できあがり
ハリスは針の内側の位置にくるようにする
外側
内側

外掛け結び

結び目が崩れないよう、ゆっくり結ぶことがコツです。

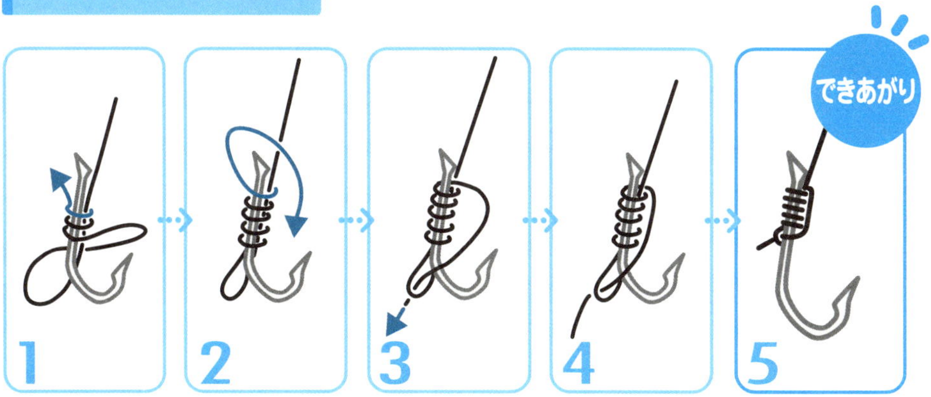

環付き針の場合

針に環がついているときは、次の結びを利用します。最初、穴に2回通すとさらに強度が増します。

縄船結び

結び目がやや大きくなりますが強度は非常に高い結び方です。

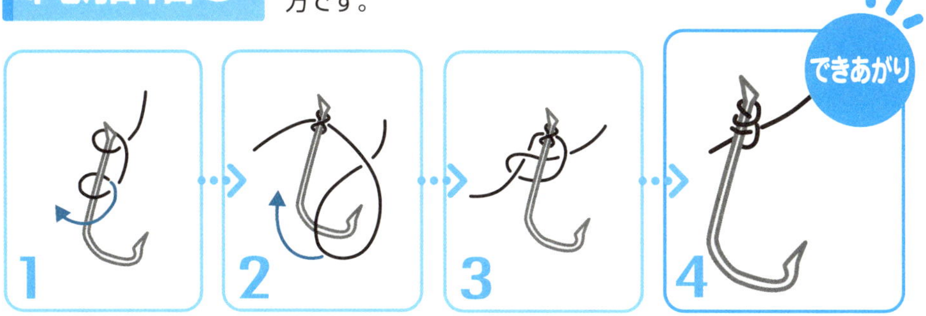

② 連結金具に結ぶ

釣りの仕掛けに多用される連結金具には、ヨリモドシ、マルカン、スナップスイベルなどがあります。ここでは、この連結金具への主な結び方を紹介します。

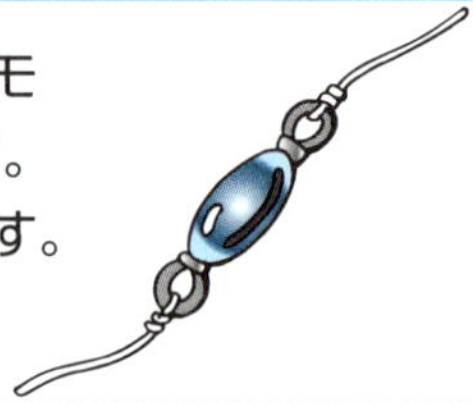

クリンチ・ノット

最も使用される基本の結びです。必ずマスターしましょう。

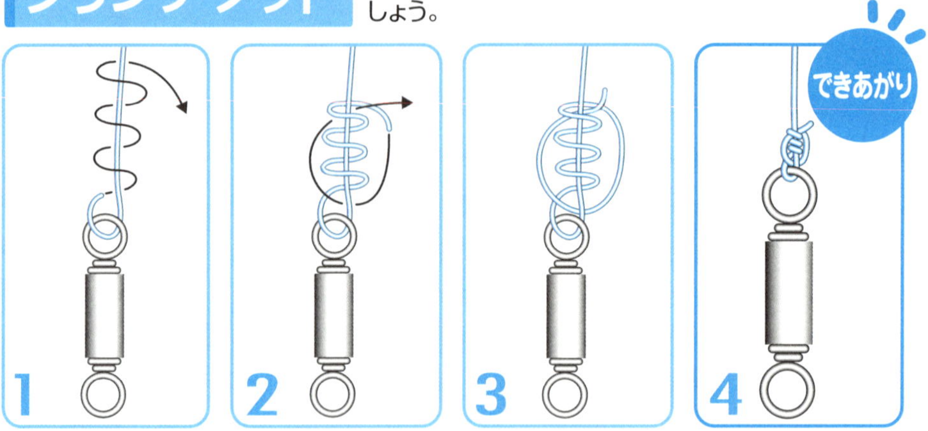

ダブル掛け

強度が高い結びです。細い糸を使用するときに適しています。

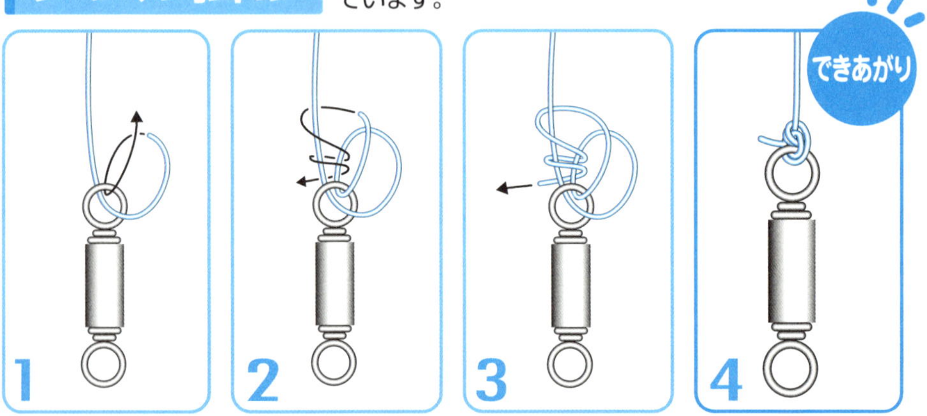

チチ輪結び

二重8の字結びや二重止め結びでチチ輪をつくり、ひばり結びで金具に結びます。

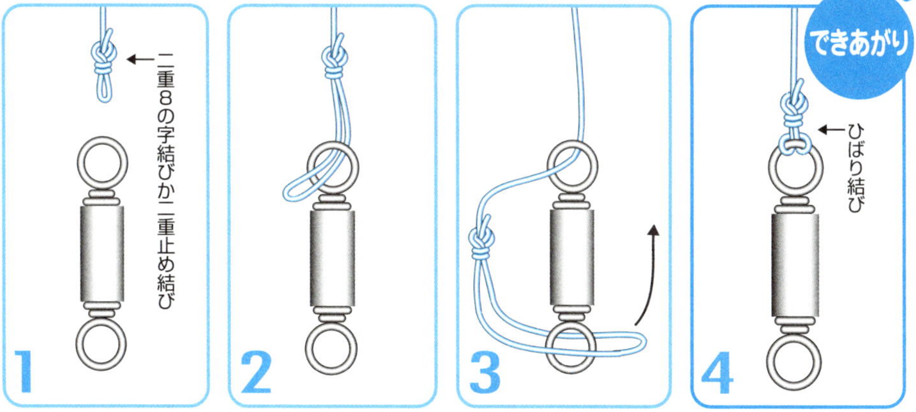
1
二重8の字結びか二重止め結び
2
3
できあがり
4
ひばり結び

リールスプールへの結び方

ユニ・ノット

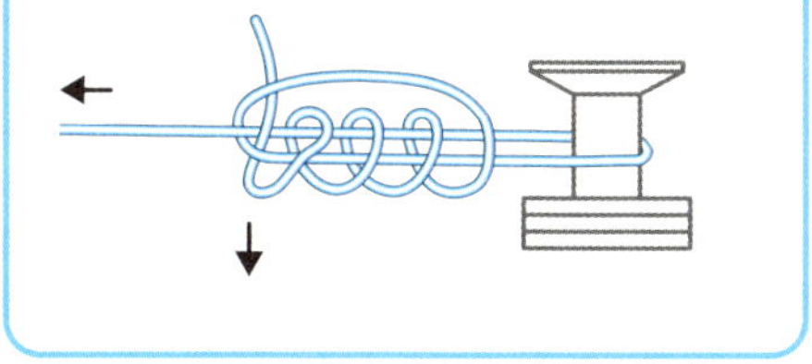

クリンチ・ノット

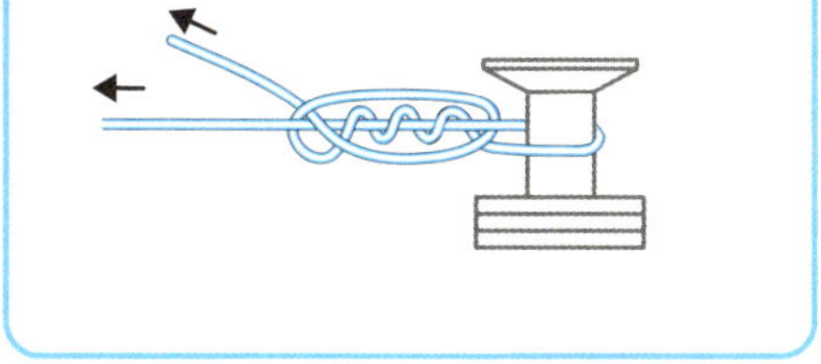

竿のヘビグチへの結び方

大・小2つの輪をつくり、大きい方の輪でヘビグチを固定します。簡単に解くことができます。

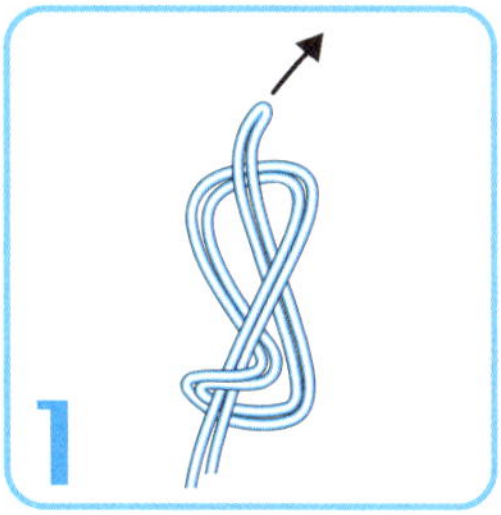
1

二重8の字結びでチチ輪を2つつくる。

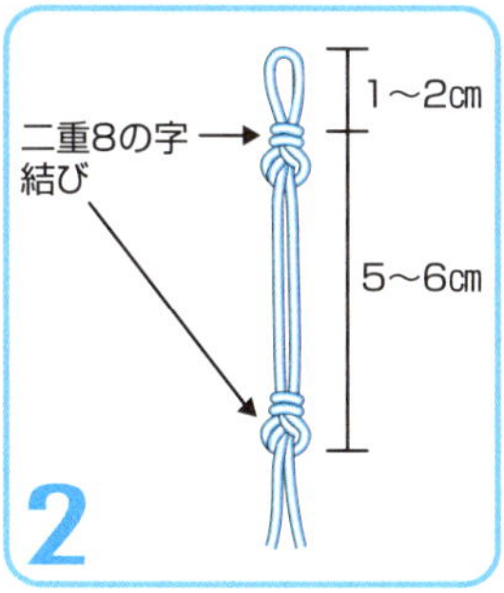
1〜2cm
二重8の字結び
5〜6cm
2

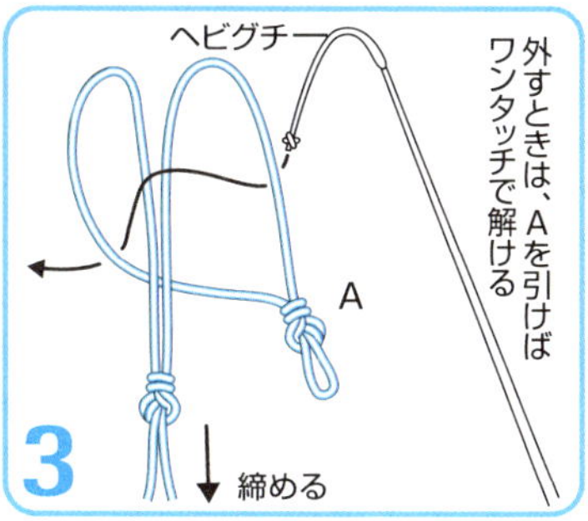
ヘビグチ
外すときは、Aを引けばワンタッチで解ける
A
3
締める

③ 釣糸同士を結ぶ

釣り糸同士を結ぶ場合には、テグス結びより強度が高く解けにくいブラッド・ノットやユニ・ノットを使用します。

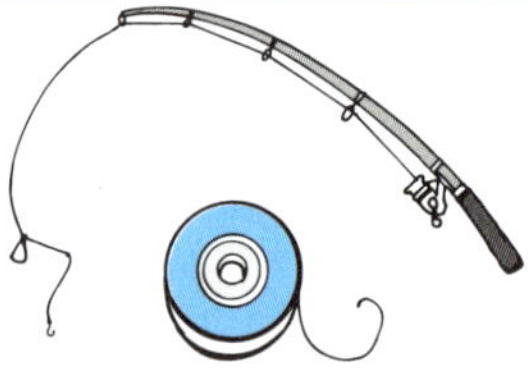

ブラッド・ノット

釣り糸同士を結ぶときに最も使用される結び方です。上手に結ばないと、カールしてしまいます。

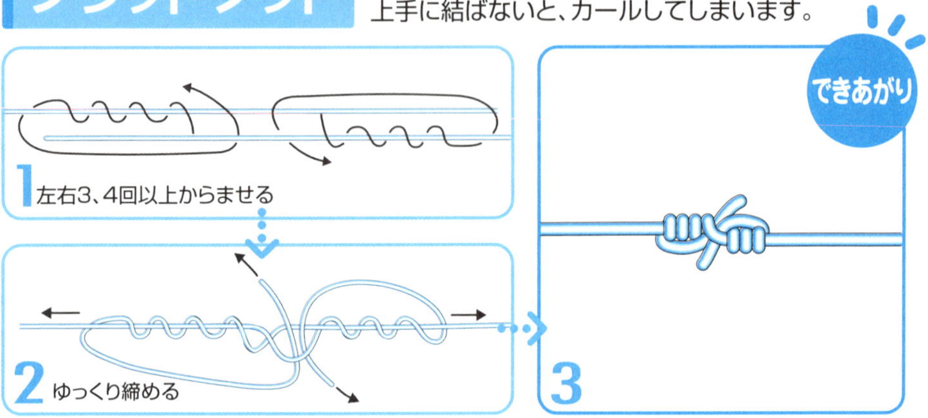
1 左右3、4回以上からませる
2 ゆっくり締める
3
できあがり

ユニ・ノット

ブラッド・ノットよりも強度が高い結び方です。

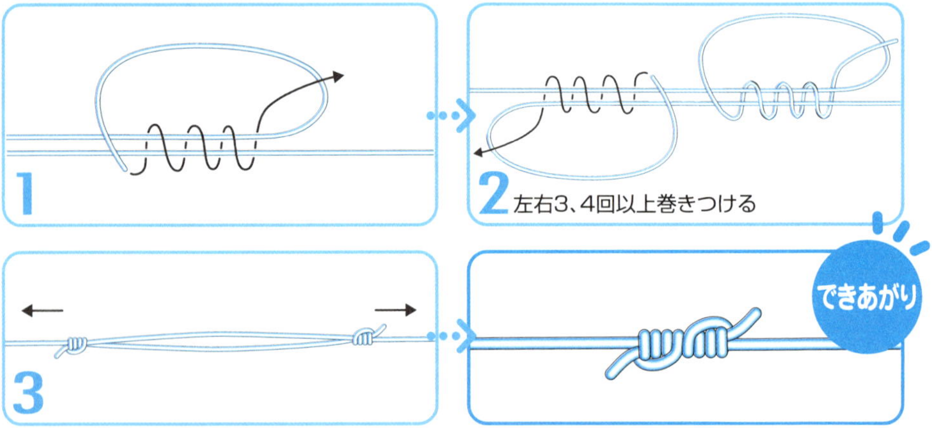
1
2 左右3、4回以上巻きつける
3
できあがり

④ 枝針のつくり方

幹糸（枝針の幹になる糸）から、何本かのハリスが枝分かれした形の仕掛けのつくり方を紹介します。ポイントは、枝針が必ず上方から出るようにつくることです。

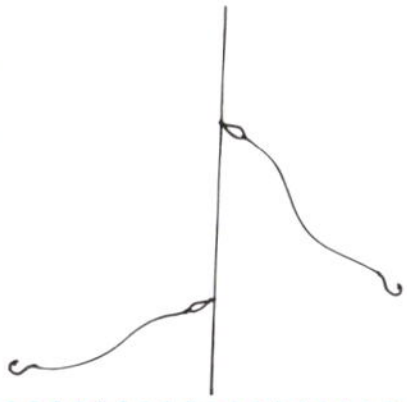

幹糸に直接結ぶ

幹糸に直接ハリスを結びつける方法です。

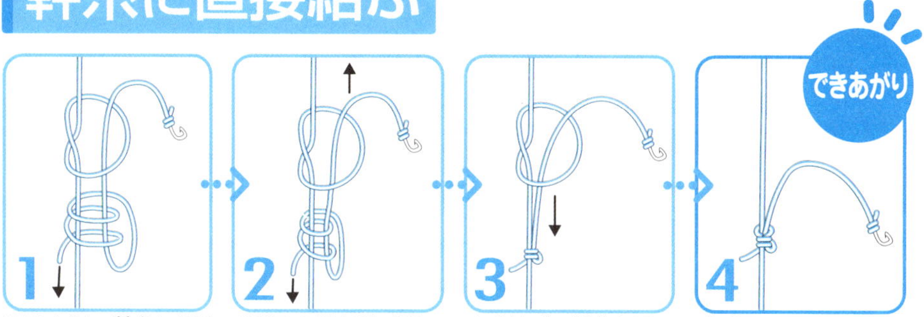

1 図のように、幹糸にハリスを結びつける。

2 ハリスの端を引っ張り、結び目を引き締める。

3 止め結びの部分を下にさげて、結び目をしめる。

4 完成。

幹糸に中間ループをつくる

幹糸に中間ループをつくる方法です。ハリスの交換が簡単に行えます。

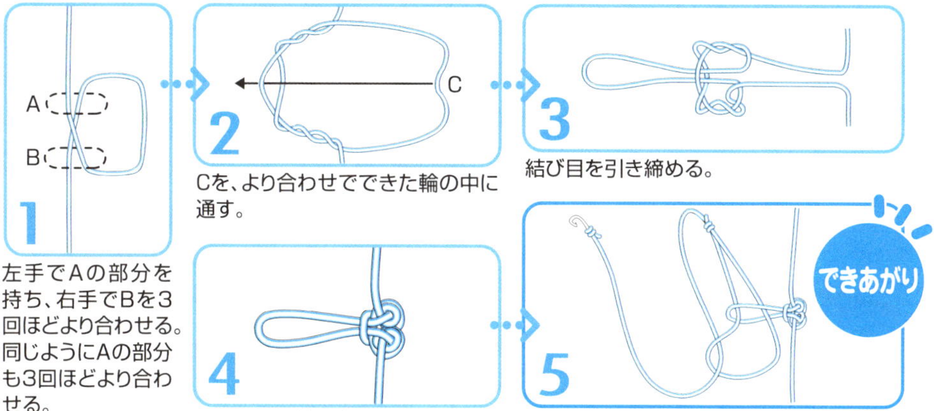

1 左手でAの部分を持ち、右手でBを3回ほどより合わせる。同じようにAの部分も3回ほどより合わせる。

2 Cを、より合わせでできた輪の中に通す。

3 結び目を引き締める。

4 これでチチ輪の完成。

5 ハリスにもチチ輪（二重8の字結び）をつくり、図のように結びつけて完成。

⑤ルアーに釣り糸を結ぶ

最近では、湖はもちろん、海を舞台にしたルアーフィッシングも注目を集めています。細い釣り糸で大きな魚を仕留めるため、結び方にいろいろと工夫がほどこされています。

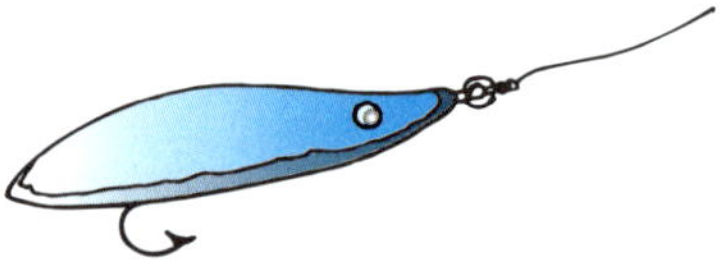

ダイレクトにルアーを操作したい場合

竿の動きをルアーにダイレクトに伝えたい場合は、この結びを使用します。

クリンチ・ノット

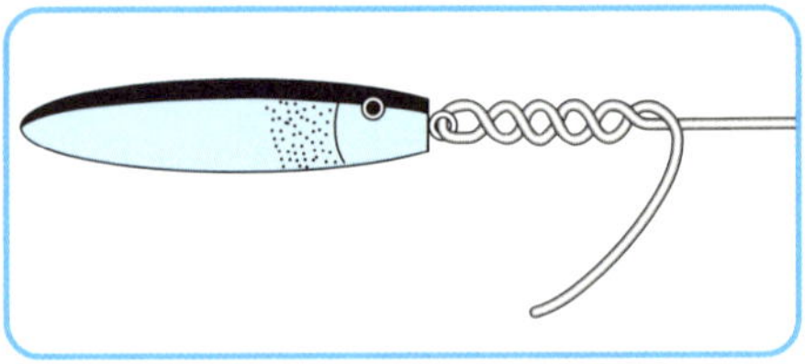

1 ルアーの先端に糸を通し、図のように元に巻きつける。

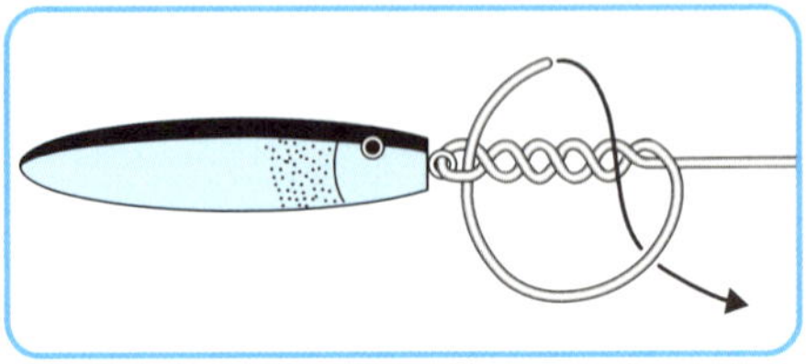

2 糸の端を図のように移動させる。

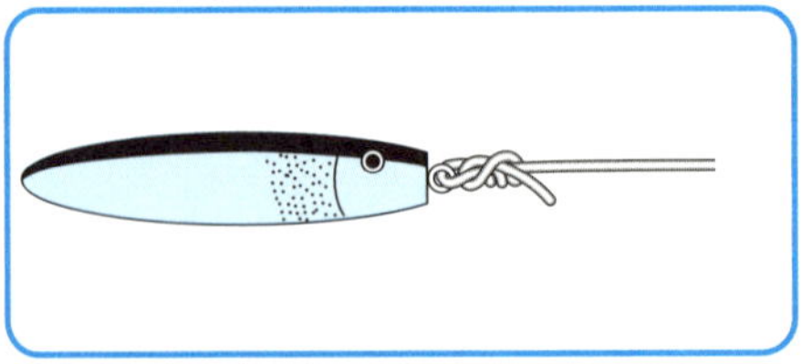

3 結び目を引き締めて完成。

ユニ・ノット

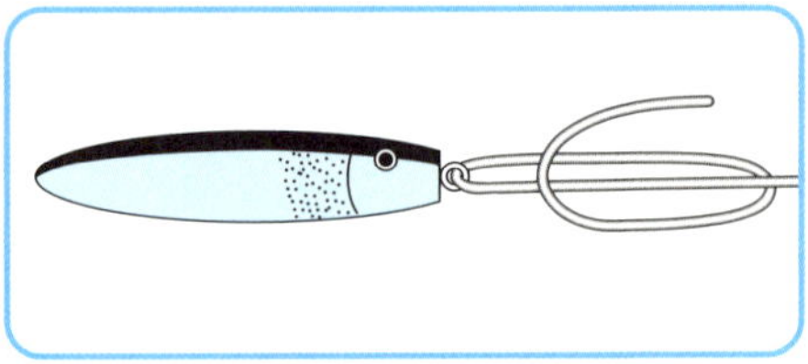

1 ルアーの先端に糸を通し、図のようにする。

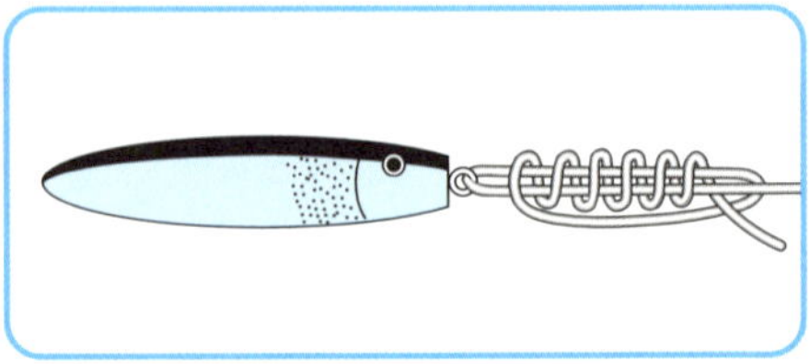

2 図のように糸を巻きつけ、結び目を引き締める。

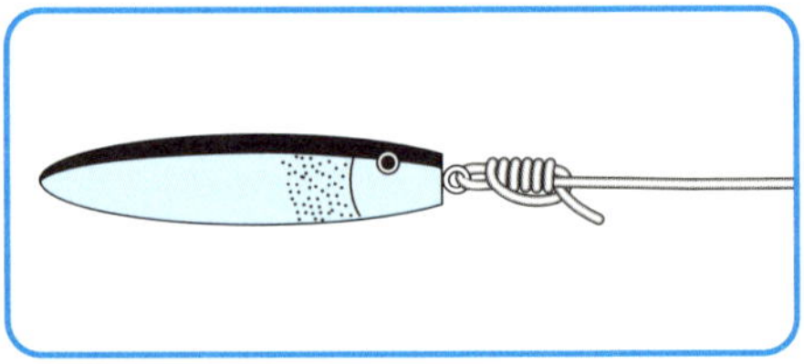

3 完成。

ソフトにルアーを操作したい場合

ルアーの動きをソフトにしたい場合には、次の結びを使用します。

フリー・ノット1

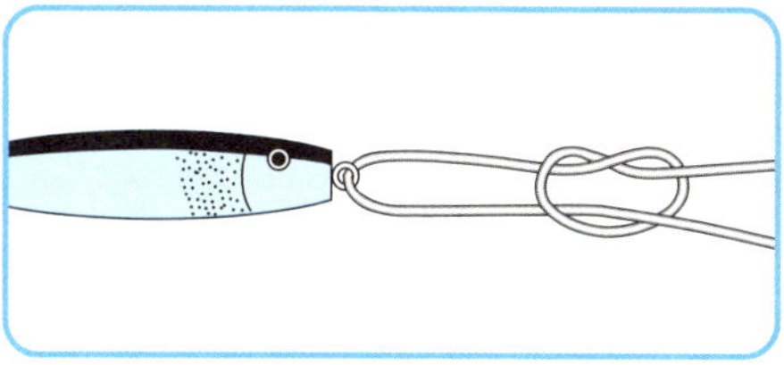

1 ルアーに糸を通し、金具から少し離したところで止め結びを行う。

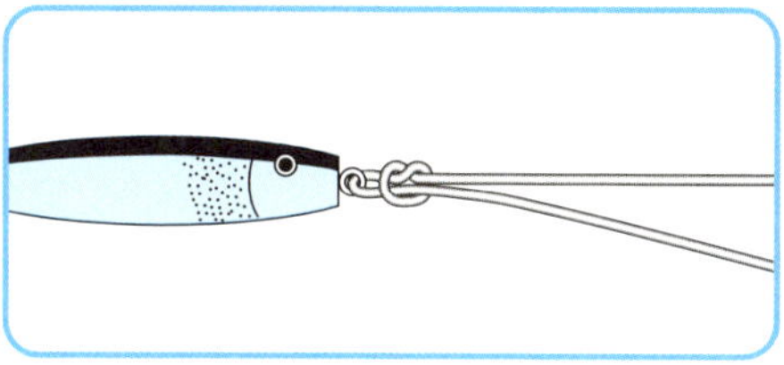

2 結び目を引き締める。

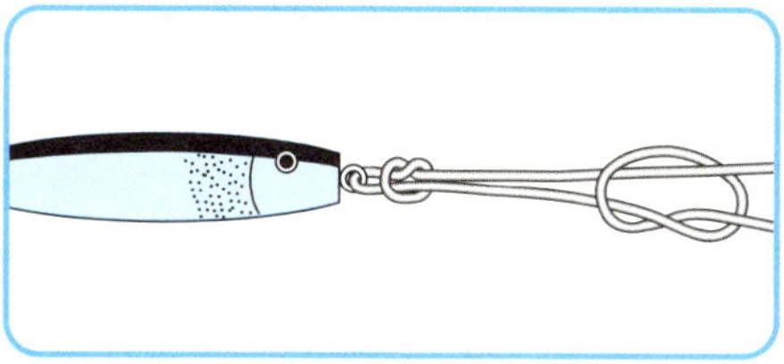

3 もう一度止め結びを行う。

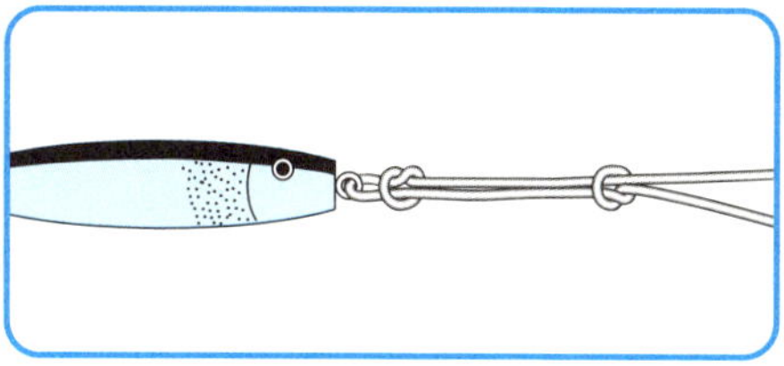

4 結び目を引き締めて完成。

フリー・ノット2

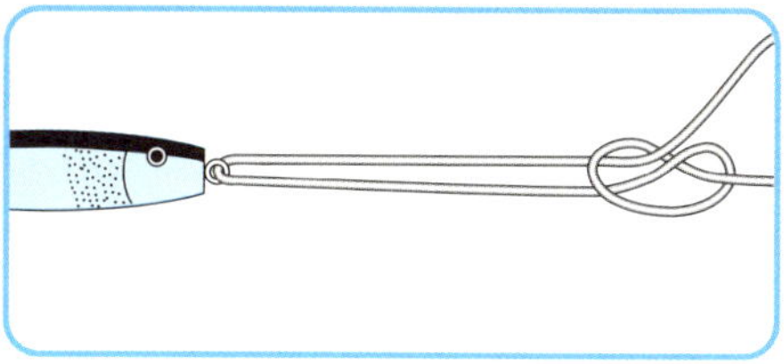

1 ルアーの先端に糸を通し、図のように結ぶ。

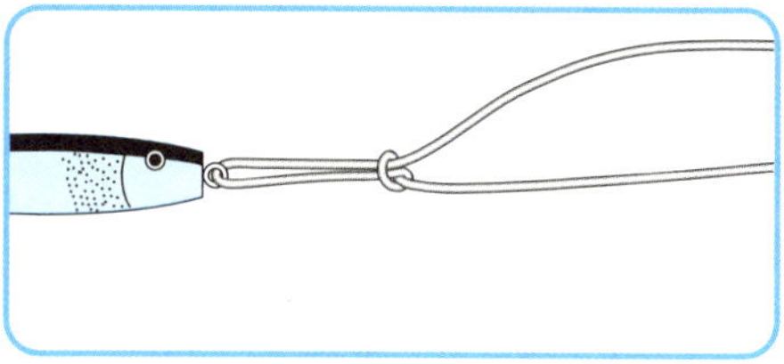

2 結び目を引き締める。

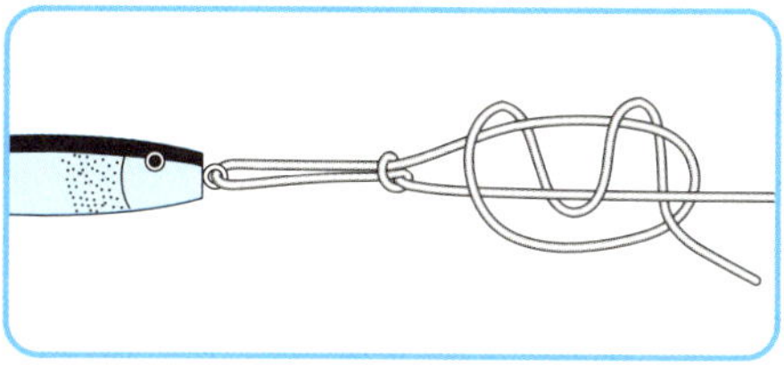

3 さらに、図のように端を元に結びつける。

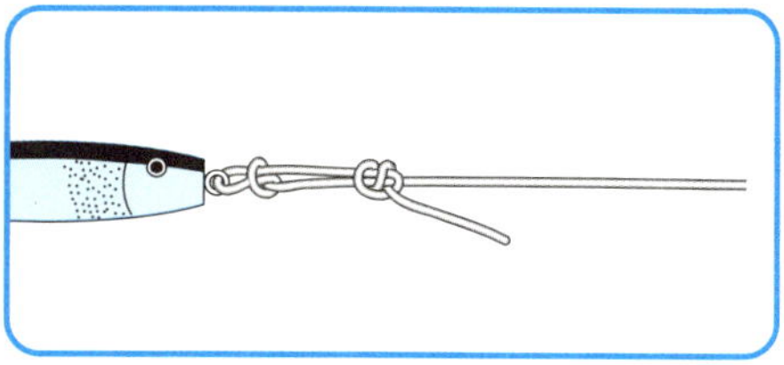

4 結び目を引き締めて完成。

6 フライフィッシングの結び

渓流でイワナやニジマスといったトラウト類をフライ（毛針）で狙うフライフィッシング。ここでは、フライフィッシングで使用する結びを紹介します。

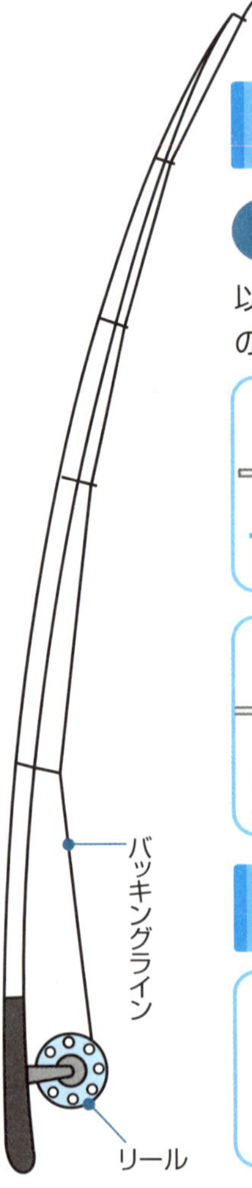

リーダーとフライラインをつなぐ

ネイル・ノット

以前はチューブの代わりにクギ（ネイル）を使用していたため、この名前がつきました。

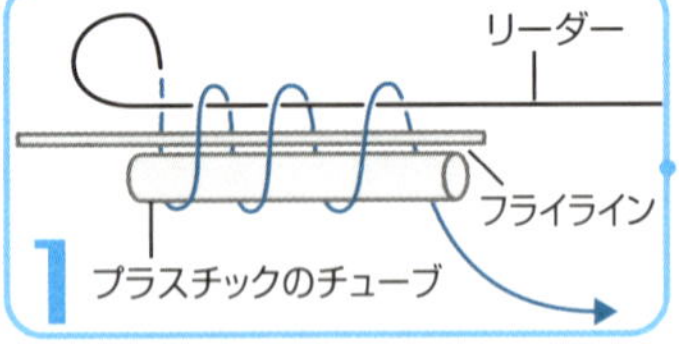

1 プラスチックのチューブ

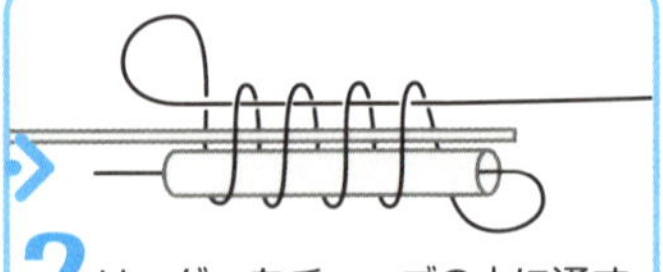

2 リーダーをチューブの中に通す

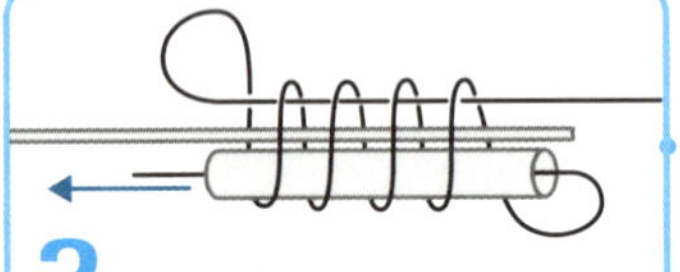

3 チューブを外す

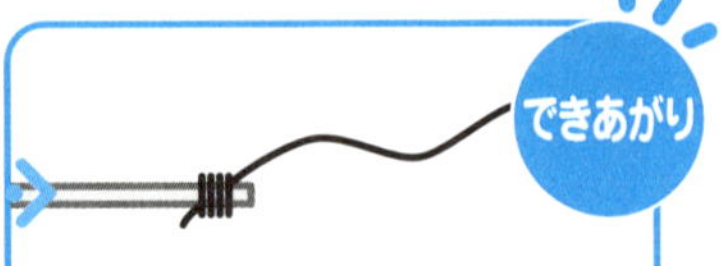

4 ネイルラッカー（透明マニキュア）で結び目を固める。

フライラインとバッキングラインを結ぶ

フライラインを折り曲げ、バッキングラインを図のように巻きつける。

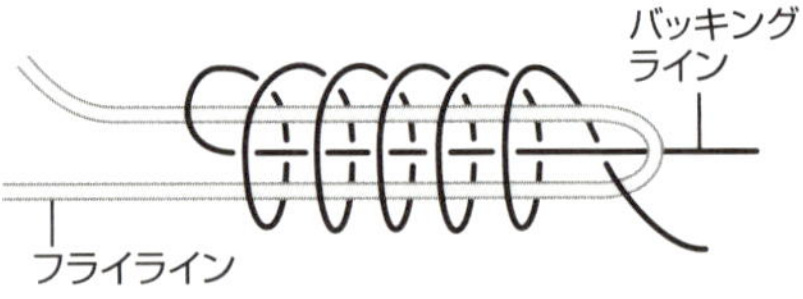

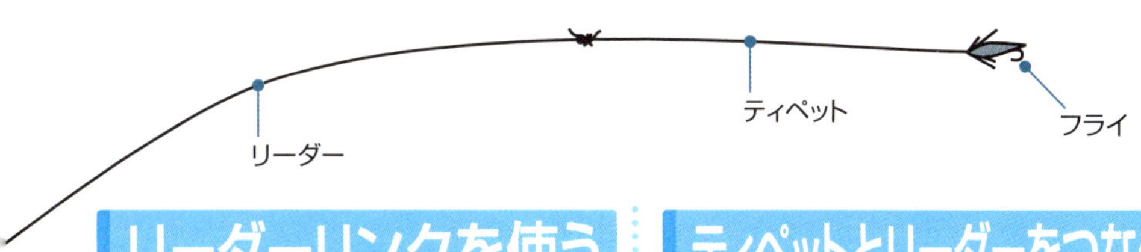
リーダー
ティペット
フライ

リーダーリンクを使う

止め結び

リーダーリンクを使用するときは、止め結びなどの、コブがつくれる結びを使用

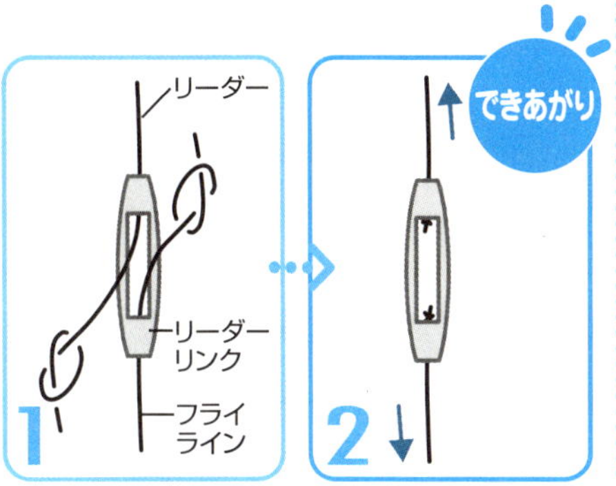
1
リーダー
リーダーリンク
フライライン
2
できあがり

ティペットとリーダーをつなぐ

固め止め結び

太さの異なる糸同士でもしっかり結べますが、結び目がやや大きくなります。

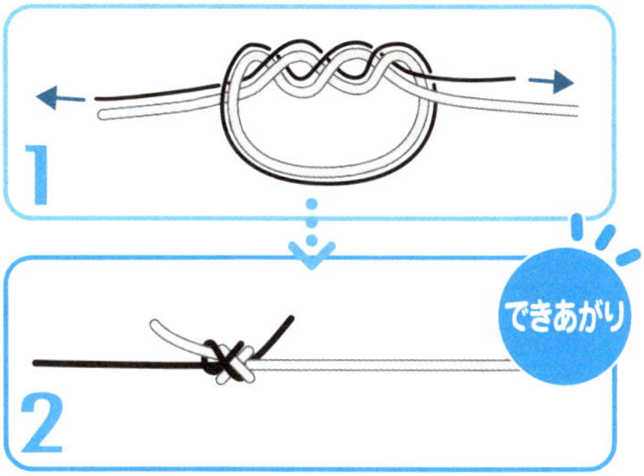
1
2
できあがり

ティペットをフライに結ぶ

クリンチ・ノット

強度は強いですが、フライの姿勢がやや不自然になってしまいます。

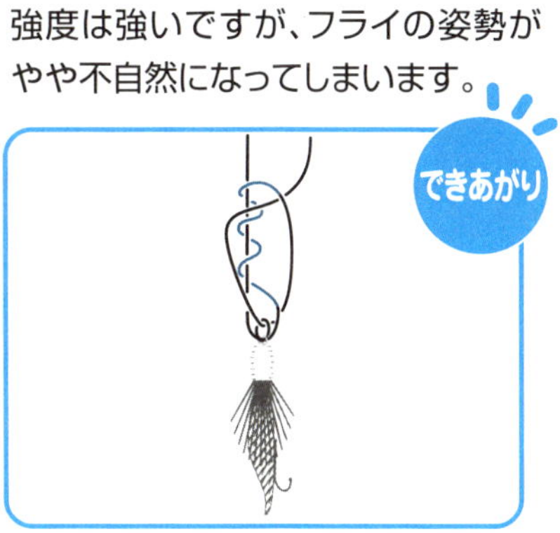
できあがり

ダンカンループ

フライの自由度が大きくなり、自然な動きになります。

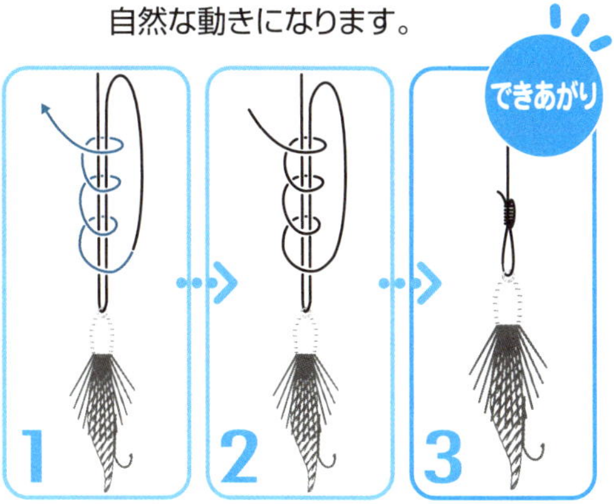
1
2
3
できあがり

いざというときの応急手当て

包帯や三角巾《さんかくきん》を使用した応急手当ての方法を知っておくと、アウトドアでケガをしてしまったときなどに、的確な処置を施すことができます。応急手当てを行うときは、落ち着いて対処することが重要です。急いで包帯を結んでも、すぐにほどけてしまうのでは、意味がありません。しっかりと結ぶようにしましょう。

1 止血法と包帯の巻き方

切り傷や刺し傷で出血してしまった場合は、まず止血してからガーゼを当て包帯を巻きます。包帯は、ほどよい力で巻き、端をテープや留め具で固定します。

直接圧迫法による止血

直接圧迫法は止血の基本。出血をしたら、患部に清潔なガーゼやハンカチを当て、手で押えて強く圧迫します。手頃な布がない場合は、指や手のひらで直接圧迫します。また、傷口を心臓より高い位置にもっていくと止血しやすいので覚えておきましょう。圧迫は出血が止まるまで続けることが肝心。

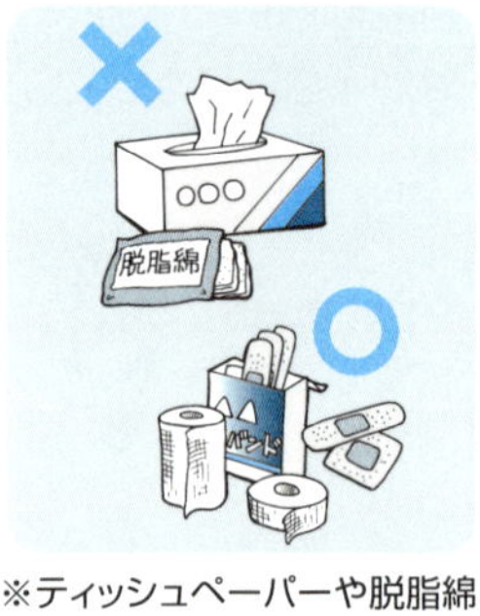

※ティッシュペーパーや脱脂綿は、傷口について化膿の原因になりやすいので、使わないこと。

包帯の巻き方

手指

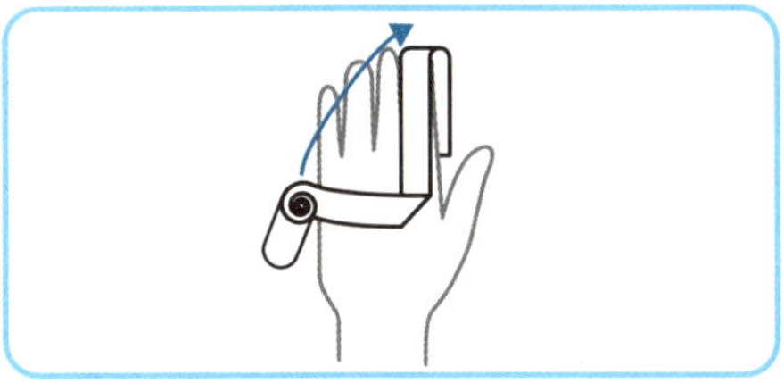

1 傷口に包帯を当て、図のように包帯を折り返す。

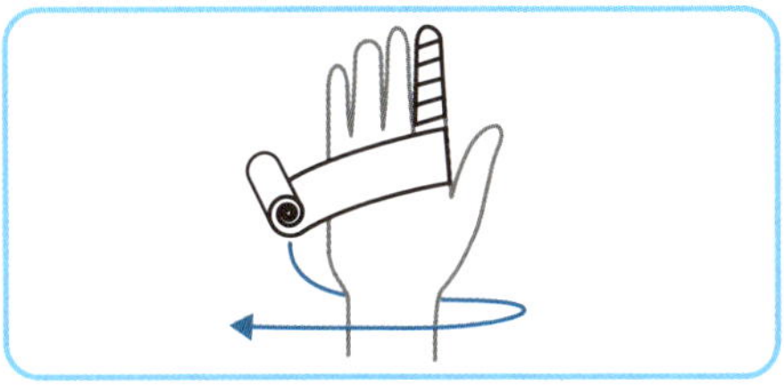

2 指先からつけ根へと包帯を巻き、矢印のように移動させる。

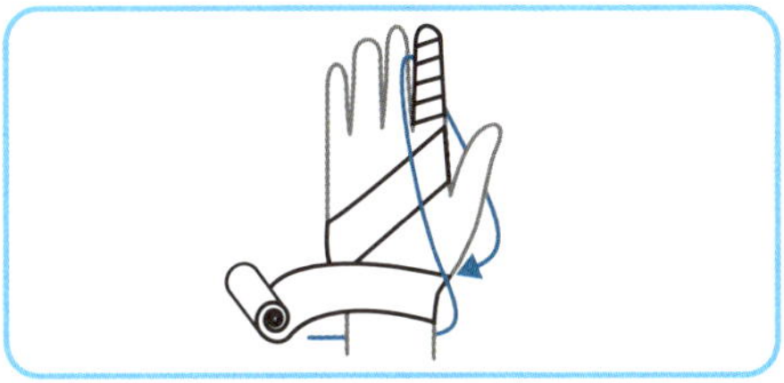

3 手首にひと巻きし、その後指のつけ根に掛ける。

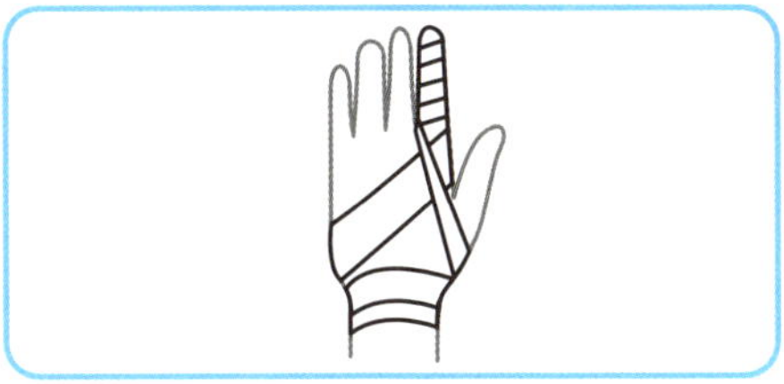

4 包帯を手首に戻し、ひと巻きしてとめる。

手の甲・手のひら

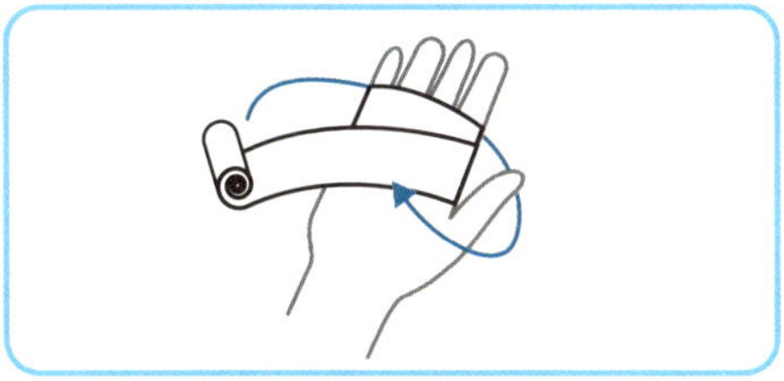

1 4本の指をまとめて包帯を巻きつけ、矢印のように巻きつける。

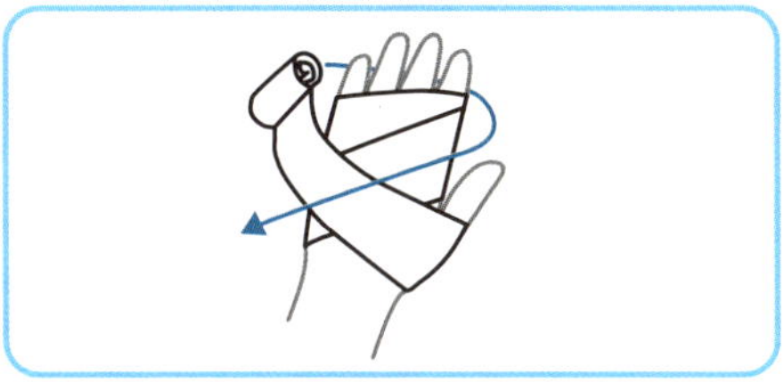

2 親指のつけ根を通し、もう一度4本の指に巻きつける。

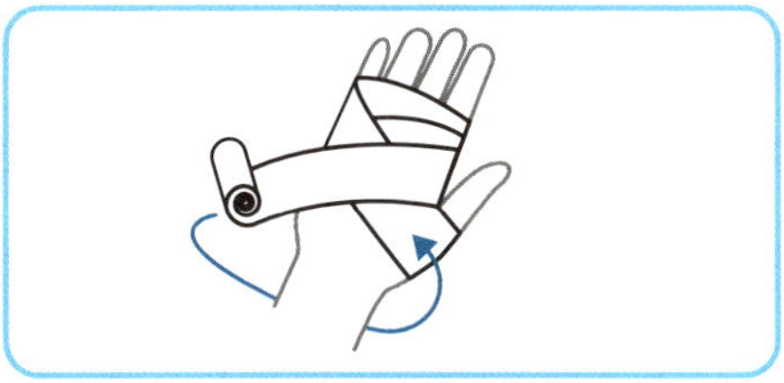

3 矢印のように手首に巻きつける。

4 2〜3を繰り返し、最後に手首にひと巻きしてから固定する。

足の指

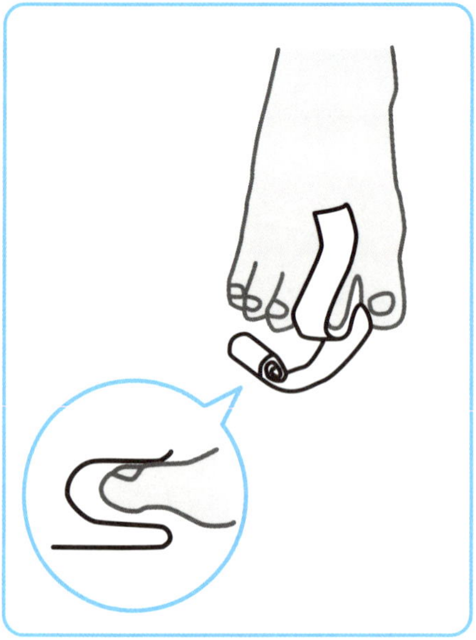

1 図のように、指を包帯で包み込む。指先で包帯を折り返し、指先から巻きつけていく。

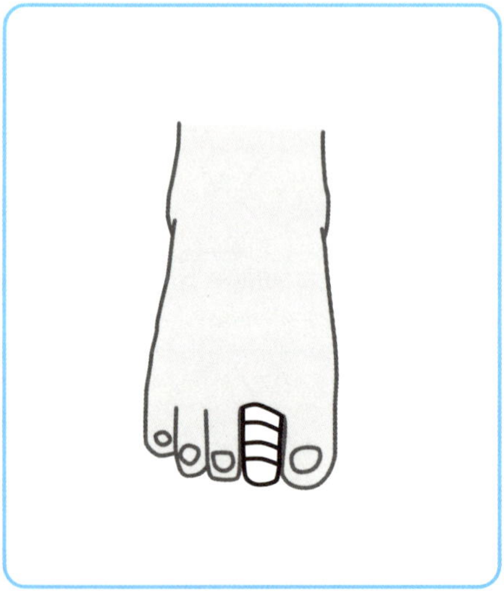

2 指の付け根で包帯を固定して完成。

足の甲・足の裏

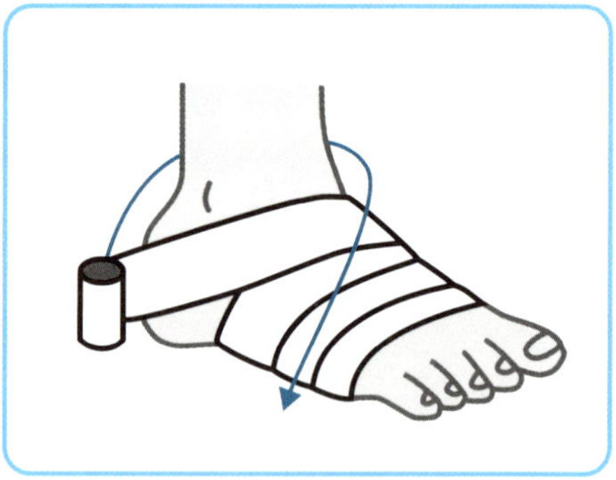

1 足の先のほうから、包帯を少しずつずらしながら巻き、足首に斜めに掛ける。

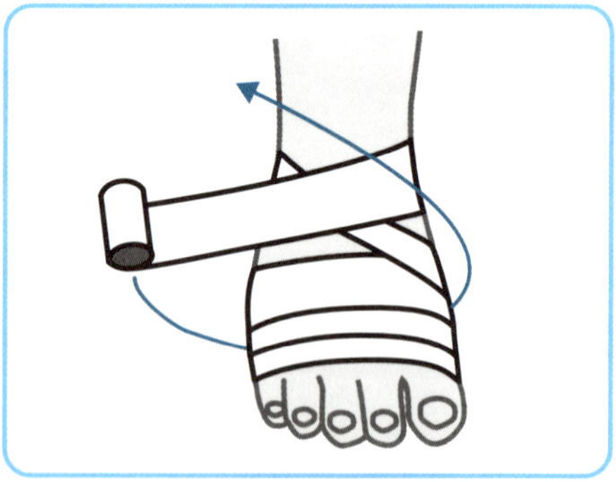

2 矢印のように移動させ、再び足首に巻きつける。

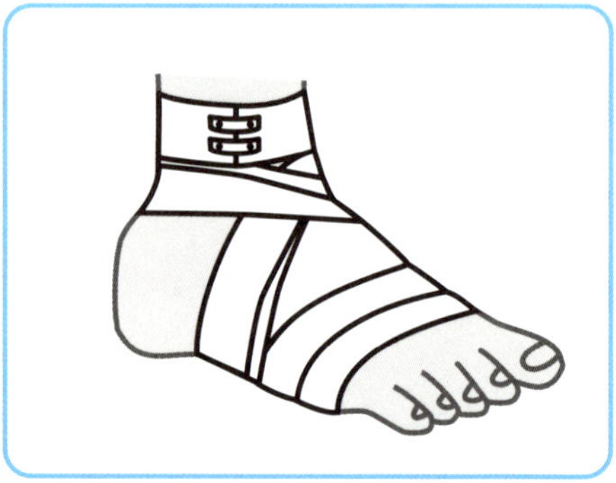

3 足首にひと巻きしたあと、包帯の端を固定して完成。

腕・足

太さが同じ場合

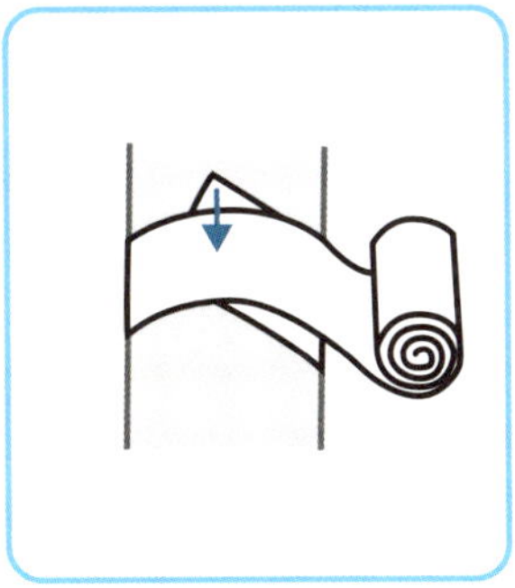

1 図のようにひと巻きし、始端を矢印のように折り返す。

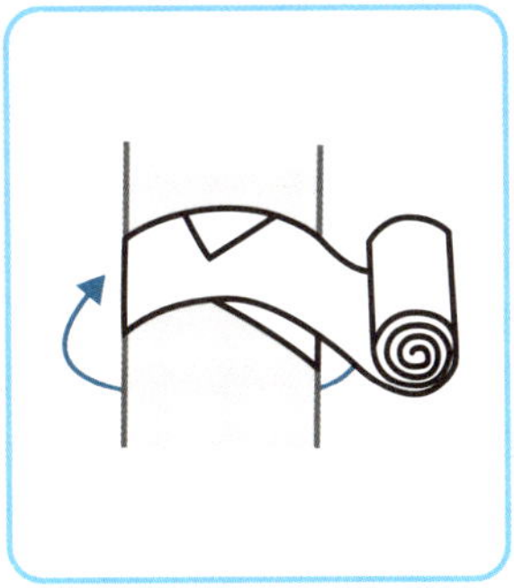

2 始端を押さえ、包帯をその上から巻きつけていく。

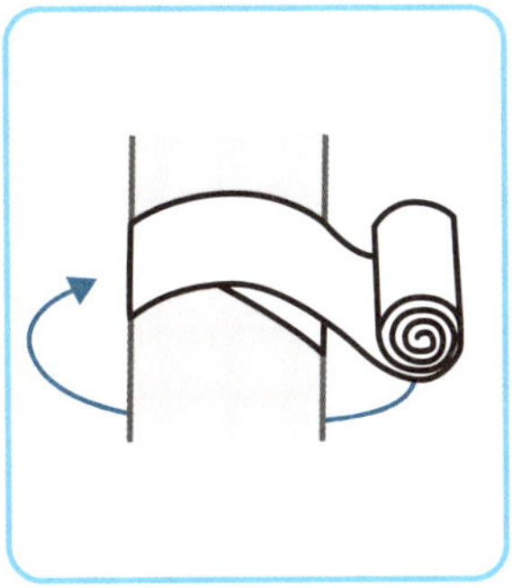

3 3～4回巻いたあと、端を固定して完成。

太さが異なる場合

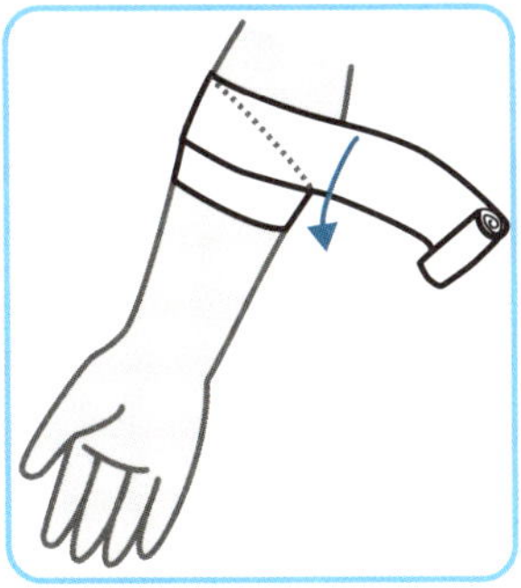

1 まず包帯をひと巻きし、図のように斜めに折る。

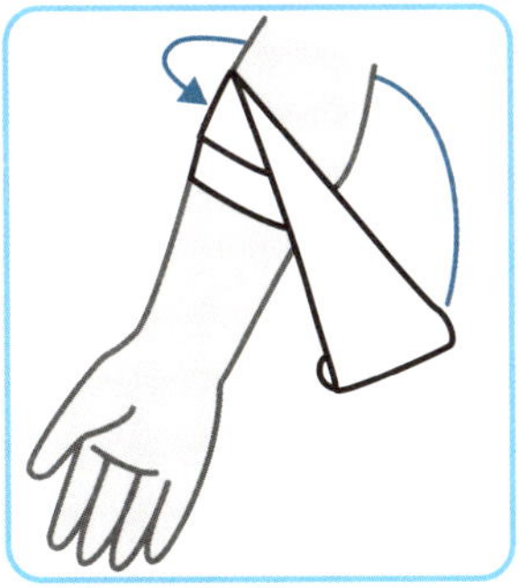

2 斜めに折ったまま、包帯を巻いていく。

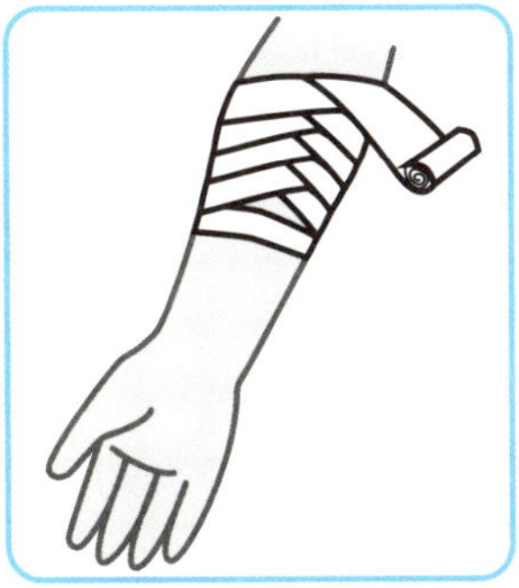

3 同様に繰り返し、包帯を巻きつけていく。

ひじ・ひざの関節

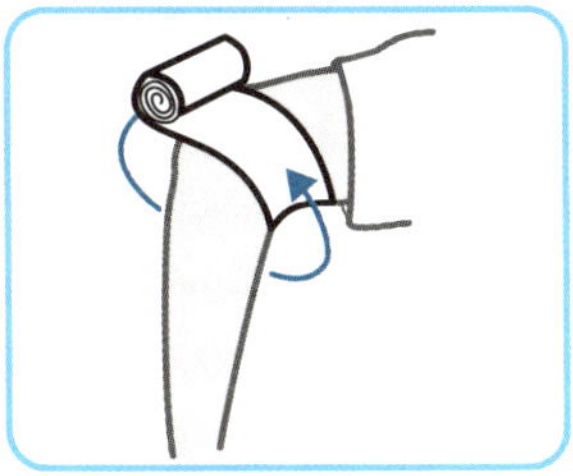

1 ひじに包帯をひと巻きする。

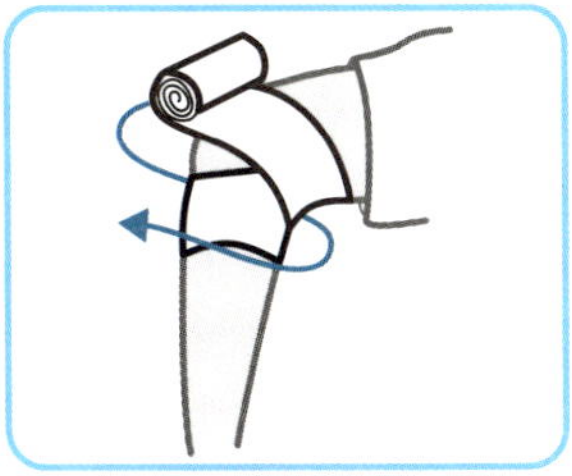

2 上腕にひと巻きし、矢印のように前腕のほうに巻きつける。

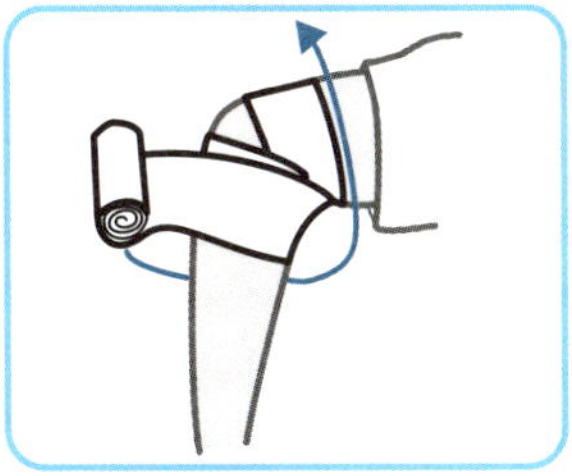

3 前腕をひと巻きしたら、上腕に巻きつける。

4 2～3を繰り返し、端を固定して完成。

② 三角巾を使って固定する

三角巾は、けがをした部分が動かないように固定する目的で使用します。関節部分を固定することに優れているので、主にねんざ・脱臼・骨折のときなどに使用します。

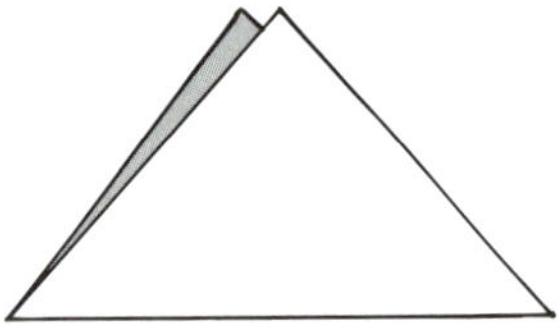

足首をねんざしたとき

ねんざを起こしてしまったら、まずは患部をかたく固定し、動かさないこと。

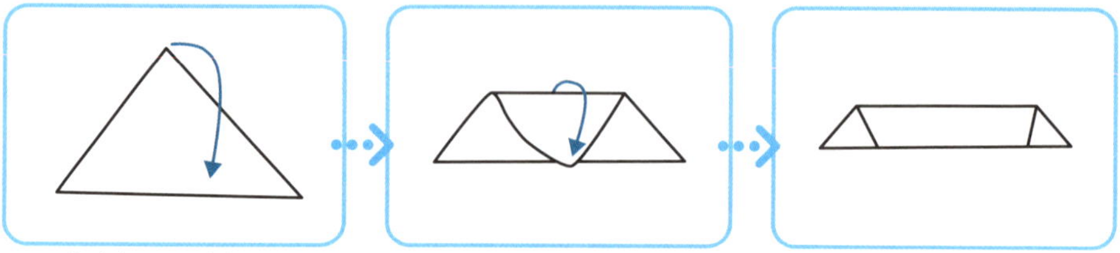

1 三角巾を2つに折る。

2 さらに2つに折り、帯状にする。

3 このようにする。

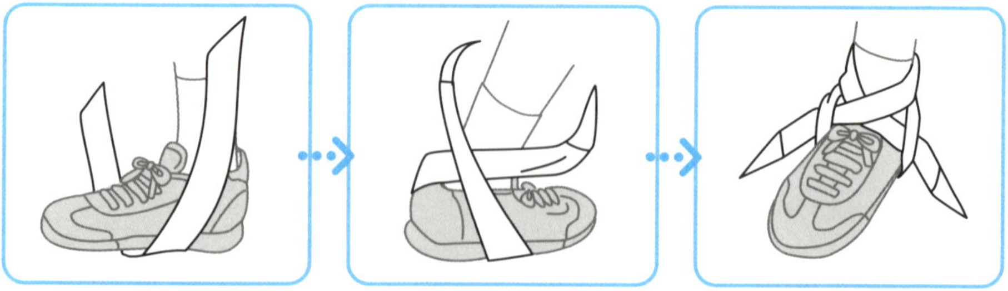

4 まず、三角巾を土踏まずに当てる。靴は履いたままでよい。

5 足首の後で交差させ、端を前に回す。

6 足首の前で端を交差させ、図のように両端を通す。

7 両端を上に引き上げ本結び（P22）で固定して完成。

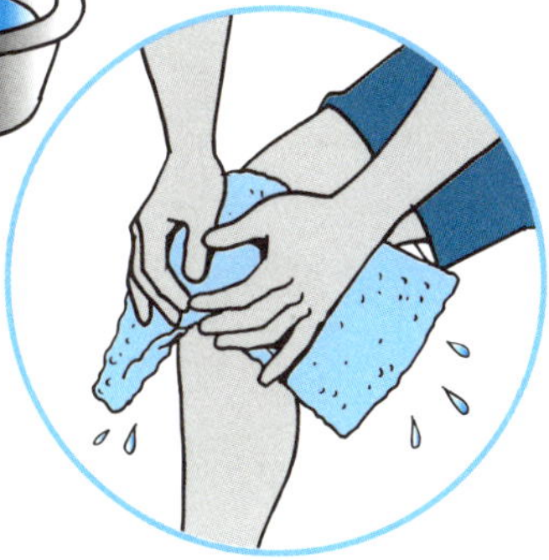

ねんざしたら…

「ねんざ」は、手や足などの関節に無理な力が加わって関節周囲の筋肉に炎症が生じた状態のことをいい、はれてくるまでに時間がかかります。
ねんざをしたら、まず濡れタオルなどで十分に冷やし、患部をしっかりと固定して、できるだけ安静にしましょう。また、足が痛むときは、歩くことは厳禁です。

肩やひじを脱臼《だっきゅう》したとき

脱臼は骨の関節がはずれるケガで、かなりの痛みを伴います。
脱臼の場合も、ねんざと同様に、患部をよく冷やしてから、固く固定します。
三角巾がない場合はシャツのボタンとボタンの間に手を入れて固定する方法もあります。

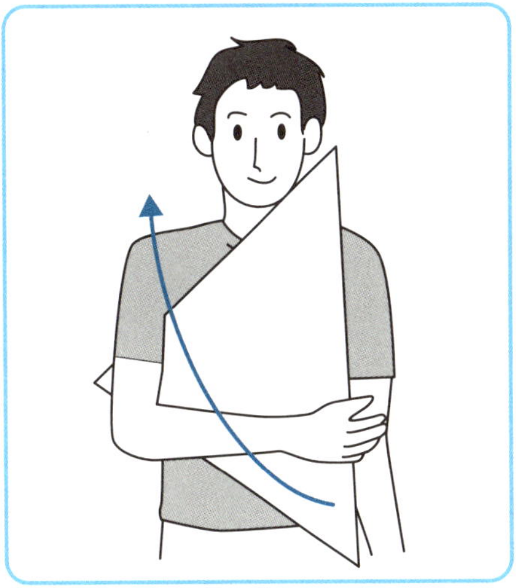

1 図のように三角巾を当て、下の端を矢印のように移動させる。

2 両端を首の後に回し、本結びで固定する。

骨折したとき

上腕の骨折

上腕に添え木を当てて、包帯や三角巾で固定します。

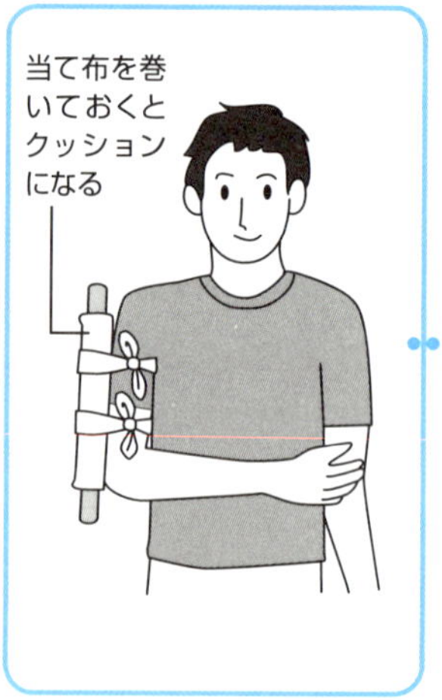
当て布を巻いておくとクッションになる

1 図のように、患部に添え木を当てる。

2 脱臼の場合と同様に、三角巾で腕を吊る。

3 三角巾をもう1枚用意し、体と腕を固定する。

前腕の骨折

上腕と同様に、添え木には当て布をします。

1 図のように添え木を当て、包帯で固定する。

2 三角巾で腕を吊るす。このとき、手首がひじよりもやや高い位置にくるようにすること。

ひじの骨折

ひじを骨折した場合は、指先からわきの下までの長さの添え木を用意します。

図のように添え木を当て、三角巾で固定する。

鎖骨《さこつ》の骨折

上腕の骨折と同じ方法で固定します。添え木は必要ありません。

鎖骨を固定

三角巾を2つ用意し、図のように患部を固定する。

手指の骨折

手指の骨折は、鉛筆などを添え木として使用するとよいでしょう。

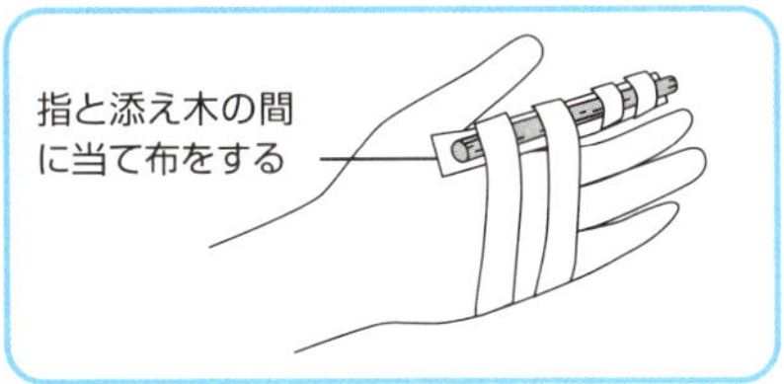
指と添え木の間
に当て布をする

患部に添え木を当て、バンソウコウや包帯で固定する。

大たい部の骨折

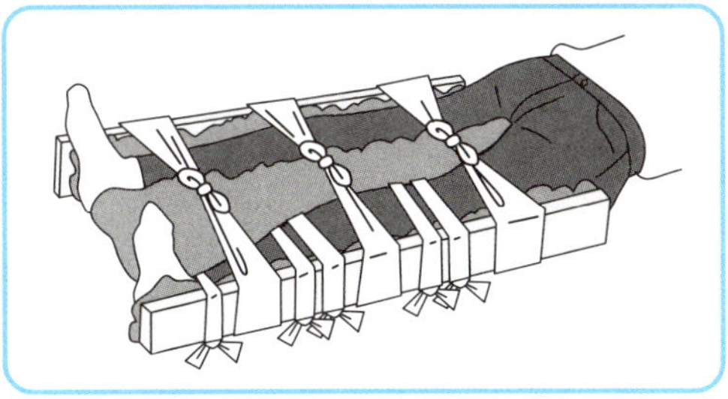

両足の間に衣服などをはさみ、足のつけ根から先までの長さのガッチリした添え木を使い、患部を固定する。

ひざの骨折

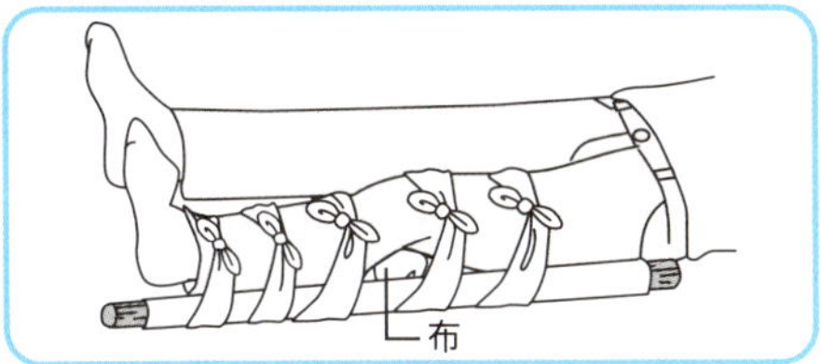
布

丸めた布などをひざの下に入れ、ひざの部分をやや高い位置に保ち固定する。添え木は足のつけ根から先までの長さのものを。

ひざ下の骨折

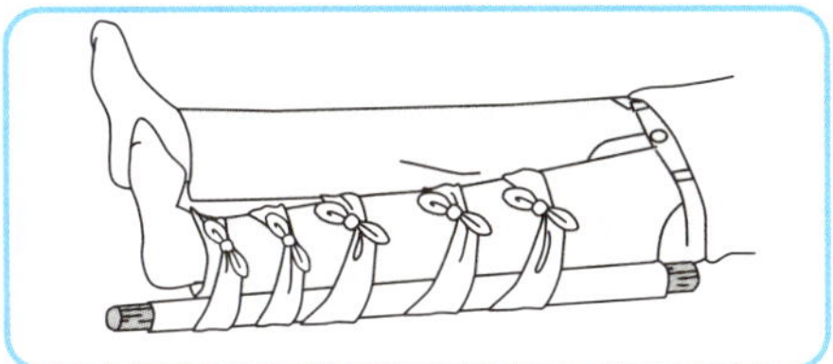

足のつけ根から先までの長さの添え木を当て、三角巾で固定する。

さくいん

■監修者紹介

小暮　幹雄（こぐれ・みきお）

1945年東京都生まれ。明治学院大学卒。
1964年ボーイスカウト海外派遣団員として渡米。1967年ボーイスカウトの国際的指導者養成機関である日本ギルウェルコースを修了。
1964年にカナダ・アメリカ両国のボーイスカウト連盟で、1997年に英国ボーイスカウト連盟で研修。
ボーイスカウト日本連盟リーダートレーナー、出版委員、広報委員、およびボーイスカウト東京連盟副コミッショナー、理事等を歴任。
日本人初のThe International Guild of Knot Tyers会員。日本結び文化学会会員。「結びの伝道師」としてＴＶ出演や各地の講習・講演等多方面で活躍中。2006年10月ＮＨＫ「まる得マガジン」講師で出演。ＮＨＫ文化センター等で講師を務める。現在、結び文化研究所所長兼主任学芸員。ひもの結び方やロープワークに関する著書多数。

※本書は当社刊『暮らしに役立つ　ひもとロープの結び方』の新装版です。今回の発行にあわせて改題致しました。

図と写真でよくわかる　ひもとロープの結び方

監修者　小暮幹雄
発行者　富永靖弘
印刷所　公和印刷株式会社

発行所　東京都台東区台東２丁目24　株式会社　新星出版社
〒110-0016　☎03（3831）0743

ISBN978-4-405-07145-2